EINE AHNUNG KOMMENDER LEBENSKUNST

JOACHIM SCHNITTER

EINE AHNUNG KOMMENDER LEBENSKUNST
LICHTWARKS HEIDEGARTEN UND DIE HITTFELDER LANDHAUSKOLONIE

DÖLLING UND GALITZ VERLAG

Für Anna, immer.

Bibliografische Information der Deutschen Nationalbibliothek
Die Deutsche Nationalbibliothek verzeichnet diese Publikation in der Deutschen Nationalbibliografie; detaillierte bibliografische Daten sind im Internet über http://dnb.dnb.de abrufbar

Impressum

E-Mail: dugverlag@icloud.com
www.dugverlag.de
Schwanthalerstraße 79, 80336 München, Tel. 089 / 23 23 09 66
Friedensallee 26, 22765 Hamburg, Tel. 040 / 389 35 15
Gestaltung: Sarah Winter, Hamburg
Schrift: Zwo Pro
Papier: GalerieArt Volume
Druck: Lithotec Oltmanns / DZS Grafik
ISBN 978-3-86218-166-7
1. Auflage 2023

»Also träumen wir noch ein wenig von Hittfeld!
Herr Foerster, der Staudenzüchter, schrieb mir gestern,
dass viel Neues schon entstanden wäre.
Es hat mich fast vom Schreibtisch geworfen.«

Walter Schimmelpfeng, 1918

INHALT

Einführung

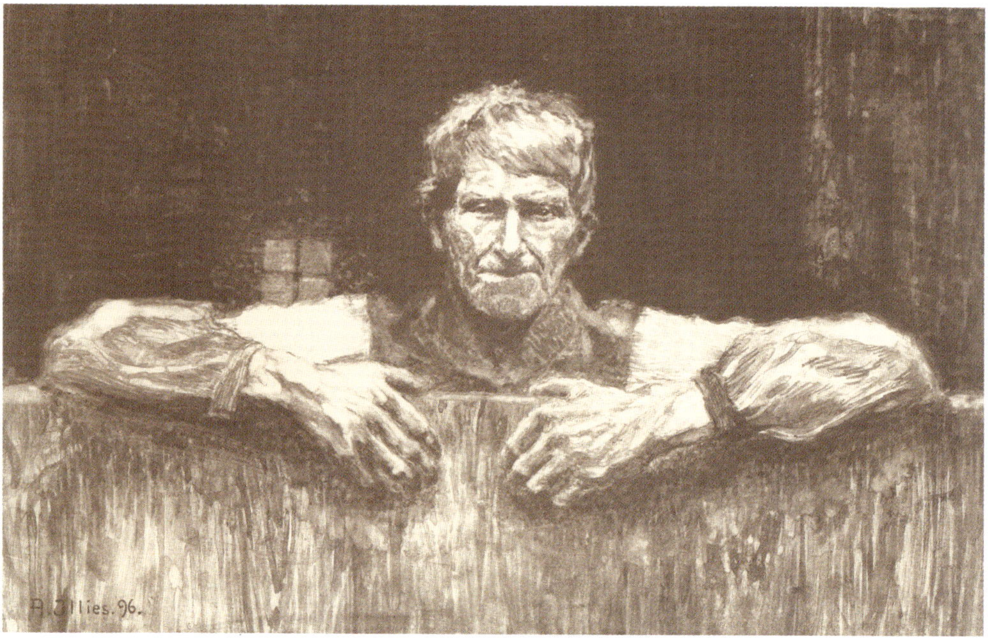

▲ Arthur Illies, »Bauer in der Katentür«, 1896 (Privatbesitz. Foto: Lorenz Obenhaupt)
»Niedersächsisch ist das überall durch die Fürstenzeit [...] gerettete freiheitliche Wesen des Bauern und Bürgers.« Alfred Lichtwark, 1895

»Kalckreuth hat nun gekauft. Ich war, da die Verhandlungen in der niedersächsischen Heldensprache stattfinden mußten, dabei, als der Contrakt unterschrieben wurde. Der alte Bauer konnte noch die einzelnen Buchstaben hinsetzen, die hatte er nicht vergessen, aber den Namen als ein Ganzes in einem Zuge zu bewältigen, vermochte er nicht. Der Unterhändler, ein glattrasirter Bauer mit dem Typ eines Geistlichen, gab dem Alten die Feder in die Hand und sagte: Nu schreib hier mal eine grrroße N – im Plattdeutschen ist die ältere Generation noch gewohnt, das r zu rollen, die jüngere spricht es schon als Rachenlaut. – Und der Alte schreibt die grrroße N – Nu die kleine i, nu die kleine e, nu den großen k – usw., bis Buchstabe für Buchstabe der Name Niekerken dastand. Sobald die Operation vollzogen war, wischte sich der Alte die Stirn und trank ein Glas Bier halb aus.«[1]

1 Lichtwark, Brief an Max Liebermann vom 18.09.1906, In: Pflugmacher, Max Liebermann, 2001, Teil II, S. 201 f.

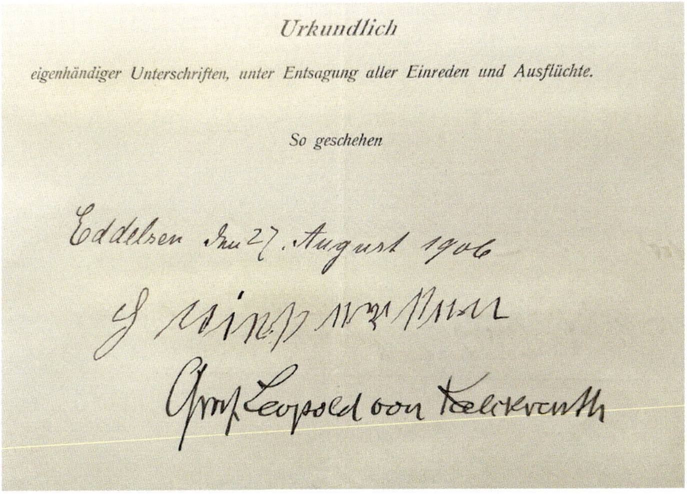

Urkundlich

eigenhändiger Unterschriften, unter Entsagung aller Einreden und Ausflüchte.

So geschehen

Eddelsen den 27. August 1906

[illegible]

Graf Leopold von Kalckreuth

▲ Kaufvertrag zwischen Hofbesitzer Heinrich Niekerken und Leopold Graf von Kalckreuth (Ausschnitt), 1906 (Staatsarchiv Hamburg, 311-2 IV Finanzdeputation IV, Nr. 1012)
»Den Namen als ein Ganzes in einem Zuge zu bewältigen, vermochte er nicht.« Alfred Lichtwark, 1906

Man schreibt das Jahr 1906 und es geht um den Kauf eines Baugrundstücks in Eddelsen bei Hittfeld, etwas südlich von Harburg an der Elbe. Als Alfred Lichtwark (1852–1914), Direktor der Hamburger Kunsthalle, die Umstände der Vertragsunterzeichnung beschreibt, nennt er selbst seit zwei Jahren ein Sommerhaus nahebei sein Eigen. Man fragt sich, was um alles in der Welt ihn, und nun auch den Maler Leopold Graf von Kalckreuth, bewogen hat, sich am Rand des abgelegenen Heidedorfs niederzulassen, das Hittfeld in dieser Zeit ist. Neben Heidebauern, Gasthäusern und einer alten Kirche gibt es dort nicht viel zu sehen, von der ungewöhnlich bewegten Landschaft zwischen Harburger Bergen und Lüneburger Heide einmal abgesehen.

Hatten Hamburg oder das damals selbstständige Altona nicht viel attraktivere Landschaften zu bieten? An Alster, Elbe und Bille existierte eine bereits legendäre Landhauskultur. Doch trotz dieser weit über Hamburg hinaus berühmten, ja »unvergleichlichen« Landsitze zog zu Beginn des 20. Jahrhunderts eine kleine Gruppe wohlhabender Hamburger Familien die Einsamkeit der Nordheide vor: »Es war ein Kreis, der irgendwie mit dem Begriff ›Lichtwark‹ in Verbindung stand ...«, erinnerte sich Hamburgs Oberbaudirektor Fritz Schumacher später. Im Sommer, so Schumacher, sei der Hittfelder Raum der merkwürdige kleine Mittelpunkt einer ganzen Kolonie kulturell

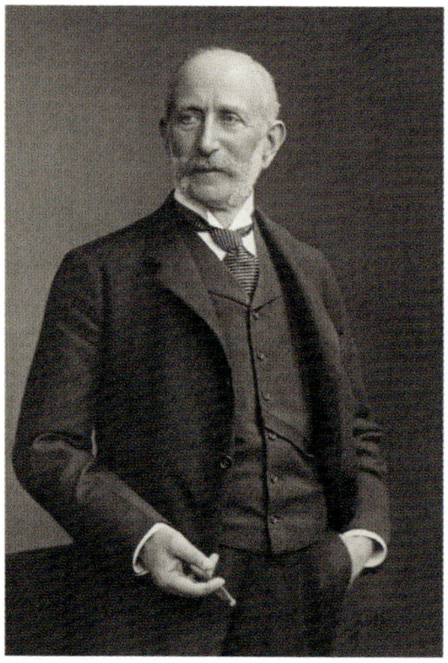

Atelier Emil Bieber, Porträt Martin Haller, um 1897 (Staatsarchiv Hamburg, 720-1/ 215=Ha 330) »Unsere bis dahin ziemlich kühlen Beziehungen [wurden] sehr günstig beeinflußt.« Martin Haller, ca. 1913/1920

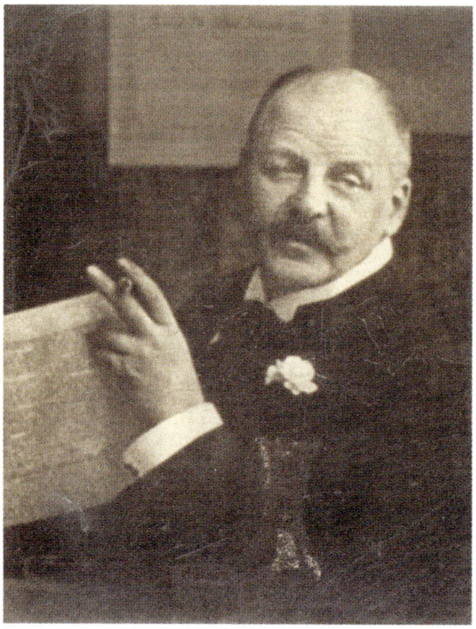

Hermann Widensohler, Porträt Alfred Lichtwark, 1909 (Staatliche Museen zu Berlin, Kunstbibliothek / Dietmar Katz) »Er war scharf und fein, liebenswürdig und kriegerisch [...]. Gelegentlich brach die Derbheit des Niederdeutschen und der Waterkante [...] hindurch.« Erich Marks, 1922

interessierter Familien mit überaus behaglichen Sommersitzen gewesen: »Alle aber gruppierten sich um ein winzig kleines Wochenendhäuschen, in dem Lichtwark mit seiner Schwester wohnte«[2]: Baurat Wilhelm Daniel Vivié, Luxusarchitekt Martin Haller, Schriftstellerin und Philanthropin Toni O'Swald, Kunstsammler Henry P. Newman, Fabrikbesitzer Friedrich Genzsch, die »Amerikanerin« Cara Köhnk, die Pädagogin Maria Schmidt-Matthaei, Schauspielerin Adele Doré und Vortragskünstler Emil Milan – sie alle waren Lichtwarks Beispiel gefolgt und verbrachten die Sommer dieses frühen 20. Jahrhunderts im Umkreis des südlich von Hamburg gelegenen Dörfchens, oft nur hundert Meter voneinander entfernt. Eine Aura der Exklusivität umgab diese Kolonie, mit den inspirierenden Persönlichkeiten Lichtwarks und Graf von Kalckreuths als Zentren.

In Hittfeld selbst unterrichtete der Maler Arthur Siebelist junge Malerinnen und Maler und schuf dort auch eigene Werke. Sie alle malten nach Lichtwarks Empfehlung Hamburger Landschaften, »en plain air«, direkt vor Ort. Inner-

2 Schumacher, Stufen des Lebens, 1935, S. 316 f.

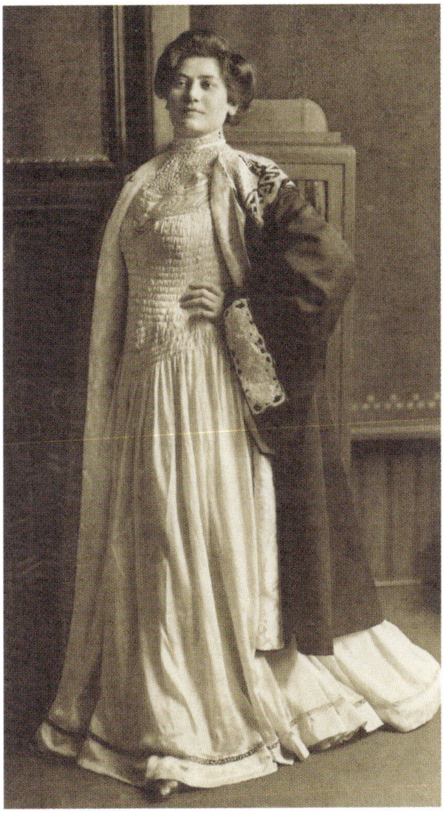

Atelier Rudolf Dührkoop, Porträt Adele Milan-Doré, um 1908 (aus: Rudolf Dührkoop, Hamburgische Männer und Frauen am Anfang des XX. Jahrhunderts, Hamburg, Carl H. Schroeder, 1905. Staats- und Universitätsbibliothek Hamburg Carl von Ossietzky, E 223) »Ihre Frauengestalten der Dichtungen Hebbels trugen Adele Dorés Namen über Hamburg hinaus und gaben ihr eine unverrückbare Stellung im Deutschen Kunstleben.« Lothar Schreyer, 1917

halb weniger Jahre errangen diese zunächst in Hamburg und bald auch darüber hinaus bedeutende Erfolge: Friedrich Ahlers-Hestermann, Franz Nölken, Anita Rée, Walter Rosam, Walter Voltmer und viele andere.

Vor 1900 weitgehend unbeachtet, avancierte der Hittfelder Raum für etwa anderthalb Jahrzehnte zu einem Versuchsfeld für Malerei, Bau- und Gartenkunst sowie für Pädagogik und zog Persönlichkeiten aus unterschiedlichen Kulturbereichen an. Es entstanden rund ein Dutzend großbürgerlicher Landhäuser mit teils ausgedehnten Reformgärten und darüber hinaus zahlreiche Werke der Malerei und Grafik.

Diese erste Generation von Malern und Landhausbesitzern bildete den Grundstock für einen bis heute spürbaren Nimbus Hittfelds als Hort ländlicher Exklusivität und Kultur. Anders als die aus der Malkolonie überkommenen Kunstwerke ist die Bedeutung der bau- und gartenkünstlerischen Relikte heute jedoch schwer greifbar, denn nur wenige Anwesen haben die letzten rund einhundert Jahre glimpflich überstanden. Die meisten Häuser sind erheblich

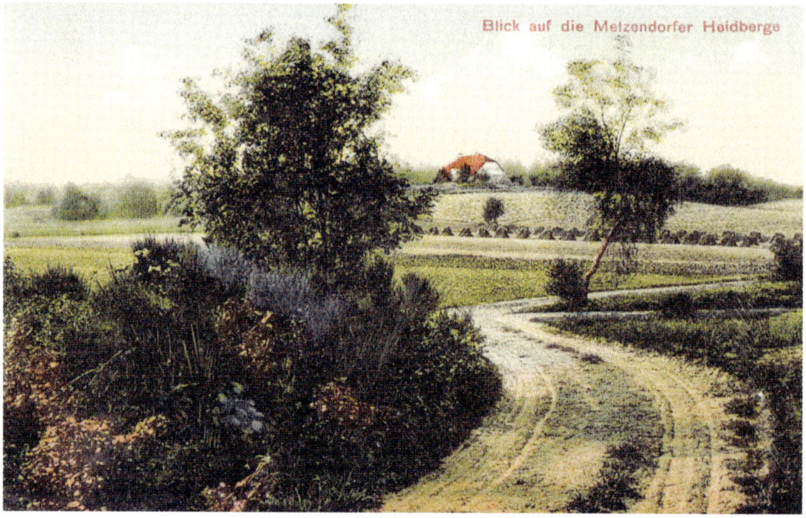

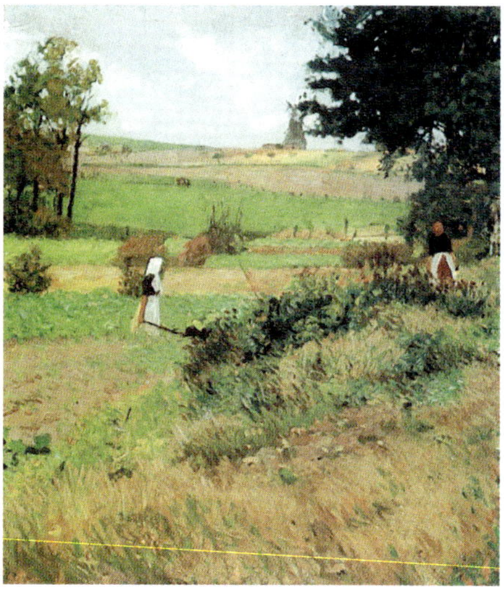

▲ Die Metzendorfer Heidberge und das Landhaus Terfloth, um 1910 (Privatarchiv Joachim Schnitter) »Eine Reihe der verschiedenartigsten Landschaftsbilder erfreut hier das Auge des Wanderers.« J. A. W. Gast, 1928

◄ Franz Nölken, »Feldarbeit bei Hittfeld«, 1903. Karlheinz Grünke, Hamburg (aus: Carsten Meyer-Tönnesmann, Der Hamburgische Künstlerclub von 1897, Hamburg Christians, 1985, Abb. 149) »Es drang eine geistige Kraft aus diesen Leinewänden, obgleich dort weder irgendwie ›interessante‹ Inhalte noch die expressionistische Geste zu sehen war.« Friedrich Ahlers-Hestermann, 1919

umgebaut oder zerstört, viele Gärten mehr oder weniger verwachsen, ganz vom Wald erobert oder parzelliert und bebaut.

Doch die Bedeutung dieser Landhauskolonie beruht nicht allein auf ihrem bauzeitlichen oder derzeitigen Zustand. Ebenso wichtig ist ihr ideeller Wert als fast vergessenes Kulturprojekt. Im Zentrum der folgenden Spurensuche stehen daher einige der sukzessive um Lichtwarks kleines Heiderefugium errichteten Landsitze des frühen 20. Jahrhunderts sowie ihre Bewohner mit ihren je eigenen Gründen, die sie in die Nähe von Lichtwarks abgelegenem Sommerhäuschen zogen.

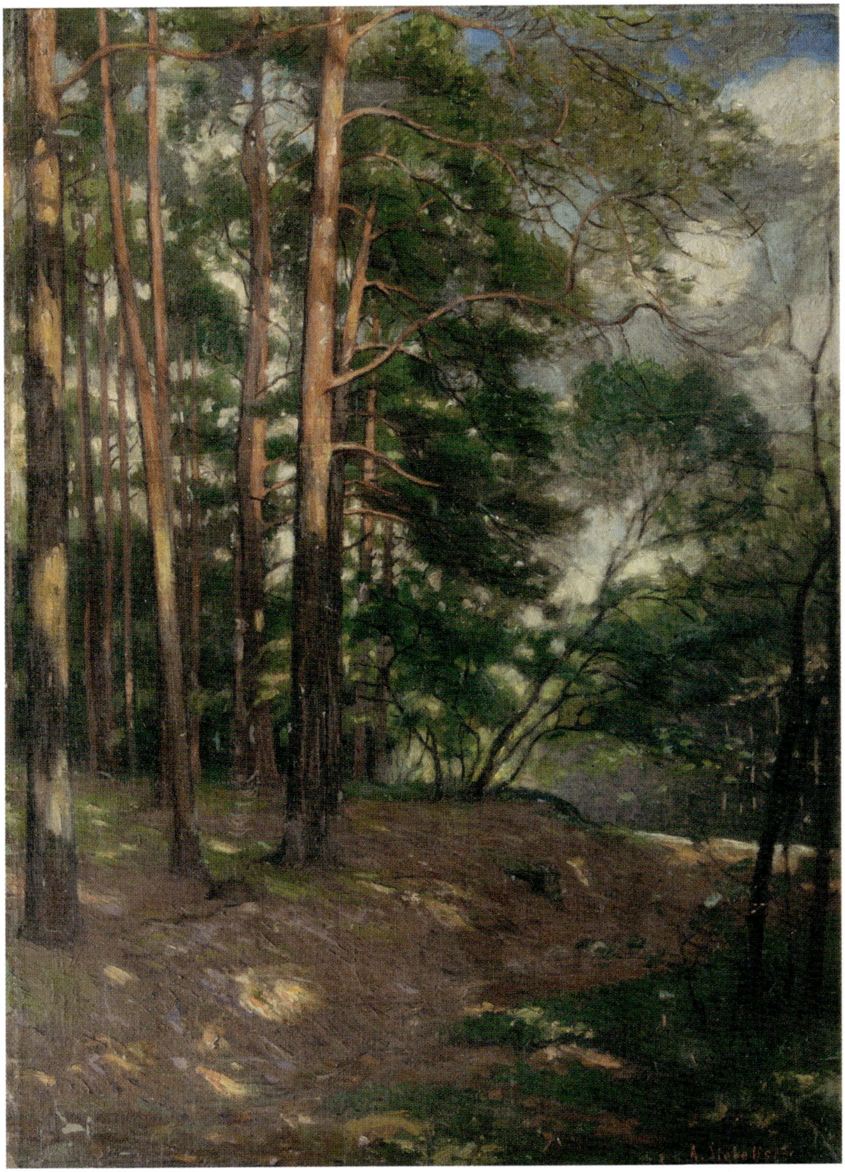

▲ Arthur Siebelist, »Waldweg bei Hittfeld«, undatiert (für das Foto © Auktionshaus Stahl) Ein typischer Landschaftsausschnitt des Hittfelder Raums

► folgende Doppelseite:
Übersichtskarte der ehemals vorhandenen Landhäuser auf dem Sunderberg (Grafik: Joachim Schnitter) »Überaus behagliche Sommersitze […] gruppierten sich um ein winzig kleines Wochenendhäuschen, in dem Lichtwark mit seiner Schwester wohnte.« Fritz Schumacher, 1935

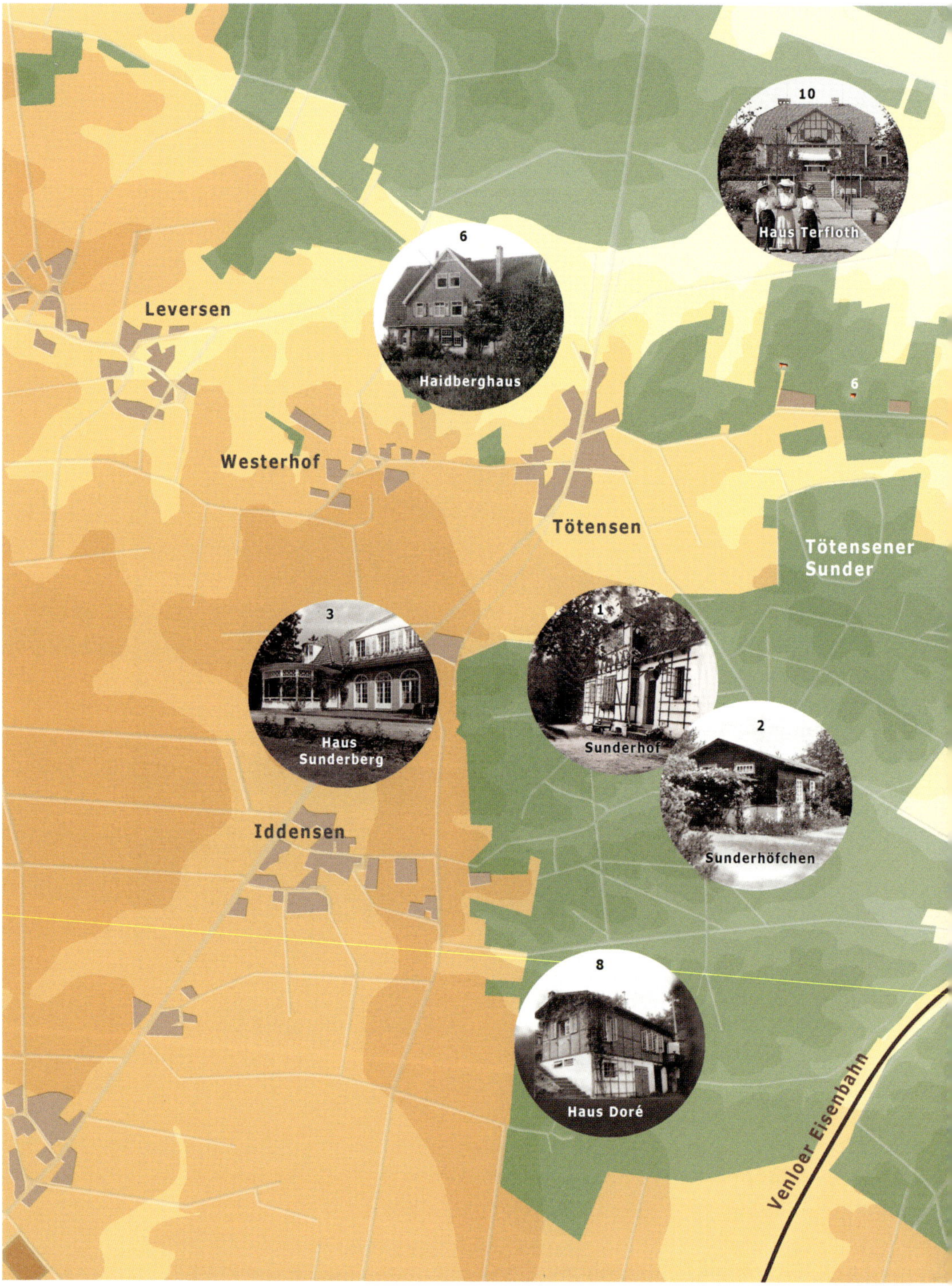
10
Haus Terfloth
6
Haidberghaus
Leversen
6
Westerhof
Tötensen
Tötensener Sunder
3
Haus Sunderberg
1
Sunderhof
2
Sunderhöfchen
Iddensen
8
Haus Doré
Venloer Eisenbahn

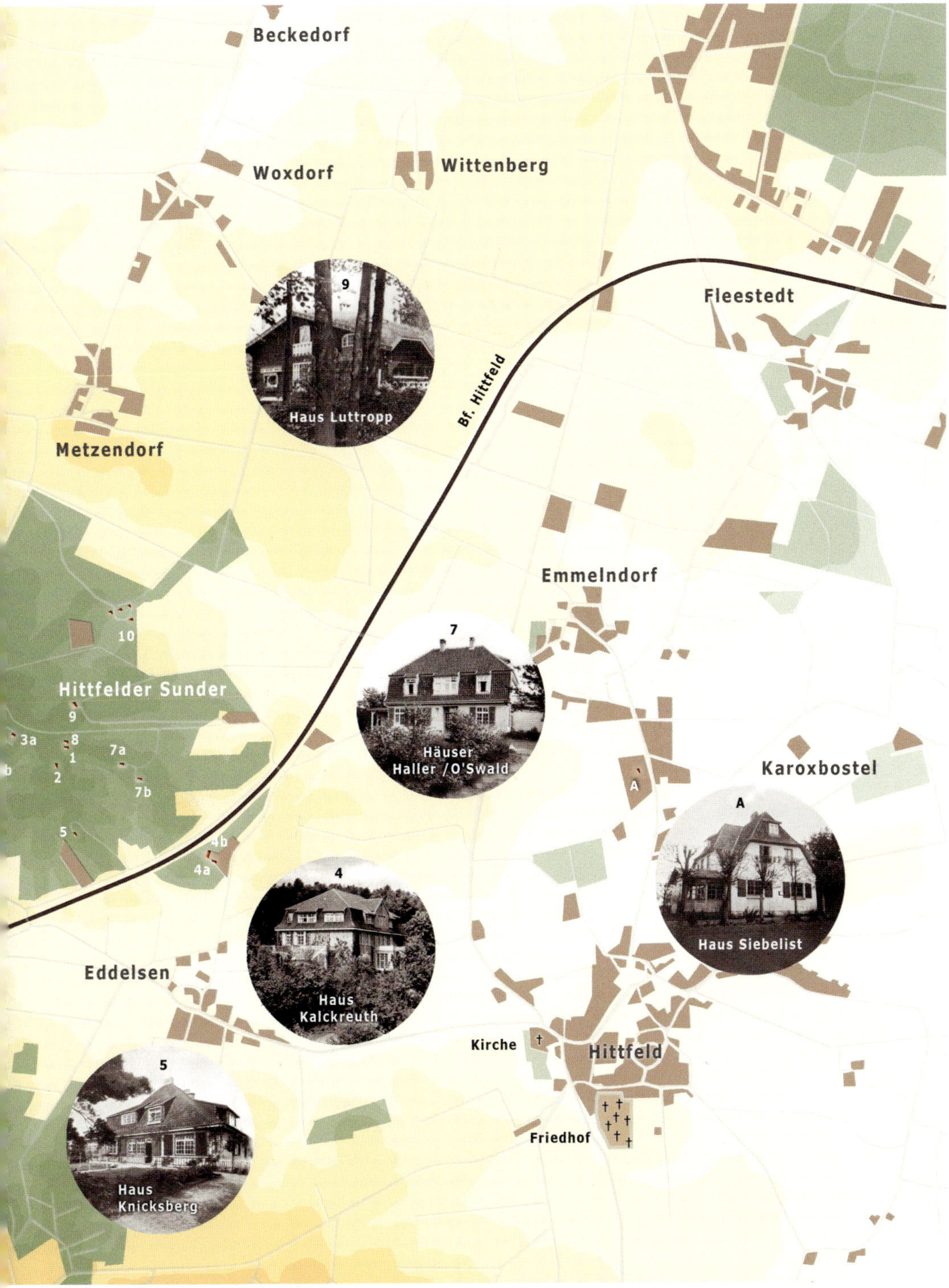
Beckedorf
Woxdorf
Wittenberg
Haus Luttropp
Bf. Hittfeld
Fleestedt
Metzendorf
Emmelndorf
10
Hittfelder Sunder
9
3a
8
1
7a
2
7b
5
4b
4a
7
Häuser
Haller / O'Swald
Karoxbostel
A
Haus Siebelist
4
Haus
Kalckreuth
Eddelsen
5
Haus
Knicksberg
Kirche
Hittfeld
Friedhof

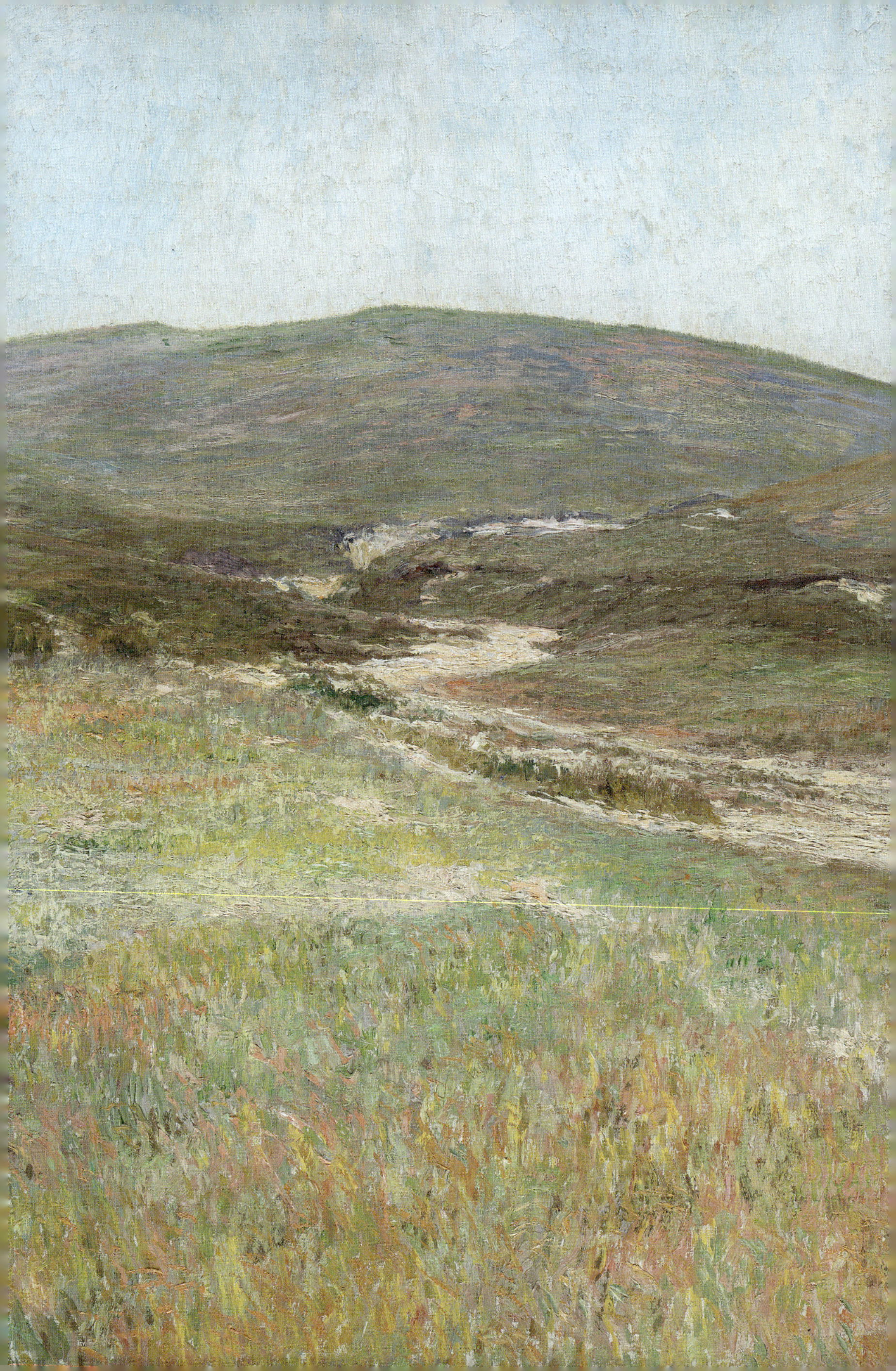

Garten- und malkünstlerische Exposition

◄ Arthur Illies, »Heidetal bei Harburg. Sonniger Tag«, 1896 (Ausschnitt / vgl. S. 37)

Aufbruch in Hamburg

Landschafter an Elbe und Alster ❧ Hamburger Frührealisten entdecken die Nordheide ❧ Barbizon in Hamburg ❧ Max Liebermann und Thomas Herbst in Paris ❧ Gartenkünstler erfinden den landschaftlichen Stil und verwerfen ihn wieder ❧ wider die Brezelwege und Teppichbeete ❧ Lichtwark fordert geometrische Gärten und sammelt Bilder aus Hamburg ❧ Lichtwarks Kampfeslust ❧ es brechen herrliche Zeiten an

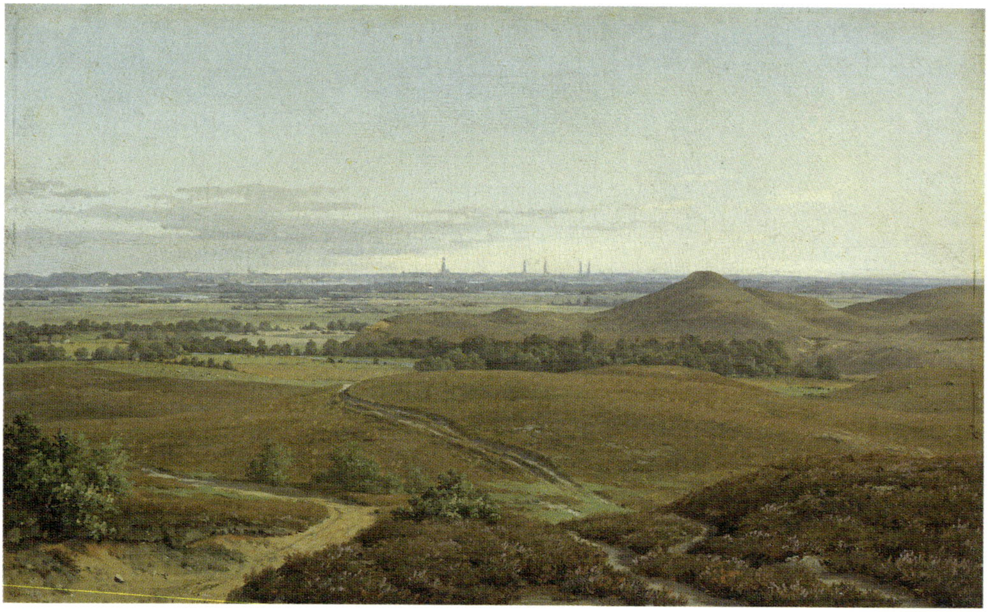

▲ Adolf Carl, »Blick auf Hamburg«, um 1835 (© Hamburger Kunsthalle / bpk, Foto: Elke Walford) »Es ist verständlich, daß dieser neue Realismus die Darstellung der Natur, die Landschaft, als wichtigstes Thema wählte.« Peter Hirschfeld, 1932

◄ Friedrich Rosenberg, »Die Bastion Vincent in Hamburg«, um 1796 (© Hamburger Kunsthalle / bpk, Foto: Elke Walford) »Rosenbergs Bilder haben etwas Seelenhaftes und sind der Widerschein seines inneren Himmels.« Neuer Nekrolog der Deutschen, 1833

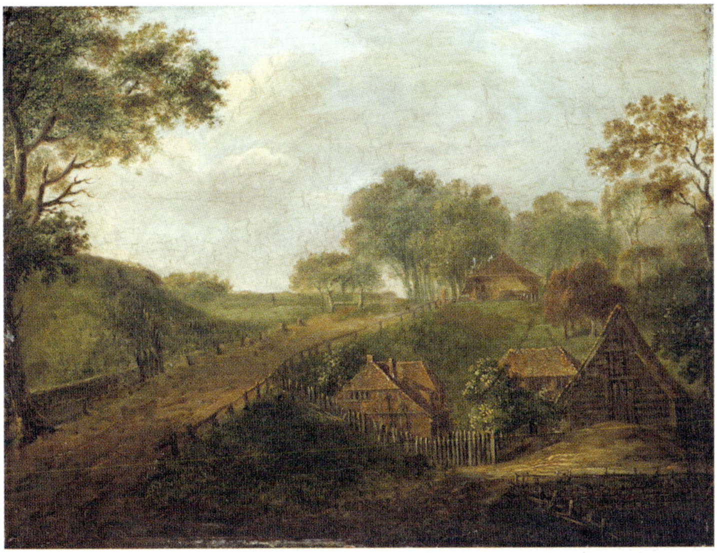

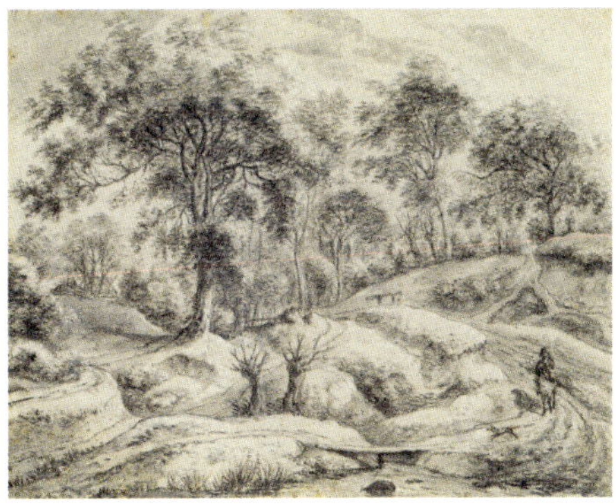

► Anthonie Waterloo, »Aus der Hamburger Umgebung (bei Hittfeld?) – Landstraße in hügeligem Waldgelände«, 1658–1660 (© Hamburger Kunsthalle / bpk, Foto: Christoph Irrgang) Der Einfluss der detailreichen Landschaftsdarstellungen von Anthonie Waterloo (1609–1690) reicht bis zur Schule von Barbizon im 19. Jahrhundert.

Die Hamburger Landschaftsmalerei war lange Zeit eine überschaubare Angelegenheit: Ländliche Motive aus dem Hamburger Umland galten meist als uninteressant, der Schwerpunkt Hamburger Künstler und der Wahrnehmung ihrer Werke lag vor dem 19. Jahrhundert meist auf der Porträtkunst. Auch von ausländischen Künstlern, die die Stadt besuchten, sind aus dieser Zeit nur selten Darstellungen der Hamburger Umgebung zu finden.[1]

Im 19. Jahrhundert verlagerte sich der Schwerpunkt der Hamburger Malkultur von Personenbildnissen hin zu Landschaften: Der Hamburger Künstlerverein entdeckte für sich den Reiz des Einfachen und Intimen in kleinen, stimmungsvollen Winkeln der Hamburger Umgebung. In seiner Frühzeit be-

1 Hirschfeld, Hundert Jahre Hamburger Malerei, 1932, S. 9 f. Meyer-Tönnesmann, Der Hamburgische Künstlerclub, 1985, S. 155; vgl. Haug / Völker, Wertewandel, 2019, S. 116

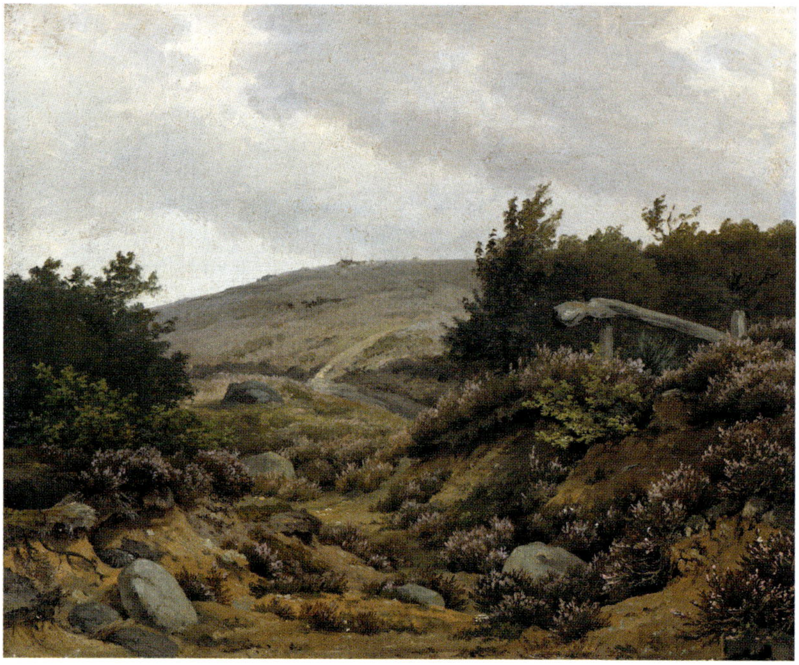

▲ Georg Haeselich, »In der Heide«, um 1845 (© Hamburger Kunsthalle / bpk, Foto: Elke Walford) »[…] die zum ersten Mal in dieser Gemeinschaftlichkeit [des Hamburger Künstlervereins] auftretende Vorliebe für die kleinen, malerischen Orte der Umgegend, für die Reize des Einfachen, Intimen.« Peter Hirschfeld, 1932

stand dieser Verein sogar mehrheitlich aus »Landschaftern«, die ihre Motive oft an Elbe, Alster und Hafen fanden, aber auch am damaligen Stadtrand und weiter im Umland. Vedutenhafte Kompositionen wurden nun durch Einzelbeobachtungen von Freilichtmalern abgelöst, die Landschaft und Landleben unheroisch und ohne Verklärung darzustellen suchten.[2] Zu diesen Landschaften zählte auch die Nordheide.

Als einer der ersten, der die in dieser Zeit ob ihrer Kargheit noch als »so trostlos, öde und schauerlich« verschriene Heidelandschaft für sich entdeckte, gilt Christian Morgenstern (1805–1867).[3] Seine »Harzlandschaft« aus der Frühzeit des Künstlervereins stellte die Ausläufer der Lüneburger Heide von den pittoresken Höhen der Harburger Berge dar. Ihm folgte noch in den 1830er-Jahren der in Hamburg aufgewachsene Adolf Carl (1814–1845) mit Heidebildern. Die bald als ästhetisch reizvoll rezipierte Heidelandschaft hielt auch Georg Haeselich (1806–1894) in zahlreichen Skizzen und Ölbildern fest,

2 Hirschfeld, Hundert Jahre Hamburger Malerei, 1932, S. 11–13; Meyer-Tönnesmann, Der Hamburgische Künstlerclub, 1985, S. 155

3 Hirschfeld, Hundert Jahre Hamburger Malerei, 1932, S. 12 f.; Lichtwark, Herrmann Kauffmann, 1893, S. 56

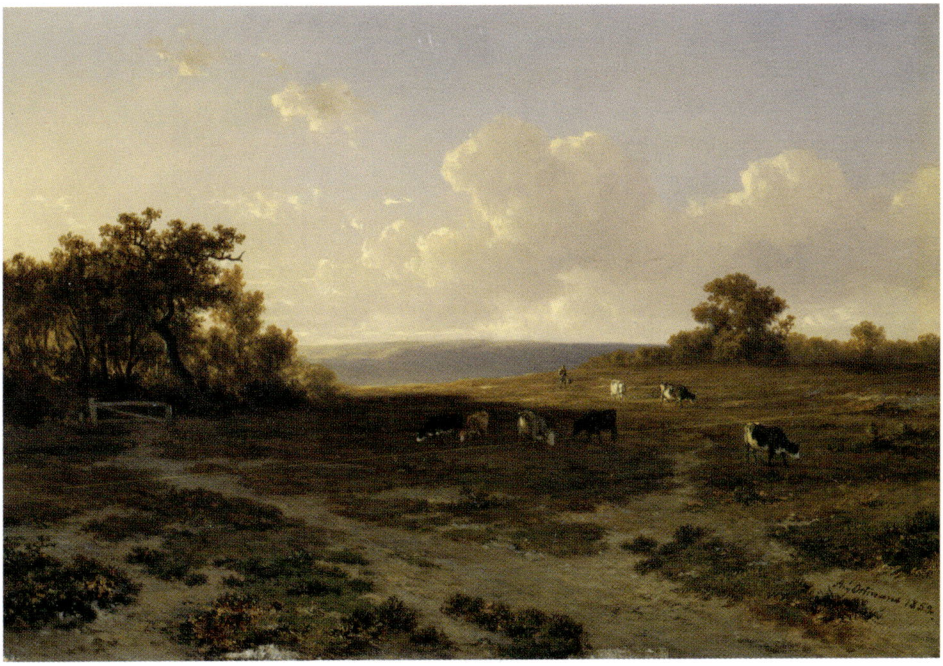

François Auguste Ortmans, »Heidelandschaft mit Kühen«, 1852 (© Hamburger Kunsthalle / bpk) »[Ortmans] nahm mich mit nach Barbizon, um dort die Maler bei der Arbeit zu sehen; er liess mich im Walde selbst malen, und ich lernte, dass nicht alle Farbe blendende Lüge zu sein braucht.«
Robert Alan Mowbray Stevenson, 1904

die oft ebenfalls im Harburger Raum entstanden. Möglichst naturgetreue Darstellungen zeichneten die Arbeiten dieser Frührealisten aus.

In der zweiten Jahrhunderthälfte verlor die Hamburger Landschaftsmalerei wieder an Bedeutung.[4] Als Ausnahmeerscheinung wirkte der französische Landschaftsmaler François Auguste Ortmans (1826–1884), dessen Werke bereits in die Richtung des bald aufkeimenden Impressionismus wiesen.[5] Ortmans während seines dreijährigen Aufenthalts in Hamburg entstandene Heidebilder waren nicht nur ein Bindeglied zu späteren Arbeiten der Freiluftmaler in der Lichtwarkzeit: Ortmans war ehemaliger Schüler der 1830 gegründeten und europaweit einflussreichen Malerkolonie im Dorf Barbizon am Waldrand von Fontainbleau.[6] Durch ihn mag auch bei Hamburger Künstlern die Idee einer Künstlerkolonie auf dem Land aufgekommen sein.

An die Frührealisten der ersten Jahrhunderthälfte schlossen in den 1890er-Jahren Hamburger Freilichtmaler wie Thomas Herbst (1848–1915) unter dem

4 Hirschfeld, Hundert Jahre Hamburger Malerei, 1932, S. 16; Meyer- Tönnesmann, Der Hamburgische Künstlerclub, 1985, S. 156
5 Bruhns, Ortmans, 2013, S. 339
6 vgl. Hirschfeld, Hundert Jahre Hamburger Malerei, 1932, S. 17

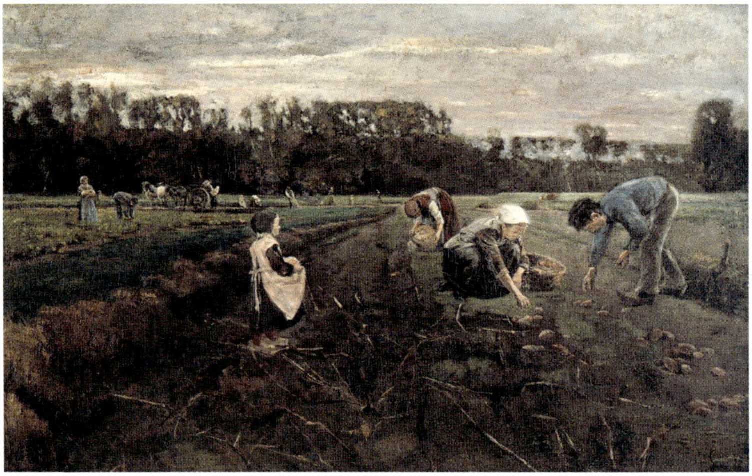

Max Liebermann, »Die Kartoffelernte«, 1874 (© bpk / Lutz Braun) Es »war das allgemeine Ziel des Jahrhunderts: zu lernen, den Eindruck, das historisch determinierte Naturgefühl malerisch wiederzugeben.« Karl Scheffler, 1906

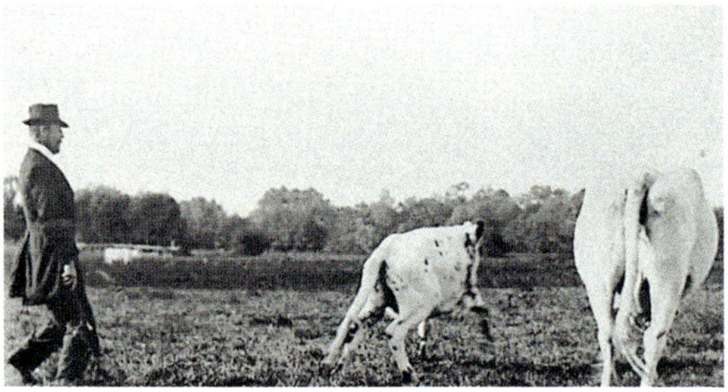

Arthur Illies, Thomas Herbst auf Motivsuche, um 1894 (aus: Carsten Meyer-Tönnesmann, Der Hamburgische Künstlerclub von 1897, Hamburg Christians, 1985, S. 159) »Herbst trug einen alten sogenannten Salonrock [...], dessen Schöße lustig im Winde flatterten, wenn er [...] mit dem Skizzenbuch hinter den Kühen herlief.« Friedrich Ahlers Hestermann, 1939

Einfluss des impressionistischen Stils an. Herbst hatte den Impressionismus 1876/77 in Paris kennengelernt. Wie sein dortiger Wohnungsgenosse Max Liebermann (1847–1935) beteiligte er sich später an der von Alfred Lichtwark initiierten Sammlung »Bilder aus Hamburg«.[7] Mit dieser Sammlung beförderte Lichtwark eine neue Blütephase Hamburger Landschaftsmalerei, die zahlreiche Maler und ihn selbst in die Heide führen sollte, alle auf der Suche nach einem unmittelbaren Verhältnis zur norddeutschen Landschaft.[8]

7 Lichtwark, Sammlung von Bildern aus Hamburg, 1897, S. 18 f.

8 vgl. Meyer-Tönnesmann, Der Hamburgische Künstlerclub, 1985, S. 156–158

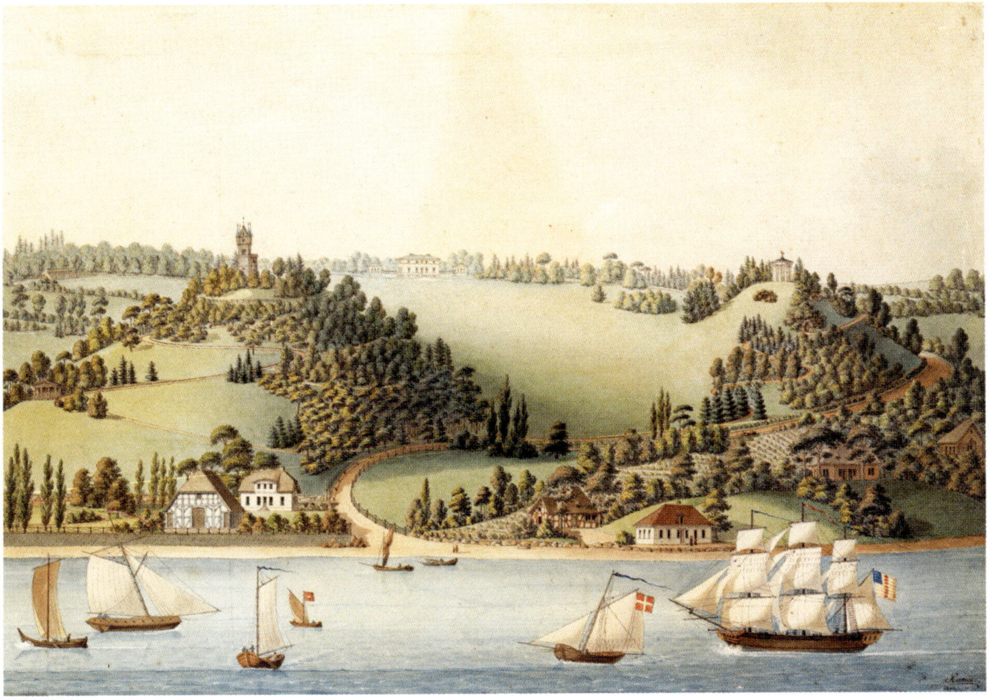

▲ Joseph Ramée, »Vue d'un jardin anglais à Hambourg« [Aussicht in einen englischen Garten in Hamburg], 1810 (© bpk / RMN – Grand Palais / René-Gabriel Ojeda)
»Da blinkt in weiterer Ferne, auf freundlicher Anhöhe, vom schmückenden Grün umgeben, ein reich gezierter chinesischer Turm herüber, und auf entlegenem Ufer der Elbe gibt ein steinerner dorischer Tempel ein freundlich ernstes Bild gegen des Äthers heiteres Blau.« Hans Ferdinand Luthmer, 1828

Nicht ruhiger als bei den Kunstmalern waren die Entwicklungen auf dem Feld der Gartenkunst. Auch hier sammelten sich zum Ende des 19. Jahrhunderts in ganz Deutschland die Bilderstürmer, auch auf diesem künstlerischen Feld spielte Hamburg eine entscheidende Rolle, und wieder befand sich Lichtwark im Mittelpunkt des Geschehens.

Seit der Ablösung des »französischen« Barockgartenstils im ausgehenden 18. Jahrhundert hatte in der abendländischen Gartenkunst weitgehende Übereinstimmung darüber bestanden, dass Gärten die Natur nachzuahmen hätten. Natürlich nicht als stumpfes Plagiat: Gärten sollten Natur übertreffen, indem sie deren eigene Ästhetik verfeinerten und darin das eigentliche Wesen der Natur zur Geltung brachten. Im Laufe des 19. Jahrhunderts hatte sich dazu ein Regelkanon herausgebildet, wie Natur als künstlerisch überhöhte

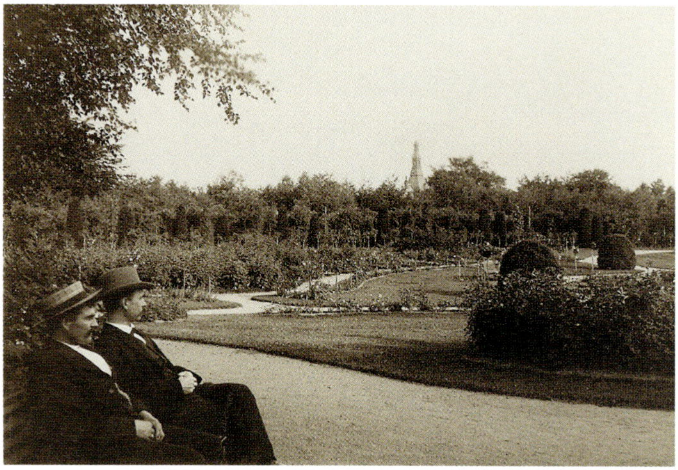

▲ Atelier J. Hamann (verm.), Plateau des Rosariums, Ohlsdorfer Friedhof Hamburg, 1905 (Museum für Kunst und Gewerbe Hamburg, P1994.224) »Bilder schaffen ist der Grundgedanke [...]. In der richtigen malerischen Vereinigung von Architektur, Sculptur und Landschaftsgärtnerei liegt [...] ein unerschöpfliches, freies Arbeitsfeld.« Wilhelm Cordes, 1897

Landschaft darzustellen wäre: »Englische Landschaftsgärten« transformierten die traditionell architektonisch-formalen Gärten mit ihren geschnittenen Gehölzen in Kompositionen aus weich geschwungenen Wegen über offene Wiesen, mit charakteristischen Verteilungen frei wachsender Bäume und oft mit buchtenreichen Wasserflächen.

Hamburgs Großbürgertum wurde von der englischen Parkomanie angesteckt: Wohlhabende Kaufmannsfamilien ließen sich zu Beginn des 19. Jahrhunderts am hohen Elbufer westlich von Altona durch den Bau- und Gartenkünstler Joseph Ramée (1764–1842) ihre Freianlagen gestalten. Ramées fein modellierten Landschaftsgärten auf den vormals schroffen Geesthängen ließen das bis heute tradierte Bild der Elbchaussee als Perlenkette gepflegter Landschaftsparks entstehen.

Im großen Stil trug auch der Bremer Kunstgärtner Isaak Altmann (1777–1837) zur Verbreitung der neuen Gartenmode in Hamburg bei, als er ab 1804 die Hamburger Wallanlagen in eine großzügige, die ganze Stadt umschließende landschaftliche Parkanlage umwandelte.[9]

9 Grunert, Sogar größere Städte, 2020, S. 77

Nicht weniger prägend wirkte der in Wilhelmsburg geborene Wilhelm Cordes (1840–1917), als er sich 1874 maßgeblich an der Schaffung der Anlagen

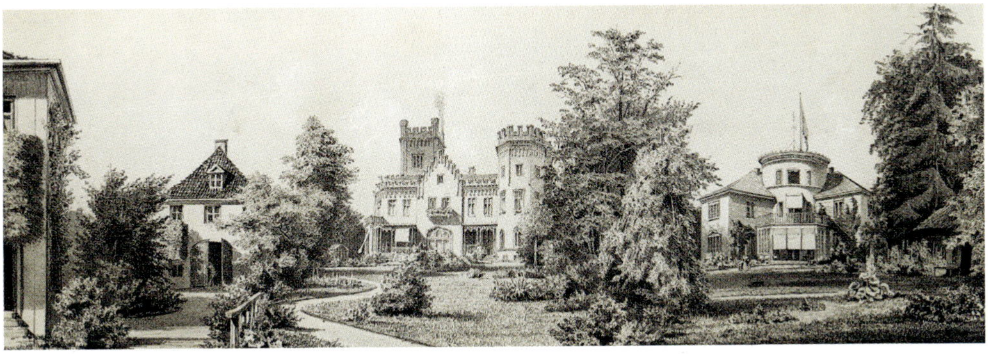

Valentin Ruths, »Landhäuser an der Alster«, Blatt 1, 1850 (aus: Panorama der Landhäuser an der Alster bis nach Harvestehude von V. Ruths, Hamburg, Charles Fuchs, 1850. Staats- und Universitätsbibliothek Hamburg Carl von Ossietzky, KS 1031/900)
»[...] das schöne Alsterufer, [an dem] eine ununterbrochene Folge von Gärten, deren prachtvolle Villen meist halb im Gebüsch versteckt und sehr romantisch in der Tiefe des Gartens liegen, sich ausbreitet.« Peter Friedrich Ludwig Hoffmann, 1852

rund um die Außenalster beteiligte, um drei Jahre darauf in Ohlsdorf einen der größten landschaftlichen Parkfriedhöfe des Kontinents zu gestalten.[10]

In der zweiten Hälfte des 19. Jahrhunderts machten sich der aus Lübeck stammende Friedrich Jürgens (1825–1903) und dessen Sohn Rudolph (1850–1930) nicht allein durch die künstlerische Oberleitung der Gartenbauausstellungen von 1869 und 1897 in den Hamburger Wallanlagen verdient. Beide schufen auch zahlreiche Villengärten des Hamburger Raums. Die Gartenkünstler verstanden sich dabei als »Landschafter«, die ein Terrain so formten, wie »die Natur selbst es ebenso und nicht anders geschaffen hätte«.[11]

Dennoch wurden in dieser Spätphase des landschaftlichen Stils auch entschieden künstliche Elemente wie ornamentale Blumenbeete und gleichförmige Alleen nicht als Widerspruch zu einer landschaftlichen Gartenauffassung verstanden, ganz im Gegenteil: In Anlehnung an die in Preußen vorherrschende Entwurfshaltung der Lenné-Meyerschen Schule mit ihrem »Lehrbuch der schönen Gartenkunst«[12] wurden viele Gärten unter genau festgelegten Gestaltungsprinzipien ausgeführt, zu denen eben auch symmetrische und ornamentale Anlagenteile gehörten. Diese Prinzipien wurden allerdings oft so schablonenhaft angewandt, dass viele Gärten unmotivierte

10 Matthies, Johann Wilhelm Cordes, 1996, S. 655

11 Schubert, Rudolph Jürgens, 1996, S. 662

12 Meyer, Lehrbuch der schönen Gartenkunst, 1860

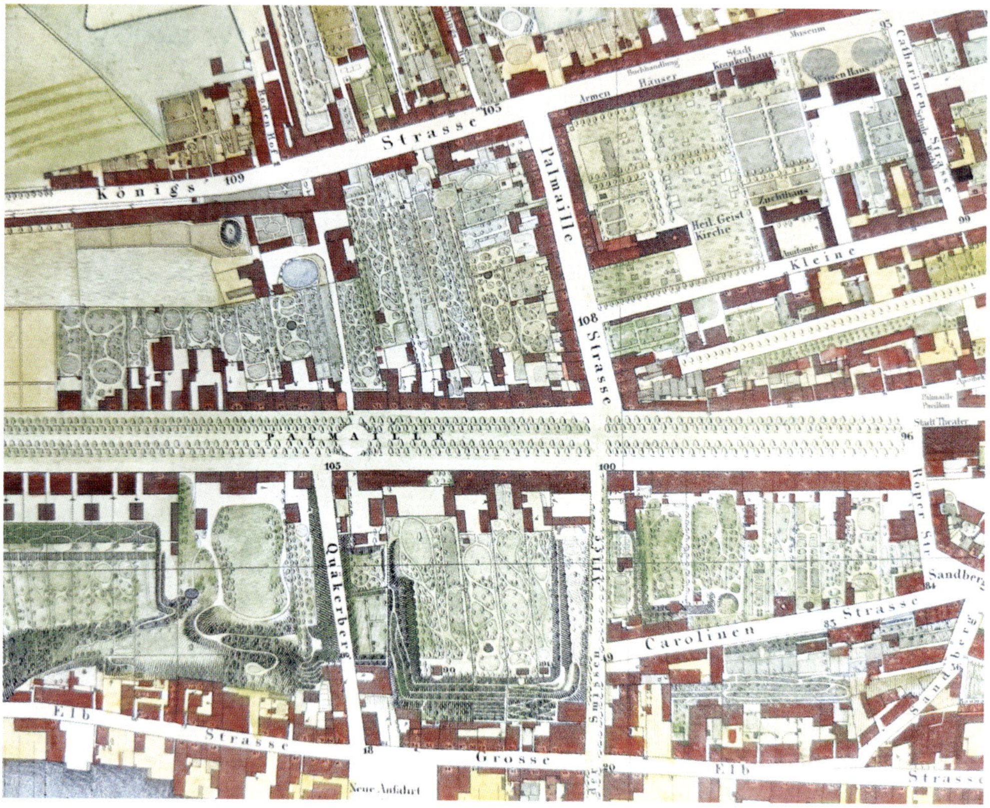

▲ Capitain Nyegaard / Heinrich Christian Schumacher (Zeichnung), Selmar Siebert (Stich), »Altona im Jahre 1836« (Ausschnitt) (P. Dien, Paris 1839. Staats- und Universitätsbibliothek Hamburg Carl von Ossietzky, Kt H 171)
»Und nun treiben seit 50 Jahren die Gartenbauer der naturalistischen Schule ihr Wesen und lassen das vernunftbegabte Wesen Mensch auf die brezel-, herz- und nierenförmigen Wege herumtänzeln.« Otto Vogeler, 1903

Wegeführungen, auf merkwürdigste Weise gekrümmte Uferlinien und überkünstelte Blumenbeete aufwiesen. Gegen Ende des 19. Jahrhunderts wuchs der Unwille gegen solcherart unsinnige »Brezelwege« und gemusterte »Teppichbeete«. Lichtwark widmete den »Abgeschmacktheiten« des Landschaftsgartenstils schon früh seine Aufmerksamkeit:

»Auf keinem Gebiet hat unsere Zeit so viel nachzuholen, wie auf dem des Gartenbaues in seiner künstlerischen Ausbildung. Nirgend[s] haben sich Principien, die in ihrer einseitigen Uebertreibung durchaus falsche genannt werden müssen, so festgesetzt.«[13]

13 Lichtwark, Moderne Gartenkunst, 1885, S. 326

Wenn Lichtwark diese niederschmetternde Bestandsaufnahme in den kommenden Jahrzehnten variierte und verfeinerte, so meint man in seinen beredt ausgeschmückten Darstellungen eine gewisse Lust am Kampf auszumachen:

»Die Gartenbaukunst siecht unter der einseitigen Herrschaft der verkommenen englischen Tradition dahin. Von einer Rückkehr zu architektonischen Prinzipien findet sich auf dem ganzen Gebiet kaum eine Spur, der Aufwand aber, der überall mit dem Garten getrieben wird, ist ganz enorm, und wenn ein Teil davon dereinst einer Kunst des Gartenbaus dienstbar gemacht wird, brechen herrliche Zeiten an.«[14]

Der Feind war als landschaftlicher Stil also ausgemacht. Doch woran konnten sich die Gartenstürmer orientieren, wenn sich eine Rückkehr zur herrschaftlichen Kunst des Barock aus weltanschaulichen Gründen verbot?

14 Lichtwark, Hamburg – Niedersachsen, 1897, S. 23

HAMBURGS WESEN DURCH DIE KUNST AUSDRÜCKEN

Der »Kulturbesitz des regelmässigen Gartens« und die Sammlung Hamburger Bilder

Die in Akademien verbildeten Malkünstler ❧ The Formal Garden in England ☙ Lichtwark schwärmt vom Hamburger Bauerngarten ❧ Gärten für das Industriezeitalter ☙ Arthur Illies hat ein Erweckungserlebnis ☙ Makartbouquet oder Blumenstrauß? ☙ Liebermann malt Hamburg ❧ die Zeit der Gartenarchitekten bricht an

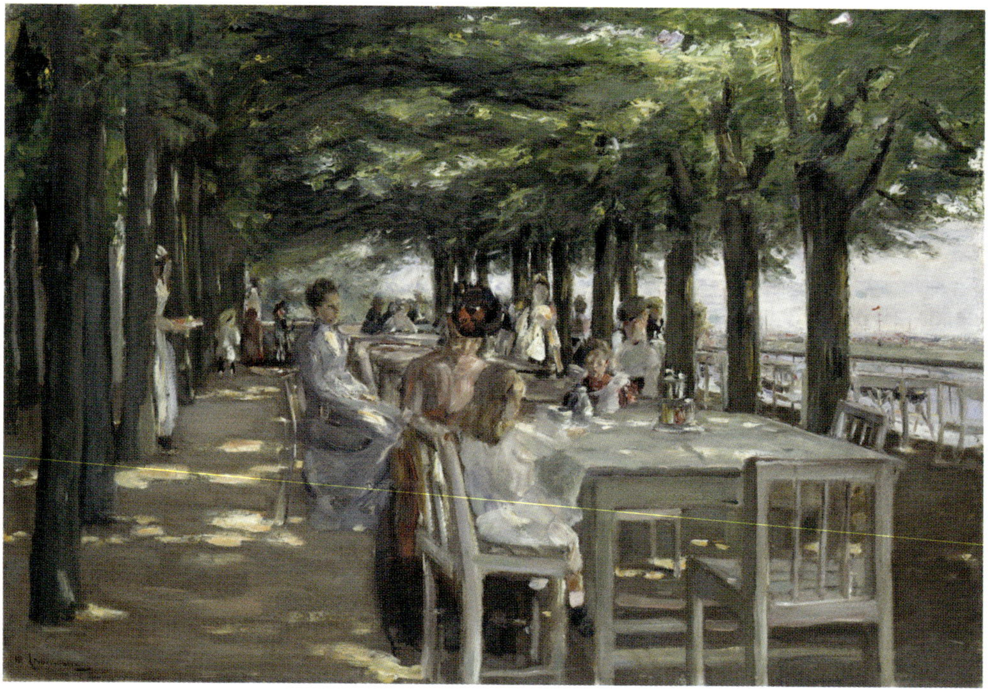

▲ Max Liebermann, »Die Terrasse des Hotel Louis C. Jacob in Nienstedten an der Elbe«, 1902 (© Hamburger Kunsthalle / bpk, Foto: Elke Walford) »Daß wir in den 4 Tagen, die wir in Hamburg verlebten, so viel gesehn, [...] kömmt mir, wenn ich dran zurück denke, schier unglaublich vor: der Hafen und die Landhäuser an der Elbe – Jacob's Restaurant nicht zu vergessen!« Max Liebermann, um 1890

Mindestens in Bezug auf die Gartenkunst hatte Lichtwark recht darin gehabt, in eine künstlerische Erneuerung aus den Reihen der in Akademien »verbildeten« Künstler wenig Hoffnung zu setzen. Zu sehr waren die Ausbildungsstätten für Gartenkünstler der Lenné-Meyerschen Richtung verhaftet. Der entscheidende Anstoß zur Erneuerung der Gartenkunst in Deutschland war daher auch nicht von den Kunstgärtnern ausgegangen.

In England hatten bereits in der zweiten Hälfte des 19. Jahrhunderts avantgardistische Stimmen eine Rückkehr zum formalen, geometrisch klaren Garten angemahnt. Zwischen den häufig in den Bereichen von Architektur und Kunsthandwerk arbeitenden Reformern einerseits und Kunstgärtnern andererseits war ein Disput entbrannt, der unter dem Stichwort »Architektengärten« schnell auch nach Deutschland getragen wurde: 1892 erschien das der englischen Gartenreform den Weg bahnende Werk »The Formal Garden in England«, in dem Reginald Blomfield (1856 – 1942) historische – also geometrische – Landhausgärten als vorbildhaft empfahl.[1] Der Architekt Hermann Muthesius (1861 – 1927) propagierte diese Sicht in Deutschland.[2] Bereits 1885 hatte auch Lichtwark gegen die traditionell landschaftliche Gartenkunst Partei ergriffen und für eine Rückkehr zu geometrischen Formen plädiert.[3] Doch anders als Blomfield und Muthesius verwies Lichtwark zunächst nicht auf Beispiele großbürgerlicher Gartenkunst, sondern auf das Vorbild deutscher, speziell Hamburger Bauerngärten:

»Ich machte mir einmal die Freude, einem Freunde aus Berlin den wohlgepflegten Garten eines reichen Bauern in der Hamburger Marsch zu zeigen. Um mich an seiner Überraschung zu weiden, hatte ich ihm kein Wort von meiner Absicht verraten.

Schon beim ersten Anblick stutzte der Fremde. Hastig, ohne ein Wort zu sagen, trat er aus der Hausthür und eilte nach dem geraden Weg, der auf die große, geschorene Laube im Hintergrund zuführt. Er ließ seine Blicke über die Blumenbeete schweifen, die den Weg begleiteten, über die regelmäßigen Gemüsebeete dahinter, sah mich verblüfft an, wandte sich nach allen Seiten und brach dann nach seiner lebhaften Weise in Verwunderung aus.

Das ist alt? rief er. Wirklich? – Dann haben eure Bauern uns auch in ihren Gärten ein Stück alter Kultur am Leben gehalten [...]? – Nein, wie das gemütlich aussieht, diese geraden Wege und Beete, diese geschorenen Hecken und der große Würfel der Laube, und diese klassische Verbindung von Blumen- und Gemüsegarten, wie menschlich.«[4]

War der ungenannte Gast aus Berlin, der bei seinem Besuch mit den Händen Rahmen formte und Bildmotive probierte, womöglich Max Liebermann (1847 – 1935)?[5] Lichtwark hatte den nur wenig älteren Maler 1890 in Hamburg kennengelernt und sich mit ihm über die verschiedensten Aspekte der schönen Künste

1 Blomfield / Thomas, The Formal Garden, 1892
2 Muthesius, Das englische Haus, 1904 – 1905
3 Lichtwark, Moderne Gartenkunst, 1885
4 Lichtwark, Makartbouquet und Blumenstrauß, 1892, S. 29 f.
5 ebd., S. 34; zur Liebermann-Vermutung vgl. Poppendieck, Der erste Museums-Bauerngarten, 1992, S. 81

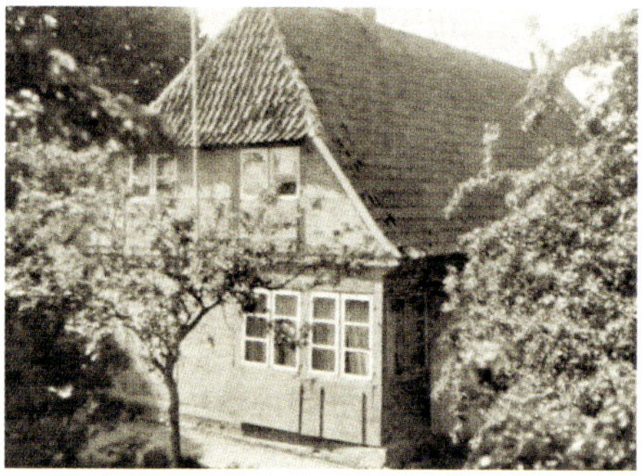

Eduard Goedicke, »Lichtwarks Geburtshaus in Reitbrook«, 1917 (aus: Anna von Zeromski, Alfred Lichtwark: ein Führer zur deutschen Zukunft. Jena, Eugen Diederichs, 1924, zwischen S. 16 und S. 17. Staats- und Universitätsbibliothek Hamburg Carl von Ossietzky, A 1946/10418) »Den Stempel seiner Heimat hat Lichtwark immer mit Stolz getragen – ein Niederdeutscher von echtem Schrot und Korn.« Anna von Zeromski, 1924

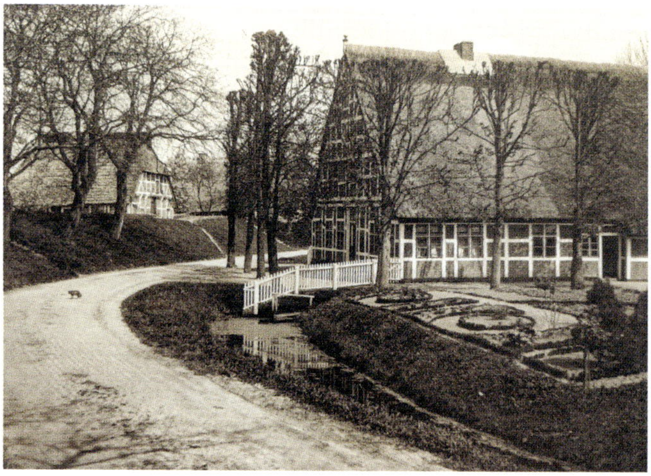

Anton Joachim Christian Bruhn, »Ostmoorende. Bauerngarten«, 1911 (aus: Hamburg: Land und Leute der Niederelbe, aufgenommen im Auftrag der Freien und Hansestadt Hamburg, Hamburg, Boysen & Maasch, 1912, Abb. 56) »Dieser Bauerngarten sagt mir mehr als Versailles und Sanssouci.« Alfred Lichtwark, 1892

ausgetauscht. Zwischen 1909 und 1911 standen sie dann in intensivem Austausch über die Gestaltung des Liebermannschen Anwesens am Wannsee.[6]

Die Reaktion des Freundes auf diesen »Kulturbesitz des regelmäßigen Gartens« der Marschbauern[7] mag so enthusiastisch gewesen sein, wie sie Lichtwark beschrieb. Bei ihm selbst aber kam wohl die eigene Sozialisation hinzu: Er war 1852 als Sohn des wohlhabenden Müllers und Landwirts Friedrich Carl Johann Ernst Lichtwark (1806–1869) in Reitbrook bei Hamburg geboren worden. Des Vaters Garten in der Reitbrooker Marsch wies geschnittene Hecken auf, eine weißgestrichene Holzbank, eine Laubnische und einen Rasenplatz mit Rosenbeet sowie ein wohl bescheidenes »Lusthaus«. Für kurze Zeit zog die Familie auf einen größeren Hof mit großem Garten in Hamburg-Alsterdorf, kehrte aber schon 1855 nach Reitbrook zurück, wo der Vater einen Hof übernahm, zu dem wiederum ein großer Garten und über 300 Obstbäume zähl-

6 Klarmann, An Ihren Garten, 2014, S. 23

7 Lichtwark, Makartbouquet und Blumenstrauß, 1892, S. 29

ten.[8] Eine emotionale Bindung an Bauerngärten der Hamburger Marschlande wäre bei Lichtwark daher verständlich. Und wenn diese »gemütlich« und »menschlich« schienen, war dies vielleicht weniger dem Berliner Freund zuzuschreiben als Lichtwark selbst, bei dem während des Gespräches Erinnerungen aus allerfrühester Kindheit aufkamen, »wo die geschorenen Hecken eines solchen Gartens [...] [seine] Welt eingeschlossen hatten«.[9]

Der Begriff des Bauerngartens war jedoch weniger eindeutig bestimmt, als Lichtwarks Ausführungen nahelegen. Denn auch wenn die Gestaltung Hamburger Bauerngärten an der Wende zum 20. Jahrhundert nur bruchstückhaft überliefert ist,[10] spricht wenig für einen Formenkanon, eine gemeinsame Raumauffassung oder eine verbindliche Pflanzenverwendung. Die Kunstgattung Bauerngarten wurde nicht entdeckt, sondern eher – unter direkter Bezugnahme auf Lichtwark – erfunden.[11]

Und obwohl es Befürworter der Bauerngartenidee oft so darstellten, waren Bauerngärten nicht der Hort einer unveränderlichen Volkstradition, sondern ebenfalls der Mode unterworfen. In den Hamburger Marschlanden dürften die Bauern von den dort seit dem 17. Jahrhundert vom Hamburger Großbürgertum errichteten Landhausgärten im holländischen Stil, einer Sonderform des Barockgartens, zu Nachahmungen inspiriert worden sein.[12]

Für Lichtwark mag die Unterscheidung zwischen großbürgerlicher und bäuerlicher Gartentradition wenig relevant gewesen sein, ging es ihm doch nicht darum, eine vergangene Gartenkultur zu reanimieren, sondern darum, sich ihrer zu bedienen, um aus dem Rückgriff auf die heimatliche Vergangenheit Neues zu schaffen. 1906 analysierte er darum auch Gärten des Althamburgischen Großbürgertums. Von Gärten wie dem des Bürgermeisters Lucas von Bostel in der Hamburger Marsch aus dem frühen 18. Jahrhundert, so Lichtwark, sei der Gebrauch von Lattenwerk, Hecken, geraden Wegen und die Unterteilung in streng separierte Teilgärten zu lernen.[13]

Geometrische Gartengestaltungen vergangener Jahrhunderte konnte er natürlich nicht ungefiltert übernehmen. Der alte, »französisch« betitelte geometrische Barockstil war ja gerade mit dem Vorwurf abgelöst worden, naturfern zu sein sowie herrschaftliche Willkür und Ignoranz gegenüber den Bedürfnissen des Volks zu repräsentieren. Im modernen Industriezeitalter musste die neue Gartenkunst sowohl funktionale als auch ästhetische Bedürfnisse befriedigen, dabei massentauglich sein und einem bürgerlich-liberalen Gesellschaftsbild entsprechen.

Die sich zeitgleich mit Lichtwarks Überlegungen erst langsam findende Reformgartenbewegung leitete aus diesen Überlegungen die Forderung ab, Haus und Garten stärker aufeinander zu beziehen: Einem Hausgrundriss mit

8 Zeromski, Alfred Lichtwark, 1924, S. 7 f.
9 Lichtwark, Makartbouquet und Blumenstrauß, 1892, S. 34
10 Haase, Der Blumengarten, 1963, S. 175
11 Poppendieck, Der erste Museums-Bauerngarten, 1992, S. 94; Rother, Der Bauerngarten in Norddeutschland, 2018
12 Poppendieck, Der erste Museums-Bauerngarten, 1992, S. 81
13 Lichtwark, Einleitung, In: Breitfenster und Hecke, 1906, S. 11–19

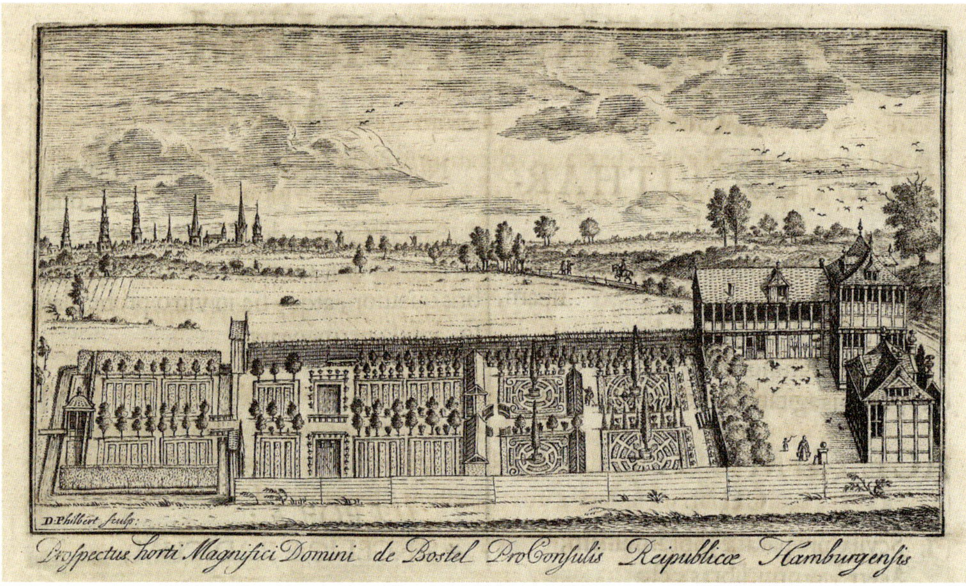

▲ D. Philbert, »Prospectus horti Magnifici Domini de Bostel Pro Consulis Republicæ Hamburgensis« [Garten des Lucas von Bostel in Hamm], um 1716 (aus: Jakob Kalde, Dispensatorium Hamburgense, Hamburg, Naumannus, 1716. Sächsische Landesbibliothek – Staats- und Universitätsbibliothek Dresden) »Das Grundgesetz dieses Gartens [des Lucas von Bostel] ist wieder: Zerlegung des Gesamtgeländes in einzelne eingehegte Teile zu behaglichem und geschütztem Aufenthalt.« Alfred Lichtwark, 1906

verschiedenen Zimmern analog erschienen den Reformern geometrisch eingeteilte Gärten vernünftiger und insoweit auch naturgemäßer als eine Landschaftsimitation, die Bedürfnisse nach praktischer Nutzbarkeit, wie etwa zum Gartenbau, Sport oder auch Kinderspiel, meist ignorierte.

Die in praktischer Hinsicht nutzlose Ornamentik der Zierbeete in Lucas von Bostels Garten blendete Lichtwark daher aus und nahm stattdessen die räumliche Gliederung in seinen Fokus:

»Das Grundgesetz dieses Gartens ist wieder: Zerlegung des Gesamtgeländes in einzelne, eingehegte Teile zu behaglichem und geschütztem Aufenthalt, wechselnde Ausgestaltung dieser Teile, so dass immer neue Eindrücke entstehen, und Durchschneisung des Gartens mit einer Perspektive, die zugleich die bequemste Verbindung gibt und den Blick aus der Enge und Abgeschlossenheit jedes Teiles in die Unendlichkeit leitet.«[14]

14 Lichtwark, Einleitung, In: Breitfenster und Hecke, 1906, S. 18

Zeitgleich mit diesen frühen Bemühungen zur historischen Rückbindung der Gartenkultur nutzte Lichtwark auch seine Stellung, um Besuchern seiner

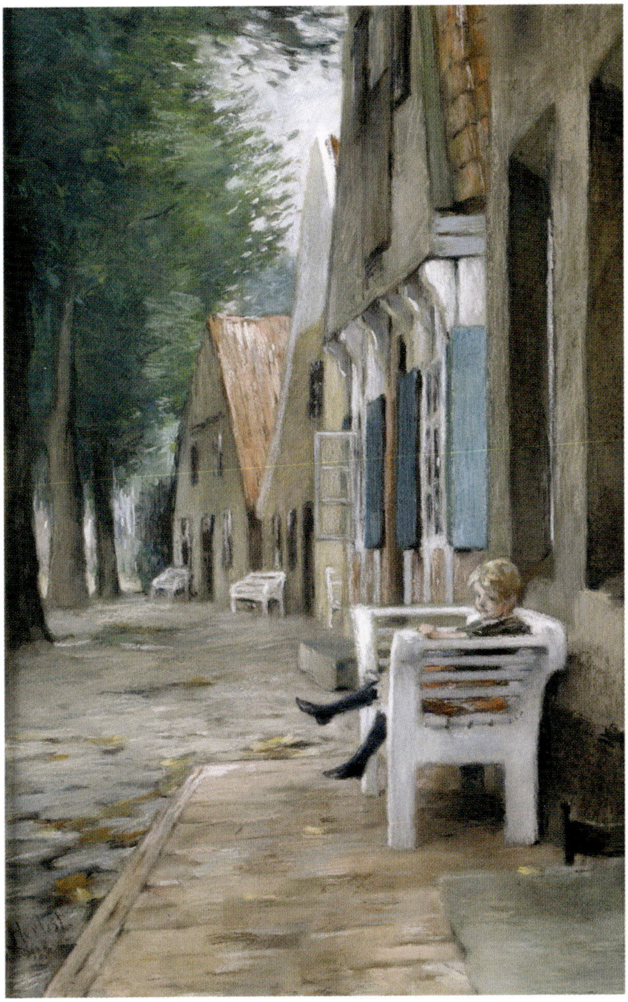

◄ Thomas Herbst, »Straße in Altenbruch«, 1893 (© Hamburger Kunsthalle / bpk, Foto: Elke Walford) »Lichtwark begleitete Herbst gern auf Studiengängen in der Nähe Hamburgs [...] [und ließ] sich von Herbst die Reize der Landschaft mit dem Wort und dem Pinsel vordemonstrieren.« Friedrich Ahlers-Hestermann, 1939

Kunsthalle »die Landschaft und das Leben der Heimat durch hervorragende Meister auslegen und verklären zu lassen«. Seit 1889 sammelte die Kunsthalle Bilder mit Hamburger Motiven. Nach und nach sollte diese Sammlung mit Werken der besten zeitgenössischen deutschen Maler ergänzt werden, die man ab 1892 einlud, »Hamburg und das Hamburgische Land« darzustellen, um diese Arbeiten für die Kunsthalle zu erwerben. Die Bilder sollten zunächst – unter dem Eindruck der seit 1883 entstehenden und dabei alte Stadtviertel vernichtenden Speicherstadt – vor allem alte Hafenszenen zeigen. Zu den ersten angefragten Hamburger Künstlern zählten Thomas Herbst

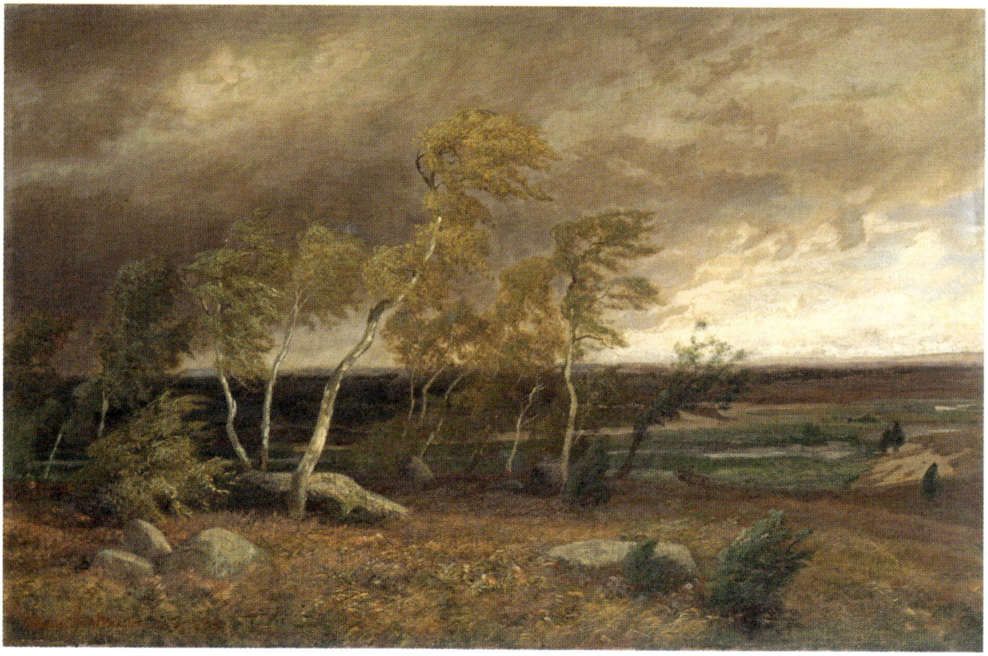

Valentin Ruths, »Die Heide im Sturm«, 1896 (© Hamburger Kunsthalle / bpk, Foto: Elke Walford) »Auf diesem Wege [durch die Sammlung Hamburger Bilder] schien unserer Galerie ein locales und nationales Gegengewicht gegen die Entwicklung des internationalen Elements [...] gesichert.« Alfred Lichtwark, 1897

(1848–1915), Ascan Lutteroth (1842–1923), Carl Rodeck (1841–1909) und Valentin Ruths (1825–1905). Sie alle waren versierte Landschaftsmaler und als Mitglieder im Hamburger Künstlerverein von 1832 einst angetreten, »Hamburgs Wesen durch die Kunst auszudrücken«.[15]

Lichtwarks Einladung folgten später auch auswärtige Maler wie Liebermann, Gotthard Kuehl (1851–1915), Momme Nissen (1870–1943), Fritz Thaulow (1847–1906), Hans Olde (1855–1917) und Leopold Graf von Kalckreuth (1855–1928).[16] Nicht immer fanden sie ihre Motive in Hamburg selbst: Viele zog es auch ins Umland, nach Cuxhaven etwa, nach Lauenburg oder Neugraben. Und so wurde die Sammlung Hamburger Bilder auch eine Suche nach dem Typischen, dem Ursprünglichen und dem heimatlich Einfachen.

Offenbar traf Lichtwark damit einen Nerv der Zeit. Für seinen Plan erhielt er die Unterstützung privater Spender und beförderte so einen Markt für Hamburger Landschaftsmaler: 1897 konnte er vermelden, dass auch jüngere

15 Lichtwark, Sammlung von Bildern, 1897, S. 11–12, 26
16 ebd., S. 19

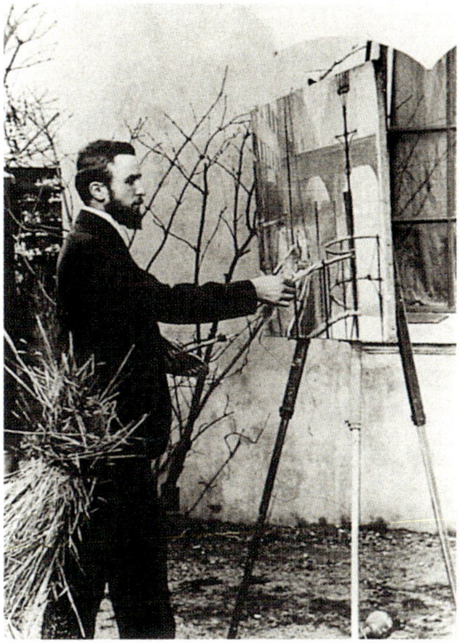

◄ Arthur Illies, um 1895 (aus: Carsten Meyer-Tönnesmann, Der Hamburgische Künstlerclub von 1897, Christians, Hamburg, 1985, S. 55) »Die Wiedergabe des äußerlich und innerlich Geschauten ging ihm [Illies] mit ungemeiner Leichtigkeit von der Hand.« Gustav Schiefler, 1985

Künstler mit ihren Bildnissen Hamburger Szenen »erfreuliche Aufnahme« bei Kunstfreunden gefunden hätten.[17]

Bald nachdem Thomas Herbst 1894 nach Hamburg gezogen und dem Künstlerverein beigetreten war, formierte sich innerhalb des Vereins eine revolutionäre Gruppe, die sich »Hamburgischer Künstlerclub« nannte und mit leuchtenden Farben Bilder »en plein air« schuf. Diese meist jungen Maler hatten mit ihren farbenfrohen Werken beim konservativen Hamburger Publikum einen solchen Skandal ausgelöst, dass Lichtwark untersagt wurde, die Arbeiten dieser auch »Junge Hamburger« genannten Gruppe in der Kunsthalle auszustellen. Unter dem Zusammenschluss als Künstlerklub gelang es ihnen trotzdem, Ausstellungsmöglichkeiten zu erhalten und ihre Arbeit fortzuführen.[18]

Der erste Leiter des Künstlerklubs, Arthur Illies (1870 – 1952), der von Lichtwark befeuert sein Kunststudium in München abgebrochen hatte, überlieferte sein persönliches Erweckungserlebnis:

»Ostern 1892 stand ich während eines Aufenthaltes in Hamburg vor einem niedersächsischen Bauernhof in Langenhorn, und da fiel es mir wie Schuppen von den Augen, dass ich hier etwas sah, das mir innerlich näher stand als alles, was die Akademie und München mir allenfalls geben konnten.«[19]

Diese Erkenntnis traf wohl nicht zufällig mit dem Erscheinen von Lichtwarks Schrift »Makartbouquet und Blumenstrauß« zusammen, einem glü-

17 ebd., S. 32
18 Hirschfeld, Hundert Jahre, 1932, S. 17; Meyer-Tönnesmann, Der Hamburgische Künstlerclub, 1985, S. 105 – 109, 129 – 131, 142 – 152
19 Zitiert nach Meyer-Tönnesmann, Hamburgischer Künstlerclub, 1985, S. 54; vgl. Illies, Aus Tagebuch und Werk, 1981, S. 47 f.

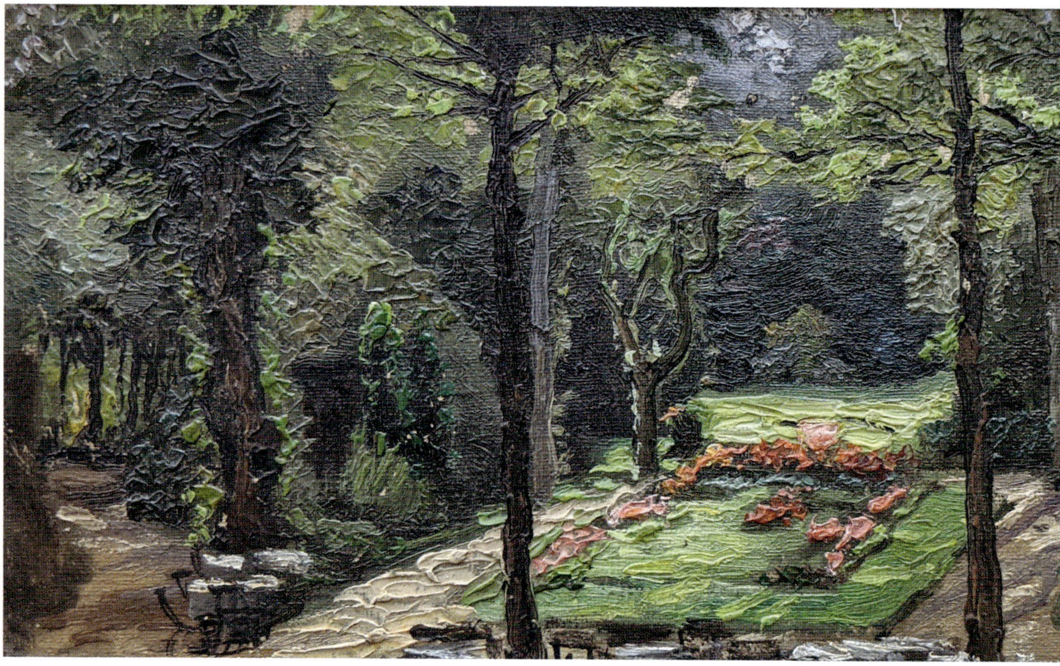

henden Plädoyer gegen alles Überladene und Verkünstelte. Nach Lichtwarks Auffassung zeichnete sich die zeitgenössische deutsche Kultur – Architektur, Inneneinrichtung bis hin zu Bekleidung und Make-up – durch Entfremdung vom natürlichen und unmittelbaren Genuss des Einfachen aus. Exemplarisch zeige sich dies in einer verfehlten Blumenbindekunst: dem mit überzüchteten, unnatürlich arrangierten und mithilfe von Draht in entstellende Formen gepressten »Makartbouquet«, benannt nach dem Stil des Wiener Malers und Dekorationskünstlers Hans Makart (1840–1884). Wie beiläufig hatte der Kunsthallendirektor in seiner Schrift auch gegen die Ateliermaler im Allgemeinen und die Historienmaler im Besonderen gewettert, dagegen den Naturalismus gelobt und gefordert, man müsse sich in der Kunst wieder »zu dem naiven Standpunkte des Kindes« durcharbeiten.[20]

Illies' im Herbst des Folgejahrs entstandenes Bild des »Schmetterlingsgartens« im Park des Gasthauses Randel in Poppenbüttel lässt erkennen, was dem Künstler – vielleicht auch in Anlehnung an Lichtwark – aufgegangen war: Der weitläufige Garten mit seinen vielfältigen Blumen- und Gehölzpflanzungen verwies auf eine dem Bauerngartenthema verwandte, anscheinend unverbildete Volkstümlichkeit, die ihn anzog und die er in pastös aufgetragenen,

20 Lichtwark, Makartbouquet und Blumenstrauß, 1892, S. 12, 23 f.

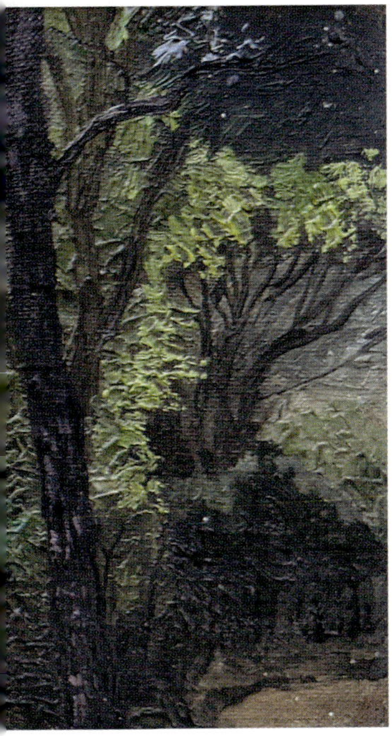

▲ Arthur Illies, Schmetterlingsgarten im Gasthauspark Randel, 1893 (Privatarchiv Stephan Randel)
»Vor einem niedersächsischen Bauernhof in Langenhorn [...] fiel es mir wie Schuppen von den Augen, dass ich hier etwas sah, das mir innerlich näher stand als alles, was die Akademie und München mir [...] geben konnten.« Arthur Illies, 1940

▼ Arthur Illies, »Heidetal bei Harburg. Sonniger Tag«, 1896 (© Hamburger Kunsthalle / bpk, Foto: Elke Walford)
»Die Schönheit des Geländes lockt zur Ansiedelung, und es scheint, als ob die Zeit nicht fern ist, wo die Heide für den Hamburger eine ähnliche Bedeutung haben wird, wie das nahe Gebirge für den Wiener oder Münchner.« Alfred Lichtwark, 1904

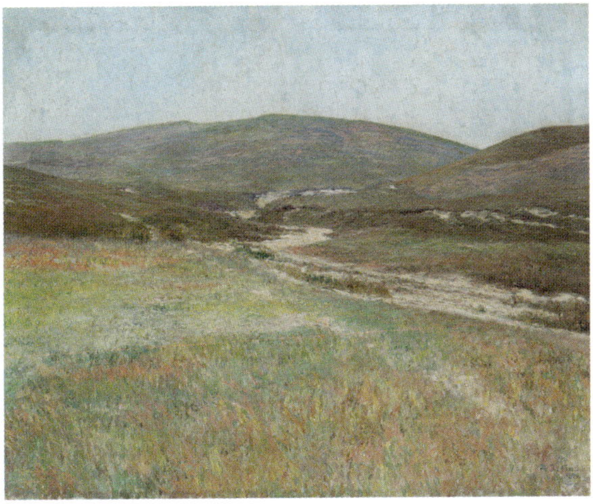

leuchtenden Farben malerisch umsetzte.[21] Einige Jahre später schon quartierte sich Illies mit den Malerkollegen Paul Kayser (1869–1942) und Alfred Mohrbutter (1867–1916) am Fuße des Falkenbergs in der Neugrabener Heide ein und schuf dort über fünfzig Gemälde, von denen Lichtwark zwei für die »Sammlung Hamburger Bilder« erwarb.[22]

Wie die Hamburger Frührealisten zu Anfang des Jahrhunderts zog man seit 1894 wieder gemeinsam in die ländliche Umgebung: mit Thomas Herbst, Ernst Eitner (1867–1955) und Illies zunächst nach Wellingsbüttel, dann an die Lühe bei Stade, in die Neugrabener Heide und nach Finkenwerder. Über den

21 Der Besitzer hatte den Garten nach einer Englandreise selbst angelegt. Hinweis von Stephan Randel, 2018

22 Lichtwark, Sammlung von Bildern aus Hamburg, 1897, S. 46

von Lichtwark gestellten Anspruch nach »mehr Farbigkeit« hinaus wollten die Künstler einem neuen Natur- und Landschaftsgefühl nachgehen.[23]

In der heute als Lebensreformbewegung klassifizierten Zeit unterschiedlichster kunst- und gesellschaftsverändernder Strömungen überschnitten sich die Diskurse vielfach. Hatten zunächst Hochbauarchitekten und Kunsthandwerker den gartenkünstlerischen Diskurs in Bewegung gebracht, so trugen im Windschatten des Kultur-Allrounders Lichtwark auch Maler dazu bei, dieser Bewegung eine Richtung zu geben. Dass sich Illies des Gartenthemas annahm, war daher symptomatisch.[24]

Liebermann nahm an dieser gartenkünstlerischen Suche noch entschiedener teil. Lange bevor er ab 1909 im Austausch mit Lichtwark seinen eigenen Garten am Wannsee anlegte, und sogar noch vor den gemeinsamen Beratungen in der Jury für den Berliner Nordpark, den heutigen Schillerpark, im Jahr 1904,[25] zeigt sich dies in Liebermanns frühen Hamburger Werken: Auf Einladung Lichtwarks wohnte Liebermann im Sommer 1902 im Hotel Jacob in Nienstedten und schuf dort die beschwingt flimmernde Darstellung der Restaurantterrasse (vgl. Abb. S. 28) deren regelmäßig verteilte Lindenbäume und weiße Holzbestuhlung bereits geometrische und bäuerliche Gartenmotive anklingen ließen.

Liebermanns ebenfalls in dieser Zeit entstandenes Bild des Landhauses Godeffroy in Dockenhuden, wenige Kilometer westlich des Hotels Jacob, lässt sich dagegen als Abgesang auf eine überlebte Landhauskultur verstehen: Das hell verputzte klassizistische Haus mit den in natura so imposanten Säulen unterscheidet sich hier nur wenig vom Himmel und dem fast ebenso hellen Weg und wirkt in seiner flächenhaften Darstellung trotz der räumlichen Perspektive wenig greifbar. Farbe verleiht diesem Anblick nur das rötlich und grün schimmernde Laub, das sich vorhangartig vor das leer wirkende Haus zu schieben scheint.[26]

Wie anders dagegen Liebermanns im selben Jahr entstandene Darstellung des »Eichberghauses« in Hamburg[27]: Der Betrachter blickt frontal auf einen Seitengiebel dieses bis auf die Dachflächen fast vollständig eingewachsenen Gebäudes. Aus dem dunklen Grün der berankten Fassaden lugt ein apricotfarbener Erker hervor, der von einem orangefarbenen Satteldach bekrönt wird. Der Betrachter wird durch die rosig-vollen Blüten einer im Vordergrund stehenden Pflanzung, die die etwas gedeckt wirkende Gebäudefarbe leuchtend spiegelt, freundlich willkommen geheißen. Dieses unsymmetrische, vielleicht erst infolge einiger Umbauten zu seiner einladenden Gemütlichkeit gereifte Haus steht im Gegensatz zu seinem klassizistisch-blassen Pendant der Godeffroys. Offenbar einer volkstümlichen Tradition verhaftet, scheint

23 Meyer-Tönnesmann, Der Hamburgische Künstlerclub, 1985, S. 157

24 vgl. Illies' Entwurf zur Alsterkanalisierung (C. M., Kanalisierung der oberen Alster, 1911)

25 Ein Wettbewerb um Entwürfe zu einer Parkanlage in Berlin, 1908, S. 7 f.

26 Lichtwarks Urteil, das ehem. Landhaus Godeffroy habe für Liebermanns Villa am Wannsee Pate gestanden (Brief v. 19.10.1910, In: Lichtwark, Briefe an die Kommission, Bd. 2, 1924, S. 332) spricht zugleich für Liebermanns Wertschätzung des alten Landhauses.

27 Ein Impressionismus für Hamburgs Bürgertum, 2002, S. 55

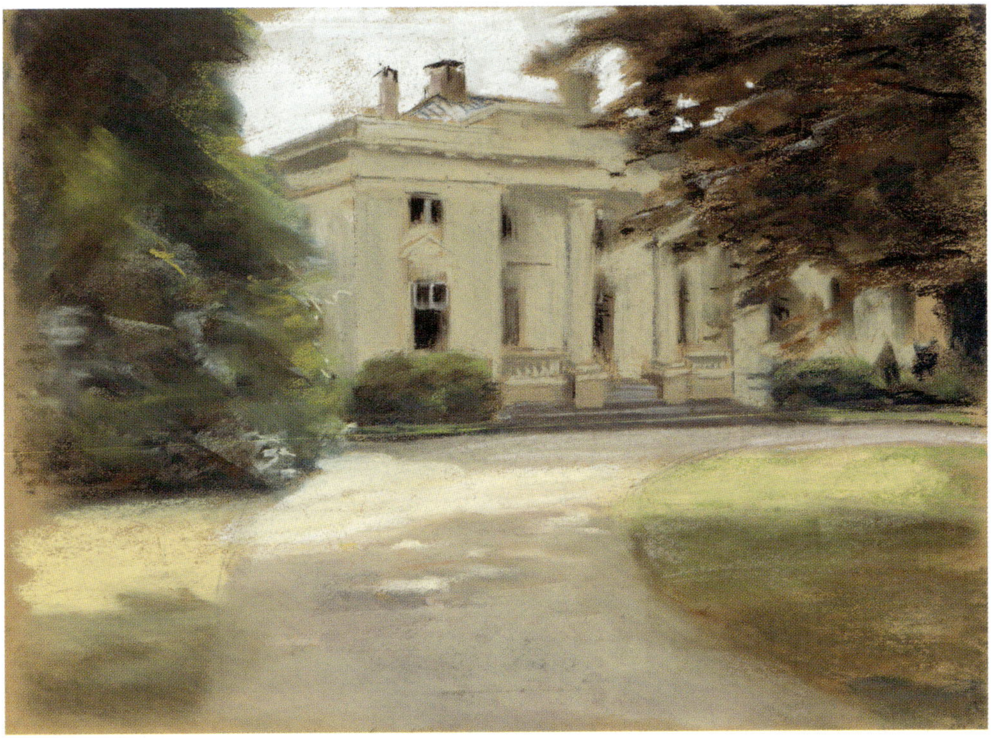

▲ Max Liebermann, »Das Godeffroy'sche Landhaus im Hirschpark von Nienstedten«, 1902 (© Hamburger Kunsthalle / bpk, Foto: Elke Walford) »Hier [in den schönen Wohnsitzen ländlicher Ruhe] wird dem Vergangenen nach- und der Zukunft entgegen gedacht.« Friedrich Theodor Nevermann, 1792

es den von Lichtwark beschworenen »Erdgeruch des Localcharakters« zu verströmen.[28]

Solche als Teil bzw. im Umfeld der »Sammlung Hamburger Bilder« entstandenen Werke zielten für Lichtwark auf eine Hebung Hamburger Malkunst. In ihren Auseinandersetzungen mit Aspekten der zeitgenössischen Bau- und Gartenkunst sowie der hamburgischen und niedersächsischen Landschaft wiesen sie außerdem aus verschiedenen Richtungen auf die von Lichtwark vorausgesagte Reform der Bau- und Gartenkultur, die sich zu Beginn des 20. Jahrhunderts Bahn brach:

»Wir stehen mitten in einer Umgestaltung unseres Privatbaues, und die Neugestaltung unserer Gartenkunst lässt sich für die nächste Zukunft auch bei uns Hamburgern voraussagen.«[29]

28 Lichtwark, Die Sammlung Hamburger Bilder, 1897, S. 26

29 Lichtwark, Einleitung, In: Breitfenster und Hecke, 1906, S. 7

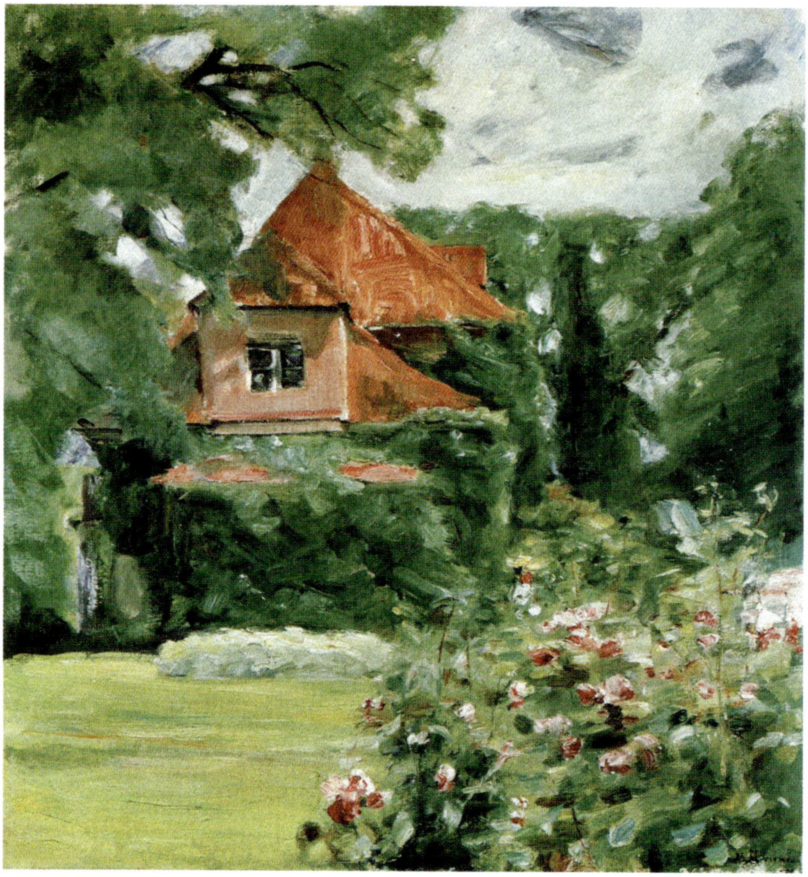

▲ Max Liebermann, »Altes Haus in Hamburg«, 1902
(Privatbesitz. Aus: Max Liebermann. Wegbereiter der Moderne, Hg. Robert Fleck, Bonn / Hamburg, Dumont, 2011 – 2012, Abb. 72)
»Niemand kann uns eindringlicher als der Maler sagen, dass bisher in Hamburg nichts entstanden ist, das für unsere Luft und unser Licht so trefflich empfunden ist, wie die bürgerliche und ländliche Architektur des 17. und 18. Jahrhunderts.«
Alfred Lichtwark, 1897

Lichtwarks Prophezeiung erfüllte sich auf Punkt und Komma, und noch im ersten Jahrzehnt des 20. Jahrhunderts wandelte sich die Gartenkunst des Hamburger Kulturraums grundlegend. Traditionsverhaftete Gartenkünstler des spätlandschaftlichen Stils wurden von Reformern abgelöst, die sich zum Zeichen ihrer geometrischen Formensprache bald stolz »Gartenarchitekten« nannten.

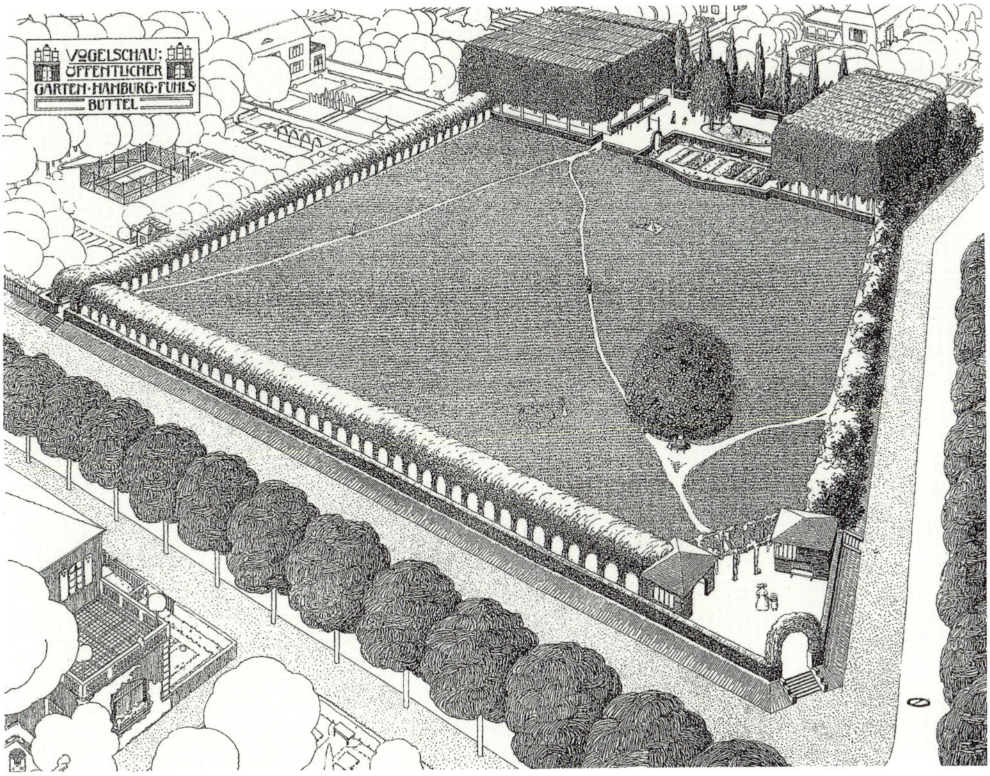

▲ Leberecht Migge, »Öffentlicher Garten Fuhlsbüttel«, 1911
(aus: H[oemann, Reinhold], Aus der Praxis eines neuzeitlichen Gartenbau-Betriebes, In: Die Gartenkunst, 13. Jg. (1911), Heft 4, Selbstverlag der Deutschen Gesellschaft für Gartenkunst, S. 65–71, hier S. 71)
»Zu allem Ende löst ja das [...] architektonische Gartenprinzip [...] mit seinen Gegensätzen von ungezügeltem Pflanzenwuchs zu geformten und zu baulichen Einrichtungen die weitaus meisten [...] Reize schon aus.«
Leberecht Migge, 1913

Die neue Gartenmode stieß auf so viel Zuspruch, dass sich damit Geld verdienen und auch zeigen ließ: Große Gartenbaufirmen wie Jacob Ochs – mit eigener Möbeltischlerei, Baumschule und Planungsabteilung –, Schnackenberg & Siebold sowie Koenig & Roggenbrodt entstanden in Hamburg und arbeiteten mit den angesehensten Hochbauarchitekten für die Hamburger Prominenz: Oetker, Sierich, Reemtsma und viele andere.[30]

Hamburg avancierte in den 1910er-Jahren zu einem Zentrum dieser neuen Gartenkunst und eröffnete 1914 mit dem Hamburger Stadtpark einen Volksparktypus im Reformgartenstil, der weit über Hamburg hinaus als richtungs-

30 Husen / Grunert, Der Gartenarchitekt Jakob Ochs, 1999, S. 54–80; Grunert, Neue Gartenkunst, 2012, S. 115–132

weisend wahrgenommen wurde.[31] In den 1920er Jahren trat die neue Hamburger Gartenkunst sogar in Wechselwirkung mit der Stadtbaukunst und führte zu Großprojekten wie Jarrestadt und Dulsberg, die Zeitgenossen »an Metropolis« erinnernd.[32]

Lichtwark hatte dieser Entwicklung den Boden mitbereitet, sich aber als Gartengestalter kaum hervorgetan. Abgesehen von seinem maßgeblichen Anteil an der Gestaltung des Liebermannschen Gartens am Wannsee[33] beschränkte sich sein Wirken meist darauf, gartenkünstlerische Fehlentwicklungen zu benennen, allgemeine Anforderungen an Freiräume zu formulieren, Gartenentwürfe zu bewerten oder hier und da Rat zu erteilen. Weitreichender ist seine Bedeutung als Analytiker und Meinungsmacher: Seine Schriften zu neuer Gartenkunst (»Moderne Gartenkunst«, 1885), Bauerngärten (»Makartbouquet und Blumenstrauß«, 1892), zu Raumbildung und Pflanzenverwendung (»Heidegarten«, 1904), zu althamburgischen Bürgergärten (»Breitfenster und Hecke«, 1906) sowie zum »Problem des Hamburger Stadtparks« (1909) wurden zu Eckpunkten der Hamburger Reformgartendiskussion.

Komplexe Entwürfe von seiner Hand sind dagegen kaum überliefert. Seine Skizze zur Raumabfolge einer zentralen Achse des geplanten Hamburger Stadtparks, während seiner Tätigkeit in der Stadtparkkommission 1905 entstanden,[34] muss schon als Ausnahme von der Regel gelten. Weit überwiegend waren es kleine Einzelaufgaben wie die Führung einer Treppenwange oder die Ausformung einer Sitznische, mit denen er Freunde wie Liebermann und – weniger bekannt – auch Graf von Kalckreuth in Eddelsen beriet.[35] Fast unbekannt ist Lichtwarks Wirken bei der Entstehung jener Landhauskolonie,[36] die sich in den Jahren 1902–1914 zwischen Tötensen, Eddelsen, Metzendorf und Hittfeld im heutigen Landkreis Harburg entwickelte und zu einer kurzen Blüte der Landhaus- und Gartenkultur mit vielfältigen Verknüpfungen zur zeitgenössischen Malerei führte.

31 Vgl. Gothein Geschichte der Gartenkunst, Bd. 2, 1914, S. 460

32 Schönbohm, Soziale Grünpolitik, 1931

33 Lichtwark, Briefe an die Kommission, Bd. 2, 1924, S. 332 (Brief v. 19.10.1910)

34 Goecke, Stadtparkanlagen im Industriezeitalter, 1981, S. 102, 128

35 Howoldt, »Wie köstlich liegt Dein Haus«, 2005

36 Von der überwiegend spärlichen Quellenlage heben sich ab: Howoldt, »Wie köstlich liegt Dein Haus«, 2005; Junge-Gent, Alfred Lichtwark, 2012 (S. 598–607); Kalckreuth, Wesen und Werk meines Vaters, 1927 (S. 326–330, 338–342, 355–359); Klausch, Beiträge Alfred Lichtwarks, 1971 (S. 59–65 u. Abb. 30–36); Meyer-Tönnesmann, Der Hamburgische Künstlerclub, 1985 (S. 235–243); Zeromski, Alfred Lichtwark, 1924 (S. 89 f., 161)

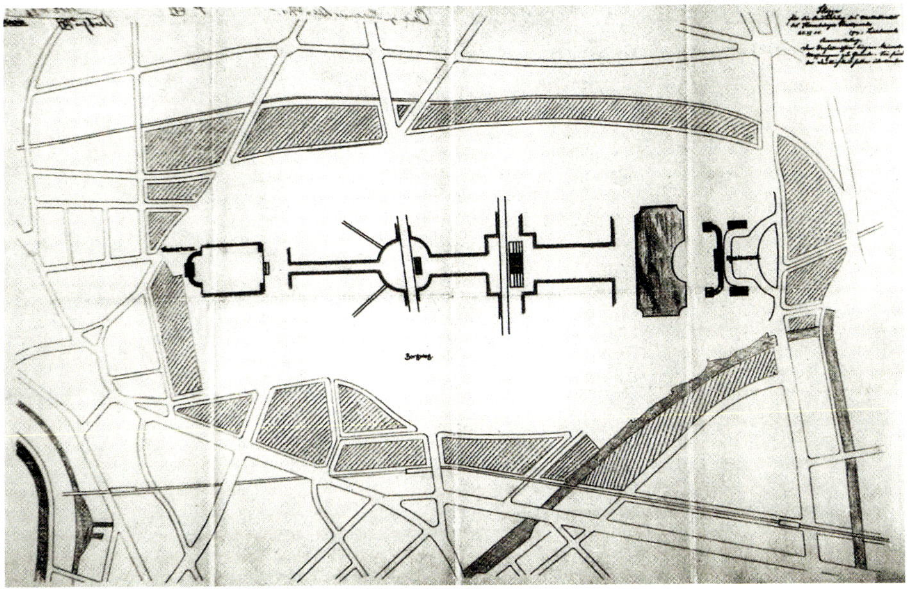

▲ Alfred Lichtwark, Skizze für die Ausbildung des Mitteltraktes des Hamburger Stadtparkes, 1905 (Staatsarchiv Hamburg, 111-1 Senat, Nr. 76335)

»Ein Gelände von der Größe des Hamburger Stadtparks kann nur durch Aufteilung in einzelne fest umrissene übersehbare Räume genossen werden.«
Alfred Lichtwark, 1908

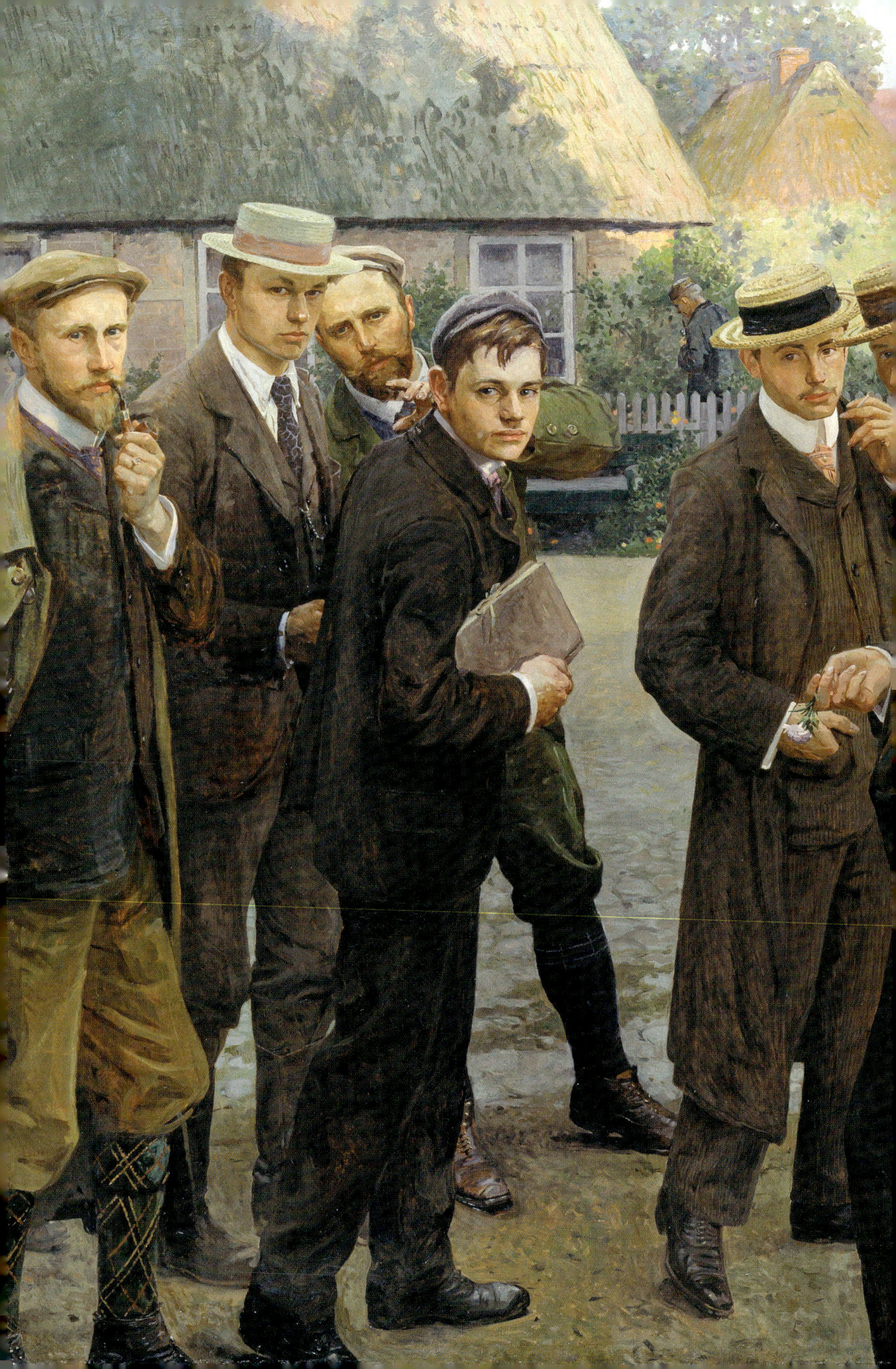

Die Entwicklung der Landhauskolonie

◄ Arthur Siebelist, »Der Künstler und seine Schüler«, 1902 (Ausschnitt/vgl. S. 60)

ANKUNFT IN DER NORDHEIDE

Vom Bahnhof Hittfeld in die Feldmark

Bahnanschluss für ein Heidedorf ❧ eine besonders reizvolle Gegend ❧ der einzige Luxus ∽ die Goldene Wolke ❧ Lichtwark sucht das Althamburgische in Niedersachsen ∽ das freiheitliche Wesen des Bauern und des Bürgers und das Naturgefühl des niedersächsischen Stammes ∽ die Schweiz Norddeutschlands ❧ der Erdgeruch der Kunst

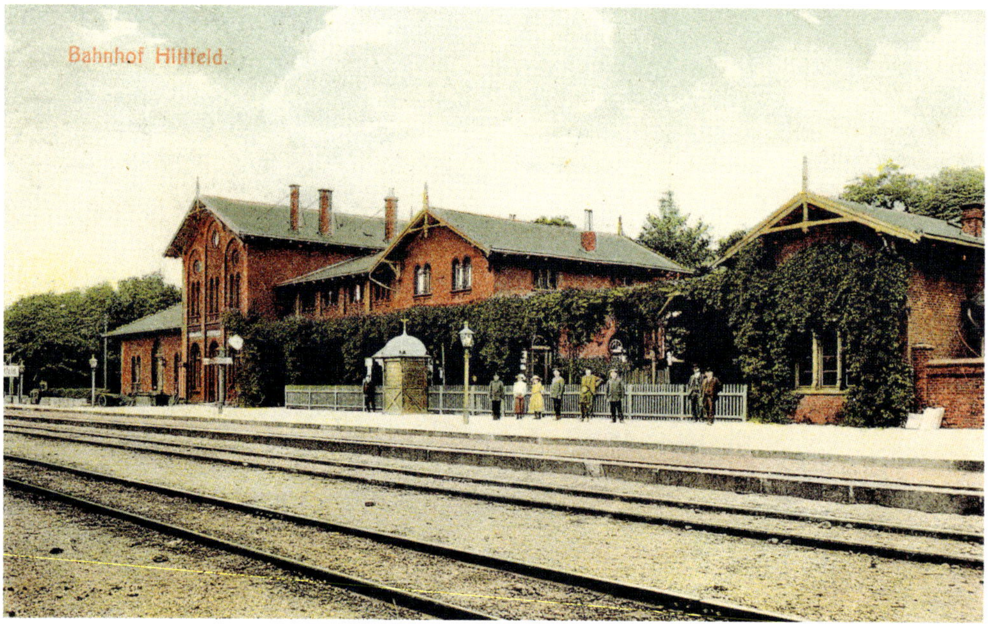

▲ **»Bahnhof Hittfeld«, undatiert** (Heimatverein Hittfeld)
»Die erste Station hinter Harburg ist Hittfeld [...]. Das Dorf, etwa 2 km vom Bahnhof entfernt, bietet wenig Bemerkenswertes und wird daher selten aufgesucht.« J. A. W. Gast, 1928

► folgende Doppelseite:
Streckenverlauf der Hamburg-Venloer Bahn durch die Heideflächen (altrosa) der Harburger Berge (Grafik: Joachim Schnitter)

Hittfelds Aufschwung zu einer Künstlerkolonie und einer beliebten Sommerfrische zu Beginn des 20. Jahrhunderts war an seinen Bahnanschluss geknüpft. Doch wie war das 600-Seelen-Dorf in den Genuss eines eigenen Bahnhofs gelangt?

Der Stein wurde von Frankreich aus ins Rollen gebracht: Dort hatte man schon Mitte des 19. Jahrhunderts eine Bahnverbindung zwischen Paris und Hamburg geplant, zu deren Bau Preußen jedoch aus strategischen Gründen seine Zustimmung verweigert hatte. 1866 aber, als durch die preußische Annexion des Königreichs Hannover die Strecke statt durch das Ruhrgebiet auf preußischem Hoheitsgebiet geführt werden konnte, hatte Preußen die Köln-Mindener Eisenbahn-Gesellschaft beauftragt, den östlichen Teil der Paris-Hamburger Bahn zu bauen. Nach dem westlichen Endpunkt im deutschen Eisenbahnnetz bei der niederländischen Stadt Venlo wurde diese Strecke auch als Hamburg-Venloer Bahn bekannt.

1870 war der erste Streckenabschnitt zwischen Wanne und Münster eröffnet und 1871 bis Osnabrück weitergeführt worden. Im Dezember 1872 hatte die Eisenbahn über die Elbe hinweg das in der preußischen Provinz Hannover liegende Harburg mit dem »Venloer Bahnhof« in Hamburg verbunden. Der Abschnitt von Osnabrück bis Bremen war 1873 in Betrieb genommen worden. Doch erst ganz zum Schluss, mit der Inbetriebnahme des fehlenden Teilstücks zwischen Bremen und Harburg am 1. Juni 1874, wurde die Strecke vollendet. Das kleine Hittfeld partizipierte intensiv an der neuen Verbindung.

Lichtwark war das malerische Heidedorf vielleicht schon auf einer seiner vielen Reisen nach Bremen aufgefallen, die er seit 1886 als Direktor der Hamburger Kunsthalle unternahm. Die Stadt an der Weser war ein kulturelles Schwergewicht in Norddeutschland, was sie für Lichtwark besonders interessant machte: Er schätzte das dortige Kupferstichkabinett, die Sammlungen alter Meister und die damals noch seltenen Sammlungen kunstgewerblicher Gegenstände. Und auch in puncto Museumsbauten zählte Bremen zu den norddeutschen Vorreitern. Was ihn aber besonders anzog, waren die modernen Gemäldegalerien: Privatgalerien lebender Meister waren im Norden Deutschlands nach seiner Kenntnis überhaupt nur in Hamburg und Bremen zu finden. Und wie in Hamburg, so hatten sich auch in Bremen junge Künstler in Vereinigungen zusammengeschlossen.[1]

Die zahlreichen Berührungspunkte führten Lichtwark immer wieder nach Bremen und ließen auch persönliche Bindungen wachsen: So war er zwischen 1903 und 1914 Gast bei den Leseabenden der Bremer Kunstenthusiasten »Goldene Wolke«, zu deren Initiatoren Gustav Pauli (1866–1938), der später

1 Lichtwark, Hamburg – Niedersachsen, 1897, S. 15–17

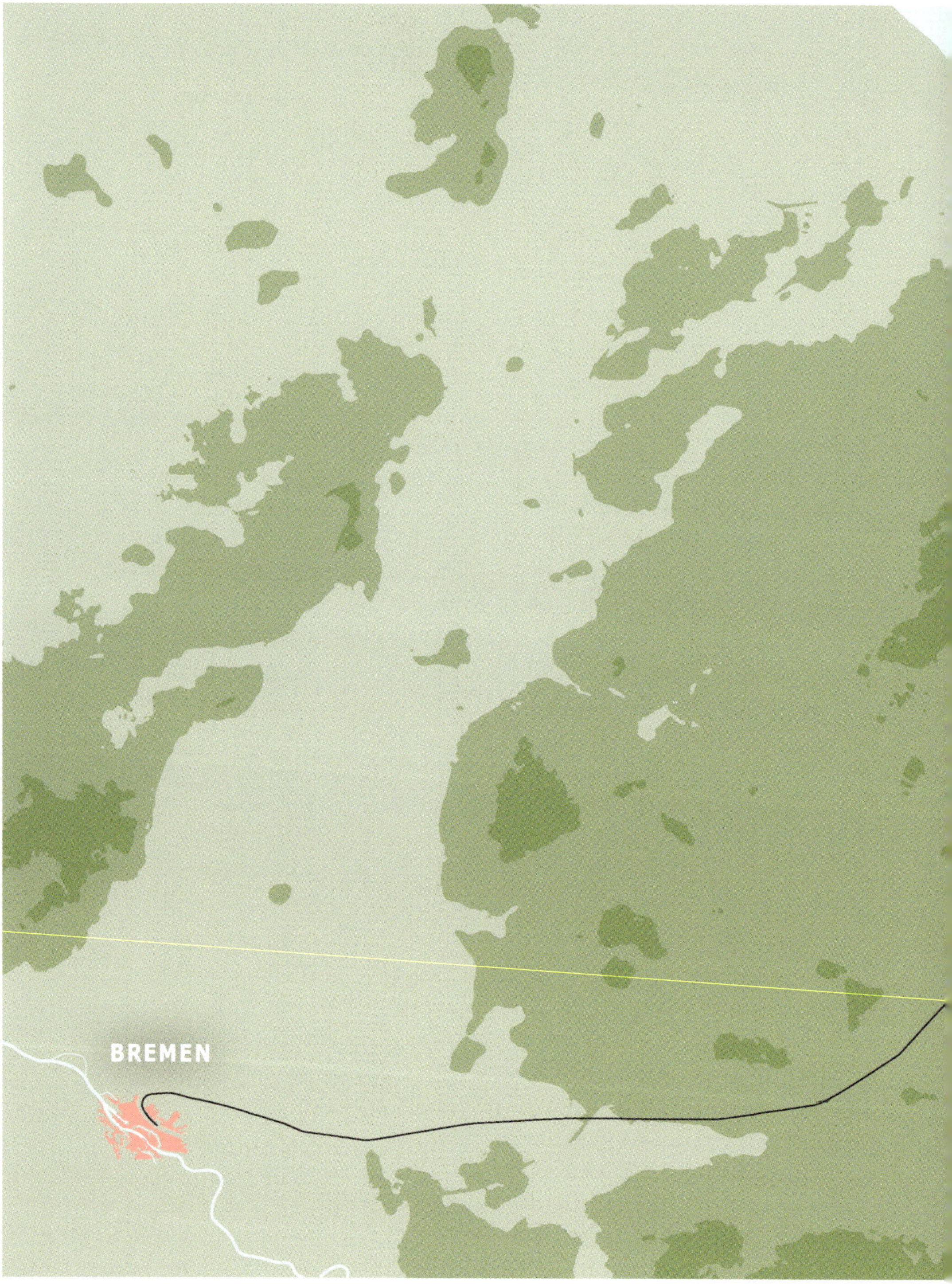
BREMEN

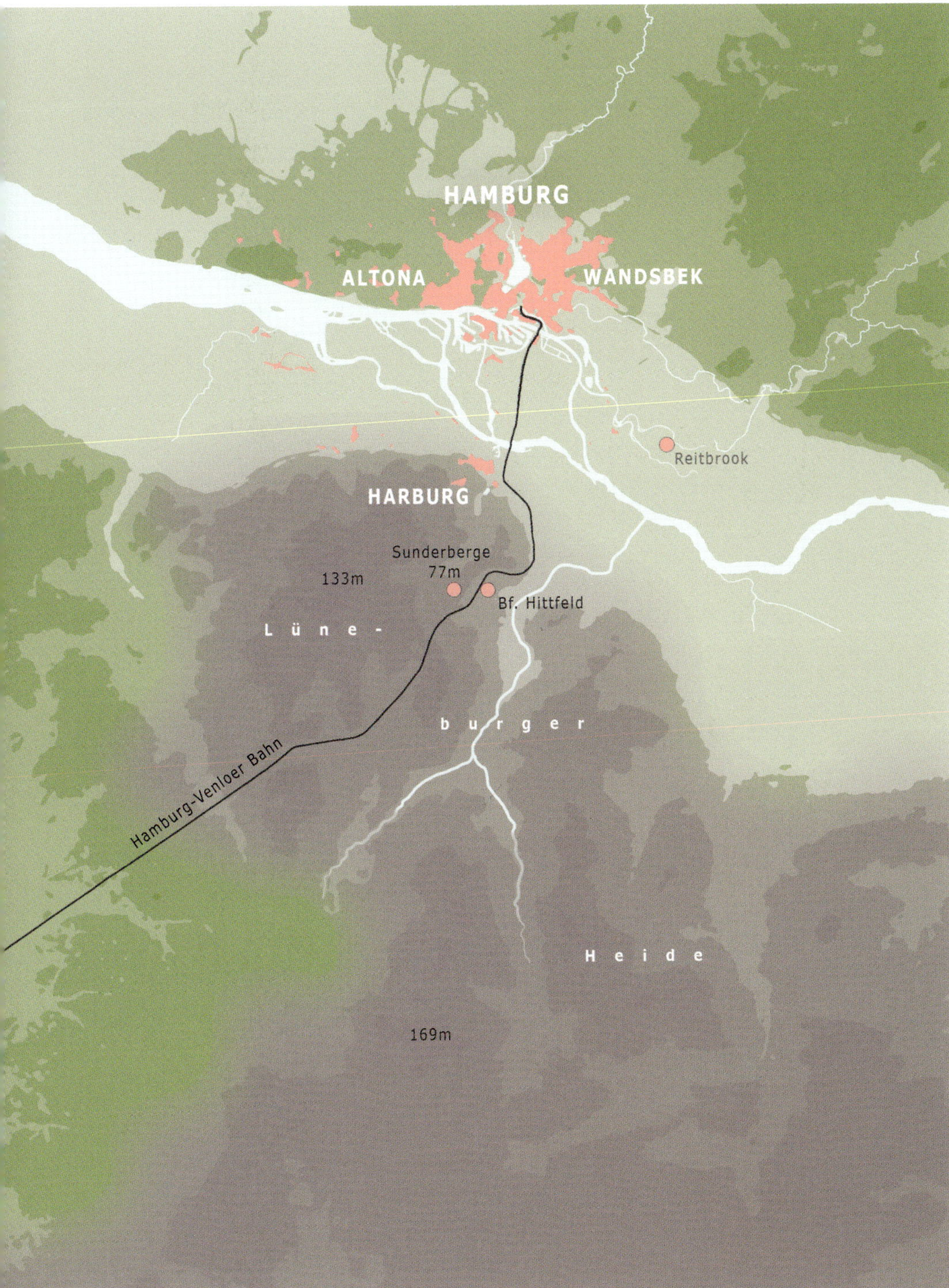
HAMBURG
ALTONA
WANDSBEK
Reitbrook
HARBURG
Sunderberge
77m
133m
Bf. Hittfeld
Lüne-
burger
Heide
Hamburg-Venloer Bahn
169m

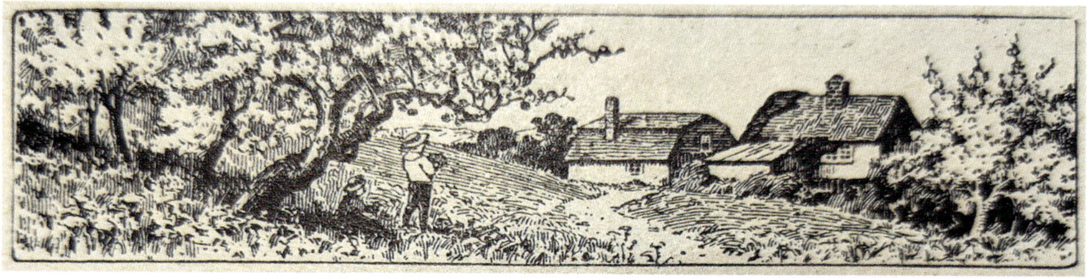

▲ Landschaftsszene aus dem Umfeld der Sunderberge bei Hittfeld, um 1928 (aus: J. A. W. Gast, Führer durch den Kleckerwald. Hamburg, Meyer, 1928, S. 3. Staats- und Universitätsbibliothek Hamburg Carl von Ossietzky, A 1946/3372)
Die bewegte Topografie und die gute Erreichbarkeit des Hittfelder Raums zogen Erholungssuchende aus Hamburg an.

Lichtwarks Nachfolge als Hamburger Kunsthallendirektor antrat, und seine Frau Magdalene (1875 – 1970) gehörten.[2]

Bei einer dieser Reisen mag Lichtwarks Blick aus dem Zugabteil genauer auf die Bilder gefallen sein, die sich hinter der Industriestadt Harburg auftaten. Für den im flachen Marschland Aufgewachsenen, der gern im Harz Urlaub machte, musste diese am Rande der Harburger Berge gelegene Landschaft einen besonderen Reiz haben. Das ausgeprägt bewegte Bodenrelief reichte von markanten Höhenrücken und tief eingeschnittenen eiszeitlichen Trockentälern bis zu flachwelligem Gelände. Ein Wanderführer lobte:

»Die Hamburg-Bremer Bahn bringt uns hinter Harburg in eine besonders reizvolle Gegend. Das ganze Gebiet zeigt in reichem Wechsel prächtige Wälder, dunkle Heiden, bunte Wiesen, grüne Felder, aussichtsreiche Höhen und malerische Täler. Eine Reihe der verschiedenartigsten Landschaftsbilder erfreut hier das Auge des Wanderers.

Die erste Station hinter Harburg ist Hittfeld, ein Kirchdorf am Rand von Marsch und Geest [...]. Das Dorf, etwa 2 km vom Bahnhof entfernt, bietet wenig Bemerkenswertes und wird daher selten aufgesucht. Das Ziel der Wanderer, die in Hittfeld den Zug verlassen, ist der Tötenser Sunder, mit seinem Auf und Ab, seinen hohen Buchen, seinen Fichten und Föhren. Der etwa 800 ha große Sunder besteht aus einem gepflegten Staatswald [...] und einem romantischen Bauernwald, der mit anmutiger Heide durchsetzt ist.«[3]

Im frühen 20. Jahrhundert lernte Lichtwark diese Landschaft genauer kennen, spätestens 1902, als ihn Mitglieder der Malschule Arthur Siebelists von Hittfeld aus nach Eddelsen und zu einem Heidehügel am Waldrand des Sunders führten.[4] In der dortigen Landschaft fand Lichtwark nicht nur Motive der ersten

2 Berck, Die Goldene Wolke, 1954, S. 54. Gustav Pauli arbeitete als wissenschaftlicher Mitarbeiter in der Bremer Kunsthalle, ab 1905 als Direktor und war Lichtwarks Wunschnachfolger für die Direktion der Hamburger Kunsthalle (vgl. ebd., S. 81)
3 Gast, Führer durch den Kleckerwald, 1928, S. 3
4 Ahlers-Hestermann, Entwurf und Notizen, [um 1945], o. S.

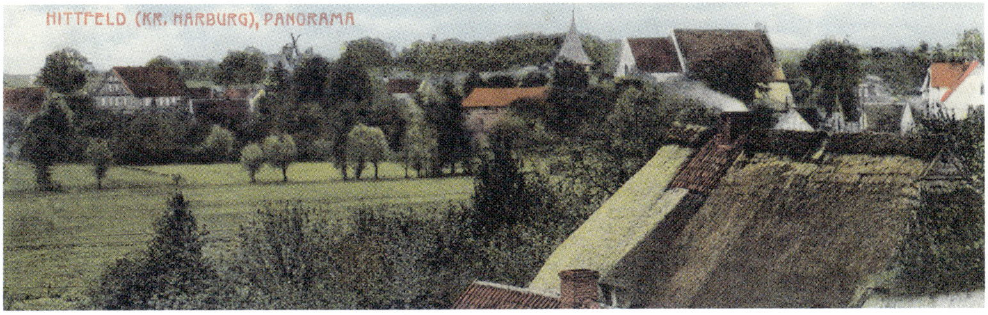

▲ »Hittfeld (Kreis Harburg), Panorama«, um 1920 (Heimatverein Hittfeld)
Blick zur Hittfelder Ortsmitte mit dem Kirchturm

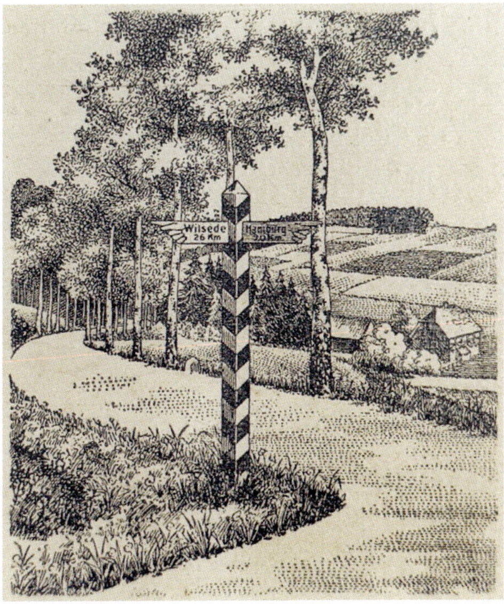

◄ »Wandere mit mir in den Kleckerwald: Hittfeld • Klecken • Bendestorf • Stelle • Rosengarten • Stuvenwald«, um 1928 (aus: J. A. W. Gast, Führer durch den Kleckerwald. Hamburg, Meyer, 1928, Umschlagbild. Staats- und Universitätsbibliothek Hamburg Carl von Ossietzky, A 1946/3372) Am Rande der Preußischen Provinz Hannover lagen die Heide-, Wald-, Wiesen und Ackerflächen des Hittfelder Raums im Übergangsbereich von Marsch- und Geest.

Generation Hamburger Landschaftsmaler, sondern auch eine Bewohnerschaft, die ihm die volkstümlich-freiheitliche Basis hamburgischen Wesens verkörperte:

»Niedersächsisch ist das überall durch die Fürstenzeit des siebzehnten und achtzehnten Jahrhunderts gerettete freiheitliche Wesen des Bauern und Bürgers, [...]. Nirgend hat in Stadt und Land der Fürst jemals alle Kräfte sich dienstbar machen können. Niedersachsen ist etwas wie die Schweiz Norddeutschlands.«[5]

5 Lichtwark, Nordwest, 1895, S. 118

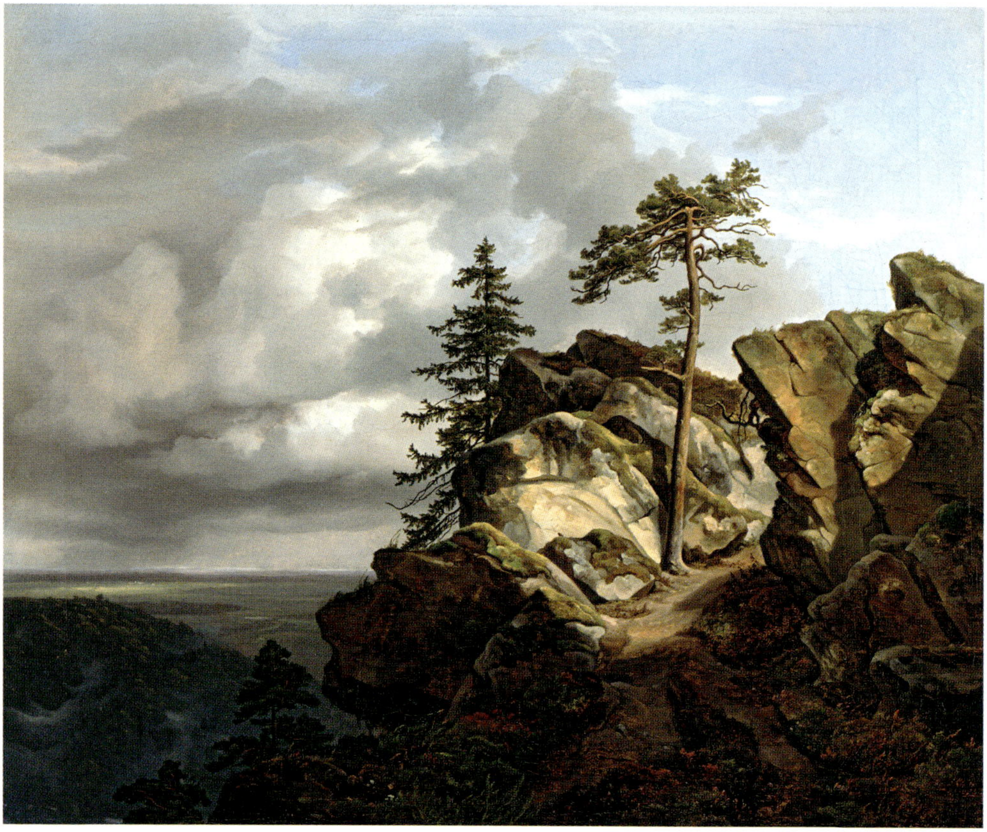

▲ Christian Morgenstern, »Harzlandschaft (Die Lüneburger Heide bei Harburg)«, 1830 (Städtische Galerie im Lenbachhaus und Kunstbau München) Die pittoresken Höhen der Harburger Berge sind um 1900 als »Harburger Schweiz« ein beliebtes Ausflugsziel.

Lichtwark nahm eine dem niedersächsischen Kulturraum innewohnende Ursprünglichkeit und Freiheit an, die es nicht nur zu bewahren, sondern für eine umfassende Erneuerung der schönen Künste, namentlich der Bau- und Gartenkunst sowie der Malerei, wiederzugewinnen galt.

»An allen Ecken und Enden hört man, dass im Nordwest die Künstler zur Zeit ihrer stärksten Empfänglichkeit dem Heimatboden entfremdet und den zufällig wechselnden Einflüssen der Akademiestädte ausgesetzt waren. Dass das Bodenwüchsige, der Erdgeruch ihren Producten fehlt, ist fast die Regel.«[6]

Dies galt Lichtwark in besonderem Maße für seine Vaterstadt. Angesichts der alles bestimmenden Erfordernisse des Handels und der Industrie erschien

6 Lichtwark, Nordwest, 1895, S. 119

es ihm »fast ein Wunder, dass die Stadt so schön geblieben« war. Aber eben nur fast; denn der selten um Erklärungen verlegene Lichtwark wusste auch dies Phänomen zu deuten:

»Sie [die Stadt Hamburg] verdankt es dem Naturgefühl des niedersächsischen Stammes, der [sie] bewohnt. [...] Die Sehnsucht jedes Einzelnen seit Jahrhunderten ist Haus und Garten. Der Garten ist immer noch der einzige Luxus großen Stils, den sich im Allgemeinen der Hamburger gönnt.«[7]

Im Althamburgischen also musste der Keim der dringend erwarteten künstlerischen Erneuerung zu finden sein. Für Lichtwark war dies in seiner Vaterstadt durch »englische[n] Einfluss«, die »Beimischung spanischen Blutes« sowie »altansässige Judenfamilien« bereits »sehr fühlbar«. Ohne diese kulturellen oder genetischen Einflüsse abwerten zu wollen, interessierte sich Lichtwark für die Wurzeln dessen, was er als traditionell hamburgische Kultur annahm, die er aber in der Stadt selbst nicht fand. Außerhalb der Stadt dagegen habe die alte einheimische Kultur hier und da »locale Schösslinge getrieben«[8] – und einen dieser Schösslinge suchte Lichtwark in der Nordheide.

7 Lichtwark, Hamburg, 1896, S. 316
8 Lichtwark, Nordwest, 1895, S. 118

DIE JUNGEN HAMBURGER KOMMEN

Arthur Siebelist und die Hittfelder Künstlerkolonie

Portierssohn aus St. Pauli ❧ zum Glück fehlt das Geld ❧ gegen die Unnatur des Malunterrichts ❧ Lichtwark will Hamburg zu einer Kunstmetropole machen ❧ der hervorragende Wert der Malkolonien ❧ junge Städter in Hittfeld ❧ das Streben nach dem Großen und Reinen ❧ Erstaunen über bunte Wagnisse ❧ der Künstler und seine Schüler ❧ die Seite der künstlerischen Empfindung ❧ Das wird ernst

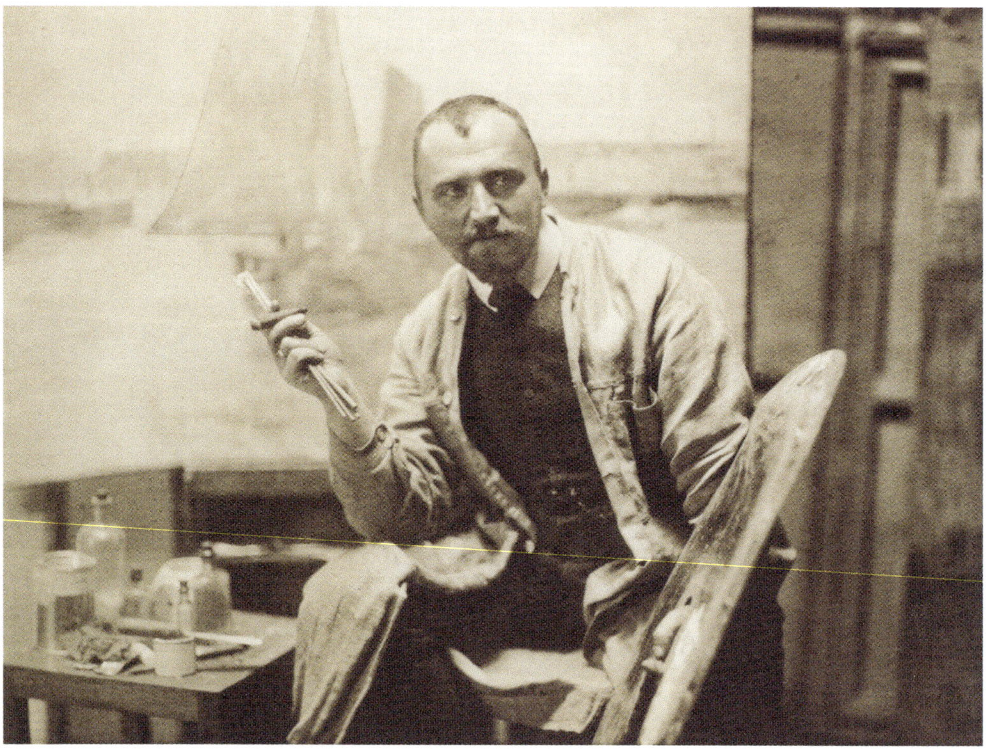

▲ **Atelier Rudolf Dührkoop, Porträt Arthur Siebelist, um 1905** (aus: Rudolf Dührkoop, Hamburgische Männer und Frauen am Anfang des XX. Jahrhunderts, Hamburg, Carl H. Schroeder, 1905, Staats- und Universitätsbibliothek Hamburg Carl von Ossietzky, E 223)
»Nichts ist der Erinnerung mehr wert, als das Bild der Persönlichkeiten, welche Hamburgs Größe schaffen halfen.« Rudolph Dührkoop, 1905

Ende des 19. Jahrhunderts wird an vielen Akademien noch immer das Malen im Atelier nach arrangierten Motiven gelehrt. Vor allem jüngere Künstler kritisieren dies als unnatürlich und künstlerisch schädlich. Einer von ihnen ist Arthur Siebelist (1870–1945). Der in Loschwitz bei Dresden geborene Sohn eines Portiers ist in einfachen Verhältnissen in der Hamburger Vorstadt St. Pauli aufgewachsen. Schon als Teenager drängt es ihn zur Kunst, aber für den Besuch einer Akademie fehlt das Geld. Vielleicht zum Glück, denn Akademieschüler sollen sich damals an Renaissancemalern orientieren, Gipsmodelle abmalen und die eigene Fantasie auf die Reproduktion italienischer Malwerke beschränken. Man lernt von »Kopien von Kopien«. Die Arbeit an den Dingen selbst, das Naturstudium, ist Botanikern und Medizinern vorbehalten.[1] Siebelist resümiert dazu:

»Was an Unnatur geleistet worden ist (und noch wird), ist unglaublich. Beleuchtungen wurden zusammengestellt, dass es für ein Auge, welches wirklich Sehen gelernt hatte, unerträglich war. Ausgestopfte Vögel wurden in Zimmerbeleuchtung gemalt, dahinter dann ein Himmel, worin die Wolken von der entgegengesetzten Richtung wie die Vögel beleuchtet wurden, und so vieles mehr.«[2]

Wohl auch deshalb wird Siebelist nach einer vierjährigen Lehre als Kunstgewerbezeichner in Hamburg mit achtzehn Jahren zum Autodidakten.[3] Nach einem Jahr an der Münchner Kunstgewerbeschule bereist er zu Studienzwecken Amsterdam, Florenz, Rom, Paris, London und Kopenhagen. 1890 gehört er zu den jungen Wilden, die in Hamburg die Kunstszene revolutionieren und zum Echten und Ungekünstelten durchdringen wollen. Bei den »heissblütigen, sehr oft auch feucht-fröhlichen« Mitgliedern des Vereins Volkskunst, namentlich in den Malern Oskar Schwindrazheim (1865–1952) und Hans Christiansen (1866–1945), findet er Gleichgesinnte.[4]

Mit 22 Jahren kommt Siebelist mit dem wenig älteren Maler Julius von Ehren (1864–1944) zusammen und teilt sich mit diesem ein Atelier in Hammerbrook. Im Sommer malen sie gemeinsam an der Elbe, auf Krautsand, Finkenwerder und 1895 auch in Hittfeld. In dieser Zeit lernt Siebelist Lichtwark kennen, der seit sechs Jahren der Hamburger Kunsthalle als Direktor vorsteht.[5]

Die Ablehnung der reinen Ateliermalerei verbindet die beiden Männer. Als sich 1897 unter Lichtwarks Mitwirkung der Hamburgische Künstlerklub formiert, gehört Siebelist zu den Gründungsmitgliedern. Die Mehrzahl der hier versammelten Künstler widmet sich der Darstellung norddeutscher Landschaften und bäuerlichen Lebens. Ihre Idee, in Himmelpforten bei Stade nach dem Worpsweder Vorbild eine Künstlerkolonie ins Leben zu rufen, bleibt ein

1 Atelier Nachrichten, 1898, S. 323
2 Siebelist, Kurse für Kopf-, Akt-, Stillleben-, Landschaftszeichnen und Malen, 1901, S. 38
3 Reuß-Löwenstein, Besuch bei Arthur Siebelist, 1930, S. 65
4 Atelier Nachrichten, 1898, S. 324
5 Reuß-Löwenstein, Besuch bei Arthur Siebelist, 1930, S. 65

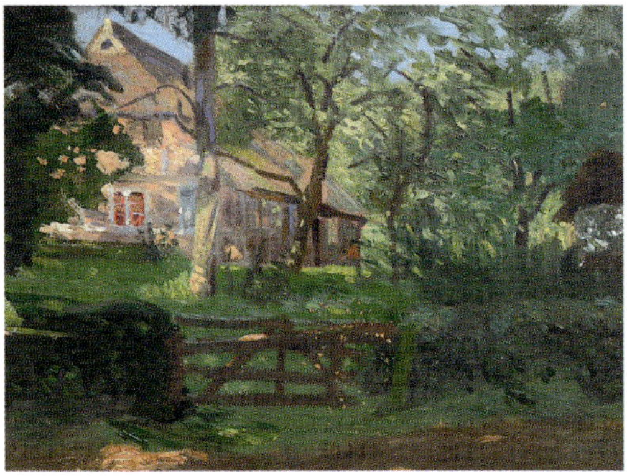

➡ **Arthur Siebelist, »Fachwerkhaus in einem Garten«, 1895** (für das Foto © Auktionshaus Stahl) Siebelist schätzt Hittfeld schon seit 1895 als Malmotiv.

➡ **Franz Nölken, Walter Voltmer und Friedrich Ahlers-Hestermann in Hittfeld, um 1902** (aus: Arthur Siebelist (1870 – 1945): Maler, Sportler, Kunsterzieher, Hamburg, Verlag Hamburger Sparkasse, 2008, S. 26, Hamburg 2008; Repro: Lithotec Oltmanns) Mit seiner ersten Schülergeneration kommt Siebelist 1902 nach Hittfeld.

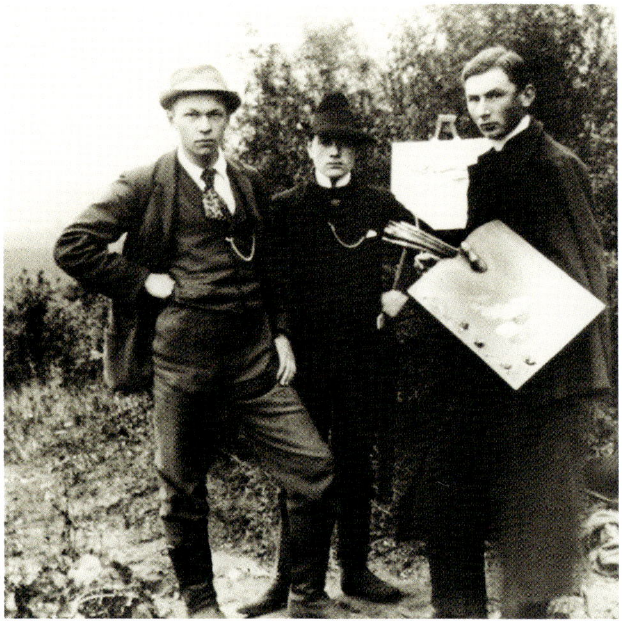

Wunschtraum.[6] Als Lichtwark aber bei Siebelist neben herausragendem zeichnerischem Talent auch besondere pädagogische Fähigkeiten erkennt und ihm eine Lehrtätigkeit bei der Zeichenlehrer-Fortbildung für die Hamburger Oberschulbehörde vermittelt, scheint diese Idee erneut auf: Die Teilnehmer der Malkurse sammeln sich in »Kolonien« zwischen zehn und dreißig Personen in der Heide, in Nenndorf, Fallingbostel, Wilschenbrook, Isenhagen und Bendestorf:

6 Meyer-Tönnesmann, Der Hamburgische Künstlerclub, 1985, S. 238

»Einen hervorragenden Wert für die Weiterbildung der Teilnehmer haben die Kolonien, welche sich in den Ferien aus einzelnen Mitgliedern der verschiedenen Kurse bilden, um auf dem Lande während der Erholungszeit zu zeichnen und zu malen. [...]. Gegen Ende des Aufenthaltes wird eine Ausstellung der fertigen Arbeiten veranstaltet; mehrfach ist der Leiter unserer Aktkurse [Siebelist] herbeigerufen worden, um sein Urteil über die Leistungen abzugeben.«[7]

Zwar gibt es Stimmen, die den Lehrern Arroganz vorwerfen und meinen, dass Freiluftstudien und insbesondere Aktzeichnen nur Berufskünstlern zustünden,[8] doch gerade die künstlerische Breitenwirkung ist ein wichtiges Ziel dieses Unterrichtsprojekts. Lichtwark teilt diesen Ansatz zur Förderung eines positiv verstandenen künstlerischen Dilettantismus.[9]

Als verschiedentlich Eltern an Lichtwark herantreten, die für ihre künstlerisch ambitionierten Söhne Unterricht suchen, vermittelt er diese als Privatschüler an Siebelist, damit dieser ihre Zeichen- und Malfertigkeiten »nach der Seite der künstlerischen Empfindung« ausbaut.[10] Als erster Schüler kommt 1899 der sechzehnjährige Friedrich Ahlers-Hestermann (1883–1973) zu Siebelist, bald stoßen Franz Nölken (1884–1918) und Albert von Clausewitz (1877–1939) dazu.[11] Lichtwark, der seine Vaterstadt zu einer europäischen Metropole des Kunstschaffens, speziell der Malerei, machen will, träumt von der Entstehung einer unabhängigen und unakademischen Hamburger Maltradition:

»Hier kann nur gedeihen, was hier aufgewachsen ist. Die Siebelistschüler [...] sind die ersten, die ihre ganze Ausbildung in Hamburg erhalten haben. Wenn der Staat seine Schulen – die Gewerbeschule z.B. – vernünftig, d.h. künstlerisch leiten lässt, so kommen die Früchte in kurzer Zeit.«[12]

Siebelist soll den künstlerischen Grund legen, ein größerer Künstler danach die vertiefte Ausbildung übernehmen, damit diese Schüler schließlich einmal eigene Werke von Rang schaffen werden.[13] Das ist für Siebelist nicht nur schmeichelhaft, doch der zieht mit: Im Sommer des Jahres 1900 geht er mit seinen Schülern zum Malen nach Drage, südlich von Altengamme, im Jahr darauf nach Bardowick bei Lüneburg und 1902 nach Hittfeld.[14]

Interessanterweise – und dies unterscheidet sie von der Generation der Hamburger Frührealisten – malen die Siebelistschüler nicht vorwiegend die freie Landschaft, sondern widmen sich häufiger bäuerlich-dörflichen Szenen – Feldarbeit, Dorfkinder auf dem Schulweg, Gartenszenen, ein Dorfteich – und den Künstlerkollegen. Sie entdecken nicht zum zweiten Mal die Heide, sondern – und das wiederum verbindet sie mit Lichtwarks Fokus auf das Althamburgisch-Niedersächsische – die in der Landschaft verwurzelten Menschen und ihre Kultur.

7 Schwarz, Unterrichtskurse, 1901, S. 45

8 Siebelist, Kurse für Kopf-, Akt-, Stillleben-, Landschaftszeichnen und Malen, 1901, S. 42

9 Schwarz, Unterrichtskurse, 1901, S. 45; Lichtwark, Vom Arbeitsfeld des Dilettantismus, 1902

10 Lichtwark, Neue Bahnen, 1902, S. 149 f.

11 Meyer-Tönnesmann, Der Hamburgische Künstlerclub, 1985, S. 69

12 Lichtwark, Briefe an Siebelist, Kalckreuth und die Kunsthallen-Kommission (Brief v. 6. April 1904), 2008, S. 31

13 ebd.

14 Meyer-Tönnesmann, Der Hamburgische Künstlerclub, 1985, S. 235 f.

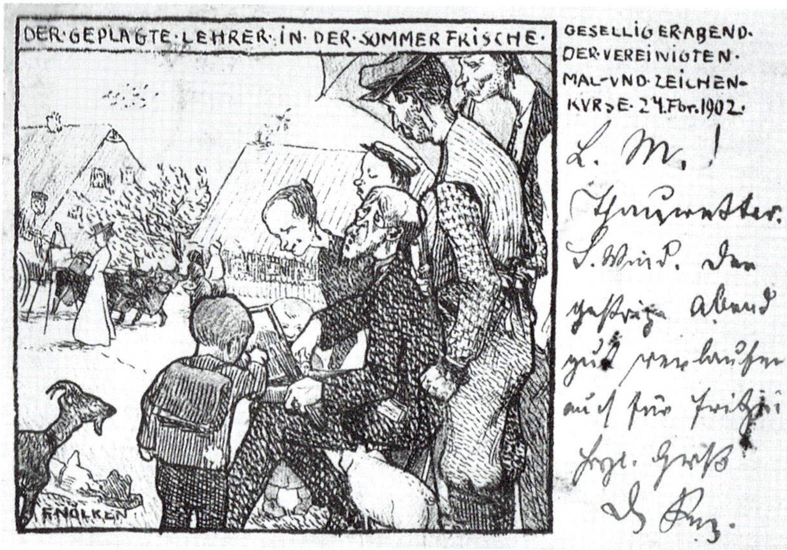

▲ **Franz Nölken, »Der geplagte Lehrer in der Sommerfrische« (Einladungskarte zu einem geselligen Abend), 1902** (aus: Carsten Meyer-Tönnesmann, Der Hamburgische Künstlerclub von 1897, Hamburg, Christians, 1985, S. 245) Von den Dorfbewohnern beäugt und mit gelegentlichen Tipps bedacht zu werden, gehört für die Maler zum Alltag.

Die Landbevölkerung nimmt die Begeisterung der Freiluftmaler für ihre Dörfer, Felder und Landschaften belustigt-verdutzt zur Kenntnis. Eine Karikatur Franz Nölkens aus diesem Jahr zeigt den von bäuerlichen Zuschauern und ihren Tipps geplagten Mallehrer zwischen Nutzvieh »in der Sommerfrische«. Und doch ist Siebelists Malschule eine ernstzunehmende Kaderschmiede, in der die Schüler mit- und voneinander lernen. Ahlers-Hestermann erinnert sich noch ein Vierteljahrhundert später:

»[...] an diese sonnigen Nachmittage in stillen Dörfern, wo wir [...] unsere Staffeleien zusammen aufgestellt hatten, an Entdeckungsfahrten in den Vorstädten von Hamburg, an das Erstaunen über farbige Kühnheiten des Kameraden [...]. Reflexe gemeinsam gesehener, gemeinsam verehrter Kunstwerke tauchten auf und die endlosen aufwühlenden Gespräche, die sich daran geknüpft haben, nachts im Cafe, in einsamen Straßen auf dem Nachhausewege, wo man sich schon früh das Wort gegeben hat, daß wir lebenslänglich nach dem »Großen und Reinen« streben würden, nach dem, was uns unter »Kunst« und »Form« dunkel vorschwebte. Denn wir wollten – wenn wir gleich äußerlich so anfingen – keine harmlosen Wald- und Wiesenmaler werden, keine

Heimatkünstler, die versonnen und beschaulich das Naheliegende mit immer dünner werdendem Gefühl abmalten. Lichtwark, dessen Abneigung gegen Akademien in dieser Zeit gewiß berechtigt war, hatte uns allerdings in diesem Sinne und im Format seiner gleichfalls mit Recht geliebten Biedermeiermaler so projektiert und sah nicht ohne Mißtrauen die Aufregung, in die uns die großen Werke der Franzosen versetzten [...].«[15]

Keine Wald- und Wiesenmaler, kein Biedermeier: Das geht gegen die alte Schule, schließt Lichtwark ausdrücklich mit ein und nicht einmal Siebelist ganz aus, der als Lehrer noch immer zwischen Studie und Bild unterscheidet[16] und darin der Auffassung des Impressionismus widerspricht. Diese jungen Künstler wollen über den gemütlichen Naturalismus der Alten hinaus, begehen »farbige Kühnheiten«, weil sie ihre Wahrnehmung und ihr Lebensgefühl unmittelbarer als ihre Vorgänger auf die Leinwand bringen wollen. Eine Gemeinschaft mit Sprengstoff also, die sich 1901 zahlenmäßig bereits verdoppelt hat.

Siebelist unterrichtet in Hittfeld nicht nur, er malt dort auch selbst. Im Sommer dieses Jahres beginnt er mit dem Gruppenbild »Meine Schüler und ich«, eine 184 x 205 cm große Darstellung eines Abendspaziergangs durch Hittfeld. Er malt trotz der Größe meistenteils draußen, im Hof eines heute nicht mehr bestehenden Gasthauses neben der Hittfelder Kirche. Nur den Hintergrund mit der Dorfstraße und dem Bauernhaus ergänzt er im Atelier. Sein eigenes Porträt muss er unter Verwendung eines Spiegels malen und holt dazu gelegentlich Franz Nölken zur Hilfe. Lichtwark begrüßt dieses Werk sehr und besucht Siebelist in Hittfeld bei der Arbeit daran.[17]

Dieses Bild verrät viel vom Selbstverständnis der jungen Maler und ihres Meisters: Siebelist hat seine Schüler auf etwas aufmerksam gemacht, und seinem Hinweis folgend haben sich soeben alle in Richtung des Betrachters umgewandt, Walter Voltmer scheint fast noch in der Bewegung zu sein. Die kreissägenförmigen Strohhüte und Schiebermützen weisen die ausnehmend gut gekleideten Männer als Städter aus. Die Blicke der achtzehn bis zwanzig Jahre zählenden Schüler sind selbstbewusst, fast herausfordernd. Sie stehen beieinander, aber nicht eigentlich zusammen, jeder mit seiner spezifischen Körperhaltung. Gänzlich unaufdringlich, fast bescheiden hält sich der Meister im Hintergrund der Gruppe, sonst hebt ihn wenig ab von diesen jungen Männern, die sich gerade anschicken, neue Wege zu gehen und sich ihres Werts dabei schon sicher scheinen. »Lieber Freund«, wendet sich Lichtwark später an Siebelist, »ich muß es Ihnen noch einmal sagen und Ihnen noch einmal dafür danken. Sie haben Ihren Schülern unendlich viel gegeben, haben ihnen unendlich viel erspart und, was nicht das geringste ist, haben Ihnen nichts genommen.«[18]

15 Ahlers-Hestermann, Fritz Friedrichs, 1929, S. 397 f.
16 Bruhns, Anita Rée, 1986, S. 13
17 Meyer-Tönnesmann, Der Hamburgische Künstlerclub, 1985, S. 236
18 Lichtwark, Briefe an Siebelist, Kalckreuth und die Kunsthallen-Kommission (Brief v. 6.4.1904), 2008, S. 33

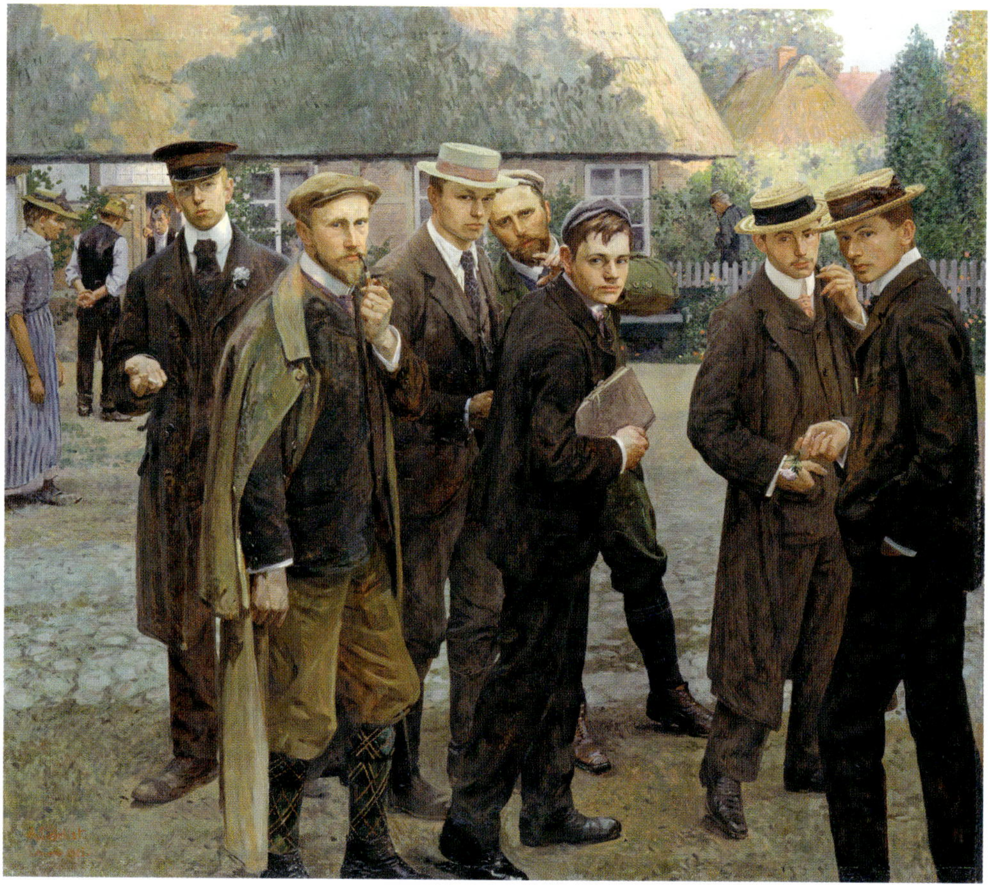

▲ Arthur Siebelist, »Der Künstler und seine Schüler«, 1902 (© Hamburger Kunsthalle / bpk, Foto: Elke Walford) Bei einem Abendspaziergang durch Hittfeld: (von links) Fritz Friedrichs, Albert von Clausewitz, Franz Nölken, Arthur Siebelist, Walter Voltmer, Walter Rosam, Friedrich Ahlers-Hestermann

Den Sommer 1903 verbringt diese Malklasse erneut in Hittfeld. Es ist bereits das Ende der ersten Hittfelder Schülergeneration. Die große Nähe zwischen den Schülern fördert einen besonderen Zusammenhalt, aber auch Eifersucht und sogar offene Feindschaft untereinander.[19] Zeitgenössische Kritiker vermerken leicht abfällig, »dass die Herren alle auf eine extrem-moderne Weise eingeschworen sind«.[20] Siebelist ist ihr Bindeglied: »Wir alle liebten diesen Mann«, bekennt Ahlers-Hestermann später.[21] Dennoch gehen fast alle diese jungen Künstler bald eigene Wege. Nur Walter Voltmer

19 Meyer-Tönnesmann, Der Hamburgische Künstlerclub, 1985, S. 240

20 Ausstellungen und Sammlungen, 1898, S. 77

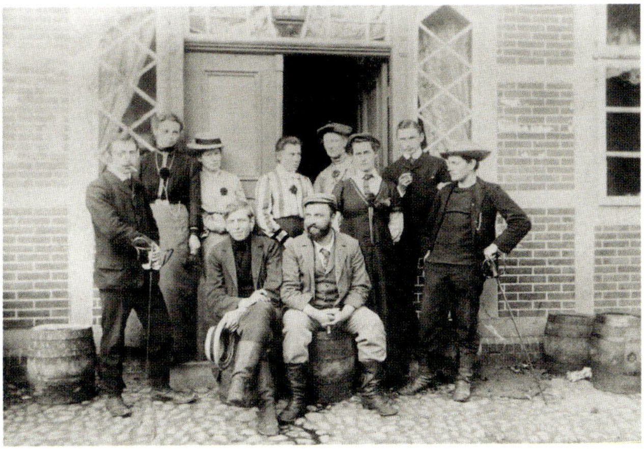

Arthur Siebelist mit Schülern in Hittfeld, um 1903 (aus: Arthur Siebelist (1870–1945): Maler, Sportler, Kunsterzieher, Hamburg, Verlag Hamburger Sparkasse, 2008, S. 24, Hamburg 2008; Repro: Lithotec Oltmanns) Siebelist sitzend mit Vollbart, umringt von Schülern und Schülerinnen der ersten und zweiten Generation in Hittfeld

(1884–1972) kommt nochmals zurück nach Hittfeld, um Siebelist als Lehrkraft zu unterstützen.[22]

Dafür folgen andere vielversprechende Künstler und Künstlerinnen. Eine von ihnen ist die in Danzig geborene Kaufmannstochter Gertrud Bulcke (1878–1957), mit der Siebelist schon 1903 die Ehe eingeht.[23] Die Malschule wächst indessen zu einer Künstlerkolonie heran: Einige wenige Künstler lassen sich im direkten Umfeld nieder, andere fertigen hier regelmäßig Studien,[24] und wieder andere lassen sich zu Malbesuchen anregen.[25] Bedingt durch eine hohe Fluktuation und die künstlerische Eigenständigkeit ihrer Mitglieder wird jedoch keine stilbildende Schule entstehen. Mit der großen Frühjahrsausstellung des Hamburger Kunstvereins im April 1904 schaffen »die jungen Hamburger« dennoch den Sprung ins Rampenlicht, als sie neben Graf von Kalckreuth, Liebermann und Alfred Böcklin ausstellen. Vor Kalckreuth schwärmt Lichtwark:

»Ich bin sehr befriedigt. Es sind ein halbes Dutzend [...] lauter sehr talentvolle Jungen von Bildung und Trieb. [...] Siebelist hat ihnen von ihrer Natur gar nichts genommen, sie sind in der Farbe jeder anders und keiner wie er. Ich möchte wohl, daß sie sich hier noch ein paar Jahre weiterbilden und dann reifer zu Dir kämen. Wir haben solche Ausstellungen von Hamburgern bei uns noch nicht gehabt. Das wird ernst.«[26]

Siebelists großformatige Darstellung eines Abendspaziergangs dieser ersten Schülergeneration erwirbt Lichtwark bei dieser Gelegenheit für die Hamburger Kunsthalle.[27] 1904 stößt auch die Kaufmannstochter Anita Rée (1885–1933) zum Kreis der Hitfelder Malkolonie. Bis 1910 nimmt sie bei Siebelist

21 Ahlers-Hestermann, Der Künstler mit seinen Schülern, 2008, S. 22
22 Meyer-Tönnesmann, Der Hamburgische Künstlerclub, 1985, S. 241
23 Meyer-Tönnesmann, Arthur Siebelist, 2008, S. 13
24 vgl. Meyer-Tönnesmann, Der Hamburgische Künstlerclub, 1985, S. 238
25 Meyer-Tönnesmann, Hittfeld – eine Künstlerkolonie, 2008, S. 28
26 Lichtwark, Briefe an Leopold Graf von Kalckreuth, 1957, S. 117–118 (Brief v. 7.4.1904)
27 Meyer-Tönnesmann, Der Hamburgische Künstlerclub, 1985, S. 236 f.

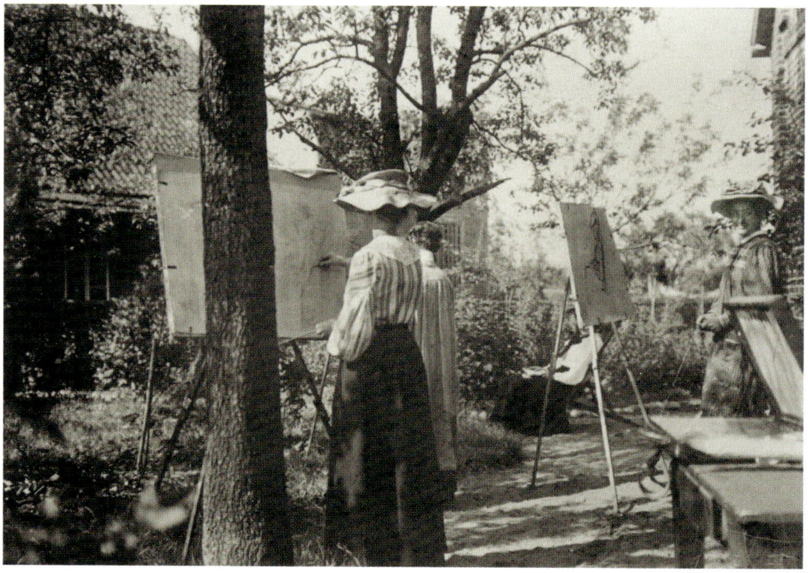

▲ Siebelists Malschülerinnen bei Freiluftstudien, nach 1904 (© Archiv Maike Bruhns, Hamburg) Anita Rée (rechts) an der Staffelei

Unterricht und wird für einige Zeit selbst Teil des künstlerischen Zirkels um Siebelist, Lichtwark und Liebermann.[28]

Diese frühen Hittfelder Jahre sind Siebelists erfolgreichste: 1905 erhält er den Hamburger Bürgerbrief und wird in den Hamburger Künstlerverein von 1832 aufgenommen. 1908 zieht er mit seiner jungen Familie in die Hittfelder Bahnhofstraße. Sein Atelier verlegt er 1909 in das neuerbaute Kontorhaus Barkhof in der Hamburger Mönckebergstraße.[29] Sein mit Krüppelwalmdach, Erkern und verglastem Anbau versehenes Hittfelder Wohnhaus im Heimatschutzstil ähnelt den anderen dort entstehenden Villen. Die kastenförmig geschnittenen Linden vor dem Haus lassen viel Licht in beide Stockwerke und greifen dabei ein traditionelles Gartenmotiv auf. Wahrscheinlich assoziiert auch Siebelist mit dem Baustil ländliche Beschaulichkeit und speziell das Bauerngartenmotiv, die er in grafischen Arbeiten festhält.

Sicher erkennt er die Möglichkeiten, die sich für ihn und seine aufstrebende Kolonie anbahnen, zumal im selben Jahr der berühmte Graf von Kalckreuth, mit dem ihm bald eine Freundschaft verbindet, sein neues Landhaus in Eddelsen bezieht. Nicht selten wird Siebelist dem Kollegen neue Kunden ins Haus führen.[30] Als Vorstandsmitglied des Hamburger Kunstvereins, wegen

28 Bruhns, Anita Rée, 1986, S. 15
29 Meyer-Tönnesmann, Arthur Siebelist, 2008, S. 13
30 Kalckreuth, Wesen und Werk, 1967, S. 340

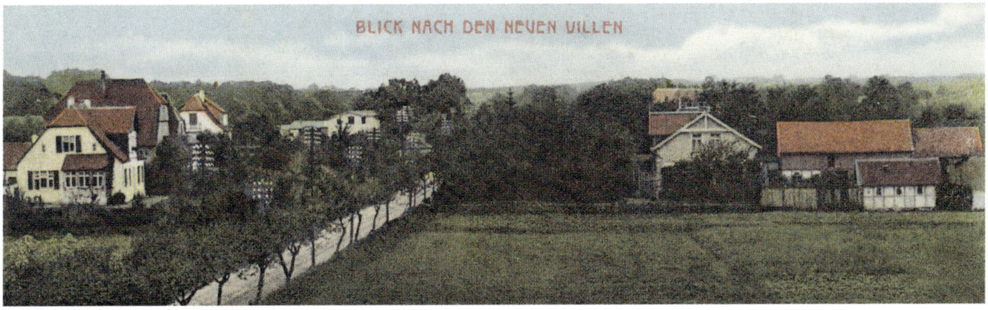

▲ »Blick nach den neuen Villen«, um 1920 (Heimatverein Hittfeld)
Die Hittfelder Bahnhofstraße, Blick Richtung Emmelndorf, mit der Villa Siebelist am linken Bildrand

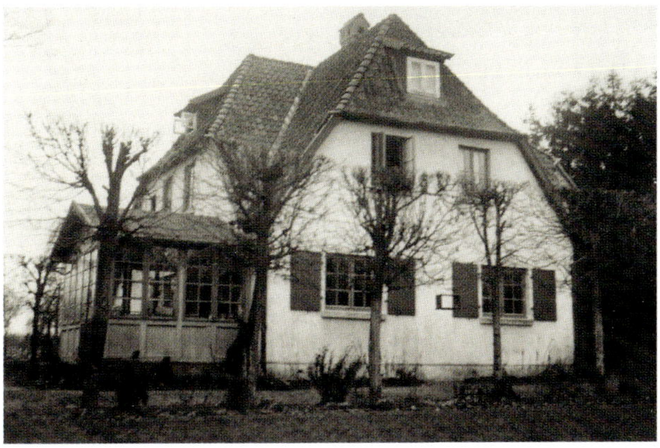

▲ Siebelists Haus in Hittfeld, undatiert (aus: Arthur Siebelist (1870–1945): Maler, Sportler, Kunsterzieher. Hamburg, Verlag Hamburger Sparkasse, 2008, S. 73; Repro: Lithotec Oltmanns)
Die Villa Siebelist zeichnet sich durch einen verglasten Anbau und rahmende Kastenlinden aus.

seines sicheren Auges sowie seiner großen Erfahrung wird Siebelist – oft neben Lichtwark und Kalckreuth – auch zum Juror großer Kunstausstellungen berufen.[31] Mit dem wachsenden kulturellen Zirkel um Kalckreuth und Lichtwark auf dem Sunderberg und der Entwicklung Hittfelds zu einem exklusiven Wohnort kann er außerdem darauf hoffen, dass das Dorf weitere Schüler, Künstler und Mäzene anziehen wird.

Tatsächlich »bestürmt« ihn Lichtwark, für die »Lehrervereinigung zur Pflege der künstlerischen Bildung« Mal- und Zeichenkurse anzubieten.[32] Jeweils bis zu zwanzig engagierte Lehrerinnen und Lehrer Hamburger Schulen – unter ihnen befinden sich z. B. die Sonderpädagogin und Rosenspezialistin Alma

31 Meyer-Tönnesmann, Der Hamburgische Künstlerclub, 1985, S. 70
32 Ahlers-Hestermann, Entwurf und Notizen, [um 1945, S. 5]

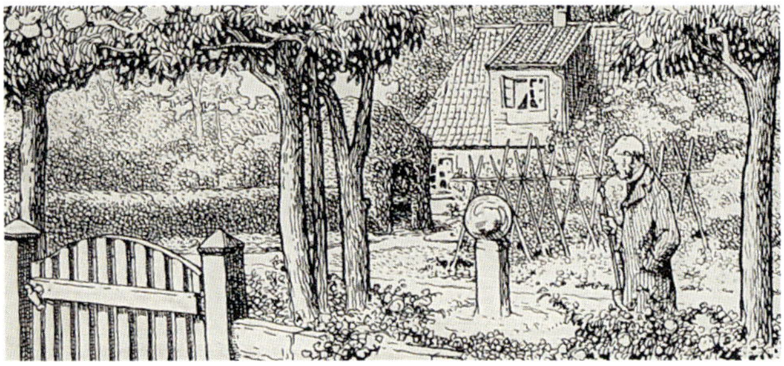

◄ Arthur Siebelist, Ländlicher Garten, undatiert (Heimatverein Hittfeld) Feierabendstimmung in einem ländlichen Garten mit Laubennische, geschnittener Hecke und einfachem Holztor: Der vor einer die Welt spiegelnden Kugel schmauchend sinnierende Hausherr als Ideal

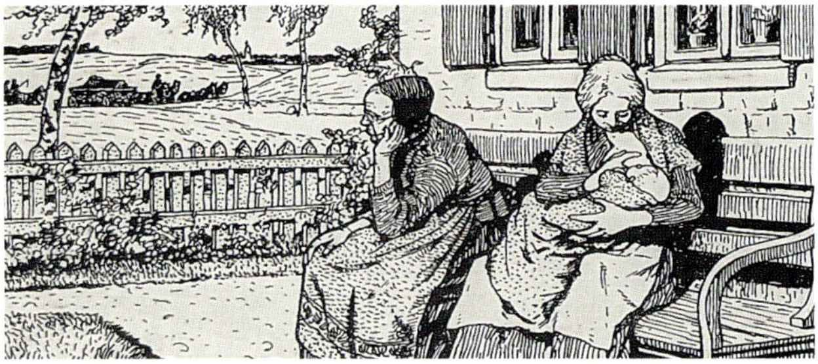

↗ Arthur Siebelist, Auf der Bank vor der Kate, undatiert (Heimatverein Hittfeld) Die drei Lebensalter in einem bäuerlichen Garten: Das einfache Haus und die stillende Mutter als Idealisierung von Heim und Familie des Künstlers

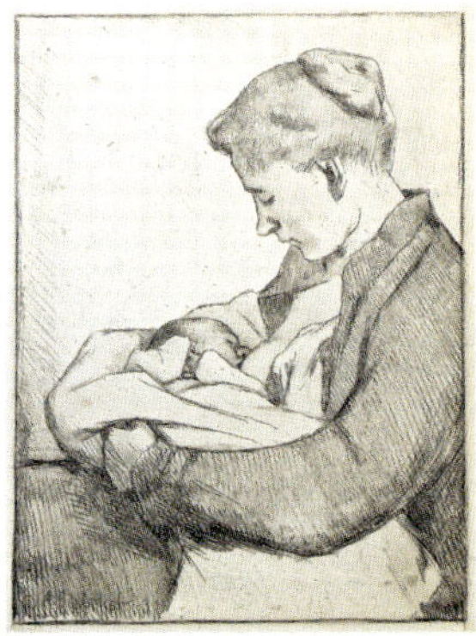

► Arthur Siebelist, Die Gattin des Künstlers, ihr Kind stillend, undatiert (Heimatverein Hittfeld)

de l'Aigle (1889–1959) und der spätere Widerstandkämpfer Hermann Hoefer (1868–1945) – kommen zu diesen Abendkursen, in denen Siebelist das Aktzeichnen und Malen sowie gelegentlich Zeichnen von Stillleben und Innenräumen mit ihnen übt.[33]

In den frühen Jahren des 20. Jahrhunderts ist Siebelist auch die wichtigste Verbindung zwischen Lichtwarks wohlsituierten Heidekolonisten im Sunder und den tatendurstigen Malerinnen und Malern unten im Dorf. Und doch ist der junge Familienvater finanziell und auch ideell mehr dem beschaulichen Heidedorf im Tal verhaftet als den großbürgerlichen Landhäuslern auf dem Sunderberg. Als begeisterter Turner hatte Siebelist schon 1893 zu den Gründern des Männer-Turnvereins Finkenwärder gehört und auch mit

33 Einzelne Zeichen-, Mal- und Modellkurse für Lehrerinnen und Lehrer, 1919–1923

34 Meyer-Tönnesmann, Arthur Siebelist, 2008, S. 10; Meyer-Tönnesmann, Der Hamburgische Künstlerclub, 1985, S. 71

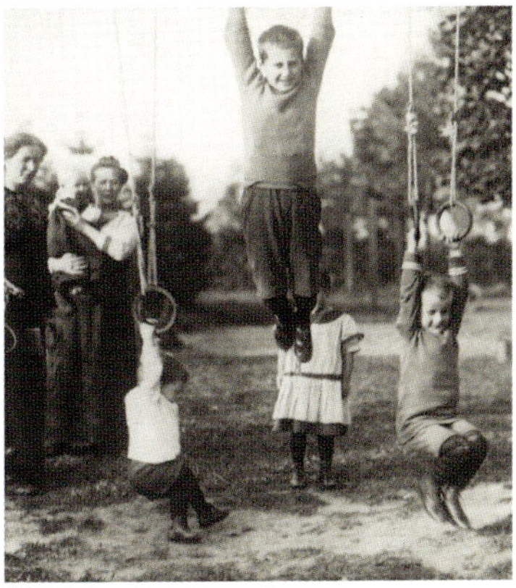

▲ **Siebelists Kinder an den Ringen, um 1916** (aus: Arthur Siebelist (1870–1945): Maler, Sportler, Kunsterzieher. Hamburg, Verlag Hamburger Sparkasse, 2008, S. 10; Repro: Lithotec Oltmanns) Als überzeugter Turner lässt Siebelist nicht nur seine Malschüler Turnübungen machen, auch seine Kinder werden von klein auf zum Sport herangezogen.

► **Emil Bieber, Arthur Siebelist im Atelier, um 1905** (aus: Arthur Siebelist (1870–1945): Maler, Sportler, Kunsterzieher. Hamburg, Verlag Hamburger Sparkasse, 2008, S. 61; Repro: Lithotec Oltmanns) »Nur ein turnerisch durchgebildeter Körper und ein frischer Sinn vermochten, das zu leisten, was er geleistet hat.« Otto Reumann, 1920

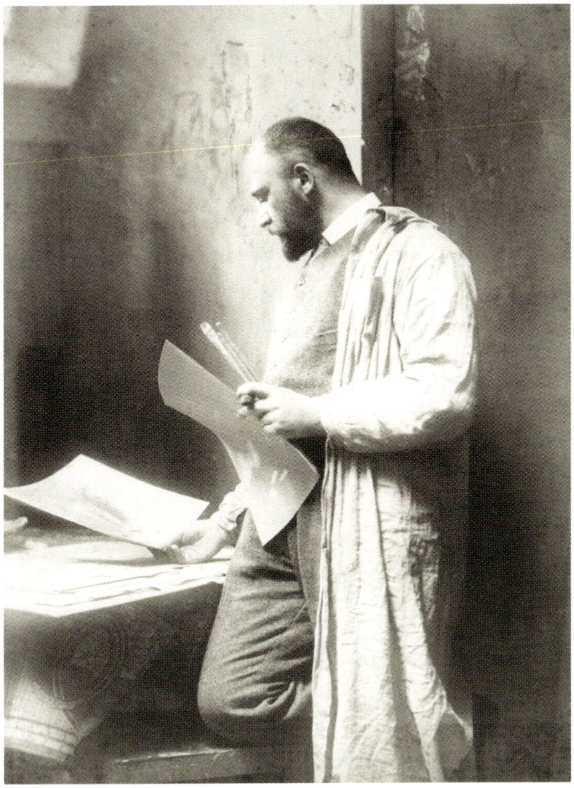

seinen Malschülern bei ihren Studienaufenthalten auf dem Land morgendliche Freiübungen absolviert.[34] 1908 ist er daher auch gleich in den jungen Hittfelder Turnverein eingetreten und wird dort 1921 Vorsitzender,[35] während seine Frau die Leitung der neuen Mädchen- und Frauenriege übernimmt und die bald fünf Kinder selbstverständlich ebenfalls aktive Vereinssportler werden.[36] Zeitgenossen attestieren Siebelist eine »erstaunliche Arbeitskraft und Gesundheit«.

35 Auflistung der wichtigsten Funktionsträger, o. D.
36 Meyer-Tönnesmann, Arthur Siebelist, 2008, S. 10

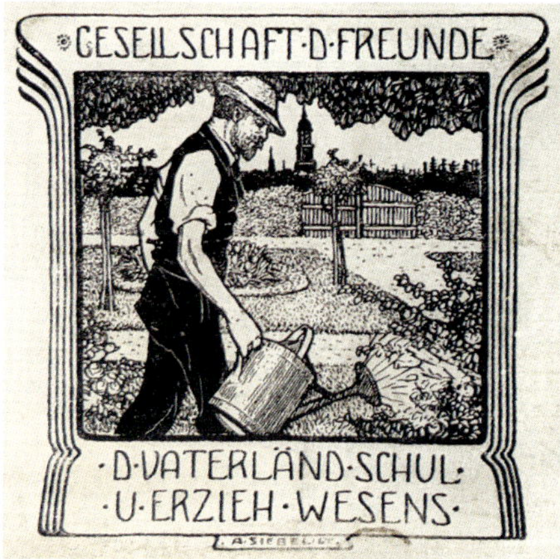

Arthur Siebelist, Emblem der Gesellschaft der Freunde des Vaterländischen Schul- und Erziehungswesens, undatiert (Heimatverein Hittfeld)
Auch ein Sinnbild des Lichtwarkschen Erziehungsideals: Der Bauerngarten vor der Stadt als Hort neuen Wachsens

Die hoffnungsfrohe Zeit der frühen Hittfelder Jahre endet für Siebelist 1914. Nach seiner Einberufung zum Kriegsdienst gerät seine sechsköpfige Familie in eine finanzielle Notlage, aus der er ihr nach 1917 nur unter Mühen wieder heraushelfen kann, ohne jedoch seine vorherige Stellung wiederzuerlangen.[37] Seine Jungen Hamburger haben ihm inzwischen den Rang abgelaufen.

Über seine Fähigkeiten als Maler und Zeichner hinaus liegt Siebelists herausragende Begabung in der Kunstpädagogik. Embleme, die er zum Beispiel für die Gesellschaft der Freunde des vaterländischen Schul- und Erziehungswesens und für ein sechsteiliges »Deutsches Lesebuch« herstellt, zeigen einen kernigen Alten in seinem Reformgarten, mit der Hamburger Hauptkirche St. Michaelis im Hintergrund: Der sorgende Gärtner der heranwachsenden Hamburger Generation.[38] Siebelist kann wirklich begeistern und Schülern das Gefühl eigenen Wertes vermitteln. Sogar Amateurkünstler aus den Reihen der Lehrerschaft erleben seine Unterrichtsstunden als »Gefühl inneren Wachstums«. Für manchen bleibt Siebelist der geborene Lehrer, Urheber des ganzen Systems der Künstlerkurse, der wie kaum ein zweiter »so tief fördernd in unsere persönliche Arbeit hineingegriffen« habe.[39] 1923 – da unterrichtet Siebelist längst keine angehenden Berufsmaler mehr – lädt er die Teilnehmer seines Lehrermalkurses »zum Landschaftern« nochmals nach Hittfeld.[40]

Als Kunsterzieher ist Siebelist selbst der Sämann und Gärtner, den er verschiedentlich darstellt. Der durch seine »liebenswerte Geradheit, Sachlichkeit, Schlichtheit und Kameradschaftlichkeit«[41] ermöglichte künstlerische Auf-

37 Meyer-Tönnesmann, Der Hamburgische Künstlerclub, 1985, S. 71
38 Deutsches Lesebuch, Bd. 1–6, 1912–1916
39 Reumann, Arthur Siebelist zu seinem 50. Geburtstag, 1920
40 Einzelne Zeichen-, Mal- und Modellkurse für Lehrerinnen und Lehrer, 1911–1915 und 1919–1923
41 Ahlers-Hestermann, Der Künstler mit seinen Schülern, 2008, S. 22

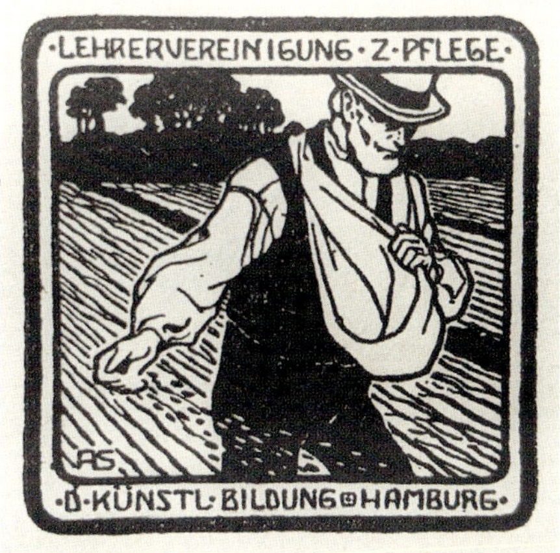

Arthur Siebelist, Emblem der Lehrervereinigung für die Pflege der künstlerischen Bildung, 1901 (aus: Versuche und Ergebnisse der Lehrervereinigung für die Pflege der künstlerischen Bildung in Hamburg, Hamburg, Alfred Janssen, 1901, Frontispiz) Der Lehrer als Sämann künftiger Kultur

bruch ist es auch, der Lichtwark, den »Praeceptor Germaniae«,[42] ins damals verschlafene Hittfeld führt. In seiner Werkbeschreibung zu »Der Künstler und seine Schüler« erläutert Ahlers-Hestermann:

»Wenn Sie sich die Gruppe nun in Bewegung gesetzt denken, so zog sie wohl rechts aus dem Bilde heraus in der Richtung des Nachbardorfes [Eddelsen], wo am Rande des gr[oßen] Waldes, des Sunder, ein Heidehügel lag, auf dem wir uns an den langen Sommerabenden lagerten. Als Lichtwark uns einmal besuchte, um das ihn sehr interessierende Bild von Sieb[elist] entstehen zu sehen, führten wir ihn auch auf diesen Heidehügel, der Lichtwark so begeisterte [...].«[43]

Es ist dieser Ort, den Lichtwark für sich und einen Freund als Sommerfrische auswählen wird.

42 Liebermann, Alfred Lichtwark, 1922

43 Ahlers-Hestermann, Entwurf und Notizen, [um 1945], o. S.

DER SUNDERHOF

Mit Baumeister Vivié den Heidegarten vor Augen

Das Herz wird weit ✥ ein geheimnisvoller Freund ✥ zwei Herren mit Trittleiter ❧ ein Stück eigenen Lebens und eigenen Glücks im Bauernwald ✥ es hat schon etwas vom Gebirge ❧ der Gärtner schüttelt den Kopf ❧ die ärgste Sünde ✥ Plädoyer für den Heidegarten ✥ Wasser auf dem Berg ❧ die koloristischen Grundstoffe ❧ zehnmal artenreicher als ein Stadtgarten ✥ eine durch Kunst zusammengefasste Übersicht des natürlichen Reichtums ✥ ein erschreckendes Programm

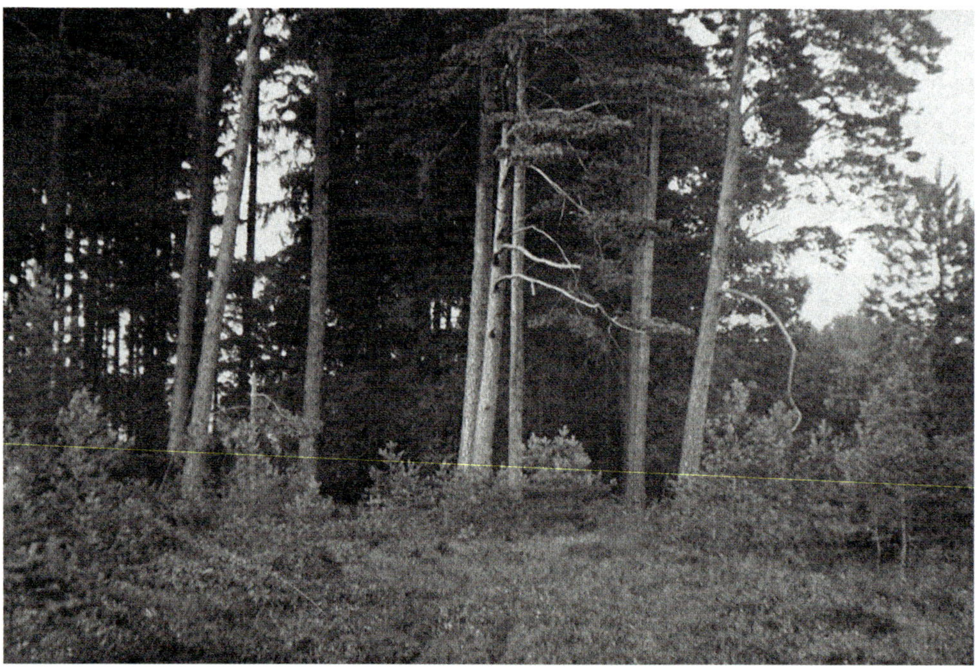

▲ »Bauernwald im Wietzetal«, um 1904 (in: Richard Linde, Die Lüneburger Heide, Bielefeld und Leipzig, Velhagen & Klasing, 3. Aufl., 1907, S. 65, Abb. 53)
»In ihnen [den Bauernwäldern der Lüneburger Heide] verbirgt sich die unberührte niederdeutsche Waldschönheit«. Richard Linde, 1907

»Mit einem Jugendfreunde, der sich in der Heide anbaut, hatte ich Gelegenheit, die einschlägigen [die Gartenkunst betreffenden] Fragen im Angesicht des Geländes zu erörtern.

Er hatte in der Wahl des Platzes einen guten Griff gethan. Als er mir seinen neuen Besitz zeigte, wurde mir das Herz weit. Wir standen am Rand der geräumigen Hochfläche, von der sich nach drei Seiten tiefe Thäler senken. Jeder Thaleinschnitt bildet mit seinem kräftig aufstrebenden Föhrenbestande den Vordergrund eines unendlich mannigfaltigen Landschaftsbildes, das sich mit Kornfeldern, Waldhügeln, roten Haidhöfen im grünen Eichendickicht ihrer Baumgärten, Windmühlen, die auf einsamen Hügeln ihre Flügel drehen, in langsamer Steigung bis zur blauen Waldkante am Horizont erhebt. Es hatte schon etwas vom Gebirge. [...] Dazu die würzige Luft, die von Heide, von den Buchen- und Kiefernwäldern herüberstreift. Man glaubte zu trinken, statt zu atmen.«[1]

Als Lichtwark diese Zeilen in dem Fachartikel »Der Heidegarten« niederschreibt, hat sein Jugendfreund wohl gerade sein Haus auf dem 1903 erworbenen Heidegrundstück bezogen.[2] Die Identität dieses Freundes lüftet Lichtwark im »Heidegarten« nicht, doch vermerkt er im April 1904 in einem Brief:

»Wir haben den Plan, jetzt den Sommer in der Heide zuzubringen. Ein Freund hat sich dort angesiedelt [...]. Ganz in der Einsamkeit, auf einem Hügel mit himmlischer Aussicht, mitten im Walde.«[3]

Bei diesem Freund handelt es sich um den Hamburger Baupolizeiinspektor Wilhelm Daniel Vivié (1849–1919),[4] der offenbar mit dem Freund im »Heidegarten« identisch ist. Die drei dort erwähnten Taleinschnitte bilden noch immer die attraktive Topografie einer Anhöhe im »Hittfelder Sunder«, die sich Vivié nachweislich auserkor,[5] und zu der ein 12 Morgen (entspricht rund 3 Hektar) großes Stück Land gehörte.[6]

Unter dem alten Begriff »Sunder« oder »Sunderholz« wurde ein herrschaftlicher, abgesonderter Wald verstanden, in dem ein Lehnsherr seinen bäuerlichen Vasallen bisweilen untergeordnete Rechte und Nutzungen wie Brennholzrecht oder Schweinemast einräumt.[7] Im Hittfelder Raum hatten die Grundherrn seit 1831 den Bauern die finanzielle Ablösung ihres Lehens und den Erwerb des betreffenden Grundstücks – gegen das Fünfundzwanzigfache der jährlichen Abgabenhöhe – gestatten müssen.[8] Durch die Nutzung dieses »Bauernwalds« als Hude, d. h. als Waldweide, und den damit verbundenen Verbiss junger Bäume sowie dem Vertilgen der Eicheln und Bucheckern wurde die Naturverjüngung des Baumbestands gehemmt, so dass sich mit der Zeit ein lichter Wald herausbildete. Infolge des hier sandigen Bodens war dies ein heidedurchsetzter Kiefern- und Birkenwald.

1 Lichtwark, Der Heidegarten, 1904, S. 128
2 Cohrs, Tagungs- und Jugendbildungsstätte, 1983, S. 34
3 Lichtwark, Briefe an Leopold Graf von Kalckreuth, 1957, S. 119–121 (Brief v. 16.4.1904)
4 Pensionierung des Baurats Wilhelm Daniel Vivié, 1918/1919
5 Bislang wurde das Gespräch in »Der Heidegarten« für rein fiktiv gehalten (Gröning / Schneider, Die Heide in Park und Garten, 1999, S. 18)
6 Lind, Als es den Golfplatz noch nicht gab, o. D., S 14
7 Deutsches Wörterbuch, Band X, Abtheilung 4, Lfg. 8, »SUNDERHOLZ, n.«, 1941
8 Nicklaus, Hittfeld: das alte Dorf, 1978, S. 120

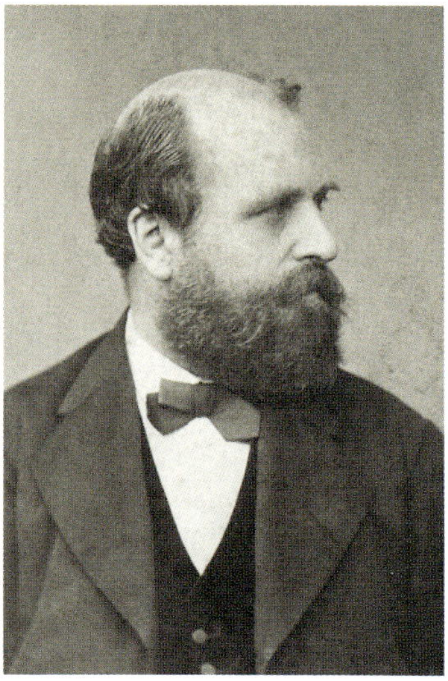

▲ Atelier Georg Wolf & Co., Porträt Ernst Gottfried Vivié, nach 1873 (Privatbesitz Dr. Inken Reimers)
Der Bildhauer und Politiker hatte bei Otto Sigismund Runge, einem Sohn des Malers Philipp Otto Runge, gelernt. Durch seine Kontakte ebnete er Lichtwarks berufliche Laufbahn.

▼ Hermann Steinfurth, Der siebenjährige Wilhelm Daniel Vivié, 1855 (Privatbesitz Dr. Inken Reimers)
Lichtwark stellte seine später berühmten Ideen des »Heidegartens« wohl erstmals seinem alten Freund aus Kindertagen vor.

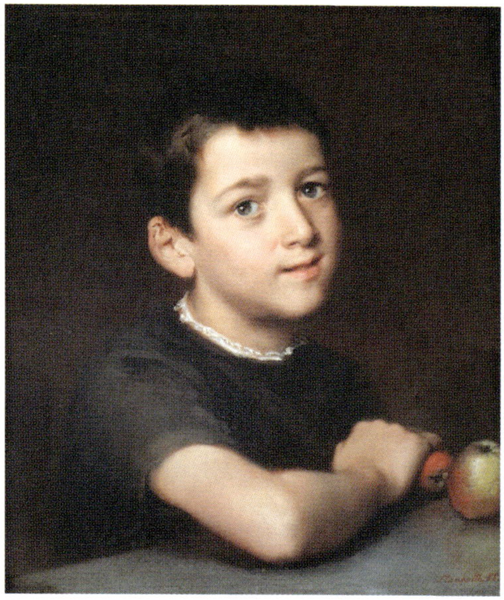

9 Kahl, Landsitze als Kulturinseln, 1936
10 Zur mit dem Erwerb der Reitbrooker Mühle und einem Kredit des Bankiers Salomon Heine verbundenen Beziehung der Familien Lichtwark und Vivié siehe Junge-Gent, Lichtwark,2012, S. 19–21, 39, 46, sowie Schellenberg, Einleitung, 1952, S. 8; vgl. Lichtwark, Briefe an seine Familie, 1972, S. 83

Die Ortswahl ist nicht zufällig: Immer wenn Lichtwark mit Vivié in Museumsangelegenheiten nach Bremen gefahren ist, sind die beiden dicht hinter Hittfeld an dem rechts der Bahnlinie liegenden Sunder vorbeigekommen. Eines schönen Tages steigen sie am Hittfelder Bahnhof aus, um diesen Ort, den Lichtwark bereits ein wenig durch Siebelists Malschule kennt, näher zu untersuchen. Auf der Suche nach einem Bauplatz streifen die Freunde mit einer Trittleiter über dem Arm durch den Wald. An besonders vielversprechenden Punkten besteigen sie die Leiter, halten Ausschau ins Land und finden in dem unwegsamen Gelände das schönste Plätzchen für ein Landhaus.[9]

Die Familien Lichtwark und Vivié sind damals bereits über ein halbes Jahrhundert befreundet.[10] Man besucht sich gegenseitig, erkundigt sich brieflich nach dem Befinden oder lässt sich durch den alten Herrn Ernst Gottfried Vivié (1823–1902) »ein halbes Pfund guten Tee« besorgen.[11]

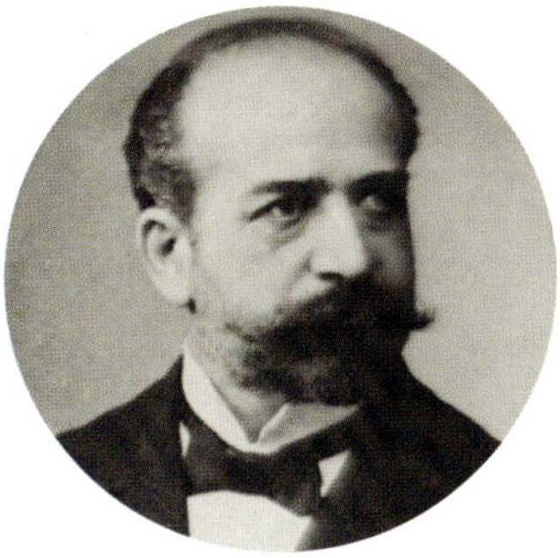

◄ **Wilhelm Daniel Vivié (vermutet), undatiert** (Privatbesitz Dr. Inken Reimers)
»Ich kann mir nicht vorstellen, dass ich deinen Garten schön finden würde.« Wilhelm Daniel Vivié, zitiert nach Alfred Lichtwark, 1904

Zu Wilhelm Daniel Vivié jr. (1848–1919) besteht ein besonders vertrautes Verhältnis.[12] Dieser Sohn Ernst Gottfrieds ist vier Jahre älter als Lichtwark und hat sich der Architektur zugewandt. Als er mit Lichtwark den Sunderberg erklimmt, ist er Mitte Fünfzig, ein Veteran des Frankreich-Feldzugs 1870/71, seit anderthalb Jahrzehnten in der Hamburger Bauverwaltung tätig, mit Aussicht auf Ernennung zum Baurat.[13] Er wohnt mit seiner Familie im zweiten Stock der Hamburger Bassinstraße (heute: Am Feenteich) Nr. 1: Im Erdgeschoss haben seit 1889 Lichtwarks gewohnt.[14] Die beiden sind – für Lichtwark ist das alles andere als eine Selbstverständlichkeit – per Du: »Alfred« und »Willy«.[15] Die nicht mehr ganz jungen Männer legen einen filmreifen Auftritt hin, als sie mit der Trittleiter bewaffnet darüber fachsimpeln, wie sich dieser Ort zu einer Sommerfrische formen lässt. Auf der Hochfläche des Sunders entwickelt sich zwischen den Freunden ein Gespräch über Gartenkultur, das Lichtwark wohl auch deshalb in belustigtem Ton wiedergibt, weil er sich bewusst ist, den Freund in dessen ureigenem Fachgebiet als Baumeister eines Besseren belehren zu wollen. Als sich die erste Überraschung gelegt hat, wird das Gelände genauer in Augenschein genommen und Vivié legt dem Freund dar, wie er das Gelände bebauen will:

»Das Haus soll auf der Hochfläche stehen, [...] möglichst weit vom Abhang, dort hinten an den Waldrand angelehnt. Die Hochfläche davor wird Garten, die Thäler sollen parkartig bleiben. Mein Gärtner schüttelt den Kopf zu dem Unternehmen. Er meint, es wird Jahre dauern, ehe ich auf dem sandigen Haideboden ein bisschen Pflanzenwuchs erziele. Zunächst will er auf der Hochfläche die nötigen Erdbewegungen vornehmen. Vor dem Haus soll ein Teich ausgehoben werden, da in der Landschaft hier die Wasserflächen fehlen. Den Boden wird er nach einer neuen Erfindung zubereiten, dass das Wasser stehen bleibt. Ein paar tausend Fuder Humuserde werden nötig sein für die Rasenflächen. Dort soll eine Böschung angelegt werden für Rhododendron, um den Anblick

11 Lichtwark, Briefe an seine Familie, 1972, S. 92, 94, 100, 138, 269
12 ebd., S. 509
13 Viviés Ernennung zum Baurat erfolgte 1906 (Pensionierung des Baurats bei der Baupolizeibehörde Wilhelm Daniel Vivié, 1918/1919)
14 Anmerkung zu Lichtwarks Brief an Wolf Mannhardt vom 13.3.1906, In: Lichtwark, Briefe an Wolf Mannhardt, 1952, S. 67–69, hier S. 69
15 Junge-Gent, Alfred Lichtwark, 2012, S. 416; vgl. W. D. Viviés Familienbriefe, unterschrieben mit »Willy« (Privatbesitz Dr. Inken Reimers)

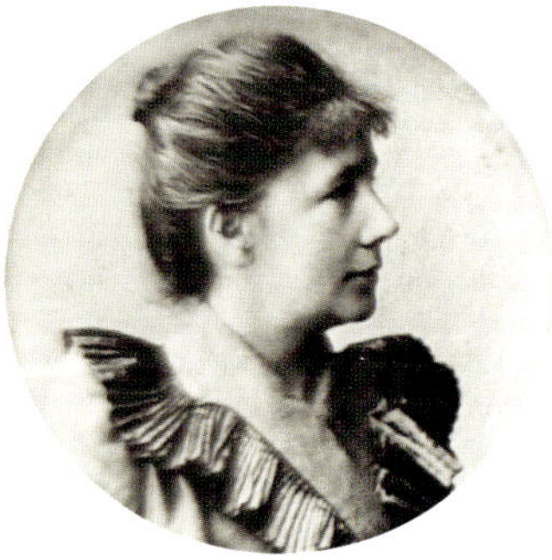

◄ Molly Vivié (vermutet), undatiert (Privatbesitz Dr. Inken Reimers) »Ich will es mit meiner Frau besprechen, vielleicht weiss sie aus deinen Vorschlägen mehr zu machenals ich.« Wilhelm Daniel Vivié, zitiert nach Alfred Lichtwark, 1904

des Gemüselandes zu verdecken. Der Plan ist schon fertig, ich weiss nur noch nicht, ob er mich nicht zu weit führt. Mit den Erdbewegungen, dem Teich, dem Humus kostet der Garten am Haus wohl dreimal mehr als das Haus mit seiner gesamten Einrichtung, und soweit ging meine Absicht gar nicht. Ich wollte etwas ganz Bescheidenes, Einfaches haben, etwas zum Ausruhen. Ich müsste nun gleich auch ein Haus für einen Gärtner und seine Gehilfen bauen, denn die Pflege des Gartens, wie er im Plan steht, erfordert unendliche Sorgfalt und Mühe und große Sachkenntnis.«[16]

Vivié ist mit der aus Riga stammenden Molly, geborene von Birckenstaedt (1851–1935), verheiratet, Tochter eines kaiserlich russischen Arztes und Hofrats. Das Paar hat vier bereits erwachsene Kinder: Emma Auguste (1877–1953), Johanna Luise (1879–1965), Marianne (*1883) – Lichtwarks Patentochter[17] – und Ernst Georg (1885–1967).[18] Das Haus ist als Sommersitz gedacht. In den Wintermonaten soll eine »Einhüterfamilie« dort wohnen, die im Sommer den geplanten Gemüsegarten bewirtschaftet, aber für den Rest des Gartens wird Vivié wohl einen Gärtner und Gehilfen benötigen, dazu das Gärtnerhaus, was die Kosten für den ohnehin teuren Spaß weiter in die Höhe zu treiben droht.

Lichtwark hört sich die Pläne seines Freundes an, »halb bekümmert, halb belustigt«, und fragt, warum dieser auf seinen Gärtner hört und sogar an diesem Ort partout einen englischen Garten anlegen will. Warum hier oben so umfangreiche und teure Erdbewegungen vornehmen? Warum einen Teich ausheben auf einer Anhöhe? Ein paar Tausend Fuder Humus ankarren lassen für Rasenflächen und einen Haufen Geld ausgeben, nur um einem Schema zu folgen, dem Gärten angeblich genügen müssen?

Nach Lichtwarks Ansicht verlangt die Aufgabe eine ganz andere Herangehensweise: Er empfiehlt, von der Eigenart des Landes, des Bodens und den Bedürfnissen des Bauherrn »wie bei jedem architektonischen Kunstwerk«

16 Lichtwark, Der Heidegarten, 1904, S. 128
17 Lubitz, Geformter Raum, 2016, S. 45
18 Reimers, Vivié Hamburg

auszugehen und hieraus erst die Gartenanlage zu entwickeln. Wie so oft geht Lichtwark von der einfachen, unspektakulären Situation aus sehr schnell zum Grundsätzlichen über: Er spricht vom verlorenen Gefühl für die natürlichen Vorzüge eines Ortes; davon, dass die Gartengestaltung einem Kunstgärtner zu überlassen, hieße, »ein Stück eigenen Lebens und eigenen Glückes« wegzuwerfen. Er spricht von »dem Deutschen«, der immer nur arbeite und zu leben vergesse, von unendlich wichtigen nationalen Kulturfragen schließlich und kann sich selbst nichts Schöneres denken, als ein solch unberührtes Stück Erde nach eigenem Willen zu gestalten.

»Alles sehr schön«, entgegnet ohne rechte Überzeugung Vivié und versucht, das Gespräch doch wieder etwas konkreter auf seine bevorstehenden Aufgaben zu lenken, »aber ich sehe den Weg nicht, ich wüsste nicht einmal, wo ich einsetzen sollte.«[19]

Auf dieses Stichwort hat Lichtwark nur gewartet, denn natürlich hat er bereits eine vielversprechende Idee: Es ist die Verbindung aus geometrischer, althamburgischer bzw. bäuerlicher Gartenkunst und der natürlichen Vegetation des Ortes. Im letztgenannten Punkt ist Lichtwark von der Idee des »Wilden Gartens« inspiriert, worunter die Verwendung von dem Klima angepassten Stauden und Gehölzen bei Verzicht auf Zuchtformen und exotische Pflanzen fällt.[20] Und im Folgenden führt er dem Freund dessen zukünftigen Garten buchstäblich vor Augen.

Am wichtigsten: Man müsse überall den Überblick haben und im Garten einen Gesamtorganismus fühlen. Und darum vor allem kein Gebüsch: »Es richtet nur Unheil an«; »Ich wollte, man könnte es mit einer Polizeiverordnung verbieten«; »In der Geschichte der Gartenkunst wird man vom Zeitalter des Gebüsches als dem des tiefsten Verfalls reden«; »Dass unser Zeitalter das ›Gebüsch‹ erfunden hat, wird ihm noch einmal als ärgste Sünde angerechnet werden«. Da spricht einer mit Inbrunst, tiefer Überzeugung – und mit einem Schalk im Nacken, der viel dazu beiträgt, dass seine Schriften so populär werden. Statt dieser unheilvollen Gebüsche also müssen Hecken gepflanzt werden, die anders als freiwachsende Sträucher den Garten nicht verstellen, sondern gliedernd Übersicht und Teilräume schaffen.[21]

Der Grundriss des Gartens erscheint denkbar einfach, er »ergiebt sich […] von selber«: Vor dem Haus braucht man einen halbrunden oder rechteckigen freien Platz, »auf dem es sich wohnen lässt«. Ein gerader und möglichst breiter Weg führt von dort bis an den Abhang, wo ein bequemer Gartenpavillon oder wenigstens ein Altan als ein sich balkonartig Richtung Tal vorschiebendes abgestütztes Podest, eingefasst mit geschorenen Hecken und weißen Bänken darin, einlädt, die Fernsicht zu genießen.[22]

19 Lichtwark, Der Heidegarten, 1904, S. 130
20 Lichtwark, Der wilde Garten, 1898, S. 46 f.
21 Lichtwark, Der Heidegarten, 1904, S. 131
22 ebd.

Ein anderer Hauptweg führt innen an der Umfassungshecke um den gesamten Garten, weil sich von dort die schönsten Blicke auf den Garten eröffnen. Die Binnengliederung erfolgt durch schmalere Querwege und ganz schmale Pfade, »auf denen ein Einzelner einzelne Pflanzen besehen mag«. Diese Wegehierarchisierung wird rhythmisch gliedernd die Gesamtanlage verschönern.[23]

Die Wege werden von Blumenbeeten begleitet, damit man diese immer direkt vor Augen hat, während der dahinterliegende Raum für das Gemüse zu verwenden ist. Der Gemüsegarten muss auch überhaupt nicht versteckt werden, sondern nach Wuchshöhen ausgewogen eingeteilt und von Blumenbeeten umschlossen werden.

Die Ecken des Gartens sind für schattige Sitzplätze vorzusehen, vor Wind und Sonne geschützt durch Heckenwände aus schnellwachsenden Birken, Buchen oder Hainbuchen. Weil diese Lauben nach oben offen sind, bleibt die Luft frisch und – ein schönes Detail – »es fallen einem keine Spinnen auf den Kopf«.[24]

Womit er bei der Pflanzenverwendung anlangt, dem Teil, der ihn vollends vom gartenkünstlerischen Mainstream seiner Zeit abhebt:

»Da die Bewässerung sehr schwierig ist, muss die Flora der Heide untersucht werden, wie weit sie Pflanzen von edlem Wuchs bietet, die dem architektonischen Aufbau des Gartens dienen können, und welche koloristischen Grundstoffe die Blumen der Heide zur Verfügung stellen.«[25]

Aus der Not eine Tugend machen, könnte man denken, aber für Lichtwark sind das keine Verlegenheitslösungen. Sie entspringen einer ernsthaften Auseinandersetzung mit den natürlichen und kulturellen Gegebenheiten des Ortes: Heute würde man dies einen verantwortungsvollen Umgang mit den natürlichen Ressourcen Wasser und Raum nennen, hervorheben, wie die hauseigenen Gemüseflächen (kurze Produktionswege!) in das ästhetische Gesamtkonzept eingebunden werden sowie den naturpädagogischen Ansatz und die autochthone Pflanzenverwendung loben:

»[Es] gilt zunächst, den Garten einzuhegen. Die Heide liefert für diesen Zweck ein unvergleichliches Material, die wilde Rose. Sie wuchert hier an allen Abhängen, wo niemand sie pflegt. [...] Eine Hecke von wilden Rosen braucht etwas mehr Platz als eine geschorene Dornenhecke, dafür [...] wächst sie regelmäßig aus und braucht nicht geschoren zu werden, hält aber doch dabei ein gewisses Maß inne. Sie ist so schön wie keine andere Pflanze [...], schon wenn sie nichts als den Blätterschmuck hat, aber unsagbar herrlich strahlt sie im Schmuck der Blüten und Früchte. Ueberdies geben die Hagebutten eine beachtenswerte Ernte, und was die Schutzkraft einer Rosenhecke anlangt, kommt ihr kein Gitter, keine Planke, keine Mauer, kein Stacheldraht

23 Lichtwark, Der Heidegarten, 1904, S. 132
24 ebd., S. 131
25 ebd., S. 132

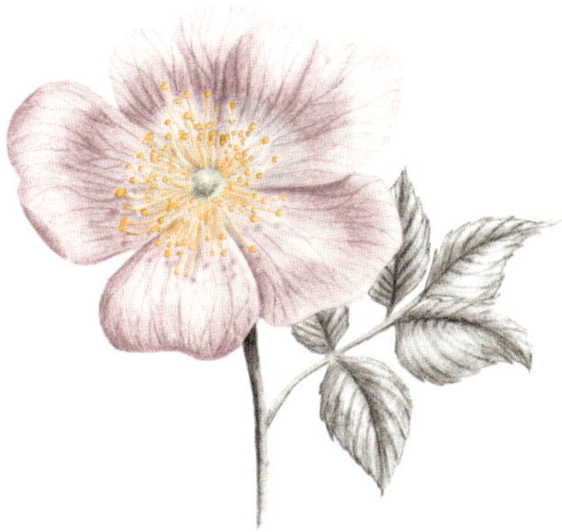

◄ Anthea Rakebrandt, »Hundsrose«, 2022
(Kolorierung Joachim Schnitter)
»Unsagbar herrlich strahlt sie im Schmuck der Blüten.«
Alfred Lichtwark, 1904

gleich. Sie ist schlechthin undurchdringlich für Mensch und Tier. Kein Hase kann zum Kohl, kein Reh zu den Blumen gelangen, und die Singvögel wissen, dass sie ein ganz sicheres Heim finden werden in den dichten, stachelbewehrten Ranken.«[26]

Es ist unübersehbar: Lichtwark legt seinem Freund nicht nur alle Vorteile dieser Wahl haarklein auseinander, er besingt seine Entdeckung! Und die Tatsache, in der Wildrose eine in der herrschenden Gartenkunst übersehene Schönheit zu preisen, macht sie in seinen Augen noch köstlicher!

Ähnlich innig begeistert sich Lichtwark für den Wacholder, das »wohl weitaus edelste Gebilde unserer Flora«. Er strebe auf wie ein schlanker Mensch und erinnere, wenn der Wind in ihm spiele, an eine Opferflamme.

Nicht zufällig fühlen sich Kenner barocker Gartenlyrik an Barthold Heinrich Brockes (1680–1747) erinnert, der zu Beginn des 18. Jahrhunderts den ästhetischen Genuss zum Beispiel von Kornblumen und einfachen Gartenblumen als Lobpreis des Schöpfers in Verse gesetzt hatte.[27] Lichtwark ruft seinen Freund – und alle seine Leser – zu Bescheidenheit und zu Natürlichkeit auf, und er tut dies mit dem Nachdruck eines charismatischen Predigers.

»Im Heidegarten lässt sich der Wacholder zu tausend Zwecken verwenden. Er kann paarweise als hoher ernster Wegwächter auftreten, kann auf den Beeten neben dem Hauptweg in Abständen gepflanzt die großen Rhythmen angeben, kann, geschoren, Lauben, Exedren und Laubwände bilden und ist auch statt des Buchsbaums als Einfassung oder als zierliche Hecke innerhalb der Gartenanlage zu verwenden.«[28]

Als Pendant zur aufstrebenden Form des Wacholders sieht Lichtwark den leicht rundlich wachsenden »Besenpfriem« (Besenginster), dessen orangegelbe Blüten den ganzen Garten zum Leuchten bringen könnten.

26 Lichtwark, Der Heidegarten, 1904, S. 131
27 Brockes, Herrn B. H. Brockes [...] Irdisches Vergnügen, 1721–1748
28 Lichtwark, Der Heidegarten, 1904, S. 182

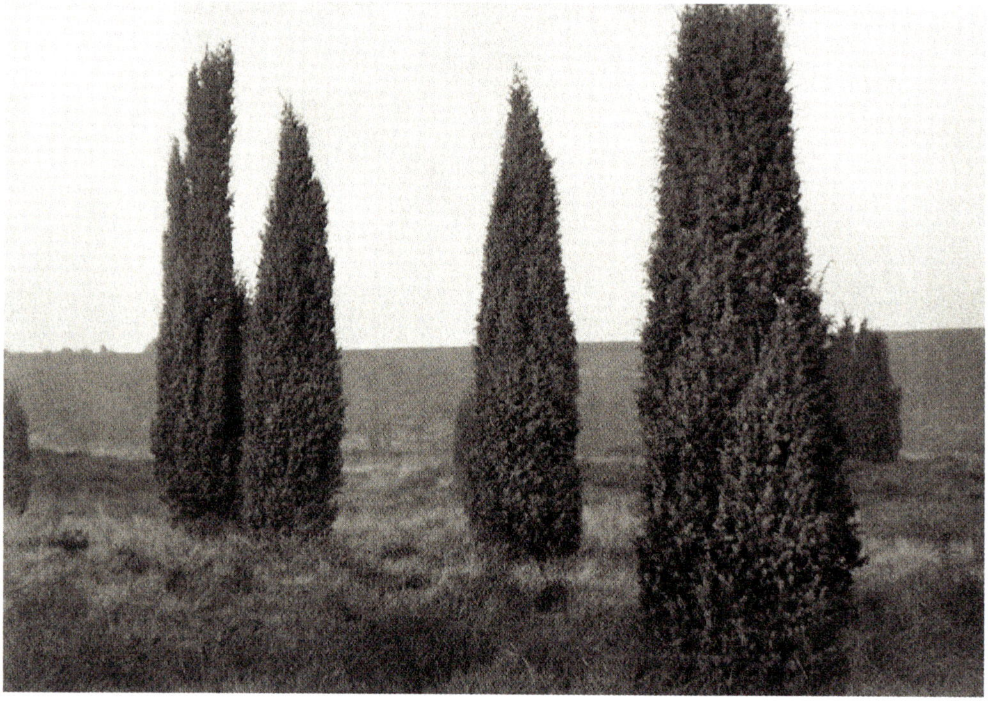

▲ »Wacholder auf freier Heide«, um 1904 (in: Richard Linde, Die Lüneburger Heide, Bielefeld und Leipzig, Velhagen & Klasing, 3. Aufl., 1907, S. 121, Abb. 97)
»Wo solche Zypressenformen sich nahe beieinander finden, bilden sie ein Landschaftsbild von einer Kraft und Eigenart, die nicht leicht übertroffen werden kann.« Richard Linde, 1904

Auch den Vogelbeerbaum (Eberesche), das Geißblatt (Jelängerjelieber), Stachel- und Himbeere sowie wilde Clematis empfiehlt der so richtig in Schwung geratene Direktor als standortgerechte und daher pflegeleichte Pflanzen. Er denkt sich gar, Brombeerranken girlandenartig von Pfahl zu Pfahl zu schwingen, gerät damit allerdings in gefährliche Nähe zu den Feston genannten Girlanden des verhassten Dekorationsstils zeitgenössischer Prägung.

Die ihm unentbehrlichen Blumenpflanzungen meint er aus genauer Beobachtung der Feldraine, Sandhänge, Heiden, Waldränder, Talgründe und Lichtungen »zehnmal artenreicher als die des durchschnittlichen Stadtgartens« zusammenstellen zu können:

»Violette und blaue Scabiosen, gelbe Wucherblumen, weisses und gelbes Galium, Wicken aller Art vom tiefsten Violett bis zum leuchtenden Purpur,

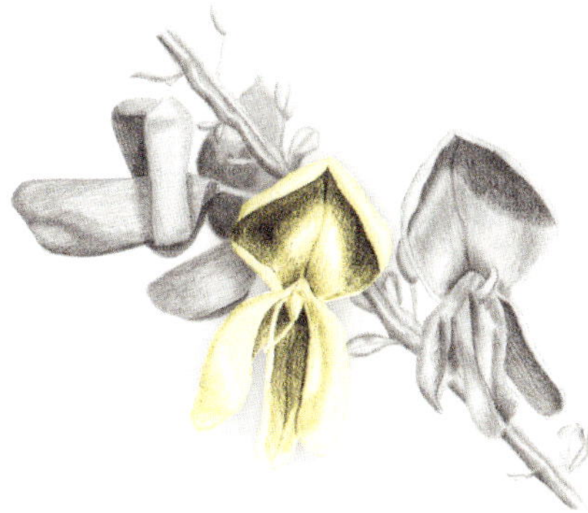

► Anthea Rakebrandt, »Ginster«, 2022 (Kolorierung Joachim Schnitter)
»Im Schmuck seiner rotgelben Blüten ist er ein Busch von unerhörter Farbenpracht.«
Alfred Lichtwark, 1904

Ginster, die nickende Distel, Blutnelken, Glockenblumen, Arnica – ich zähle nur auf, was ich von hier aus sehen kann – werden die Beete mit einem unsagbaren Reichtum der edelsten Farben überziehen. Sie übertragen sich sehr leicht, man braucht nur im Sommer und Herbst die Samen zu sammeln und auf den Beeten auszusäen.«[29]

Mit Thymian und Glockenheide eingefasst, würden diese Blumen die Beete gänzlich bedecken und den ganzen Sommer, ja fast das ganze Jahr für Blumenschmuck sorgen. Als Ersatz für den »englischen Rasen«, wie man ihn in Hamburger Gärten gewohnt ist, will Lichtwark Heidegräser, Thymian, Heidelbeere und »in erster Linie aber hier, wo sie zu Hause ist, die Heide selbst« sehen.

Bei so viel Naturnähe versteht es sich fast schon von selbst, dass auch das Haus bewachsen wird, mit Brombeere oder Geißblatt oder, eher überraschend, mit zum Spalier geschnittener Vogelbeere. Doch auch die Bäume entkommen der Schere nicht:

»Man schert die Kronen wie eine Hecke, die, fünf oder sechs Schritt vom Haus, bis zum Dachfirst reicht. Von den Fenstern des Erdgeschosses, den Wohnzimmern, sieht man zwischen den Stämmen hindurch über den Garten weg.«[30]

Lichtwarks Heidegarten soll nämlich trotz der fast ausschließlichen Verwendung von Wildpflanzen keineswegs Natur oder Landschaft imitieren – eben das war ja der Vorwurf an den »englischen Stil« gewesen –, sondern eindeutig artifiziell sein.

»In der Landschaft, die ihn umgibt, wird der Heidegarten nicht fremd und ungehörig stehen, sondern als Abriss und eine gedrängte, durch die Kunst zusammengefasste Uebersicht ihres eigenen Reichtums erscheinen. [...] Was der Mensch macht, muss den Stempel seines Wesens und Willens tragen, denn er ist von Haus aus ein Ordner.«[31]

29 Lichtwark, Der Heidegarten, 1904, S. 184
30 ebd., S. 185
31 ebd.

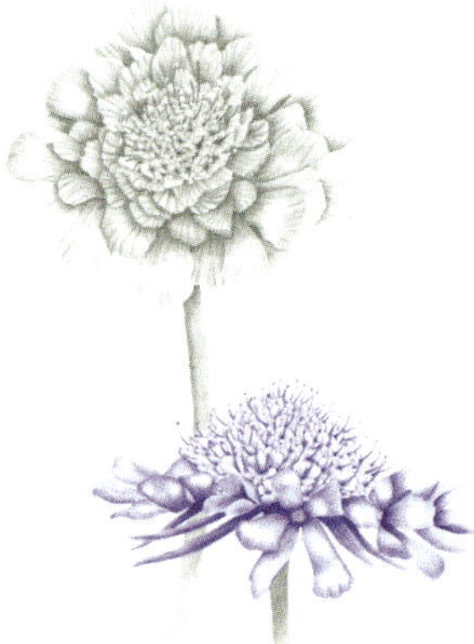

◄ Anthea Rakebrandt, »Tauben-Skabiose«, 2022
»Alle diese Pflanzen […] brauchen keine Pflege weiter und sind […] mit dem Nass zufrieden, das der Himmel spendet.« Alfred Lichtwark, 1904

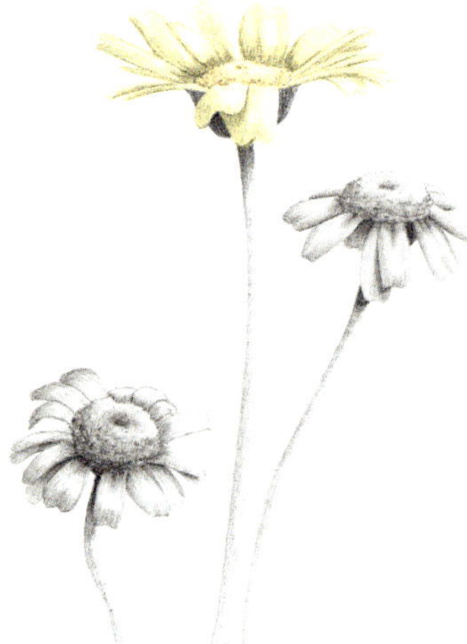

► Anthea Rakebrandt, »Saat-Wucherblume«, 2022
»Es fällt gar nicht schwer, mit dem Material, das die Heide selber bietet, die Beete so dicht wie den Feldrain zu überspinnen und den ganzen Sommer, ja fast das ganze Jahr Blumen zu haben.«
Alfred Lichtwark, 1904

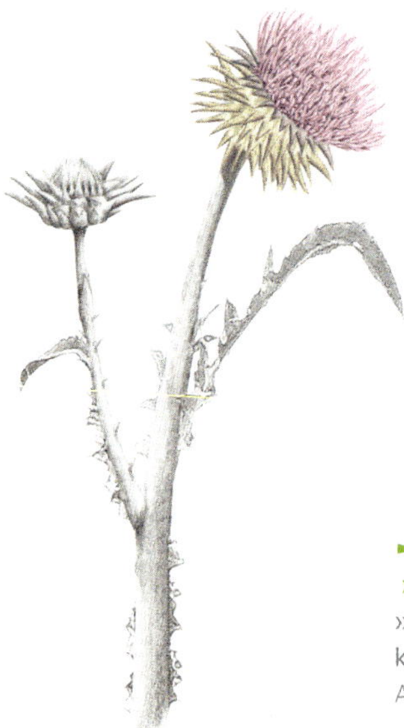

◄ Anthea Rakebrandt, »Nickende Distel«, 2022
»Da sehr viele Heideblumen durchwintern, lässt sich leicht eine Art Blumenkalender zusammenstellen.«
Alfred Lichtwark, 1904

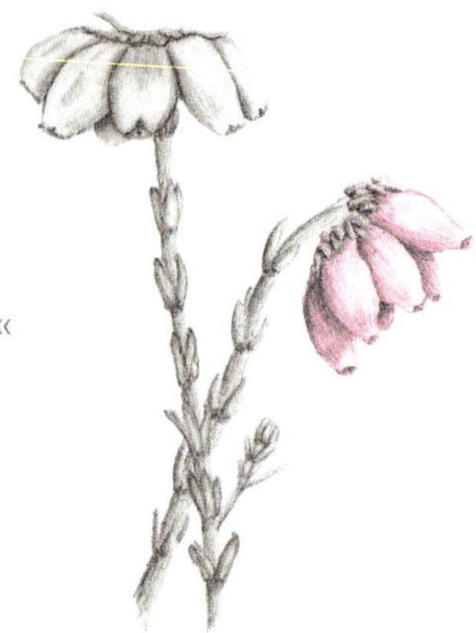

► Anthea Rakebrandt, »Glockenheide«, 2022
»Thymian [und] Glockenhaide können den Buchsbaum vertreten.«
Alfred Lichtwark, 1904

(Alle Abb. dieser Seite: Kolorierung / Bearbeitung Joachim Schnitter)

Lichtwark ist mit dem Vortrag zuende. Vivié hat ihn »reden lassen, ohne zu unterbrechen, wie es seine Art ist, wenn ihm jemand ein Geschäft vorschlägt«. Und auch danach schweigt er zunächst, blickt wie gedankenverloren in die Ferne, bevor er dem Freund antwortet. Und es ehrt Lichtwark, dass er an dieser Stelle seines Berichts bekennt, dass sein glühender Vortrag nicht den erhofften Erfolg gehabt hat. Endlich antwortet Vivié:

»Du schwärmst [...]. Ich kann mir nicht vorstellen, dass ich deinen Garten schön finden würde. Ich mag keine geraden Wege und hasse das Geschorene. Mag sein, dass der Wacholder schön ist, mir ist er zu steif, mag sein, dass die Heideblumen dem Kenner gefallen, ich bin keiner. Dein Programm erschreckt mich.«[32]

Vivié hat offenbar gut zugehört. Es ist ihm nicht entgangen, dass Lichtwark ihn gegen so ziemlich alle Konventionen der anerkannten Gartenkunst verstoßen lassen möchte. Aber Viviés Geschmack entspricht gerade dem »englischen« Garten, den Lichtwark verspottet. Der Entwurf, den ihm sein Gärtner gemacht hat, gefällt ihm auch, wie er zugibt, ihn schreckt nur der damit verbundene Aufwand. Rasen, Teich und Rhododendren hat er aufgegeben, soviel hat der Vortrag immerhin erreicht, aber was nun werden soll, ist ihm unklar. Er wolle es mit seiner Frau besprechen, schließt Vivié den Dialog, vielleicht wisse sie aus Lichtwarks Vorschlägen mehr zu machen.

Was auch immer Molly Vivié ihrem Mann geraten haben mag, ihr gemeinsames Bauprojekt erregt das Staunen der Landbevölkerung: Es wird viel ausgeholzt, Wege werden gebaut und unebenes Terrain wird ausgeglichen. Auch der Hausbau wird teuer, denn da auf der Höhe kein Wasser zu bekommen ist, kostet allein die Tonne Wasser zehn Mark Transportkosten. Eine Zeitzeugin berichtet:

»Darum begann man dort oben nach Wasser zu bohren und mußte erleben, daß dies lange Zeit erfolglos blieb. Die Erdwälle zu beiden Seiten der Bohrung wuchsen jeden Tag höher, und am Abend kamen die Bauern aus der Umgebung, setzten sich gemütlich auf die Wälle, schmauchten ihr Pfeifchen, und machten spöttische Bemerkungen über diese Hamburger, die ja wohl ganz und gar närrisch wären, hier auf der Höhe zu bohren.«[33]

Irgendwann sind diese Versuche doch von Erfolg gekrönt und Viviés können ihr Landhaus beziehen. Der verputzte Erdgeschosssockel wirkt durch das Mansarddach mit aufgesetzten Walm leicht gedrungen. Ein Mitteltrakt schiebt sich portalartig, jedoch nur mit bescheidener Schleppgaube nach vorne und schafft Platz für zwei Doppelfenster im Obergeschoss. Das fast schwarze Ständerwerk in diesem Mitteltrakt kontrastiert stark mit den weißgetünchten Ausfachungen und findet seine Entsprechung in ebenso dunklen

32 Lichtwark, Der Heidegarten, 1904, S. 186
33 Kahl, Landsitze als Kulturinseln, 1936

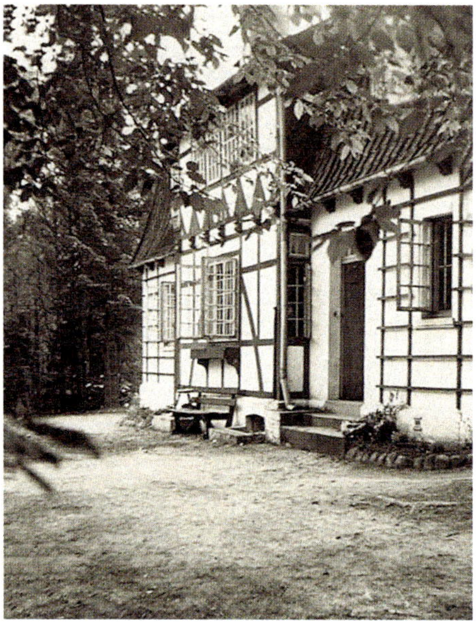

◄ Landhaus Vivié, Südseite, ca. 1950er-Jahre (Archiv CVJM-Sunderhof GmbH) Dunkle Rankgerüste an der Fassade verstärken den rustikalen Eindruck des Fachwerkbaus.

Rankgerüsten vor den nur durch die Fensteröffnungen unterbrochenen Mauern des Erdgeschosses. Sowohl die akzentuierte Fachwerkbauweise als auch die historisierend kleinteilige Fenstersprossung weisen das Haus als frühes Beispiel der aufkommenden Heimatschutzarchitektur aus. Der »Altan« des Obergeschosses weist als abgestützter Freisitz ostwärts über einen der markanten Taleinschnitte zur Morgensonne und Richtung Eddelsen: kein effektvoller Bau, aber einer, der sich in seiner Schlichtheit – Lichtwark würde hier das Primat der Benutzbarkeit anführen – von wilhelminischer Ornamentik abhebt. Die Rankgerüste bieten sich für blühende Gehölze wie Rosen oder Geißblatt an, um das Haus mit der Landschaft zu verbinden.

Ist der zugehörige Garten ein Lichtwarkscher Heidegarten? Die zeitgenössischen Fotografien deuten tatsächlich auf Kiefern, Eichen, Tannen oder Fichten sowie freiwachsenden Ginster vor dem Haus und sogar auf Heidekraut und Gräser statt eines gepflegten Rasens. Die zum Haus führenden Wege gleichen sandigen Feldwegen, zwar breit, aber nicht befestigt. Dass Viviés als Nebengebäude nur die kleinen »Kutscherstuben« errichten, aber kein eigentliches Gärtnerhaus, spricht ebenfalls dafür, dass sie den großen Aufwand einer traditionellen Gartengestaltung gescheut haben und mit der Spontanvegetation der Heidelandschaft schließlich doch zurechtkommen, ohne jedoch die geometrische Konzeption zu übernehmen, die Lichtwark so beredt empfohlen hatte.

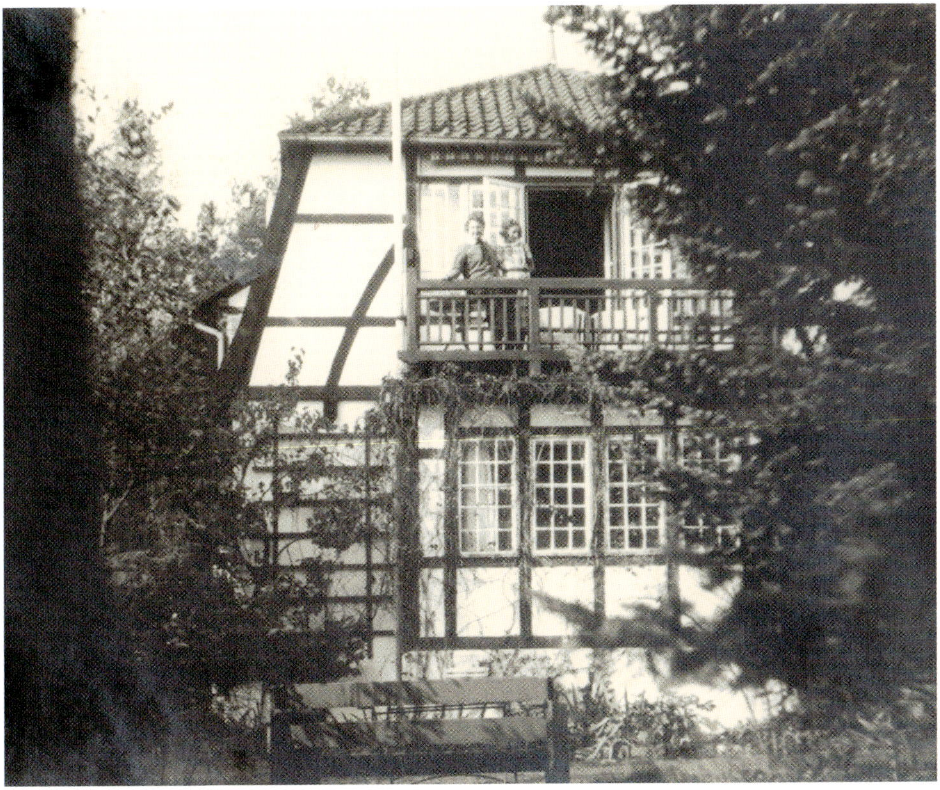

▲ Maria Schmidt-Matthaei auf dem Altan des Vivié-Hauses, undatiert (Archiv CVJM-Sunderhof GmbH)
Das Viviéhaus erhält Maria Schmidt-Matthaei in seiner bauzeitlichen Gestalt.

Nicht weniger wichtig als die Gestaltung seines Gartens ist Viviés Bedeutung als Kern des Gesellschaftskreises, der sich in den Folgejahren auf dem Sunderberg entwickelt. Zusammen mit Lichtwarks feiert man kleine Feste, besucht sich gegenseitig und unternimmt mit dem kleinen Kutschpferdchen Ausfahrten durch sandige Heidewege. Und wenn es mal vorkommt, dass es den Wagen dabei umwirft »und seine Fracht, darunter die alte Frau Lichtwark [Alfreds Mutter Johanna Lichtwark] und Frau Vivié in den Graben rollte«, wird das Gefährt wieder flottgemacht und die heitere Ausfahrt fortgesetzt.[34]

34 Kahl, Landsitze als Kulturinseln, 1936

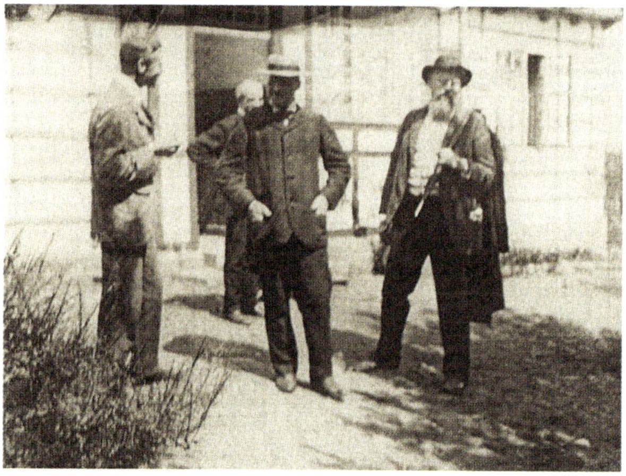

◄ Ernst Bacmeister, Wilhelm Daniel Vivié, Alfred Lichtwark und Leopold Graf von Kalckreuth vor dem Landhaus Vivié, um 1911 (aus: Henrike Junge-Gent, Alfred Lichtwark: Zwischen den Zeiten. Berlin, Deutscher Kunstverlag, 2012, S. 604) Lichtwark mit Kläppchenkragen, Fliege und uraltem Strohhut zusammen mit Freunden an einem Sommertag im Sunder

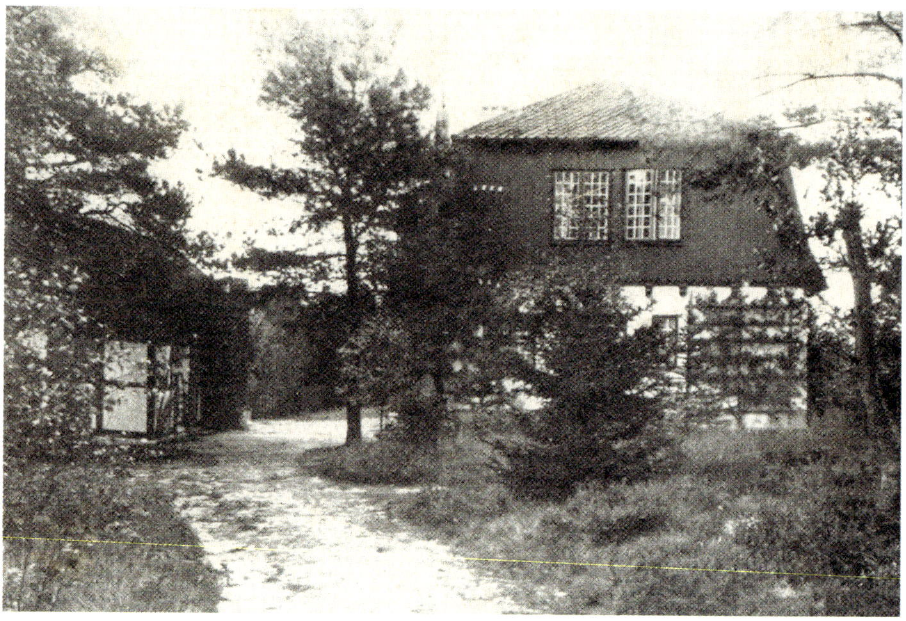

▲ Landhaus Vivié, Westgiebel, ca. 1920er-Jahre (Archiv CVJM-Sunderhof GmbH) Typische Heidevegetation säumt die sandigen Gartenwege.

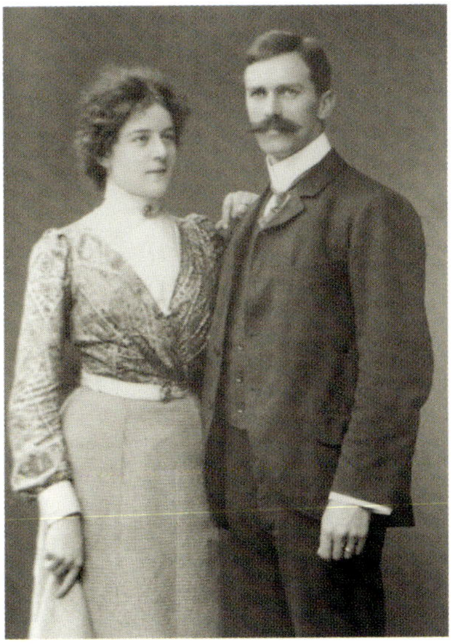

◄ Johanna Bacmeister, geb. Vivié, und Ernst Bacmeister, um 1903 (Privatarchiv Georg-Wilhelm Geckler) »Hannas Verlobung war Dir wohl auch eine Überraschung. Ich hatte keinen Schimmer, habe noch vor einigen Monaten den Bräutigam geneckt, [dann] [...] kam er eines Abends zu mir und schüttete mir sein Herz aus. Er ist ein sehr netter Mensch.« Alfred Lichtwark, 1901

Viviés Tochter Johanna wird in diesem Jahr 1903 den aus England stammenden und seit sechs Jahren in Hamburg lebenden Kaufmann Ernst Bacmeister (um 1867 – 1951) heiraten. Auch er steht mit Lichtwark auf vertrautem Fuß.[35] Eine zeitgenössische Fotografie zeigt den als bescheiden und humorvoll geltenden Mann[36] zusammen mit Lichtwark, »Willy« Vivié und Leopold Graf von Kalckreuth vor dem Landhaus. Ein Ausdruck der engen Beziehungen zwischen den Familien ist der Malunterricht,[37] den Johanna später bei Kalckreuth erhält und sie dazu befähigt, ein Porträt von Lichtwarks Mutter[38] und ein weiteres von seiner Halbschwester Dorette (1847 – 1939) anzufertigen.[39]

Viviés ältere Tochter Emma,[40] die noch länger bei den Eltern wohnt, übt sich ebenfalls in den schönen Künsten: Kalckreuths Sohn Johannes wird sich später erinnern, dass sie im »Überbrettl-Ton« – also in cabaretähnlicher Kleinkunst, ohne Zimperlichkeit im Erotischen – »etwas neckisch, aber mit Kunst und Geschick« zur Laute gesungen und sich dazu »trallerali – bisweilen in den Kalckreuthschen Garten« geschlichen habe.[41] Emmas 1911 erschienener Artikel über Heimatkultur und Hausmusik in der Lichtwark nahestehenden »Hamburgische[n] Zeitschrift für Heimatkultur« zeigt, dass auch sie dem Lichtwark-Kreis zuzurechnen ist.[42] Später wird sie Volkslieder-Konzerte singen und sich auf der Laute oder der Gitarre begleiten.[43]

Zunächst aber zieht auch Lichtwark auf den Sunderberg, in ein winziges Sommerhäuschen.

35 Lichtwark, Briefe an Leopold Graf von Kalckreuth, 1957, S. 89 – 90 (Brief v. 8.5.1901)
36 Ernst Hermann Otto Bacmeister, o. D.
37 Kalckreuth, Wesen und Werk meines Vaters, 1967, S. 338
38 Lichtwark, Briefe an Leopold Graf von Kalckreuth, 1957, S.132 f. (Brief v. 14.7.1904)
39 Reproduktion des Porträts in der Hamburger Kunsthalle, HAHK-SO Archiv 120
40 Emma Vivié, später verheiratete Arendt-Vivié (Arendt-Vivié, Deutsche Volkslieder, 1916)
41 Kalckreuth, Wesen und Werk meines Vaters, 1967, S. 338
42 Vivié, Heimatkultur und Hausmusik, 1911
43 Arendt-Vivié, Deutsche Volkslieder, 1916

DAS SUNDERHÖFCHEN

Lichtwarks Sommerfrische in der Hohen Heide

Ein Meisterwerk der Raumnutzung ❧ der Direktor hat Sehnsucht ❧ eigentlich nur ein einfacher Schuppen ❧ kulinarisch vortrefflich ❧ Marianne Lichtwark pflanzt den Heidegarten ❧ glückselig Beeren für sein Abendessen suchen ❧ ein verzeihlicher Bruch seiner strengen Ästhetik ❧ die Rosen klettern über das Dach ❧ das Portrait der Johanna Lichtwark ❧ ein ehrfurchtgebietender Strohhut ❧ niemand kennt Lichtwark, der ihn nicht hier gesehen hat

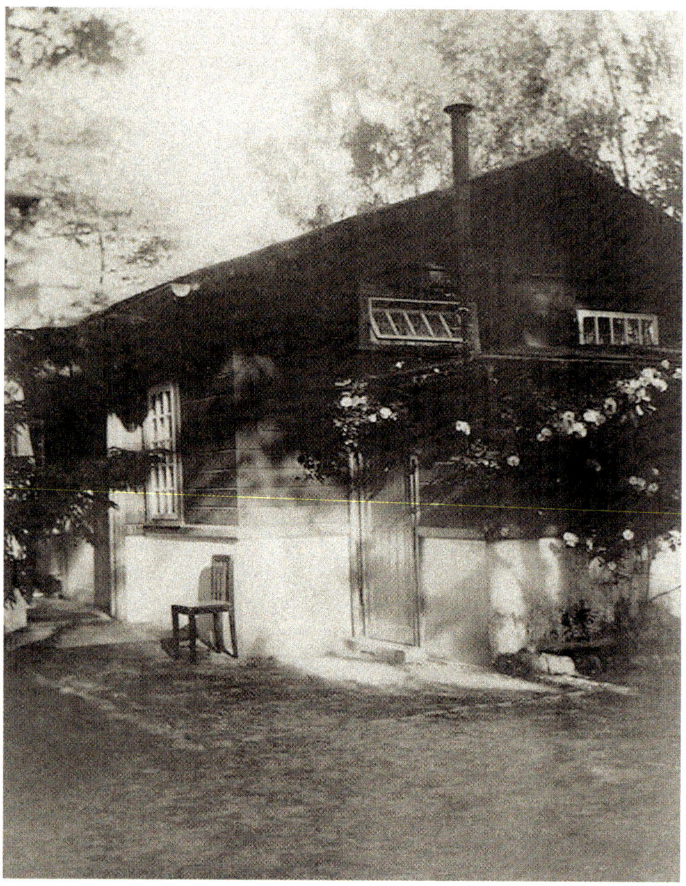

◄ Lichtwarkhaus, ca. 1920er- bis 1930er-Jahre (Archiv CVJM-Sunderhof GmbH)

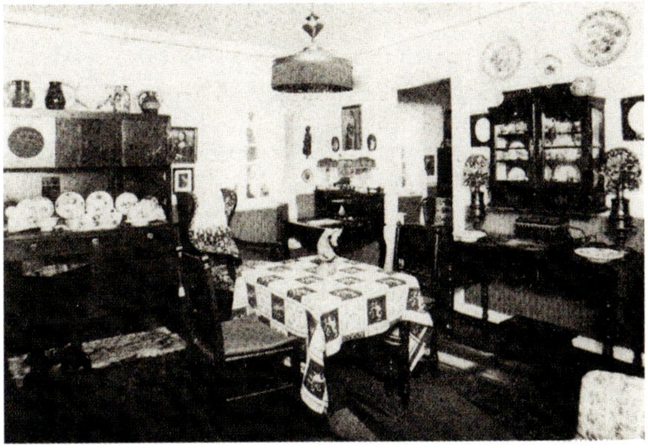

◄ »Speisezimmer im Lichtwarkhaus«, ca. 1920er-Jahre (Archiv CVJM-Sunderhof GmbH) Das Zimmer ist klein, aber die servierten Speisen sind »vortrefflich«.

Lichtwarks und Viviés unterschiedliche gartenkünstlerische Ansichten tun ihrer Freundschaft keinen Abbruch. Ganz im Gegenteil, sie rücken im Sunder noch enger zusammen: Dicht neben seinem »Sunderhof« hat der Baumeister ein weiteres Domizil errichtet, mehr Hütte als Haus. Der kleine Bau mit seinen dunklen Holzbrettern auf einer weißen Grundmauer wird »Sunderhöfchen« getauft und dient Lichtwark als Sommerfrische:

»Und wie glücklich war er, als es ihm gelungen war [...] ein winzig kleines Häuschen in der Heide sich zu bauen, wohl nicht größer als fünf Meter im Geviert, aber ein Meisterwerk in der Ausnutzung des Raumes wie in der Anordnung der Räume.«[1]

In der Mitte liegt das Speisezimmer, flankiert von je einem Schlafzimmer, und hinter dem Speisezimmer eine Küche, in der ein eiserner Herd mit Gasheizung gerade noch Platz findet. Da Lichtwark ein ausgesprochener Familienmensch ist – er hat mit Ausnahme seiner Studentenzeit zeitlebens mit seiner Mutter, seiner Schwester Marianne und seinem Bruder Hans zusammengelebt – ist auch für seine Mutter ein fester Platz in dem Haus bestimmt.[2] An den beiden Fensterseiten des Speisezimmers liegen die Arbeitsplätze von Mutter und Sohn. In einer Zeit, in der das Briefeschreiben zu den festen Bestandteilen des Tagesablaufs gehört, erledigen beide hier ihre Korrespondenz. Zu den Seiten liegen die Schlafzimmer, für einen komplexeren Grundriss reicht der Platz dann doch nicht.

»Eigentlich war es nur ein einfacher Schuppen«, erinnert sich Fritz Schumacher später, »das Schlafzimmer so klein, daß man meinte, der große Mann ginge gar nicht hinein, der Wohnraum wie eine koffermäßig aufgeteilte Kajüte. Ohne Garten, aber von Blumen umrankt, stand es da im Walde.«[3]

1 Liebermann, Alfred Lichtwark, 1922, S. 170 f.
2 Zeromski, Alfred Lichtwark, 1924, S. 87
3 Schumacher, Stufen des Lebens, 1935, S. 317

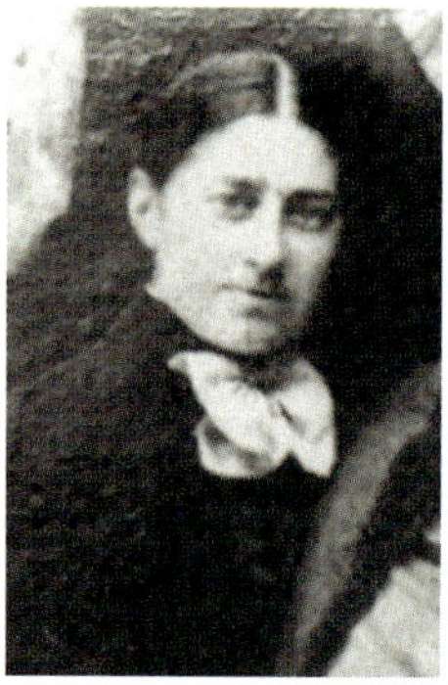

▲ Marianne Lichtwark, undatiert (aus: Henry Wiepking, Marianne Lichtwark (1857–1932). In: Lichtwark. Mitteilungsblatt des Lichtwarkausschusses Bergedorf, Sonderausgabe 21, 1961, S. 32–36, hier S. 32)
Lichtwarks Schwester »Sanni« gilt als schweigsam, mitfühlend und tüchtig, ihr Charakter als »unantastbar«. (Johannes von Kalckreuth, 1967)

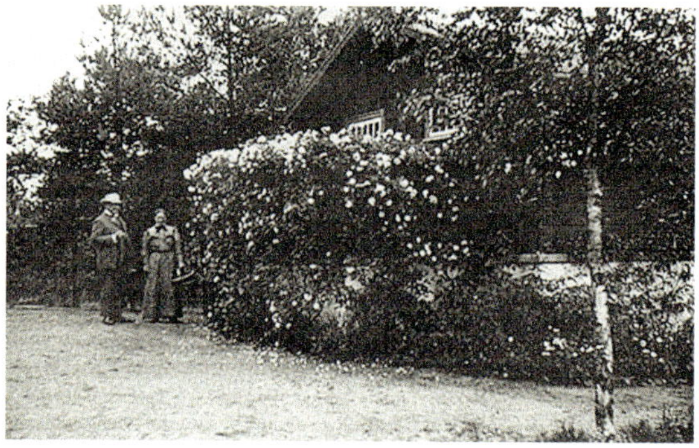

▲ Alfred und Marianne Lichtwark vor dem Lichtwarkhaus, um 1910 (aus: Henrike Junge-Gent, Alfred Lichtwark: Zwischen den Zeiten. Deutscher Kunstverlag, Berlin 2012, S. 600)
Ein offener Platz umgibt das kleine, rosenberankte Holzhäuschen. Junge Birken und Kiefern beleben die lichte Anhöhe.

Und Liebermann ergänzt:

»Aber der Kalbsbraten, der uns serviert wurde, war ebenso vortrefflich wie die rote Grütze, deren Rezept er von seiner Mutter übernommen hatte.«[4]

Zu Lichtwarks Zeit ist das Haus von einem schmalen Pflanzstreifen eingefasst, der mit Feldsteinen vom breit umlaufenden Weg abgesetzt ist. Marianne Lichtwark erschafft hier ein Miniatur-Heidegärtchen. Es heißt, sie habe dabei nur Bäume, Sträucher und Blumen verwendet, die dem Heideboden entstammten,[5] so unaufdringlich, dass Fritz Schumacher es nicht einmal einen Garten nennt. Im November 1906 schildert Lichtwark eine persönliche Impression:

»An unserem kleinen Hause war alles rot von blühenden Kressen, und die Wicken am Balkon waren mit jungen Trieben und Blumen bedeckt. Die Rosen hatten alles Laub und waren über die Türen gewachsen. Das lag im Sonnenschein wie im Sommer ... Ich habe große Sehnsucht, das ganze Jahr dort zu sein.«[6]

1912 sind die von Marianne gepflanzten Weidenbäume »doppelt mannshoch und über und über mit Kätzchen bedeckt«,[7] eine freistehende junge Birke schmückt den Platz vor dem Häuschen. Lichtwark schwelgt:

»Wir sitzen wieder in Hittfeld. Die Bäume sind über das Haus gewachsen, die Rosen über das Dach geklettert, und sie blühen über und über. [...] Als wir her-

4 Liebermann, Alfred Lichtwark, 1922, S. 170 f.
5 Zeromski, Alfred Lichtwark, 1924, S. 90
6 Kalckreuth, Wesen und Werk meines Vaters, 1967, S. 282
7 Lichtwark, Briefe an Wolf Mannhardt, 1952, S. 113–116, hier S. 114 (Brief an Hedwig Mannhardt v. 14.3.1912)

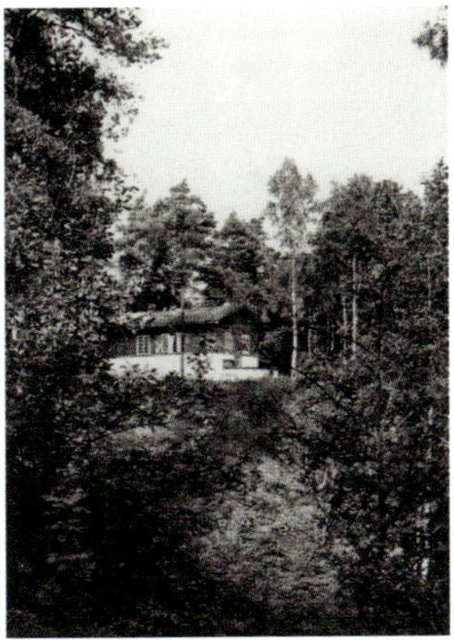

▲ Lichtwarkhaus,
Mitte des 20. Jahrhunderts
(Archiv CVJM-Sunderhof GmbH)
Ein weiter Ausblick in die Landschaft entschädigt für die beengten Verhältnisse im Innern.

► Lichtwarkhaus,
Mitte des 20. Jahrhunderts
(Archiv CVJM-Sunderhof GmbH)
Das direkt am Abhang platzierte Häuschen mit dem Altan

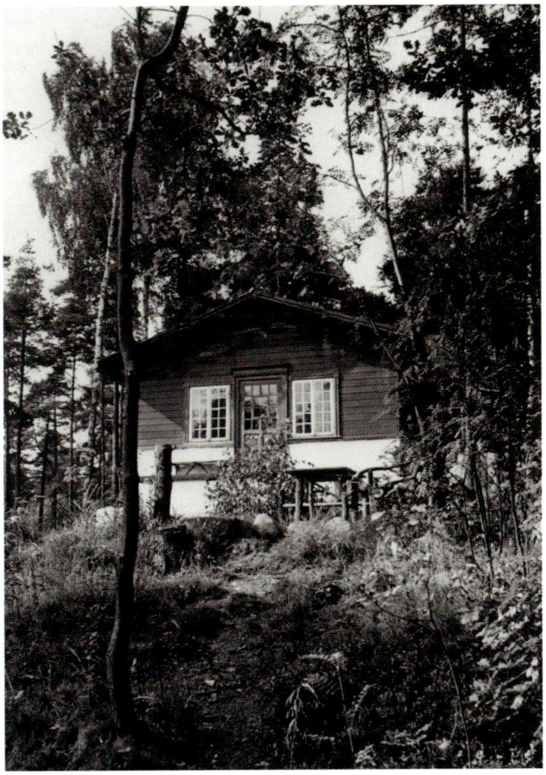

zogen, gab es kaum Vögel. Jetzt haben wir soviele um uns herum, daß sie uns morgens wecken; Amseln, Drosseln, Finken, Bluthänflinge (von denen der Kanarienvogel seine interessanten Streifen hat), Zaunkönige und alle Meisen.«[8]

Das eigentliche Herzstück des Anwesens ist die Veranda, die sich – ganz Lichtwarks Empfehlung an Vivié gemäß – altanartig dem weiten Tal nach Osten und der Morgensonne öffnet. Mit einer hölzernen Brüstung eingefasst, erinnert besonders diese Hausseite an eine Schweizer Berghütte, wenngleich das flache Satteldach nicht den dafür charakteristischen Dachüberstand aufweist. Hier pafft der Hausherr nach Tisch den Rauch einer seiner geliebten Zigarren in die würzige Luft und empfängt – fast täglich, wie es heißt – Freunde, von denen sich in den kommenden Jahren einige in seiner Nähe niederlassen werden.[9]

8 Lichtwark, Brief v. 22.7.1911, In: Pflugmacher, Liebermann 2001, Teil II, S. 338
9 Zeromski, Alfred Lichtwark, 1924, S. 90

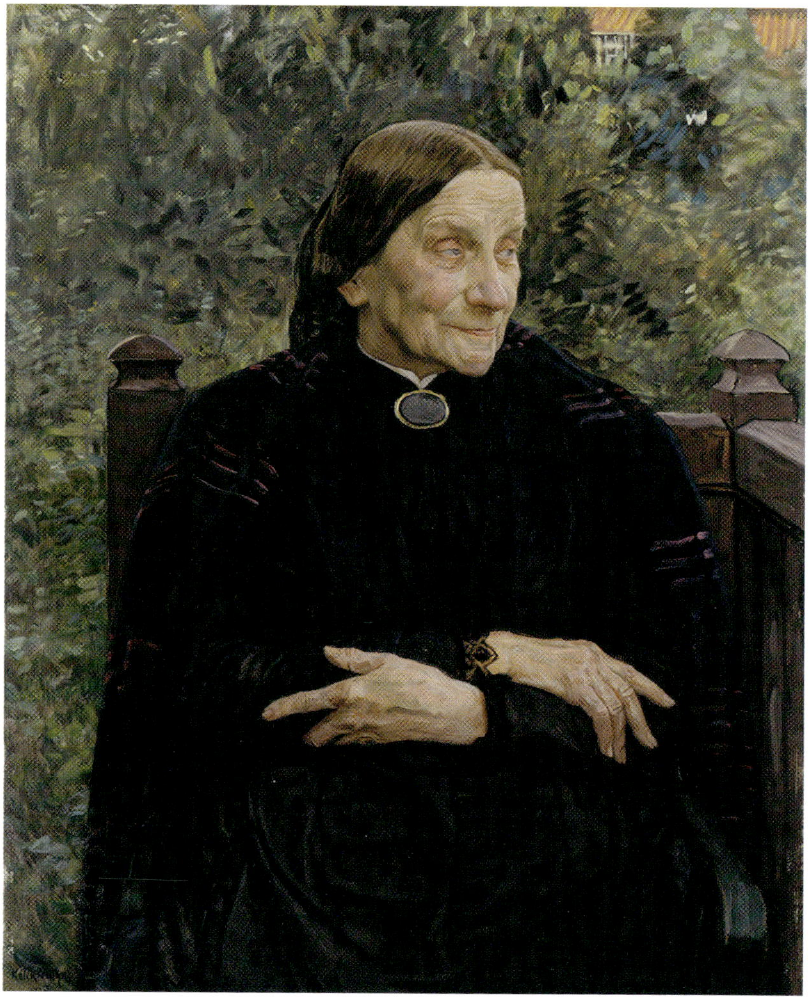

Ein 1909 entstandenes Ölbild von der Hand Graf von Kalckreuths zeigt Lichtwarks Mutter Johanna auf dieser Veranda, die Brüstung im Rücken. Im Hintergrund ist ein rotbedachtes Haus mit weißen Sprossenfenstern zu erkennen, offenbar Viviés Landhaus als einziges in Sichtnähe befindliches Gebäude.

Ein wohl zur gleichen Zeit aufgenommenes Foto zeigt Johanna in gleicher Kleidung und fast identischer Körperhaltung, wohl eine Porträtvorlage. Es zeigt, dass die Holzbrüstung nicht sachlich-kühl gewesen ist, wie man angesichts Lichtwarks Aversion gegen alle übermäßige Verzierung hätte annehmen können, sondern mit einer geschreinerten alpenländischen Brüstung

◄ Leopold Graf von Kalckreuth, »Lichtwarks Mutter«, 1908 (© Hamburger Kunsthalle / bpk, Foto: Elke Walford) Johanna Helene Henriette Lichtwark, auch von den Freunden ihres Sohnes schlicht »Mutter« genannt. Kalckreuth porträtiert sie aus eigener Initiative zu ihrem achtzigsten Geburtstag.

► Johanna Lichtwark, um 1908 (Quelle: Henricus – Edition Deutsche Klassik GmbH) »Die Frau hat auch einen zu schönen Kopf, selten habe ich [beim Porträtieren] eine so große Freude empfunden.« Leopold Graf von Kalckreuth, 1909

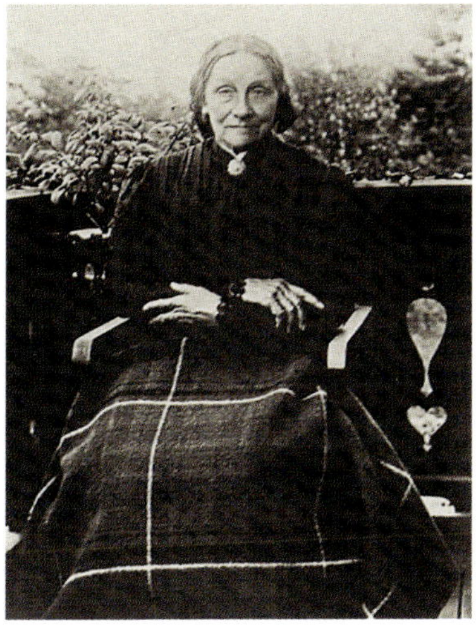

eingefasst ist. Offenbar erlaubt sich der Direktor manchmal eine verzeihliche kleine Abweichung von seiner strengen Ästhetik.

In ihrem kleinen Vorgarten in der Bassinstraße kultiviert Marianne derweil von ihren Spaziergängen mitgebrachte Stauden wie Akelei oder Rittersporn. 1911 ziehen Lichtwarks aus der Bassinstraße in die Heinrich-Hertz-Straße 9, doch in den Sommermonaten zieht es Lichtwark abends meist nach Hittfeld, von wo aus er am nächsten Morgen wieder Richtung Kunsthalle aufbrechen muss, was jeweils eine halbe Stunde Fußweg bis zum Bahnhof mit sich bringt. Auch dadurch ist ihm die örtliche Flora bestens vertraut und es heißt, dass er nicht nur jeden Baum, Hügel und Stein der Gegend kenne, sondern auch die verborgensten Plätzchen, wo die größten und saftigsten Brombeeren, die schmackhaftesten Pilze, der zierlichste Bärlapp und die seltensten Blumen zu finden seien. Er soll sogar Lieblingspflanzen haben, die er jedes Jahr zur Blüte- oder Fruchtzeit »wie liebe Freunde« besuche.[10]

Fritz Schumacher urteilt, dass niemand Lichtwark kenne, der ihn nicht auf dem Sunderberg gesehen habe. Der Mann, über dessen ausgesuchte Eleganz man gestutzt habe, wenn man ihn nur aus Hamburg kenne, sei hier »in saloppem Anzug und mit einem Strohhut, der ein ehrfürchtiges Alter verriet, glückselig zwischen seinen Büschen und Bäumen herumgelaufen, Beeren für sein Abendessen suchend.«[11]

Doch Lichtwark ist kein einsamer Sucher, er möchte Freunde um sich haben. Als erstes zieht er zwei befreundete Kunstsammler aus dem Hamburger Westen zu sich.

10 Zeromski, Alfred Lichtwark, 1924, S. 90
11 Schumacher, Stufen des Lebens, 1935, S. 317

Kunstsammler im Bauernwald

nicht mit den Forderungen bürgerlicher Wohlanständigkeit im Einklang ∽ Netzwerker Henry P. ∽ zwischen den besten Werken neuzeitlicher Kunst ∽ eine sehr reizvolle Mischung ∽ eine noch nicht abzumessende Bedeutung des Sammlers ∽ Eibenkegel und Kiefernwälder ∽ sehr liebenswürdige Leute ∽ ein Logenplatz für das Schauspiel der Natur – »Newman schreft he sich« ∽ eine einsame Kiefer ∽ aber diese Architekten!

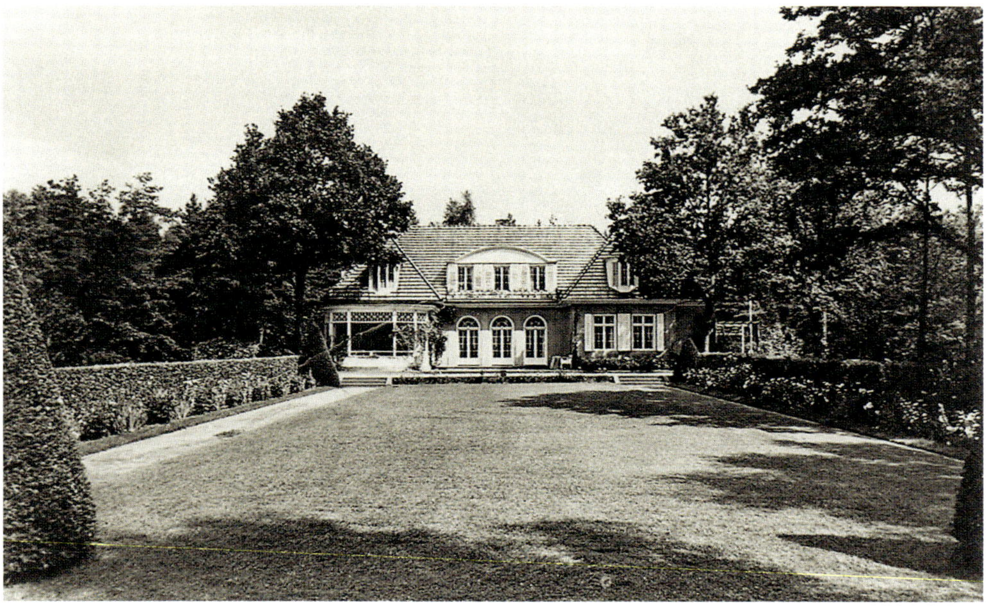

▲ **Henry P. Newman, Haus Sunderberg, undatiert** (Privatarchiv Henry Newman und Stefanie Busold) Die fast vollkommene Symmetrie des Grasplatzes von Haus Sunderberg

◀ **Familie Henry P. und Maria Luise Newman, um 1908** (Privatarchiv Henry Newman und Stefanie Busold) Das Familienfoto wirkt bieder, doch gerade das sind Newmans nicht: von links: Marie Luisa (*1892), Eleonore (*1900), Henry Percy (*1868), Carl Henry (*1908), Maria Luise (*1868), Henry Hartwig (*1895).

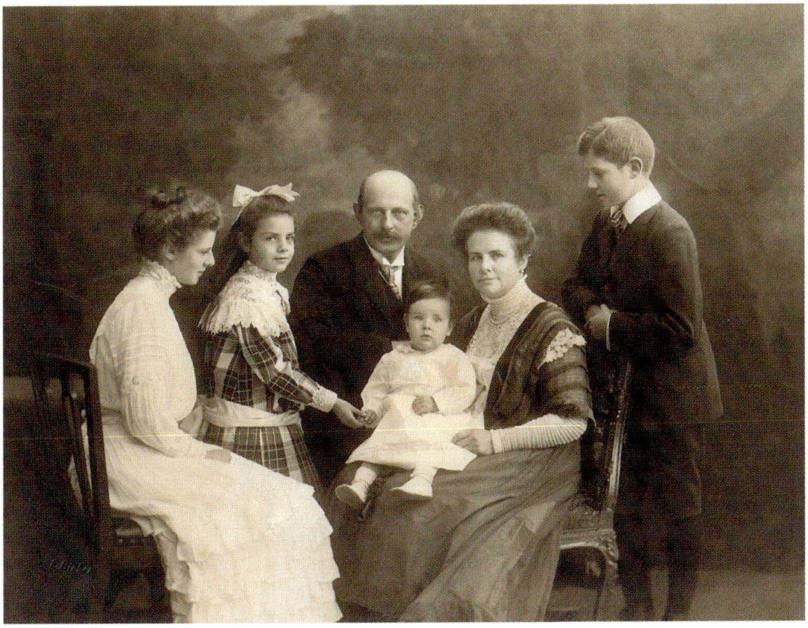

Es vergeht nur ein Jahr, bis sich eine weitere Hamburger Familie auf dem Sunderberg einfindet: Henry Percival und Maria Newman erwerben 1905 ein eigenes Grundstück auf dem Sunderberg, nur zweihundert Meter westlich von den Anwesen Viviés und Lichtwarks, und errichten darauf ein beinahe herrschaftliches Domizil.[1]

Henry P. (1868–1917) ist Ende dreißig und steht auf der Höhe seiner Tatkraft: Aus äußerst wohlhabenden Verhältnissen stammend – sein Großvater hatte den Titel eines Konsuls von England inne, sein Vater war Teilhaber des Bankhauses Hesse, Newman und Co. – ist auch er selbst als Geschäftsmann überaus erfolgreich: Das Getreide-Agentur- und Kommissionsgeschäft HP Newman ist eine der führenden Getreideimportfirmen des Deutschen Reichs.[2]

Fünfzehn Jahre zuvor hatte Henry die gleichaltrige Maria von Düring (1868–1942) geheiratet. Auch sie entstammt einer wohlhabenden Familie. Ihr Vater ist Kaufmann auf Moorburg, mit weitreichenden Verbindungen und weitgereist: Maria ist in Mexiko geboren. Bereits ihr Großvater war Gutsherr auf Moorburg und Hauptmann der Hamburgischen Bürgergarde gewesen[3]: Das alte, unmittelbar an die Ausläufer der Nordheide und an die Harburger Berge grenzende Marschendorf Moorburg gehört – in dieser Zeit als einziger Stadtteil südlich der Elbe – zu Hamburg. Die Luftlinie zum Sunderberg beträgt

1 Busold, Henry P. Newman, 2012, S. 39
2 ebd., S. 13, 27
3 Familie Gogela, Maria-Louise (Mary) Newman (born Von Düring)

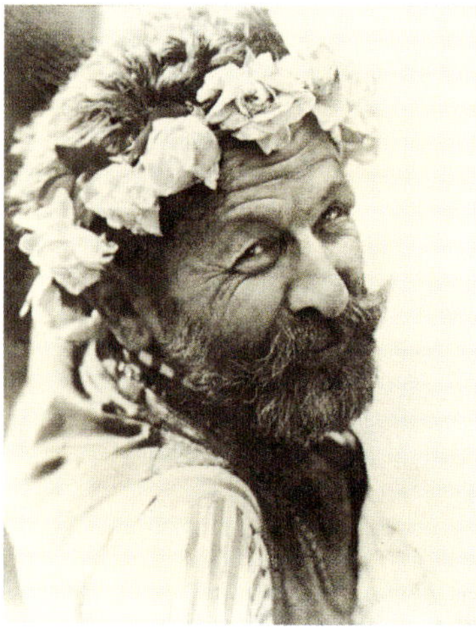

◄ **Hugo Erfurth, Porträt Richard Dehmel, um 1910** (aus dem Album »Ausstellung Hugo Erfurth – Bildnisse aus dem XX. Jahrhundert, Konstanz 1949«. Museum für Kunst und Gewerbe Hamburg) Dehmel liest bei Newmans aus seinem sein Skandalwerk »Weib und Welt«.

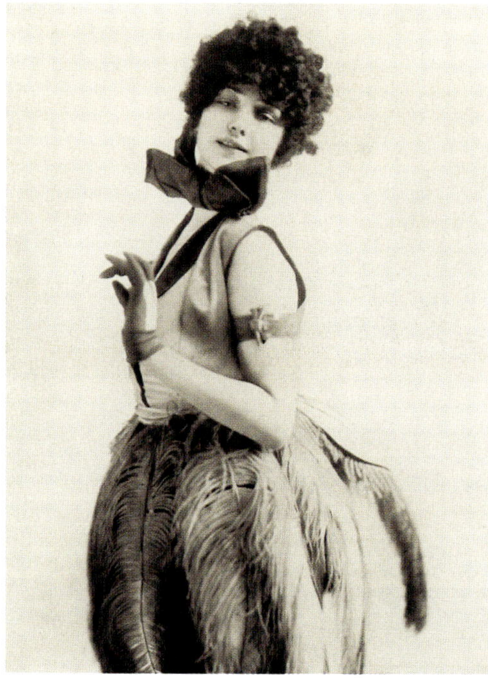

► **Atelier Paul O'Doyé (vermutet), »Die Tänzerin Clotilde Sacharoff« (geb. von Derp), um 1916** (aus: Alfred Mayer, Die Sacharoffs. In: Deutsche Kunst und Dekoration 30. Jg. (1926–27), Heft 6, S. 318–321, hier S. 319 (Verlagsanstalt Alexander Koch)) Clothilde von Derp, hier im Tanzkostüm »Chanson négre«, tritt ebenfalls bei Newmans auf. Sie ist in Deutschland die erste Repräsentantin des Ausdruckstanzes.

gerade einmal zehn Kilometer. Für Maria sind die Sommer auf dem Sunderberg daher wie ein Nachhausekommen.

Als Teil der Hamburger Oberschicht bewohnen Newmans seit 1893 ein Haus an der Fontenay, ein innenstadtnahes Alstergrundstück mit Tennisplatz und eigenem Bootssteg. Nur im Sommer wechselt man – ebenso wie Henrys ältere Brüder mit deren Familien – in ein Haus auf dem väterlichen Anwesen in Nienstedten. Das elterliche Grundstück mit Blick auf die Elbe liegt dem Traditionshotel Jacob[4] mit der von Liebermann in Öl verewigten Lindenterrasse direkt gegenüber. Womöglich haben sich Henry und der Berliner Impressionist, der 1902 im Hotel residierte, hier kennengelernt.

4 Busold, Henry P. Newman, 2012, S. 21

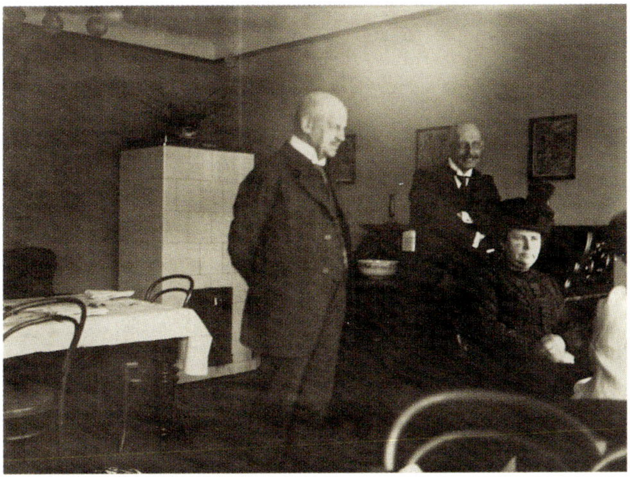

◄ Alfred Lichtwark und Ehepaar Newman im Gasthaus Sehlmann in Klecken, um 1908 (Privatarchiv Henry Newman und Stefanie Busold) Die zahlreichen Gaststätten des Hittfelder Raums bieten reichlich Gelegenheit zur Einkehr.

Henry P. und seine schöne Frau lebten, so Fritz Schumacher rückblickend, zwischen den besten Werken der neuzeitlichen französischen und deutschen Kunst.[5] Newmans sind reich, aber nicht bourgeois, dabei, wie Lichtwark hervorhebt, »sehr liebenswürdige, sehr gebildete Leute – auch musikalisch«.[6] Man pflegt die Hausmusik – von seiner Frau am Flügel begleitet singt Henry im Tenor – ebenso wie kulturelle Experimente, auch wenn diese nicht gänzlich »mit den Forderungen der bürgerlichen Wohlanständigkeit in Einklang« stehen.[7] Da liest dann schon mal der umstrittene Lyriker Richard Dehmel (1863–1920) bei Newmans aus seinem Skandalwerk »Weib und Welt«, und ein andermal tritt Clothilde von Derp (1892–1974), eine Wegbereiterin des revolutionären Ausdruckstanzes, in Newmans Salon auf.[8]

Auch als Kunstsammler scheut Henry P. das Unorthodoxe nicht: In seiner über vierzig Werke umfassenden Sammlung von Ölbildern und Pastellen befinden sich Arbeiten von Cézanne, Degas, Monet und Manet. Auch weniger avantgardistische Arbeiten von Liebermann sind darunter, aber eben auch solche von van Gogh und sogar von dem damals noch umstrittenen Edvard Munch.[9]

Newmans Landhaus im Sunder ist Ausdruck eines persönlichen, mit Lichtwark verbundenen Aufbruchs: Die Sommer in Nienstedten als Teil der Hamburger Hautevolee mit gegenseitigen Besuchen auf den prächtigen Landsitzen an der Elbe tauschen Newmans mit einem einsamen Waldhügel, ohne Nachbarn außer den Lichtwarks und den Viviés.

Lichtwark hat Newmans zum Kauf des Grundstücks geraten, und es ist zunächst einmal die Nähe des umtriebigen Kunsthallendirektors, die diesen

5 Schumacher, Stufen des Lebens, 1935, S. 316
6 Lichtwark, Briefe an Leopold Graf von Kalckreuth, 1957, S. 134 f. (Brief v. 16.7.1904)
7 Schiefler, Eine Hamburgische Kulturgeschichte, 1985, S. 217
8 Busold, Henry P. Newman, 2012, S. 33
9 ebd., S. 35 f.

Ort so anziehend macht. Als Netzwerker gehört Henry P. dem Club von 1894 an, den Lichtwark in Anlehnung an englische Debattierclubs mitinitiiert hat.[10] Über künstlerische Themen ist man sich offenbar nähergekommen, und bald steht Lichtwark Newmans beim Ankauf neuer Werke beratend zur Seite, ist selbst »stolz auf die Qualität der Sachen«. 1912 und 1913 werden sie sogar gemeinsam nach Paris reisen, um dortige Gemäldesammlungen zu studieren.[11]

1903 sind Newmans der von Lichtwark initiierten »Gesellschaft Hamburgischer Kunstfreunde« beigetreten.[12] Im dortigen Jahrbuch hat Lichtwark zahlreiche Aufsätze veröffentlicht, darunter der »Blumenkultus« (1897), »Die hamburgische Landschaft als Kulturelement« und »Der wilde Garten« (1898), »Hecke und Gitter«, »Wiesenklee« und »Die wilde Rose« (1900): Aufsätze, die die vorherrschende Gartenkunst in Frage stellen und eine künstlerische Rückbesinnung auf althamburgische Gartenkunst sowie die heimatliche Flora fördern sollen. Bei Newmans fallen diese Forderungen auf fruchtbaren Boden, denn auch die Gartenkultur ist eines ihrer Interessen. Henry Newman gehört sogar der Hamburger Stadtpark-Kommission an,[13] die in diesen Jahren über die Einrichtung eines programmatisch und stilistisch neuartigen Volksparks in Winterhude berät und in der Lichtwark wiederum eine entscheidende Rolle spielt.[14]

Im Sunder ergibt sich für Newmans die Möglichkeit, an einem noch unverbrauchten, fast ausschließlich experimentierfreudigen jungen Künstlern bekannten Ort den neuen Gartenstil – mehr noch: eine neue Lebensart – zu realisieren. Für Lichtwark ist dies eine neue Gelegenheit, in einem laufenden Planungsvorhaben für seine Heidegartenidee und die Rückbindung an die niedersächsische Landschaft zu werben.

Für den Bau des großzügig bemessenen Landhauses versichert sich Henry Newman der Unterstützung eines Berufsarchitekten, doch die Entwürfe dazu fertigt er selbst an.[15] Offenbar hat es einige Differenzen zwischen dem dilettierenden Bauherrn und seinem Architekten gegeben, denn Lichtwark vermerkt, das Haus sei »nach dem letzten Umbau nun sehr reizend« geworden. »Aber diese Architekten«, setzt er – und man hört ihn förmlich dabei seufzen – hinzu, »Gut ist nur, was Newmans selber angegeben oder durchgesetzt haben.«[16]

Tatsächlich ist Haus Sunderberg ein für diese Zeit ungewöhnliches Bauwerk, dessen Abweichung vom baugestalterischen Mainstream auf das Eingreifen der Bauherren zurückgehen könnte: Sein mehrflügeliges Hauptgebäude entspricht in seinem baulichen Umfang großbürgerlichen Ansprüchen, verzichtet aber auf besonders repräsentative Attribute, wie die an den klassizistischen Landhäusern der Elbchaussee so beliebten Säulenportale: Es ist, obwohl auf einem Hügelrücken platziert, weniger auf Repräsentationswirkung hin konzipiert, als man vermuten könnte.

10 Schiefler, Eine Hamburgische Kulturgeschichte, 1985, S. 217 f.
11 Lichtwark, Briefe an die Kommission, 1920, S. 315; Busold, Henry P. Newman, 2012, S. 36, 44
12 Jahrbuch der Gesellschaft Hamburgischer Kunstfreunde, Bd. 9 (1903), S.102
13 Neue Hamburger Zeitung (7.2.1917), nach Busold, Henry P. Newman, 2012, S. 33 f.
14 Goecke, Stadtparkanlagen im Industriezeitalter, 1981, S. 102, 128
15 Busold, Henry P. Newman, 2012, S. 39
16 Lichtwark an Max Liebermann, Brief v. 1.5.1910, In: Pflugmacher, Max Liebermann, 2001, Teil II, S. 304

► Henry P. Newman, Zuwegung von Haus Sunderberg, undatiert (Privatarchiv Henry Newman und Stefanie Busold) Trotz der Lage des Hauses auf einem Geländerücken verzichten die Bauherren auf eine spektakuläre Inszenierung.

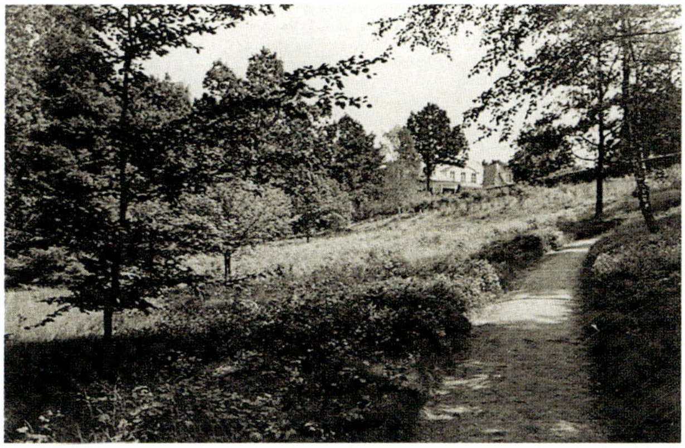

▼ Kunstanstalt E. Ehmling, »Nienstedten – Elbchaussee und Villa Newman«, um 1914 (Privatarchiv Joachim Schnitter) Das alte Landhaus der Newmans an der Elbchaussee hatte einige Ähnlichkeit mit dem Nachfolgebau im Sunder.

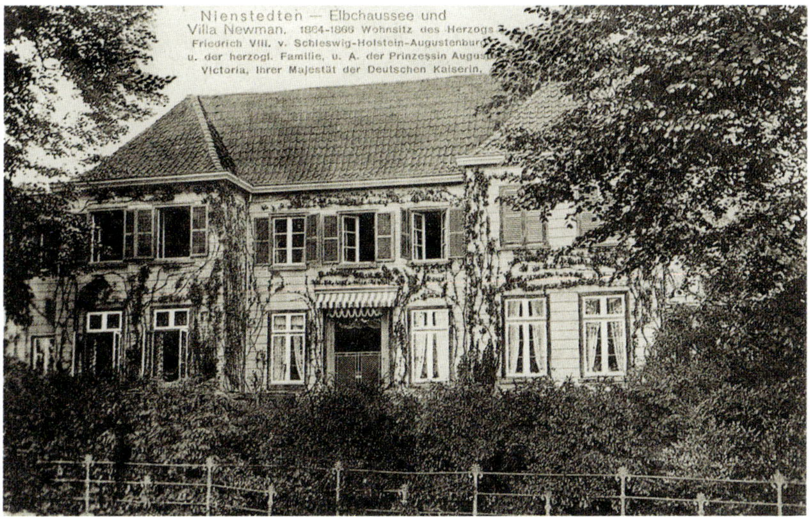

Die zahlreichen Erker und Gauben, die durch Fassadenvor- und -rücksprünge nur angedeuteten oder tatsächlich realisierten Seitenflügel sowie die nicht gänzlich symmetrische Grundfigur lassen das Haus als über Jahre gewachsen erscheinen, so als habe erst die Anpassung an wechselnde Bedürfnisse seiner Bewohner zu seiner unverwechselbaren Gestalt geführt. Mit seinen zum Garten auskragenden Seitenrisaliten erinnert es besonders durch die symmetrisch anmutende Gartenfassade an das ältere Newmansche Landhaus in Nienstedten, ist mit seinen Rundbogenfenstern, dem Bogendach der mittigen Gaube und be-

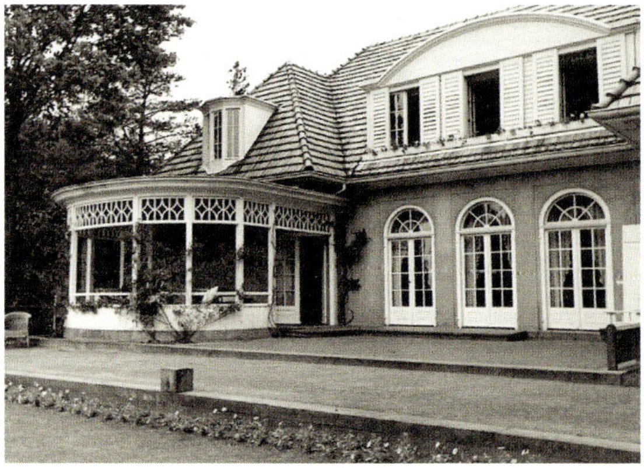

► Henry P. Newman, Haus Sunderberg, undatiert (Privatarchiv Henry Newman und Stefanie Busold) Das halbrund auskragende Speisezimmer bildet das Kernstück des Anwesens.

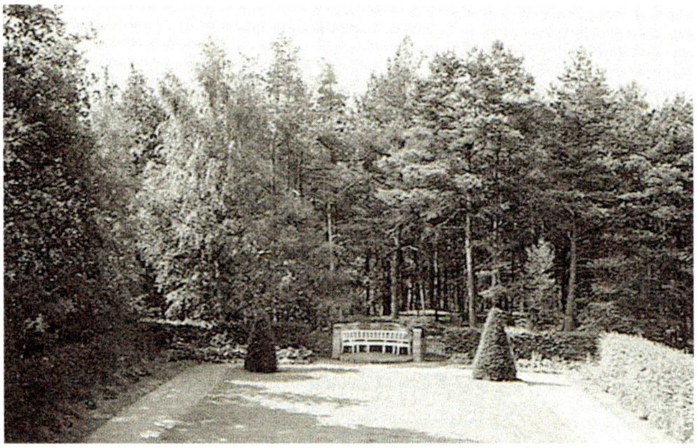

◄ Henry P. Newman, Grasplatz von Haus Sunderberg, undatiert (Privatarchiv Henry Newman und Stefanie Busold) Von den oberen Zimmern des Landhauses fällt der Blick über den Grasplatz auf die Sitznische vor den Kiefernbeständen.

sonders durch die ungleichen Seitenflügel jedoch verspielter und wirkt ausgesprochen modern. Zusammen mit typischen Landhausattributen wie den weißen Sprossenfenstern und Fensterläden sowie den girlandenartig die Fassaden schmückenden Rankpflanzen verfügt es über eine zurückhaltende Ornamentik.

Kernstück des Hauses ist das ovale Speisezimmer. Gelenkartig verbindet es die beiden senkrecht zueinander stehenden Hauptflügel des Hauses und leitet über seine auf die Südterrasse weit auskragenden Glasfront den Blick in den Garten. Dieser liegt drei Stufen tiefer als die Terrasse. Die symmetrisch zur Mittelachse angelegten Treppen schließen ein schmales Rosenbeet ein, das die niedrige Stützmauer zur Terrasse verdeckt. Von dort schiebt sich eine von breiten Hecken gerahmte Ebene, mit zwanzig Metern ebenso breit wie der gartenseitige Hausflügel und knapp doppelt so tief, über die beidseitig abfallende Kuppe. In Verlängerung der Freitreppen führt ein breiter Grandweg

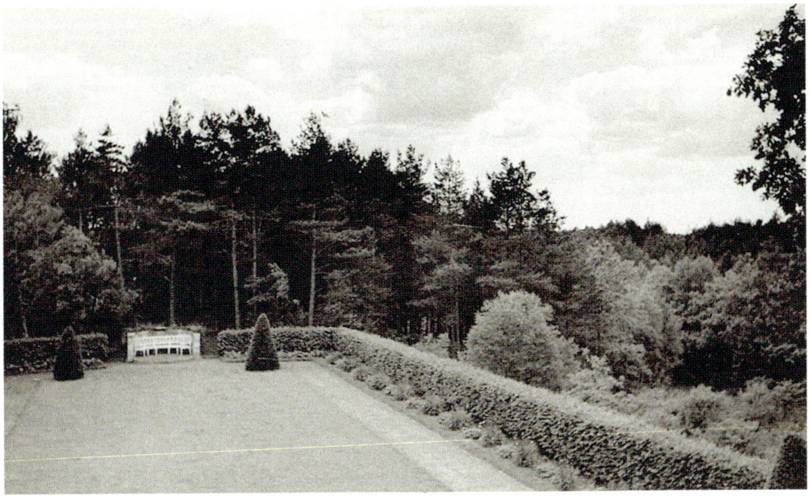

▲ Henry P. Newman, Blick von Haus Sunderberg in die Landschaft, undatiert (Privatarchiv Henry Newman und Stefanie Busold) Über die Heckenrahmung des Grasplatzes eröffnet sich der Blick ins waldige Tal.

auf der Innenseite einer Umfassungshecke rechtwinklig um das freie Rasenstück im Zentrum herum, so wie es Lichtwark seinem Freund Vivié geraten hatte.[17] Nur vier Eibenkegel und lineare Zierrabatten zwischen Hecke und Weg rahmen diese kurz gemähte Fläche.

Im Heidegarten-Aufsatz hatte Lichtwark empfohlen, am Ende des Gartens einen Pavillon oder einen heckengefassten Altan zu platzieren,[18] und tatsächlich: An der dem Haus gegenüberliegenden Schmalseite des Rasenstücks öffnet sich die Umfassungshecke für einen kleinen auskragenden Vorplatz, der von einer halbrunden Sitzbank eingenommen wird. Über diesen Sitzplatz hinweg geht der Blick weiter in den Kiefernwald hinein, dessen hochansetzende Baumkronen gerade genug Sonnenlicht hindurchlassen, dass dort eine akkurate Geländeerhebung aufleuchtet. Nach Süden geht der Blick über die Hecke und die noch jungen Laubbäume hinweg in die umgebende Waldlandschaft. Der heckengerahmte Rasenplatz ist weniger repräsentativ als vielmehr ein Logenplatz mit Blick auf das Schauspiel der Natur. Er eröffnet ein Landschaftspanorama, das sich den auf den Wegen wandelnden Betrachtern als bewegtes, dem auf der Bank Sitzenden als ruhendes Gemälde darbietet: Wie passend für zwei Kunstsammler!

17 Lichtwark, Der Heidegarten, 1904, S. 131
18 ebd.

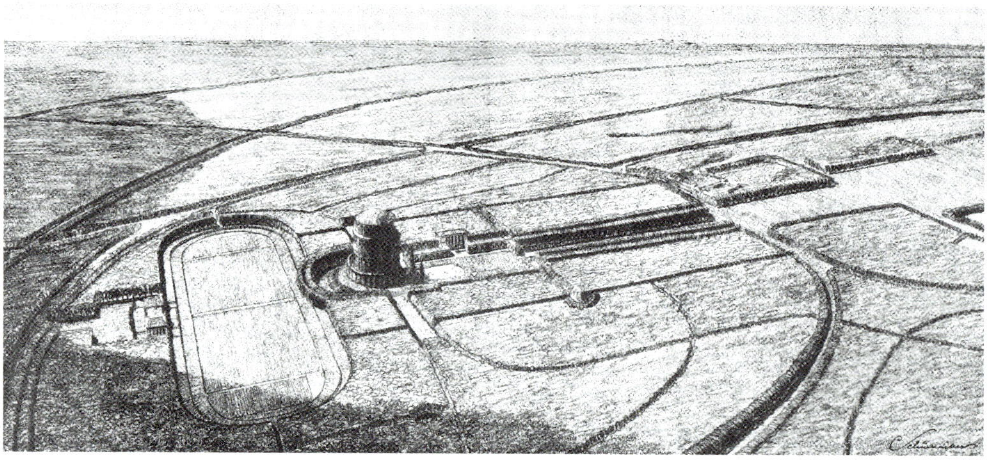

▲ **Fritz Schumacher, »Gesamtanlage von Wasserturm und Sportarena«, undatiert** (aus: Fritz Schumacher, Ein Volkspark: Dargestellt am Hamburger Stadtpark. München, Callwey, 1928, S. 119) Die idealisierte Vogelschau des Hamburger Stadtparks zeigt die Freiflächen wie aus dem Wald ausgestanzt.

Mit seiner rechteckigen Grundfigur, den linearen Blumenbeeten, einer niedrigen Terrassenmauer und flachen Freitreppen entspricht dieser Garten der noch jungen Reformgartenkunst. Zeitgleich und ebenfalls unter Lichtwarks beständigem Einfluss bildet sich die Gestalt des Hamburger Stadtparks aus: Lichtwarks Verbündeter, Baudirektor Schumacher, ringt mit den Anhängern des traditionellen, spätlandschaftlichen Gartenstils um eine moderne und geometrische Formensprache.[19] Er verwendet Raumfiguren wie die des Hippodroms, der Kreisfläche und des Rechtecks, die sich von ihren gartenhistorischen Vorbildern in einem wesentlichen Punkt unterscheiden: Schumachers Räume sind Hohlformen, freie Plätze, die aus den umgebenden waldartigen Flächen wie herausgestanzt scheinen. Wohl kaum eine zufällige Übereinstimmung. Vielleicht hat der junge Baudirektor bei seinen Besuchen auf dem Sunderberg diese Anregungen für sein Stadtparkprojekt erfahren.

Und noch etwas Auffälliges: Der ungeordneten Natur wird im Garten des Hauses Sunderberg auch innerhalb des gestalteten Raums ein Auftritt vergönnt: Eine offenbar schon ältere Kiefer ist auf der Heckeninnenseite belassen worden. Ihr natürlicher Charme, verstärkt noch durch einen abgebrochenen, nicht zurückgeschnittenen Hauptast, einer Bonsaikiefer ähnlich, kontrastiert die ansonsten streng geometrischen, symmetrischen Formen und betont sie dadurch.

19 Schnitter, Hamburger Stadtpark, 2014, S. 13–19

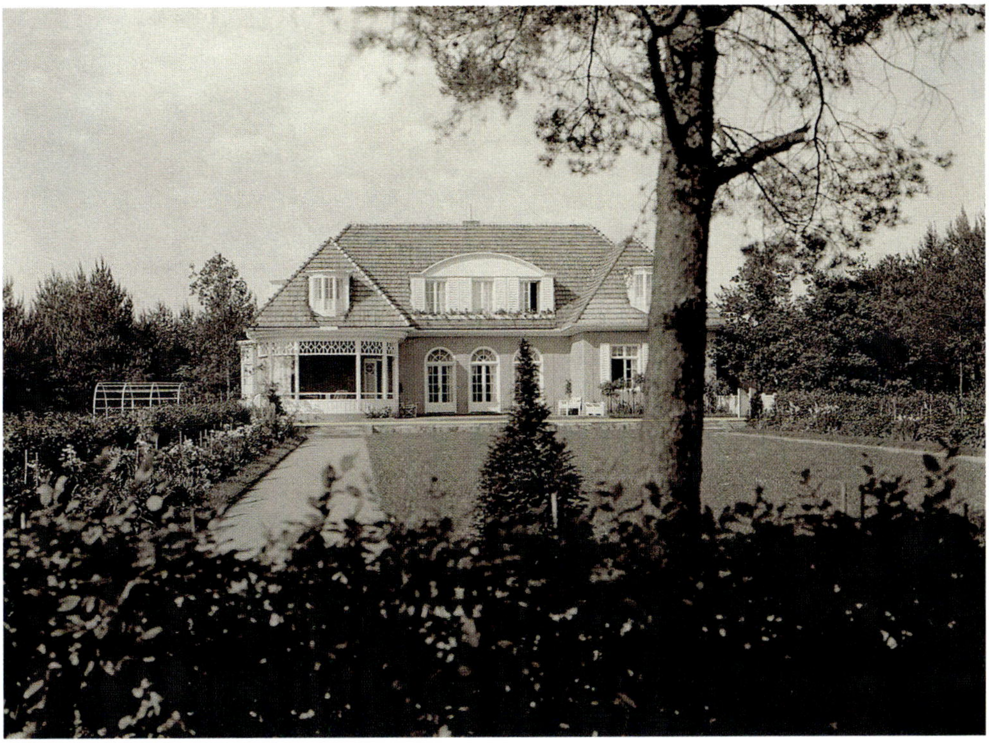

Henry P. Newman, Haus Sunderberg mit Grasplatz, undatiert (Privatarchiv Henry Newman und Stefanie Busold)
Die Südfassade mit dem Grasplatz und einer solitären alten Kiefer

Der mit den Newmans befreundete Max Liebermann wird wenige Jahre später seinen Wannseegarten im Terrassenbereich aus den gleichen Elementen arrangieren, inklusive eines die Geometrie durchkreuzenden freiwachsenden Baummotivs. Newmans werden eines seiner vielen Ölbilder dieses Gartenteils in dem Wissen erwerben, dass der gemeinsame Freund Lichtwark in beiden Fällen Mitschöpfer der Gartenanlagen gewesen ist,[20] was auch in den großen zusammenhängenden Farbmassen der Blumenbeete zum Ausdruck kommt.[21]

Viel verbindet die Newmans mit dem Berliner Liebermann, der auch zum festen Bestandteil des Hamburger Kulturlebens gerechnet wird.[22] Mit dreizehn Werken ist der Maler der am häufigsten vertretene Künstler in Newmans Sammlung. War dies zunächst auf Lichtwarks Einfluss auf die Sammlung zurückzuführen, so kommt in späteren Jahren auch eine persönliche Beziehung zwischen Liebermann und den Newmans hinzu.[23]

20 Klarmann, An ihren Garten, 2014
21 Junge-Gent, Lichtwark, 2012, S. 705
22 Schiefler, Hamburgische Kulturgeschichte, 1985, S. 39, 59, 71, 95–97, 104, 120 f., 123, 133, 160, 173, 188, 226, 245, 284, 433 f., 519, 526
23 ebd., S. 133

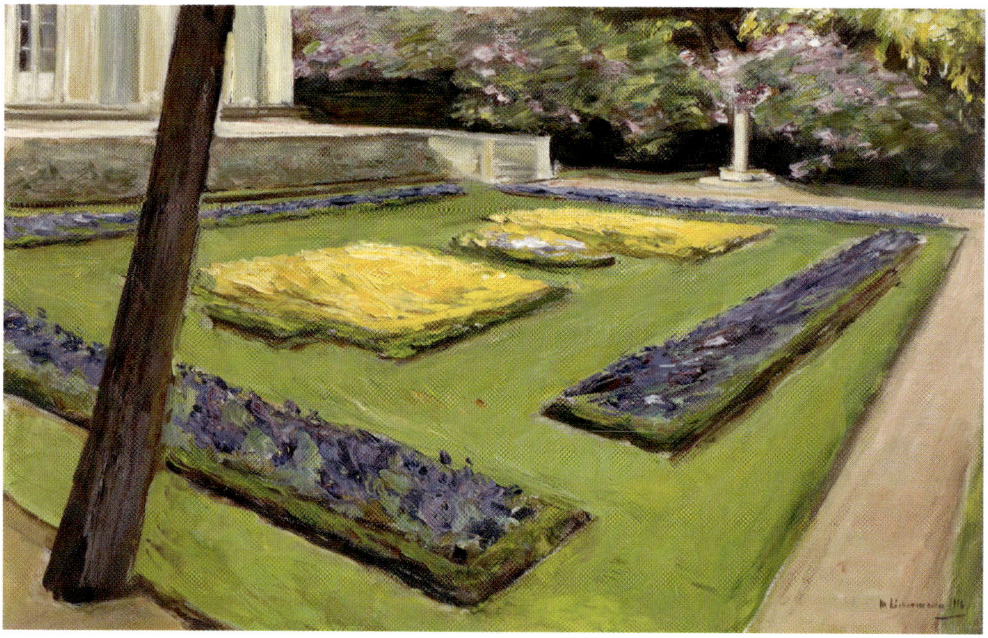

▲ Max Liebermann, »Terrasse im Garten am Wannsee in Richtung Nordwesten«, 1916 (The Museum of Fine Arts, Houston)
Mit Liebermanns Bild der Gartenterrasse schmückten Newmans den Salon ihrer Berliner Wohnung.

Ein Ausdruck dieser Verbundenheit ist das 1910 entstandene Porträt Maria Newmans. Liebermann wird eine Schwäche für die Dame zugeschrieben[24] und auch Lichtwark ist von ihr angetan. Den Maler auf das Treffen mit seinem Modell vorbereitend, charakterisiert Lichtwark diese als »eine sehr reizvolle Mischung von Mädchen und Matronenhaftigkeit. Man kann sich in sie verschießen und könnte Mutter zu ihr sagen, wenn es einmal ernst wird.«[25]

Ein Schwerpunkt der Newmanschen Sammlung liegt auf den Werken Hamburger Künstler. In den frühen und mittleren Jahren ihrer Sammelleidenschaft erwerben sie daher auch viele Werke Hittfelder Künstler und aus dem weiteren Lichtwarkkreis, darunter Siebelist, Julius Wohlers, Ernst Eitner und Julius von Ehren. Sicher hat auch die Nähe zur Hittfelder Künstlerkolonie ihren Anteil an der Entscheidung, Lichtwarks Beispiel zu folgen und mit dem beeindruckenden Sommerhaus ein Statement zu setzen.

Eine besondere Beziehung besteht ebenfalls zu Graf von Kalckreuth, der im Hause Newman nicht nur mit den Werken »Abend auf dem Altan« (1902)

24 Schiefler, Hamburgische Kulturgeschichte, 1985, S. 133
25 Lichtwark an Max Liebermann, Brief v. 1.5.1910, In: Pflugmacher, Max Liebermann, 2001, Teil II, S. 304

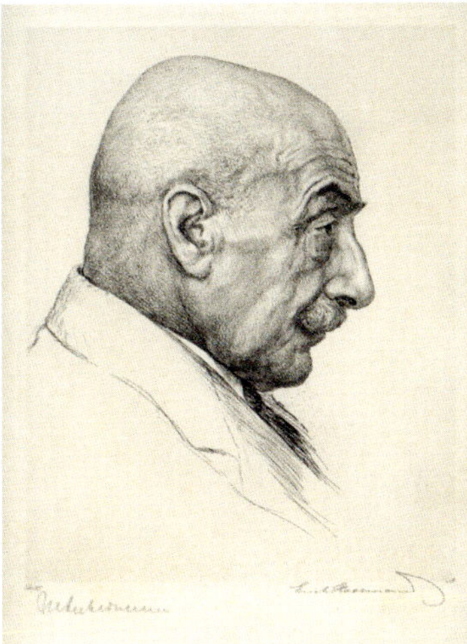

◄ Erich Heermann,
»Liebermann«, undatiert
(kedem Auction House Ltd.
Foto: Wikimedia Commons)
Liebermanns Garten, seine Kunst und auch seine persönlichen Bindungen machen ihn zu einem Begleiter des Lichtwark-Kreises.

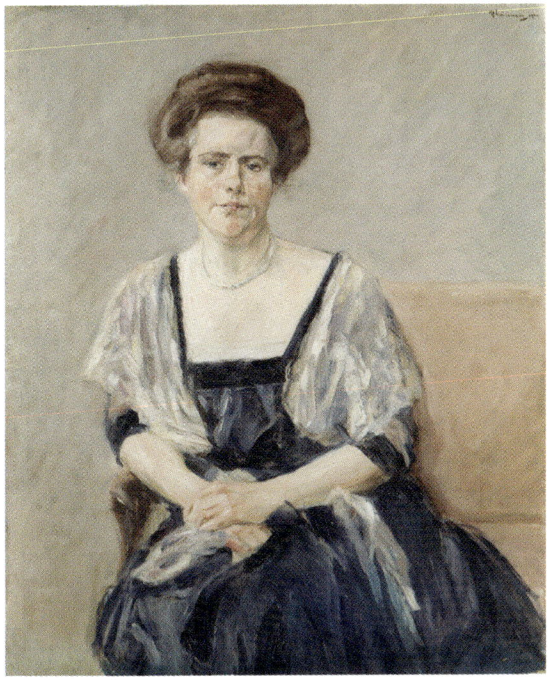

► Max Liebermann,
Porträt Maria Newman, 1910
(Privatarchiv Henry Newman und Stefanie Busold / Museum Kunst der Westküste)
»Liebermann hatte die Hausfrau, für die er schwärmte, in leuchtend blauer Toilette vor einem köstlichen tauben grauen Hintergrund gemalt.«
Gustav Schiefler, vor 1936

und »Blumengarten im Mai« (1912) vertreten ist: Kalckreuth porträtiert auch mehrfach Newmans Kinder Marie Louisa (»Isa«) und Henry Hartwig.[26]

Mit Blick auf Newmans resümiert Lichtwark 1911, es gebe schon einzelne Kunstsammler, die nicht nur mit den Werken, sondern auch mit den Künstlern Freundschaft geschlossen hätten und nun nicht nur Porträts ihrer Frauen, Kinder und Freunde anregten, sondern – so hofft er – bald auch Bilder ihrer häuslichen und landschaftlichen Umgebung:

26 Busold, Henry P. Newman, 2012, S. 39 f.

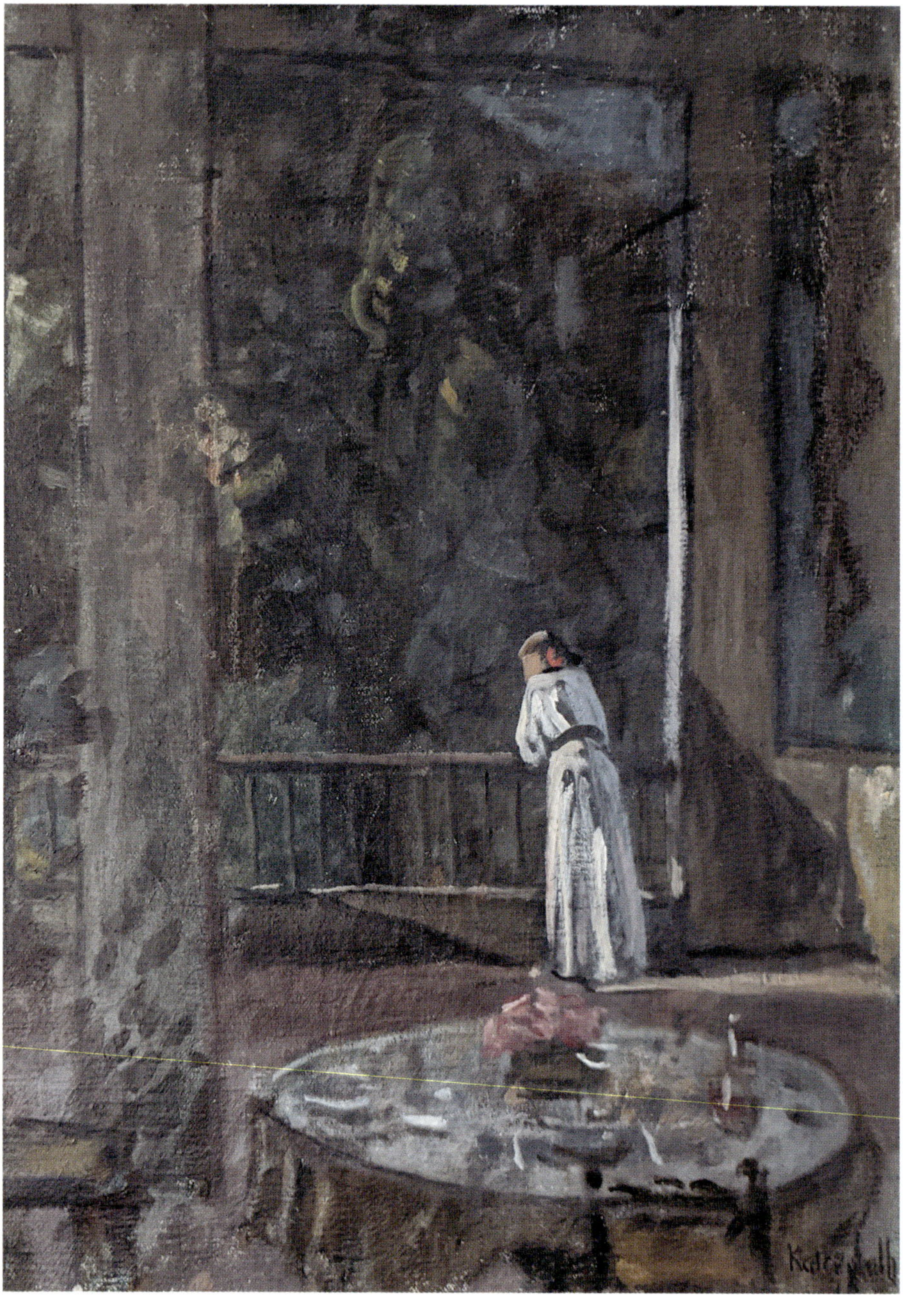

▲ Leopold Graf von Kalckreuth, »Auf dem Altan«, undatiert (Privatbesitz) Die persönlichen Beziehungen zwischen Künstlern und Sammlern sollen nach Lichtwark auch die entstehenden Werke fester und lebendiger an die Auftraggeber binden.

»Daß in diesem Sinne dem Sammler als Besteller eine noch nicht abzumessende Bedeutung zukommen kann, liegt auf der Hand, und daß Kunstwerke, die so entstehen, lebendiger wirken als auf Ausstellung erworbene und daß sie fester im Besitz der Familie haften, fester als Kunstwerke ohne Lebensbeziehungen, ist auf den ersten Blick zu verstehen.«[27]

Das Wechselspiel zwischen Kunsthallendirektor, Sammlern und Malern und auch die künstlerischen Früchte gehen an den ansässigen Bauern vorbei. Diese bemerken über die neuen Nachbarn mit dem etwas seltsamen Namen bloß trocken: »Newman schreft he sich, Newman nennt he sich und Neumann het he.«[28]

Doch auch wenn Newmans und das Anwesen Sunderberg zu einem frühen, impulsgebenden Teil der sich langsam formenden Landhauskolonie im Sunder werden, folgen sie Lichtwarks Heidegarten-Manifest nicht gänzlich und verschmähen auch Zierpflanzen nicht, die nicht der Flora der Nordheide zugehörig sind. Auch in den die Ebene umgebenden, sanft abfallenden Bereichen des Gartens arbeiten sie mit großen Rasen- statt Heideflächen. Dies wiederum erfordert die Anstellung eines Gärtners, dessen Haus in ziemlicher Entfernung am tieferliegenden Fuß des Grundstücks errichtet wird. Newmans sind eben doch weder passionierte Gärtner noch gartenkünstlerische Pioniere. Ihr Garten zeigt daher die geometrische Klarheit der Reformgartenkunst, ohne dabei Lichtwarks pflanzensoziologischem Purismus nachzueifern. Der Direktor wird also einen neuen Anlauf nehmen müssen, will er sein Gartenideal im Sunder realisiert sehen. Und er tut dies nur kurze Zeit nach dem Bau des Hauses Sunderberg bei einem seiner weiteren Freunde, dem Grafen Leopold von Kalckreuth.

27 Lichtwark, Der Sammler, 1922, S. 19 f.
28 Busold, Henry P. Newman, 2012, S. 44

LANDHAUS KALCKREUTH

»so schön, dass ich jedesmal gepackt werde«

Lebenskrisen ❧ Le Fleurs du Mal ❧ eine unentdeckte Wüste voller ungemalter Motive ❧ Architektur geht absolut nicht ❧ die holde Unordnung ❧ man denkt an Holland oder an unsere Bauerngärten ❧ Blumengarten mit Delfin ❧ sowas an Licht gibt's nicht wieder ❧ ein großes Geschlecht und die Unfähigkeit zu heucheln

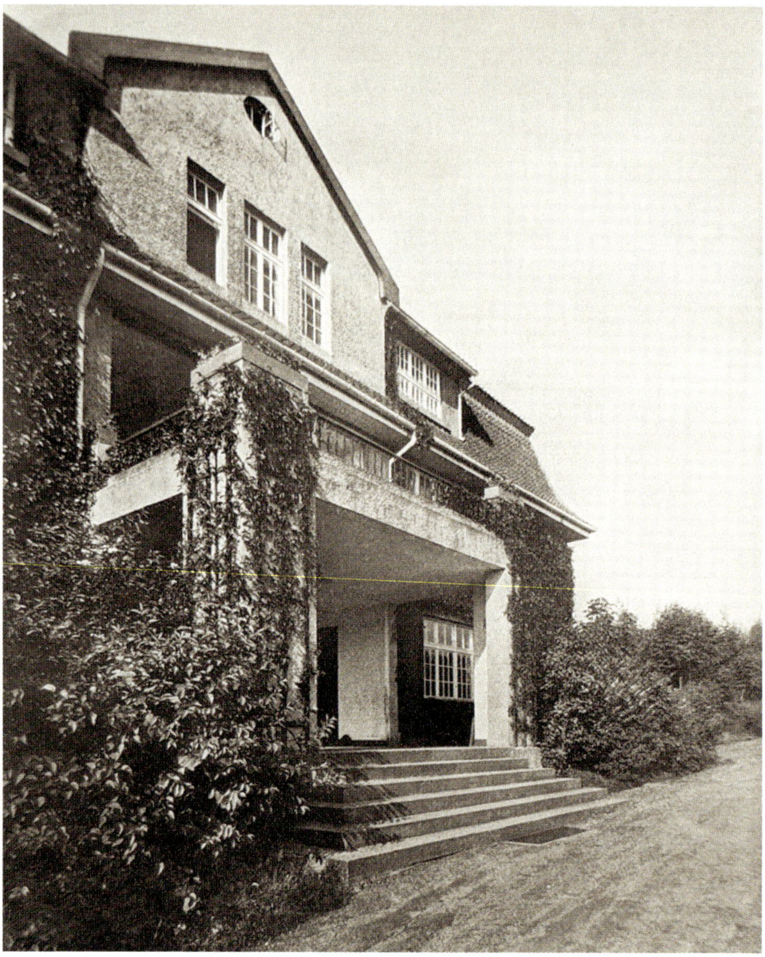

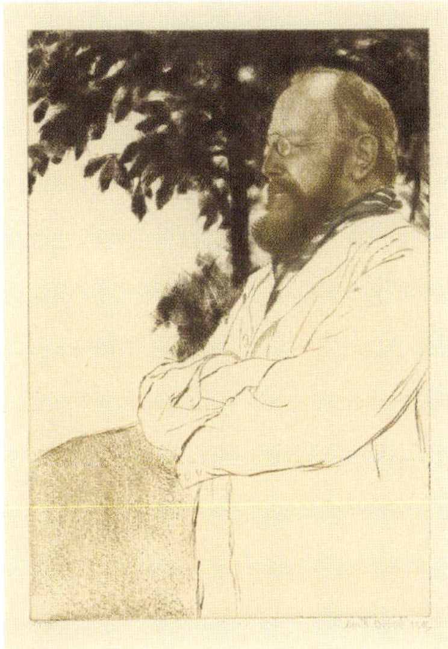

► Emil Orlik, Porträt Walter Graf von Kalckreuth, 1903 (Rijksmuseum Amsterdam, Erworben aus dem FG Waller Fund) Äußerlich auf der Höhe seines Ruhms, durchlebt Kalckreuth eine persönliche Krise.

Im Juli 1906 berichtet Lichtwark, dass Graf von Kalckreuth mit seiner Frau gekommen sei, um sich die Gegend anzusehen. Der Graf überlege, sich hier anzusiedeln und wolle auf dem Land leben oder in der Nähe des Hamburger Hafens, weil er fühle, dass er hier sein Bestes geben würde. Liebermanns Einladung, nach Berlin zu ziehen, sei Kalckreuth nicht sympathisch. Dass es für Hamburg einen Gewinn bedeutet, wenn ein Künstler wie Kalckreuth übersiedelt, liege auf der Hand und »Andere werden ihm folgen.«[1]

Wer ist dieser malende Graf, in den Lichtwark so große Hoffnungen setzt? Leopold Karl Walter Graf von Kalckreuth (1855–1928) gehört einem uralten schlesischen Adelsgeschlecht an. Sein Vater Stanislaus war erfolgreicher Maler und erster Direktor der Großherzoglich-Sächsischen Kunstschule in Weimar gewesen. Unter ihm hat Leopold zunächst in Weimar studiert, später in München, unter dem »Malerfürsten« Franz von Lenbach. Ab 1885 hat er selbst als Künstler und Kunstlehrer in Weimar gewirkt, ab 1895 in Karlsruhe und ab 1899 in Stuttgart. Kein besonders Sesshafter also, den es da nach Hamburg drängt.

1 Kalckreuth, Wesen und Werk meines Vaters, 1967, S. 286

◄ Landhaus Graf v. Kalckreuth, Hittfeld. 1906 (Eingangsportal) (aus: C. G. Bensel. Regierungsbaumeister, Architekt Hamburg (= Sonderheft der Bau-Rundschau), Hamburg, Konrad Hanf, 1914, S. 86)

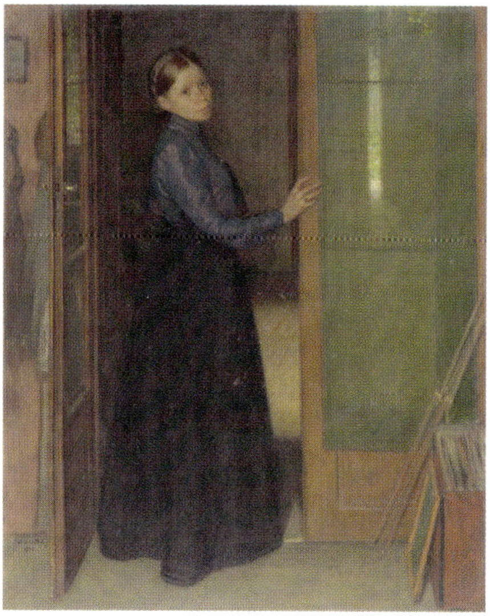

▲ Leopold Graf von Kalckreuth, »Die Gattin des Künstlers«, 1902 (© Albertinum / GNM, Staatliche Kunstsammlungen Dresden, Foto: Elke Estel / Hans-Peter Klut) Bertha von Kalckreuth wird von Fritz Schumacher ein mystisch gesteigertes Wesen und großes Schauspieltalent attestiert, das ganz im Gegensatz zur geradlinigen Persönlichkeit ihres Mannes stehe.

▼ Leopold Graf von Kalckreuth, »Schloß Kleinoels«, 1884 (© bpk / Nationalgalerie, SMB / Andres Kilger) Kalckreuth malt den Familienstammsitz seiner Gattin aus einer wenig repräsentativen, fast intimen Perspektive.

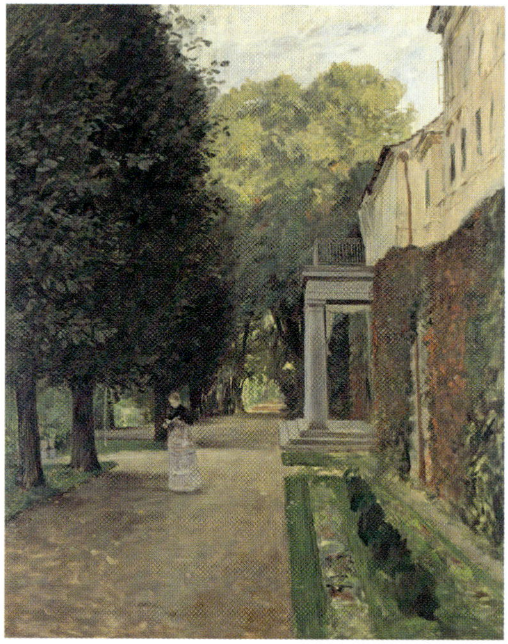

Seine Ehefrau ist Bertha Marie Cornelia, geb. Gräfin Yorck von Wartenburg (1864–1928). Auf einem Landgut in Kleinoels, dreißig Kilometer vor Breslau, hat die junge Familie ihre ersten Jahre verbracht. 1887 wurde der Sohn Wolf geboren. In den nächsten Jahren sind die Kinder Anna (1890–1946), Johannes (1893–1956), Bertha (1894–1945) und Christine (1898–1984) hinzugekommen.

Anfang des 20. Jahrhunderts ist Leopold auf der Höhe seines Erfolgs. Unter seinem Direktorat hat sich die Stuttgarter Kunstschule zur »Königlichen Akademie der bildenden Künste« gewandelt. 1903 ist er zum ersten Präsidenten des Deutschen Künstlerbundes gewählt worden. Und doch steckt er in einer Krise. Er leidet an Rheumatismus, hat Herzprobleme und soll seinen Alkohol- und Tabakkonsum einschränken. Im selben Jahr ist seine Schwester Klara (ihr Enkel Dietrich Bonhoeffer wird später als Theologe und Widerstandskämpfer

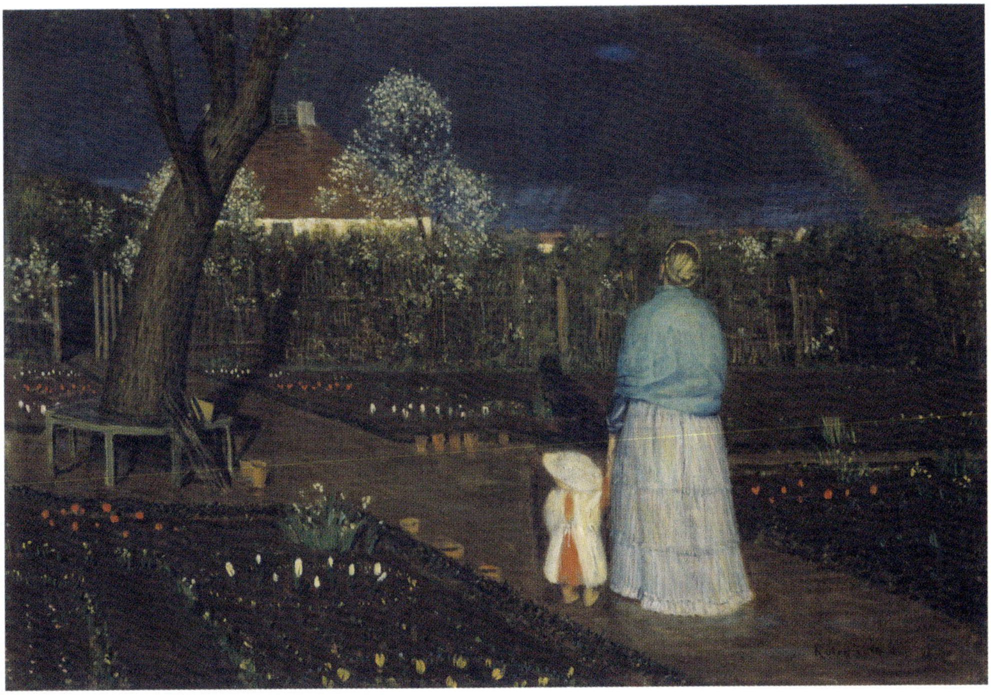

▲ Leopold Graf von Kalckreuth, »Der Regenbogen«, 1896 (© bpk / Bayerische Staatsgemäldesammlungen)
Als Schauplatz einer religiös anmutenden Naturerfahrung wählt Kalckreuth einen Arbeitsgarten.

in die Geschichte eingehen) gestorben, was ihm sehr zusetzt. Außerdem quält ihn die Sorge um seinen ältesten Sohn Wolf, dessen Haltungsschäden die inneren Organe und das Herz beeinträchtigen und dem weder Streckbett noch Orthopädie wirklich helfen können. Bertha leidet an Migräneanfällen. Leopold kann sich ihr gegenüber mit seinen künstlerischen Zweifeln nur unzureichend ausdrücken und steht seinem Ruhm zunehmend gleichgültig gegenüber:

»Erfolge schaffen mir keine Glücksempfindung. Je mehr ich strebe, desto weniger befriedigen mich die Resultate. Keine stille Stunde, in die nicht ein Mensch [...] hineintappt, einem den Becher vom Munde reißend, den man voller Weihe trinken wollte. Die Stille ist mir das Liebste.«[2]

Hamburg kennt Kalckreuth seit 1894 von einigen längeren Besuchen, die er auf Lichtwarks Veranlassung hin unternommen hat; er sieht seine größten

2 Kalckreuth, Wesen und Werk meines Vaters, 1967, S. 289

künstlerischen Aufgaben mit dem Motiv des Hamburger Hafens verknüpft. Doch obwohl ihn Lichtwark in die Häuser der Stadt einführt, wird der Künstler mit den Hamburgern nicht richtig warm. Andererseits erscheint ihm gerade die »musisch spröde und schwerfällige« Metropole als vielversprechend, dem leidigen Kunstbetrieb zu entkommen.[3]

Bertha rät ihm, sich von allen Ämtern zurückzuziehen und einen Ort zu finden, der ihm künstlerische Unabhängigkeit verschafft. Vielleicht eine Sommerwohnung in der Nähe nehmen oder sich ein halbes Jahr aufs Land zurückzuziehen, um sich ganz zu erholen? Bertha denkt dabei an Süddeutschland. In dieser Situation um 1905 oder 1906 fallen ein paar Worte Lichtwarks, wie absichtslos zwischen Tür und Angel geäußert: Dass die Heide, die sich im Südwesten Hamburgs duftig und wellig breitet, eine quasi unentdeckte Wüste voller ungemalter Motive sei; dass, würde man sich dort niederlassen, der Studienplatz mit einem Wohnhaus kaum eine Bahnstunde von der Stadt entfernt läge; dass viele aus der Hamburger Gesellschaft den Maler in seinem Atelier und seiner Residenz gerne aufsuchen würden, um sich porträtieren zu lassen und sich so Pflicht- und Lust-Malerei wunderbar kombinieren ließen.[4]

Lichtwark hat die Rute ausgeworfen. Er ist ein Magnet, der die Menschen um sich schart, und mit Kalckreuth verbindet ihn bereits eine Freundschaft: Der Maler beißt an.

1906 ist Lichtwark für ihn bereits auf der Suche nach dem geeigneten Bauplatz. Er denkt an Friedrichsruh im Sachsenwald, östlich von Hamburg, Buchholz in der Nordheide, aber sicher zuerst an den Sunder. Im August hat sich Kalckreuth für den Hittfelder Raum entschieden und beauftragt Lichtwark, für ihn ein Grundstück in Eddelsen zu kaufen. Am 18. September meldet Lichtwark den erfolgreichen Vertragsabschluss an Liebermann.[5] Für Kalckreuths kleine Kinder weiß Lichtwark schon eine Hauslehrerin.[6]

Die Freude über den Kauf des schönen Heidegrundstücks am Rand des Sunders in Eddelsen wird jäh unterbrochen: Am 9. Oktober nimmt sich Wolf, Kalckreuths ältester Sohn, mit neunzehn Jahren das Leben. Er hat als vielversprechender Lyriker gegolten: »Wir haben alle sehr viel von ihm gehalten und ungeheuer viel von ihm erwartet«, bekennt Lichtwark.[7] Auf Wolfs Nachttisch sollen Baudelaires »Le Fleurs du Mal«, gelegen haben, aufgeschlagen beim Gedicht »Le Voyage«.[8]

An Lichtwark schreibt der fassungslose Vater über »den armen Jungen«, man könne ihm nicht zürnen, der Tod habe ihm schon lange näher gestanden als das Leben.[9] Selbst Lichtwark kann noch einen Monat später nicht arbeiten, die Katastrophe hat ihn, wie er Liebermann bekennt, gelähmt.[10] Eine Kombination aus Ermüdung und dem unbegründeten Gefühl von soldatischer Unzu-

3 Kalckreuth, Wesen und Werk meines Vaters, 1967, S. 288
4 ebd., S. 290
5 Lichtwark, Brief an Liebermann v. 18.9.1906, In: Pflugmacher, Liebermann 2001, Teil II, S. 202
6 Lichtwark, Briefe an Kalckreuth, 1957, S. 180 (hier Brief v. 3.8.1906)
7 Lichtwark, Brief an Liebermann v. 3.10.1906, In: Pflugmacher, Liebermann, 2001, Teil II, S. 206
8 Kalckreuth, Gedanken beim Betrachten eines Ahnenbildes, 2005, S. 8
9 Velden-Hohrath, Wolf Graf von Kalckreuth, 1998, S. 311
10 Lichtwark, Brief an Liebermann v. 13.10.1906, In: Pflugmacher, Liebermann, 2001, Teil II, S. 206

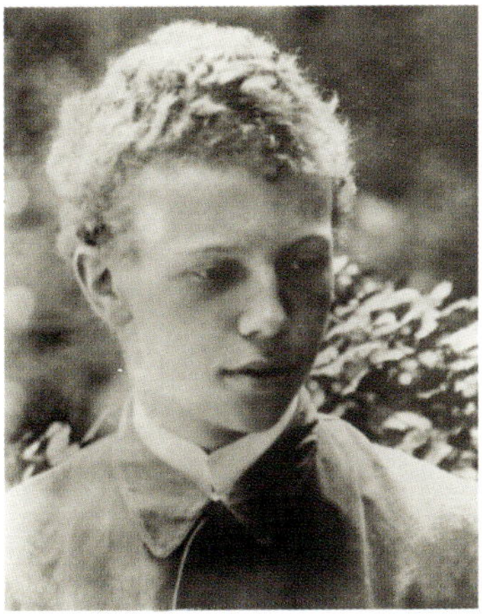

◄ Wolf von Kalckreuth, 1903
(Bayerische Staatsbibliothek, Kalckreuthiana III.G.39)
»Wer spricht von Siegen? Überstehn ist alles«.
Rainer-Maria Rilke, 1908

länglichkeit – er hatte erst wenige Tage zuvor seinen Militärdienst angetreten – sei schuld an Wolfs Depression, und wie Lichtwark glaubt, auch »die ewigen Verlaine- und Baudelaireübersetzungen«.[11] Rainer-Maria Rilke widmet Wolf ein Requiem mit dem berühmten »Wer spricht von Siegen? Überstehn ist alles«.[12] In dieser Situation plant Kalckreuth den Neuanfang in Eddelsen.

Lichtwark hilft gewohnt tatkräftig. Die erste Idee, den Stuttgarter Architekten Theodor Fischer (1862–1938) zu beauftragen, Mitbegründer des Deutschen Werkbundes, Mitglied der Deutschen Gartenstadt-Gesellschaft sowie einer der einflussreichsten Architekten seiner Zeit, verwirft Lichtwark, denn dieser, so Lichtwarks Befürchtung, werde »Architektur machen wollen. Und das geht absolut nicht.«[13] Für Lichtwark ist klar, dass der Ort besondere architektonische Zurückhaltung verlangt, dass Gebäude und Gärten aus dem Ort und dem Bedürfnis des Bauherrn entwickelt werden müssen. Das hat er ja schon seinem Freund Vivié gepredigt. Apropos Vivié: Wäre das nicht ein Architekt für Kalckreuth?

Vivié, so Lichtwark gegenüber Kalckreuth, würde alles übernehmen – aber da er als städtischer Baubeamter kein Honorar annehmen dürfe, entstünde eine unbequeme Situation. Vor allem aber – und hier kommt Lichtwarks Erfahrung mit dem Bau des Hauses Sunderberg ins Spiel – hätte Kalckreuth keinen uneingeschränkten Einfluss auf den Bau. Im Bewusstsein, es besser zu verstehen, könnte Vivié Wünsche und Forderungen des Bauherrn überhören. Andererseits wurde Vivié ja schon halb angefragt; ihm jetzt einfach so abzusagen ... knifflig. Doch Lichtwark verfällt auf eine Lösung, die alle zufriedenstellen sollte:

11 Lichtwark, Brief an Liebermann v. 3.12.1906, In: Pflugmacher, Liebermann, 2001, Teil II, S. 216
12 Rilke, Requiem für Wolf Graf von Kalckreuth, 1920, S. 26
13 Lichtwark, Briefe an Kalckreuth, 1957, S.180 f. (Brief v. 3.8.1906)

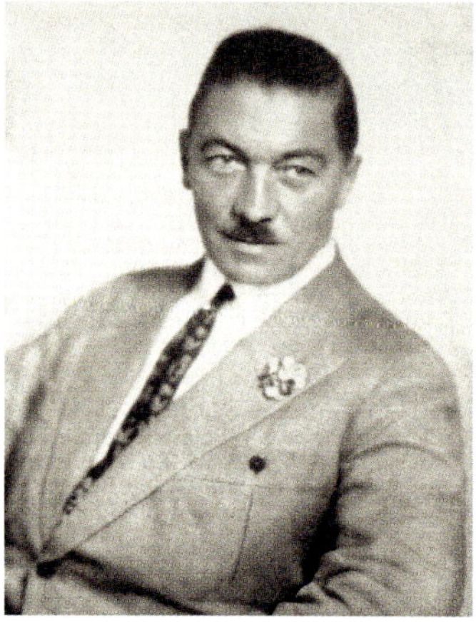

◄ Carl Bensel, um 1930
(aus: Reichshandbuch der deutschen Gesellschaft: Das Handbuch der Persönlichkeiten in Wort und Bild, Bd. 1, Deutscher Wirtschaftsverlag, Berlin 1930, S. 106) »Herr Bensel ist ein moderner Baumeister, [...] jung und fügt sich Deinen Wüschen.« Alfred Lichtwark, 1906

»Ich habe mit ihm (Vivié) über die Sache gesprochen – akademisch, natürlich –, und schließlich kam es zu der Erwägung, ob nicht sein Schwiegersohn, der Reg.-Baumeister Bensel, den Du flüchtig gesehen hast, den Bau übernehmen könnte als honorierter Architekt. Er kommt jeden Sonnabend-Sonntag, und Herr Vivié würde mit seinen Erfahrungen zu Rat stehen. [...]

Herr Bensel ist ein ›moderner‹ Baumeister, der sich verstehen würde, ordentliche Fenster zu machen und auf Stil zu verzichten. Er ist jung und fügt sich Deinen Wünschen. Es ist sein erster selbständiger Bau, und da hat er noch eine besondere Freude dran. Schließlich erweisest Du Herrn Vivié einen Dienst, wenn Du ihm, Bensel, den Bau gibst, und wenn Du von ihm, Herrn Vivié, Rat und Aufsicht annimmst, bist Du ihm darum nicht verpflichtet, denn er vertritt nur seinen Schwiegersohn. Wenn Du einverstanden bist, schicke mir Deinen letzten Plan, dann setze ich mich mit Herrn Bensel in Verbindung, und wenn Ihr Euch in Hamburg trefft, ist er im Bilde.«[14]

Tatsächlich wird man sich einig. Während sich Bensel zunächst den Fassaden widmet, planen Lichtwark und Kalckreuth die Gebäudestellung, die räumliche Organisation und die Gärten.[15]

Kalckreuth kommt Anfang Dezember 1906 nach Hamburg, sichtlich gealtert, aber entschlossen, das geplante Anwesen zur bleibenden Wohnstätte seiner Familie zu machen. Mit Lichtwark sieht er sich nach einer Grabstätte für Wolf um.[16] Sie finden den geeigneten Platz auf einer noch freien Anhöhe auf dem Hittfelder Friedhof.[17]

Die Beschäftigung mit dem Hausbau tut Kalckreuth gut, wird für ihn, so Lichtwark, »zu einer Art Erlösung«, die ihn aus seinen schweren Gedanken

14 Lichtwark, Briefe an Kalckreuth, 1957, S.182 f. (Brief v. 25.8.1906)
15 ebd., S.180–182, 194–197, 198–200, 204 f. (Briefe v. 3.8.1906, 14.8.1906, 15.12.1906, 20.12.1906, 7.2.1907)
16 Lichtwark, Brief an Liebermann v. 8.12.1906, In: Pflugmacher, Liebermann, 2001, Teil II, S. 217
17 Die Grabstelle besteht dort bis heute.

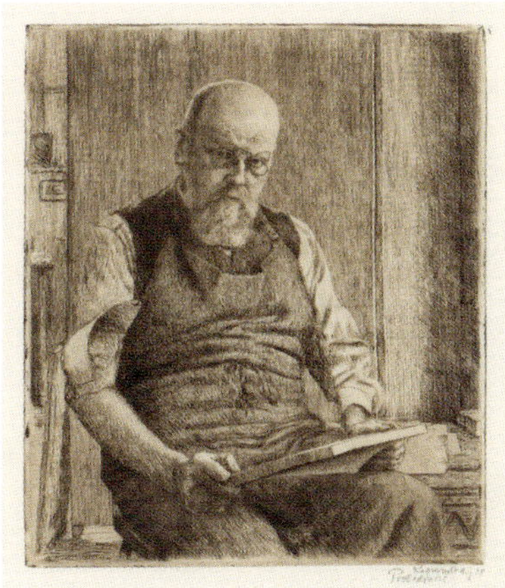

◄ **Leopold Graf von Kalckreuth, Selbstbildnis als Grafiker, 1908** (© Hamburger Kunsthalle / bpk Foto: Oliver Schweers)
»Kalckreuth ist hier. Er sieht sehr gealtert aus. Aber ich hoffe, einige Tage in anderer Umgebung thun ihm gut.« Alfred Lichtwark, 1906

▼ **»Birkenallee nach Eddelsen«, undatiert** (Privatarchiv Joachim Schnitter)
Das Landhaus Kalckreuth als Postkartenmotiv

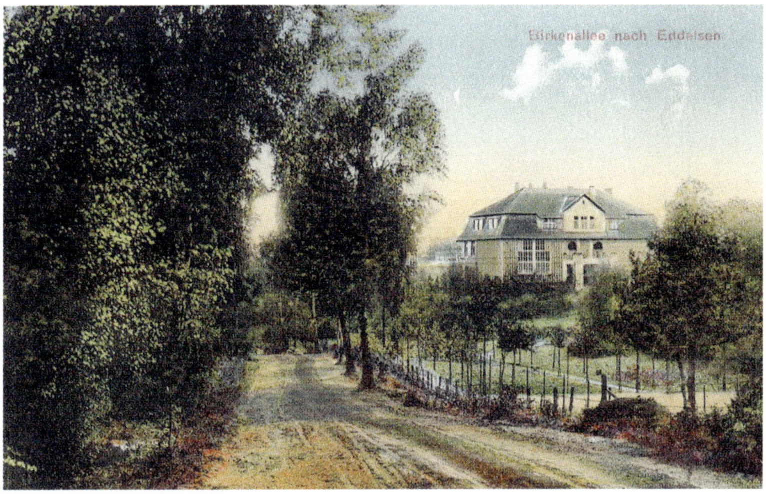

herausreißt.[18] Im Frühjahr 1907 ist Richtfest.[19] Das großzügig mit Fenstern ausgestattete Wohn- und Atelierhaus ist nicht nur lichtdurchflutet – die Fenster auf der repräsentativen Hauptfassade auf der Ostseite reichen über zwei Geschosse – was für den Maler besonders wichtig ist. Es zeigt sich in seinem Verzicht auf historisierende Applikationen und straffer Gliederung auch modern. Durch Einbettung in die Topografie des Ortes und durch asymmetrische Details des insgesamt symmetrischen Baukörpers entspricht es der aus England kommenden Reformarchitektur, bietet statt Pomp eine Beschränkung auf funktional begründete Gestaltung.[20]

18 Lichtwark, Brief an Liebermann v. 8.12.1906, In: Pflugmacher, Liebermann 2001, Teil II, S. 217
19 Lichtwark, Briefe an Kalckreuth, 1957, S. 204 f. (Brief v. 7.2.1907)
20 Vgl. Lubitz, Geformter Raum, 2006, S. 48

Gänzlich reibungsfrei läuft die Arbeit am Bau jedoch nicht, der junge Architekt hat offenbar seinen eigenen Kopf. Kalckreuth solle »nur fest mit Bensel« sein und dessen »passive[n] Widerstand gegen gute und nötige Vorschläge« nicht durchgehen lassen, fordert Lichtwark den Freund auf.[21] Lichtwark seinerseits versucht brieflich, Bensel »zur Raison zu bringen«.[22] Doch mit dem Resultat sind dann alle Beteiligten sehr zufrieden. Für Bensel ist es ein wichtiger Karriereschritt. In der zeitgenössischen Fachliteratur wird der Bau dafür gelobt, »sich außerordentlich glücklich den schwierigen Geländeverhältnissen und der Landschaft« angepasst zu haben.[23]

Täglich fährt Kalckreuth mit seinem Wagen nach Eddelsen, um die Baufortschritte zu begutachten. Auf dem Heidehügel am Bahndamm, oberhalb der Baustelle, unterhält er sich einmal mit seiner siebzehnjährigen Tochter Anna und lässt dabei erkennen, wie der Garten als Kompromiss zwischen den Vorlieben der Familienmitglieder und Lichtwarks Ideen Gestalt annimmt:

»Was meinst Du, Muckchen? Lichtwark ist dagegen, den Rasen mit Buchs zu fassen. – Sind Mutters Georginenknollen schon angekommen? Siehst du, da, gerade gegenüber dem Haus setze ich die Laube rechteckig hin, die seitliche wird oval. – Die Blumenbeete werden durch schmale Rasenstreifen vom Kiesweg getrennt. – Ich fürchte, Mutterchen wird das alles zu regelmäßig, zu geometrisch vorkommen, sie liebt die Überraschungen, die holde Unordnung.«[24]

Eine Lageskizze aus dieser Zeit offenbart die übersichtliche Grundstruktur des am Damm der Venloer Bahn gelegenen Anwesens: Ein großes Wohnhaus im Westen und ein dazu senkrecht ausgerichtetes großes Gärtnerhaus im Norden fassen zwei Seiten eines langgestreckten achsialgeometrischen Gartens ein. Längs- und Querwege gliedern ihn in sechs rechteckige Einzelfelder.

Hinter dem Wohnhaus liegt ein weiterer Garten, dessen quadratischer und durch ein mittiges Wegekreuz mit Brunnenanlage in vier symmetrische Kompartimente aufgeteilter Grundriss ihm Ähnlichkeit mit einem alten Kloster- oder Apothekergarten verleiht. Dahinter ist ein großer Hühnerhof untergebracht. Alles wird von Heide- und Ackerflächen umschlossen, die noch Platz lassen für einen rechteckigen Spielplatz: Die jüngste Tochter »Ninne« ist gerade mal acht Jahre alt. [25]

Trotz einer einfachen Geometrie hat es die Anlage in sich, verweigert sich charmant gewohnten Gartenbildern. Da ist zunächst die Tatsache, dass die Besucher von der geschwungenen Birkenallee im Süden zwischen einfachen Heide- und Ackerflächen, aber doch mit großer Geste, zum Wohnhaus geführt werden. Kommen sie dann am Fuße des zweigeschossigen, repräsentativen Landhauses an, werden sie davon überrascht, dass der davor liegende Garten ein großer Gemüsegarten ist. Doch die Anordnung in flache, über wenige

21 Lichtwark, Briefe an Kalckreuth, 1957, S. 204 f. (Brief v. 7.2.1907)
22 ebd., S. 204 f. (Brief v. 9.2.1907)
23 Brandt, Einleitung, 1914, S. 8
24 Kalckreuth, Wesen und Werk meines Vaters, 1967, S. 330
25 »Ninne« wird später bei Emil Orlik Kunst studieren. Für das Doppelleben Dietrich Bonhoeffers, ihr Neffe 2. Grades, wird sie ihre Münchner Wohnung bereitstellen (Bonhoeffers Tante in München, 2015).

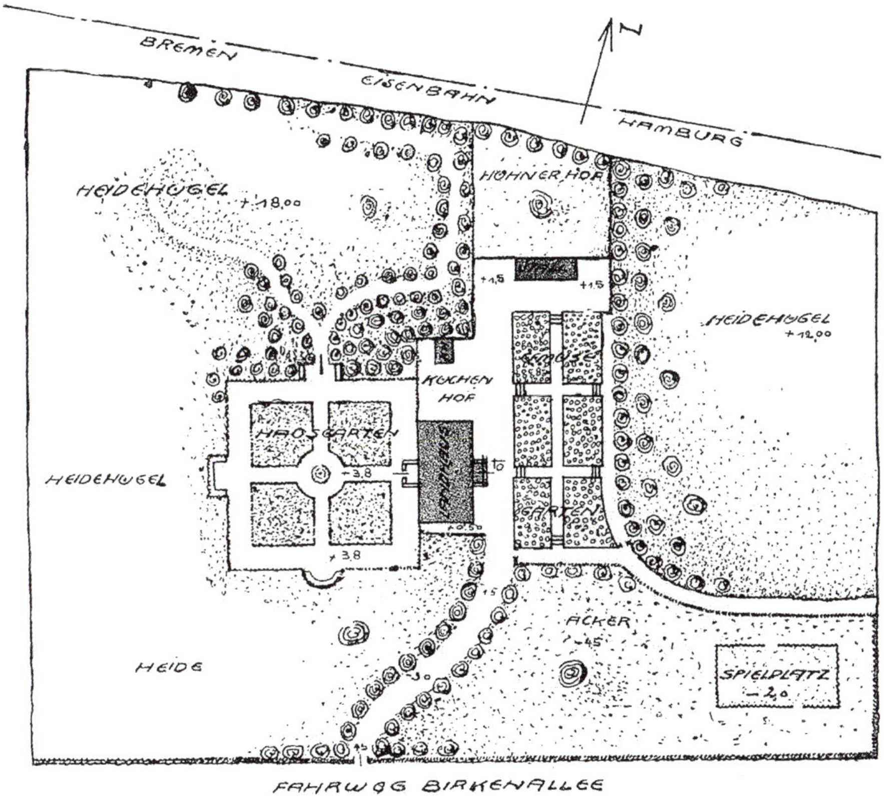

»Landhaus des Grafen L. v. Kalckreuth in Hittfeld bei Hamburg, Lageplan 1:2000«, 1906–1907 (aus: [Friedrich] Mettegang, Bauten und Entwürfe von Reg.-Baumeister a. D. C. G. Bensel, Düsseldorf. In: Moderne Bauformen 1911, Stuttgart, Julius Hoffmann, S. 375–389, hier S. 388) Für eine professionelle Architektenzeichnung wäre die Skizze originell: Ist dies der Lageplan, den Lichtwark von Kalckreuth erbeten hat, um den jungen Architekten Bensel zu instruieren?

Stufen miteinander verbundene Ebenen ebenso wie die Akzentuierungen mit kleinen Hochstammrosen machen klar, dass dieser Garten nicht nur der Selbstversorgung dient, sondern auch künstlerischen Wert beansprucht. Dieser Gartenraum wird nach Westen durch das Wohnhaus und eine Baumreihe sowie nach Norden durch das Gärtnerhaus beschlossen. Nach Osten grenzen naturnahe Heideflächen an, die Richtung Bahndamm zu einem Hügel ansteigen. Das Repräsentationsbedürfnis der Adelsfamilie wird so in immer wieder ungewohnte landschaftliche und gartenkulturelle Zusammenhänge gestellt.

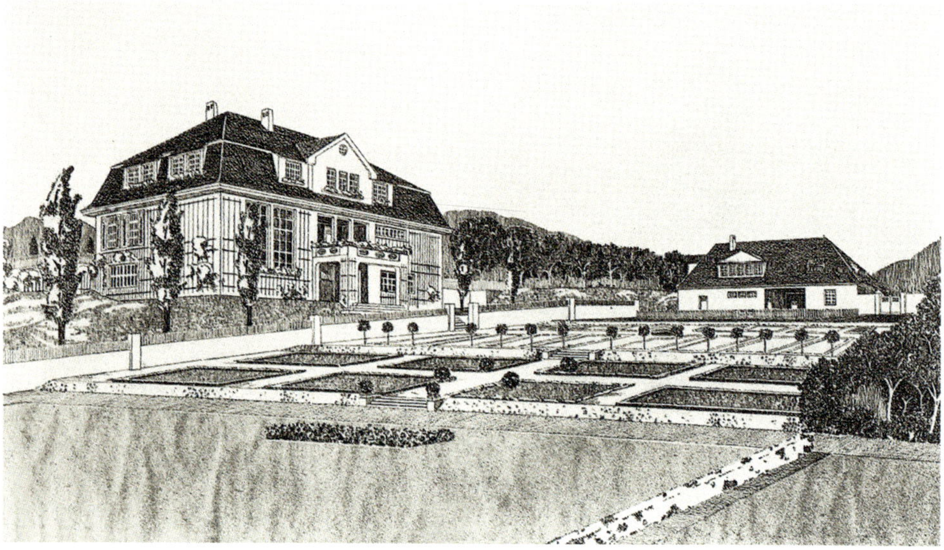

»Landhaus des Grafen L. v. Kalckreuth in Hittfeld bei Hamburg« (Gemüsegarten), 1906–1907 (aus: [Friedrich] Mettegang, Bauten und Entwürfe von Reg.-Baumeister a. D. C. G. Bensel, Düsseldorf. In: Moderne Bauformen 1911, Stuttgart, Julius Hoffmann, S. 375–389, hier S. 389) Vor dem repräsentativen Landhaus einer großbürgerlichen Familie wird der Gemüsegarten nicht versteckt, sondern inszeniert.

Von anderem, intimem Charakter ist der hochgelegene Blumengarten hinter dem Wohnhaus.[26] Da sich das Erdgeschoss an einen Hügel lehnt, verringert sich die sichtbare Gebäudehöhe von der oberen Geländeebene auf ein Geschoss. Das tief herabgezogene Krüppelwalmdach – in dieser Hinsicht sicher nicht zufällig dem Landhaus Vivié ähnlich – lässt das vom oberen Garten sichtbare Haus noch flacher wirken: Es duckt sich geradezu und überlässt dem einfachen, mit breiten Blumenbändern geschmückten Grasgarten mit dem kleinen Brunnen den großen Auftritt. »Sie müßten eigentlich Kalckreuths Haus und Garten einmal sehen«, schwärmt Lichtwark gegenüber Liebermann:

»Es ist so schön, daß ich jedesmal gepackt werde, wenn ich hinaus komme. [...] Wir [sic!] haben jetzt den Garten vor Kalckreuths Haus angelegt. [...] Er ist nicht groß, liegt auf einem Plateau, über das niedrige Stackett ragen die Föhren der Heide, und in der Ferne läuft ganz um den Horizont das Hügelgelände in den köstlichen langgezogenen Linien, die dieser Gegend den Charakter geben. Tritt man nach Osten an den Rand und guckt über das Gitter, so sieht man im engen Thal einen Fahrweg mit prachtvollen Birken an einem schmalen

26 Kalckreuth, Wesen und Werk meines Vaters, 1967, S. 356

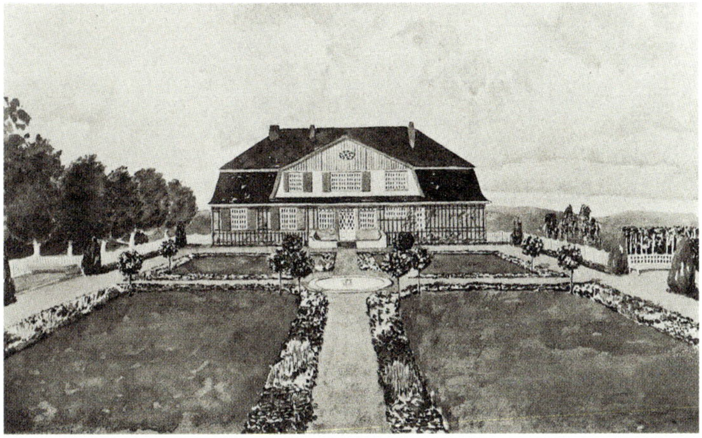

► »Landhaus des Grafen L. v. Kalckreuth in Hittfeld bei Hamburg« (Blumengarten), 1906–1907 (aus: [Friedrich] Mettegang, Bauten und Entwürfe von Reg.-Baumeister a. D. C. G. Bensel, Düsseldorf. In: Moderne Bauformen 1911, Stuttgart, Julius Hoffmann, S. 375–389, hier S. 389) Von Blumenbeeten gesäumtes Wegekreuz im Blumengarten

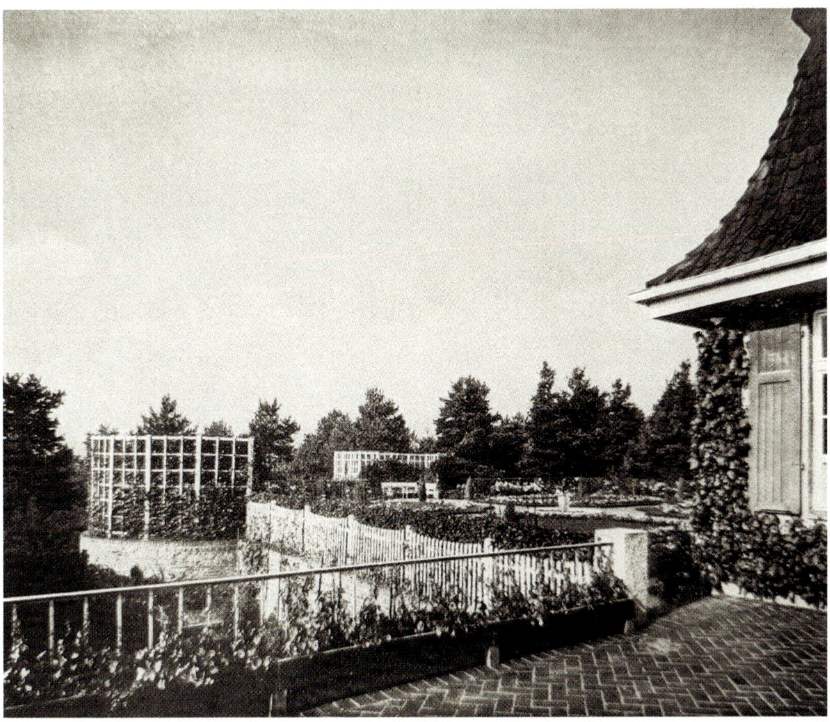

▲ »Landhaus Graf v. Kalckreuth, Hittfeld. 1906« (Blick vom Altan auf den Blumengarten) (aus: C. G. Bensel. Regierungsbaumeister, Architekt Hamburg (= Sonderheft der Bau-Rundschau), Hamburg, Konrad Hanf, 1914, S. 84) Im Blumengarten werden halbtransparente Sitznischen mit Lattenwerk erzeugt.

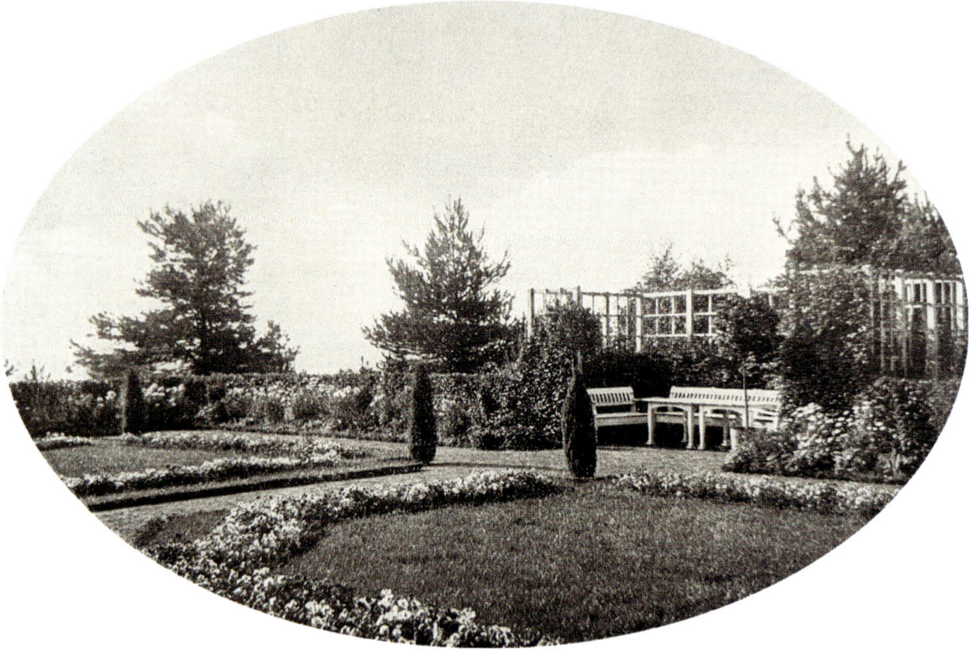

▲ »Landhaus Graf v. Kalckreuth, Hittfeld. 1906« (Die ovale Laube im Blumengarten) (aus: C. G. Bensel. Regierungsbaumeister, Architekt Hamburg (= Sonderheft der Bau-Rundschau), Hamburg, Konrad Hanf, 1914, S. 82) In einfacher, flächenhafter Inszenierung entfaltet der Blumengarten mit wenigen Akzenten seine unbeschwerte Eleganz.

Feldholz aufsteigen. Das Feldholz, jetzt noch durchsichtig, überschneidet mit dem graubraunen Dämmer des Gezweigs einen rasch ansteigenden grünen Acker. Seitlich senkt sich das Gelände, und in der Ferne steht über dem Sattel die entzückende Silhouette des Kirchdorfes mit der alten thurmlosen Feldkirche und den gewaltigen Bauernhäusern unter den Eichen. Nach Süden liegt unten im Thal das kleine Dorf Eddelsen, dessen Eichen uralt und schlank wie Buchen, das jenseits wieder ansteigende Terrain überschneiden.«[27]

Bensels nicht ganz so malerische Perspektivzeichnungen sehen auch im Blumengarten niedrige Kugelbäumchen oder Hochstammrosen vor. Doch Lichtwark und Kalckreuth beschließen, stattdessen den aufstrebend wachsenden Wacholder zu pflanzen. Natürlich hat Lichtwark dem Bauherrn zuvor die Lektüre seines »Der Heidegarten« ans Herz gelegt.[28] Doch dem vormals gegenüber Vivié geäußerten Wunsch, auch beim Blumenschmuck längs der

27 Lichtwark, Brief an Liebermann v. 1.4.1907, In: Pflugmacher, Liebermann, 2001, Teil II, S. 231

28 Lichtwark, Briefe an Kalckreuth, 1957, S. 107 f. (Brief v. 14.1.1904)

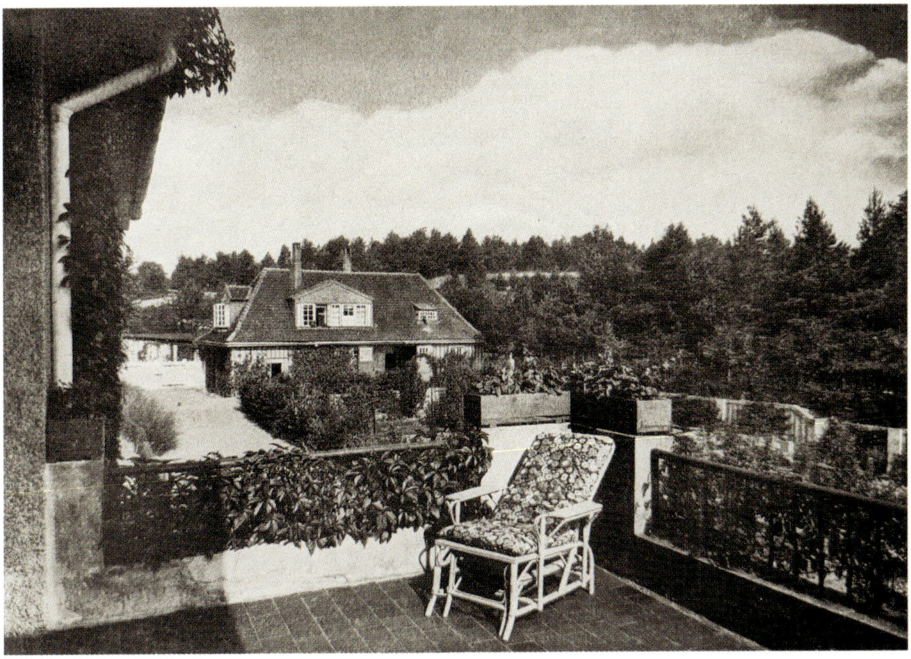

▲ »Landhaus Graf v. Kalckreuth, Hittfeld. 1906« (Blick vom Altan auf den Gemüsegarten und das Gärtnerhaus) (aus: C. G. Bensel. Regierungsbaumeister, Architekt Hamburg (= Sonderheft der Bau-Rundschau), Hamburg, Konrad Hanf, 1914, S. 83) Vom Altan eröffnet sich ein weiter Blick über den mit Gartenmauern eingefassten Gemüsegarten und das Gärtnerhaus, das den Architekturstil des Landhauses wiederholt.

Wege ausschließlich heimische Arten zu verwenden und statt des Rasens Heidepflanzen zu setzen, kommt auch Kalckreuth nicht nach und lässt stattdessen rote und gelbe Tulpen – sogar in farbiger Durchmischung – in die Rabatten pflanzen.[29] Doch Lichtwark kann darüber nicht nur hinwegsehen, er ist geradezu begeistert:

»Gestern bei Kalckreuths wars entzückend. Der kleine Garten strahlte von Hyacinthen, Tulpen, Tazetten [Straußnarzissen], Jonquillen [hohe, schlanke Narzissenart], großen bunten Anemonen, Perlhyacinthen, mächtigen weißen Veilchen, u. s. w. Man dachte an Holland oder an unsere Bauerngärten.«[30]

Fritz Schumacher erkennt in Kalckreuths Anwesen ein Pendant zu Lichtwarks Sunderhöfchen, einen zweiten Brennpunkt der Landhauskolonie, die für ihn »elliptisch konstruiert« ist. Das Landhaus Kalckreuth sei augenscheinlich das Heim eines Künstlers:

29 Vgl. Kalckreuths Werk »Garten in Eddelsen«, In: Howoldt, »Wie köstlich liegt Dein Haus«, 2005, S. 47

30 Lichtwark, Brief an Liebermann v. 18.4.1910, In: Pflugmacher, Liebermann 2001, Teil II, S. 303

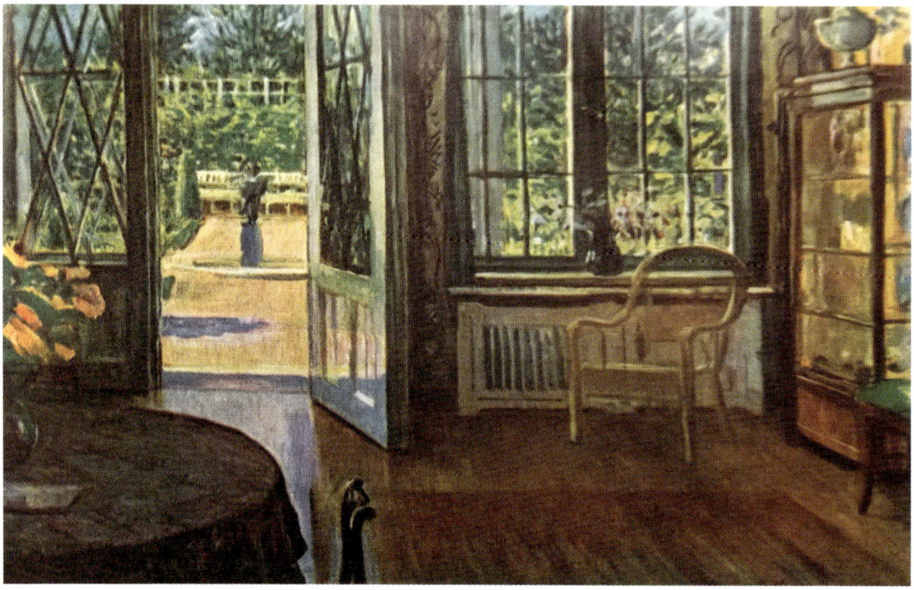

▲ Leopold Graf von Kalckreuth, »Garten in Eddelsen«, 1914
(aus: Johannes Kalckreuth, Wesen und Werk meines Vaters. Lebensbild des Malers Graf Leopold von Kalckreuth. Hamburg, Christians, 1967, S. 357)
Das »gelbe Zimmer« als Zentrum des Wohnhauses setzt sich im sonnenüberströmten Blumengarten fort. Lichtwark erscheint dort nie ohne einen Strauß selbstgepflückter Wicken und Skabiosen, Blutnelken und Glockenblumen für die Dame des Hauses.

»Wenn man von der Eingangshalle zum nächsten Geschoß emporstieg und dort den weiten gelben Wohnraum betrat, blickte man überrascht durch seine drei Fenster in einen stilisierten, brunnengeschmückten Garten, dessen Fläche das Zimmer fortsetzte. Im Haus und im Garten leuchtende Farben, einzelne einprägsame Bilder, alles weit, denn hier hauste ein großes Geschlecht.«[31]

Die Größe ist auch wörtlich zu verstehen, denn Graf von Kalckreuth überragt die meisten seiner Zeitgenossen um Haupteslänge. Und mit Heinrich Wilhelm Wulff (1870 – 1958) zieht Kalckreuth, wie von Lichtwark vorausgesagt, einen weiteren Künstler an. Wulff ist Lieblingsschüler und Freund Leopold von Kalckreuths aus Stuttgart und ein Freund der Familie.[32] Für Wolf von Kalckreuths hochgelobte Verlaine- und Baudelaire-Übersetzungen hatte er die Einbände und Vignetten gestaltet.[33]

1907 mietet Wulff eine Kate in Eddelsen und richtet die große Diele als Atelier ein. Lichtwark ist begeistert: »Die Zimmer haben die Fenster übereck.

31 Schumacher, Stufen des Lebens, 1935, S. 317
32 Kalckreuth, Wesen und Werk meines Vaters, 1967, S. 328
33 Baudelaire, Blumen des Bösen, 1907; Verlaine, Ausgewählte Gedichte, 1906

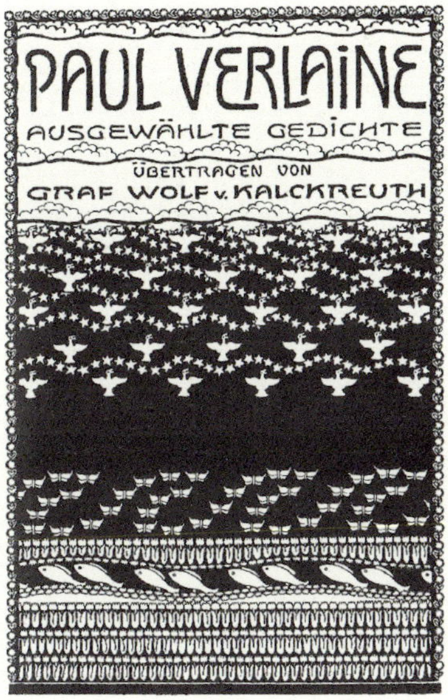

◄ Heinrich Wilhelm Wulf, Frontispiz zu Paul Verlaine, ausgewählte Gedichte, übertragen von Wolf von Kalckreuth, Leipzig, Insel, 1906

»Doch regt sich schon in linder Süsse /
Ein warmer Hauch, dass besser man /
Vergang'ne Kälte fühlen kann.
Der Sinn steht Gottes Gnade offen, /
Auf Herz, zu grenzenlosem Hoffen«
Paul Verlaine, übertragen von
Wolf von Kalckreuth, 1906

Das Haus müssten Sie sehen. Sowas an Licht giebts [sic] nicht wieder. Kalckreuth meint, jeder Maler müßte so bauen.«[34] Doch selbst Lichtwark wird vom denkerisch und düster veranlagten Wulff aus der Kate »hinausgebissen«, wenn es dem Direktor einfällt, nach dessen nur fast vollendeten Bildern zu sehen.[35] Lichtwark ist von dem rustikalen Maleranwesen so angetan, dass er bei Wulff ein Bild davon bestellt: Das lichtdurchflutete »Gartenhaus auf dem Lande« wird 1908 fertig, um auf der Secessionsausstellung in Berlin gezeigt zu werden.[36]

Der heute wenig bekannte Maler Wulff gehört für fünf Jahre zum künstlerisch-familiären Freundeskreis der Landhauskolonisten. Er verfügt offenbar nicht über vergleichbare finanzielle Mittel, wird aber für seine Wahrheitsliebe, Gewissenhaftigkeit und für sein künstlerisches Können geschätzt.[37] Käthe Grimm (*1885) schafft es, dem rabiaten Einsiedler die Ehe plausibel zu machen. Die »hübsche, kirschlippige und schwärmerisch veranlagte« jüngste Tochter Eduard Grimms (1848–1932), Hauptpastor von St. Jacobi und leitender Geistlicher der Evangelisch-Lutherischen Kirche in Hamburg, hat die Sommer mit ihrer Familie im Grimmschen Landhaus in Emmelndorf verbracht.[38]

Ein Porträt, dass Wulff sicher ebenfalls in Lichtwarks Auftrag ausführt, zeigt Lichtwarks Bruder Johann, genannt Hans (1855–1931). Auch mit Hans ist Alfred ungewöhnlich tief verbunden,[39] und der Auftrag ist ein Vertrauensbeweis an

34 Lichtwark, Brief an Liebermann v. 1.4.1907. In: Pflugmacher, Liebermann, 2001, Teil II, S. 230–232
35 Kalckreuth, Wesen und Werk meines Vaters, 1967, S. 329
36 Lichtwark, Brief v. 5.4.1909, In: Pflugmacher, Liebermann 2001, Teil II, S. 267 (dort irrtümlich »Gasthaus auf dem Lande« benannt)
37 Kalckreuth, Wesen und Werk meines Vaters, 1967, S. 329
38 ebd., S. 339 f.
39 Junge-Gent, Lichtwark, 2012, S. 101, 416

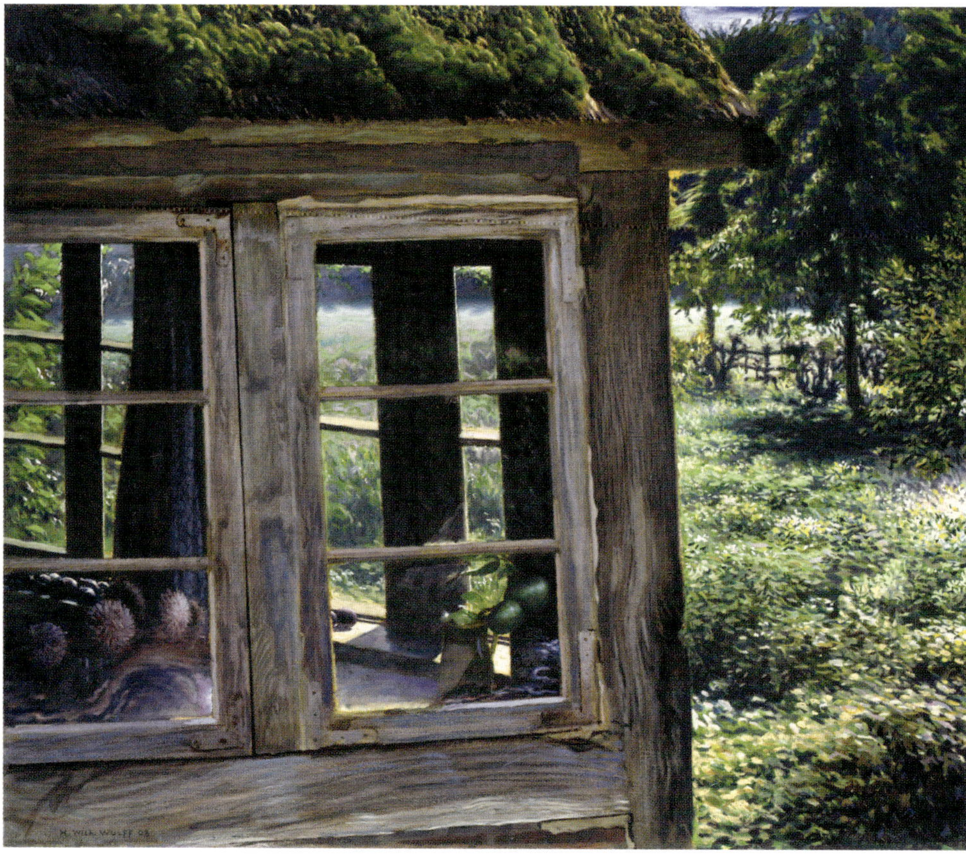

▲ Heinrich Wilhelm Wulff, »Gartenhaus auf dem Lande«, 1908 (© Hamburger Kunsthalle / bpk) »So was an Licht giebts nicht wieder. Kalckreuth meint, jeder Maler müßte so bauen.« Alfred Lichtwark, 1909

den Maler. Als aber Wulff sich von der Kunstauffassung Kalckreuths mehr und mehr entfernt, verlässt er 1912 seine Kate und zieht nach Hamburg.[40] Die entstandenen Freundschaften zwischen Käthes Geschwistern und Kalckreuths Kindern werden diese Differenzen überdauern.[41]

Für Kalckreuth hat in Eddelsen eine letzte und sehr fruchtbare Schaffensperiode begonnen. Lichtwark hat richtig prophezeit, dass sich der Maler vor Porträtaufträgen nicht mehr wird retten können. Aber dieser hatte sich auch nicht vorstellen können, was so ein Haus mit vierzehn Zimmern und einem vier Morgen großen Garten, mit Stall und Pferden jeden Monat verschlingen würde. Und darum nimmt er »aus dem verdammten Pflichtgefühl heraus, er

40 Bruhns, Wulff, 2013, S. 525
41 Kalckreuth, Wesen und Werk meines Vaters, 1967, S. 339

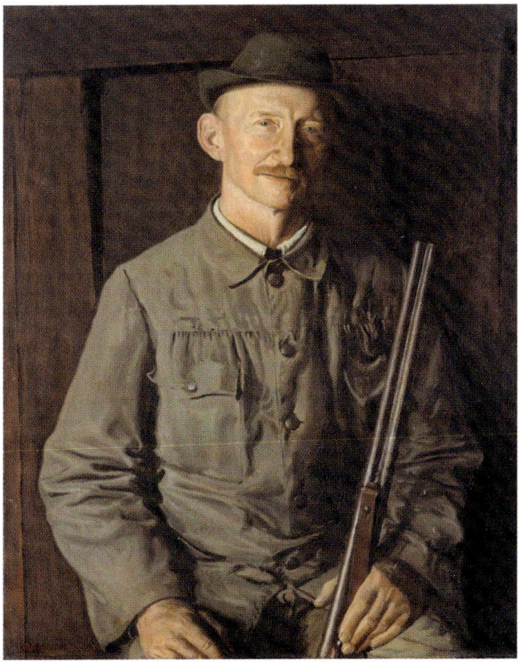

◄ Heinrich Wilhelm Wulff, »Hans Lichtwark«, 1908 (© Hamburger Kunsthalle / bpk, Foto: Elke Walford) »Denkt Euch, wie schön das wäre, in einem hübschen Gartenhaus […] behaglich eingerichtet.« Alfred Lichtwark an seine Geschwister Sanni und Hans, 1885

müsse Geld schaffen«, zahllose Aufträge an, allein über einhundertdreißig Bildnisse, flucht über die Arbeitslast – und malt weiter.[42]

Den Mittelpunkt seiner Malerei aber bilden Haus und Garten in Eddelsen. Er stellt sie in zahllosen Variationen dar, als Außen- und als Innenansichten, in verschiedensten Perspektiven und Lichtverhältnissen. In seiner Unfähigkeit zu heucheln, zu retuschieren und bloß zu dekorieren habe sich Kalckreuth, so urteilt sein Sohn Johannes, stets mit repräsentativen Darstellungen schwergetan. Wenn also nicht als repräsentative Dekoration, warum hat Kalckreuth eine Kopie des »Putto mit Delfin« von Andrea del Verrocchio (1435 – 1488) im bis dahin nur den Himmel spiegelnden Brunnen des Blumengartens ergänzt? Als sentimentale Inszenierung südlicher Lebensfreude? Lichtwark hätte es aus der Perspektive des Gartenkünstlers wohl nachsichtig gerügt, doch den Freund verstanden. Denn während der Kalckreuth der 1890er-Jahre als fröhlicher Mensch oft triste, melancholische Bilder gemalt hat, spiegelt sein Spätwerk, im Persönlichen durch Verluste und Schicksalsschläge verdunkelt, das Leben warm und gütig.[43]

Bei aller individueller Abweichung im Detail kommt das Anwesen Kalckreuth dem Lichtwarkschen Heidegartenkonzept bereits nahe. Besonders

42 Kalckreuth, Wesen und Werk meines Vaters, 1967, S. 331
43 ebd., S. 358

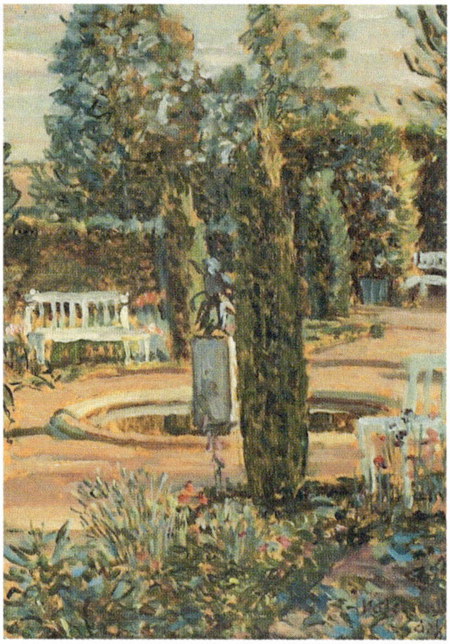

◄ Leopold Graf von Kalckreuth, »Garteninneres«, undatiert (Privat. Foto: Alexander Beck)
»Ich möchte in ein helles, farbiges Land, ich denke sogar an den Süden.« Leopold Graf von Kalckreuth, nach 1906

Kalckreuths frühes Eddelsener Werk »Heidegarten im Nebel«, in wenig veränderter Perspektive auch unter dem Titel »Blick in den Garten« erhalten, vermittelt jene Begegnung von heimatlicher Landschaft mit geometrischer Klarheit, die Lichtwarks Heidegartenkonzept auszeichnet. Wenn Kalckreuth, wie sein Sohn Johannes später formuliert, meistens das Unrepräsentative präsentiert, so kann man vielleicht auch sagen, dass er das Kunstvolle im Einfachen gesucht hat. Hatte nicht eben das in Lichtwarks Absicht gelegen? Das Anwesen in Eddelsen jedenfalls ist, soviel ist klar, kein unbedeutendes Werk des Malers.[44]

Mit Kalckreuths Übersiedlung und seinem Anwesen am Rand des Sunders ist Lichtwark dem Traum einer künstlerisch orientierten Landhauskolonie ein gutes Stück nähergekommen. Und unermüdlich zieht er weitere Freunde zu sich, inspiriert sie zu neuen Anwesen und erweitert den Kreis der Landhäusler um immer neue Charaktere. Nur ein Jahr nach Kalckreuth stößt die junge Familie Genzsch zu diesem Kreis.

44 Kalckreuth, Wesen und Werk meines Vaters, 1967, S. 331, 358

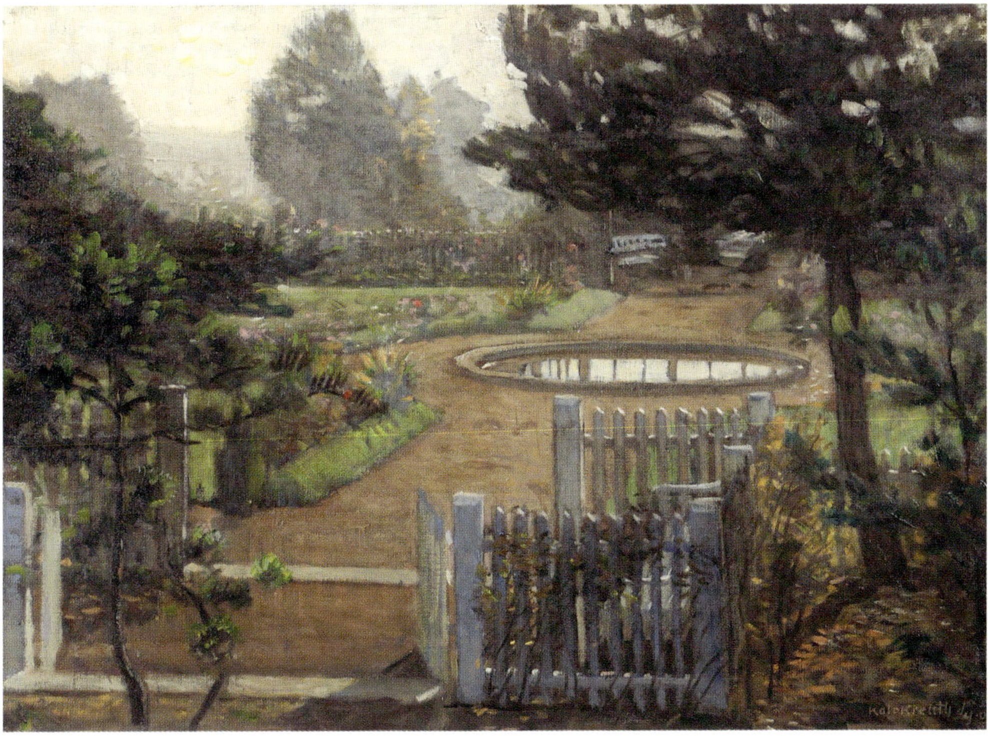

▲ **Leopold Graf von Kalckreuth, »Blick in den Garten«, undatiert** (© VAN HAM Kunstauktionen / Saša Fuis Photographie)
Der Garten in Eddelsen als Begegnung heimatlicher Landschaft mit geometrischer Klarheit, die schon Lichtwarks Heidegartenkonzept ausgezeichnet hat

LANDHAUS GENZSCH

Der Knixberg und ein Mitglied der »Brücke«

Gießmaschinen und Schriftkünstler ☙ ein Oberleutnant & die Kunst ☙ Passivmitglied der »Brücke« ❧ Avantgarde vs. Tradition ❧ erprobtes Architekturprinzip auf neuem Grundstück ☙ die Kiefern rücken heran ❧ Obst- und Küchengärten ☙ Raumgefüge aus Mauern, Lattenwerk und Rankgerüsten ❧ zwischen Ordnungssinn und Landschaft ☙ ein »giardino segreto« auf einem Berg

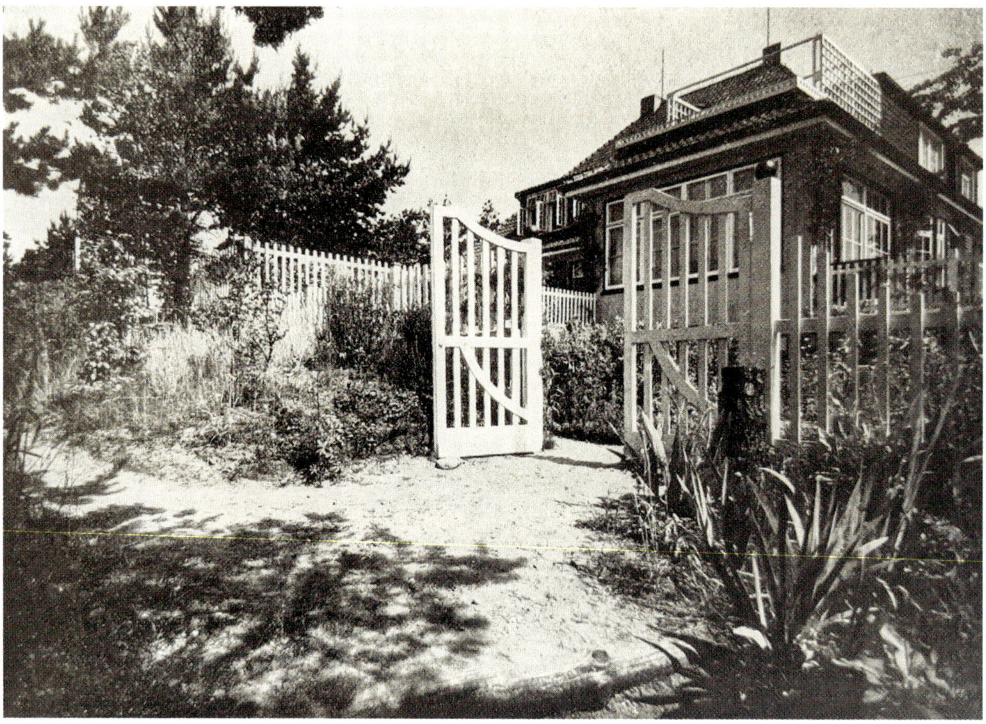

▲ »Landhaus Genzsch, Hittfeld. 1907. Ausgang in die freie Heide«
(aus: C. G. Bensel. Regierungsbaumeister, Architekt Hamburg
(= Sonderheft der Bau-Rundschau), Hamburg, Konrad Hanf, 1914, S. 89)
Der Ziergarten greift ein Stück über seine Umzäunung hinweg
in die Landschaft aus.

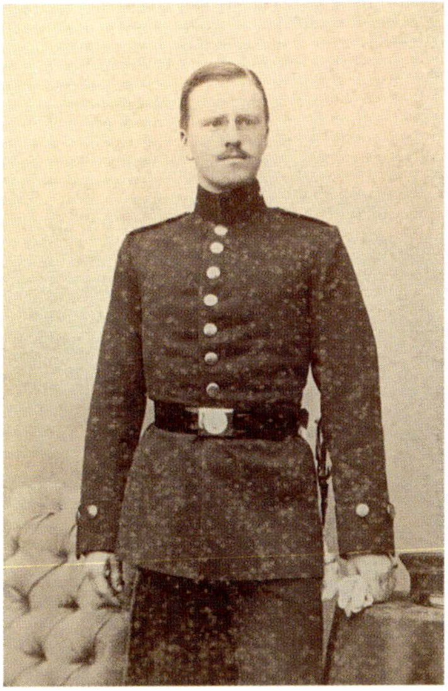

◄ Atelier F. Laue, Porträt Friedrich August Genzsch, undatiert (Staatsarchiv Hamburg, 622-1/199_G10/4) Mit 33 Jahren tritt Friedrich Genzsch als Mitinhaber in das traditionsreiche Familienunternehmen ein. Sein Herz schlägt weiterhin mehr für das Militär.

Nur ein Jahr nach dem Bau des Kalckreuth-Anwesens hat Architekt Carl Bensel bereits ein weiteres Landhaus im Sunder errichtet. Bauherren sind der 37-jährige Friedrich Genzsch (1871 – 1930) und seine 1874 als Tochter des Bankdirektors C. W. G. A. Heintze in Konstantinopel geborene Ehefrau Adelaide Mathilde Henriette. Mit den gemeinsamen fünf Kindern – Ingeborg (*1901), Helmuth (*1902), Wolfgang (*1904), Leonore (*1907) und Erwin (*1910) – ziehen sie nach Eddelsen.[1]

Friedrich Genzsch hat seit vier Jahren mit seinem jüngeren Bruder Hermann die Firma Genzsch & Heyse geleitet, in dritter Generation. Die Hamburger Schriftgießerei entwickelt Gießmaschinen und beschäftigt Schriftkünstler, die bis heute gängige Schrifttypen mit zuvor unerreicht präziser Justierung der Lettern entwickeln.[2] Der Hamburger Senat hat die Firma berechtigt, das Stadtwappen im hauseigenen Signet zu verwenden: eine hohe staatliche Ehrung. Friedrich und Adelaide Genzsch haben bis vor kurzem in Eilbek gewohnt, wenige Blocks von der großen Firmengießerei in der Richardstraße entfernt. Vor einem Jahr hat die Firma stolz ihr 75-jähriges Bestehen gefeiert,[3] doch Friedrich steigt aus und überlässt die Leitung seinem Bruder.[4]

Friedrich Genzsch hat sehr spezielle Interessen, ist Mitglied der Deutschen Orient-Gesellschaft[5] und der Geographischen Gesellschaft in Hamburg.[6] Bis 1902 ist er aktiver Offizier gewesen[7] und lässt sich ins Hamburger Telefonverzeichnis als Oberleutnant a. D. eintragen:[8] Seine Stellung als Firmenchef verblasst offenbar dahinter.

1 Schwabe Family Site, Friedrich Genzsch
2 1905 sind Genzsch & Heise maßgeblich an der Einführung der »Deutschen Normalschriftlinie« beteiligt (Gerhardinger, Genzsch, 1964, S. 196 f.)
3 Erinnerungen an das Jubiläum, 1908
4 Woesthoff, Verzeichnis der Passiven Mitglieder, 2001, S. 340
5 Vereinsnachrichten, 1908, S. 3
6 Geographische Gesellschaft, 1904, Supplement, S. 39
7 Woesthoff, Verzeichnis der Passiven Mitglieder, 2001, S. 340
8 Verzeichnis der Teilnehmer an den Fernsprechnetzen im Oberpostdirektionsbezirk Hamburg, 1910, Teil 2, Hittfeld, S. 647

Der militärische Hintergrund, das Faible für Orientalistik und die Schriftgießerei bieten nur scheinbar wenig Anknüpfungspunkte an den Kreis der Kunstbegeisterten in Lichtwarks Umfeld, denn es gibt auch Verbindendes: Zeitgenössische Fachjournale berichten immer wieder, wie Genzsch & Heyse mit ihren exquisiten Schrifttypen den Druck bibliophiler Kostbarkeiten ermöglichen und mit ihren Exlibris auch kunstvolle Eignerzeichen privater Bibliotheken, Vignetten und Zierleisten entwickeln.[9] Die Firma beschäftigt zur Gestaltung neuer Schrifttypen renommierte Künstler wie den Maler und Grafiker Carl Otto Czeschka (1878–1960), der 1907 an die Hamburger Kunstgewerbeschule berufen wird, und den Illustrator Hugo Steiner-Prag (1880–1954),[10] beide Mitglieder im avantgardistischen Deutschen Werkbund. Bei Genzsch & Heyse werden auch viele Ausgaben der Hamburger »Gesellschaft der Bücherfreunde« gedruckt. Das deckt sich mit Lichtwarks Ruf nach Förderung des Kunsthandwerks im Buchdruck.[11]

1910 wird Genzsch für die seit fünf Jahren bestehende Dresdner Künstlervereinigung Die Brücke als Passivmitglied geworben, wahrscheinlich durch den Hamburger Landgerichtsdirektor Gustav Schiefler (1857–1935), der neben der Kunsthistorikerin Rose Schapire (1874–1954) alle Hamburger Passivmitglieder geworben hat.[12] Schiefler ist nicht nur Mitglied der Gesellschaft Hamburgischer Kunstfreunde und zahlreicher weiterer Kulturvereinigungen, er ist als Kunstsammler und Mäzen einer der wichtigsten Kunstprotagonisten der Hansestadt und ein Bewunderer Lichtwarks.[13] 1906 ist er als erstes deutsches Passivmitglied der Brücke beigetreten. Es bestehen auch über einige Siebelistschüler Kontakte zur Brücke: Nölken hat schon 1908 an einer Brücke-Ausstellung teilgenommen und ist seit spätestens 1909 aktives Mitglied[14], und auch Ahlers-Hestermann, Friedrichs und Rosam folgen auf Nölkens Vermittlung einer Ausstellungseinladung der Brücke.[15] Als Passivmitglied erhält Genzsch jährlich eine Mappe mit drei bis vier originalen Künstlergrafiken sowie künstlerisch ausgearbeitete Ausstellungskataloge und Einladungskarten. Diese Gaben dienen den in der Brücke organisierten Künstlern zur Selbstvermarktung und der künstlerischen Bildung potenzieller Käufer. 1910 gibt es gerade einmal neunundsechszig Passivmitglieder. Der Kontakt mit den aktiven Mitgliedern kann entsprechend eng sein und wird unter anderem durch regelmäßige Kommunikation mittels Kunstpostkarten aufrechterhalten.[16]

Auch Genzschs Kenntnis der kleinen Landhauskolonie im Sunder könnte auf Schiefler zurückgehen, gehört dieser doch zu den besten Kennern des Hamburger Kulturlebens.[17] Wenn Genzsch für die kunstvoll gestaltete Passiv-Mitgliederliste das weitgehend unbekannte Eddelsen als seinen Hauptwohnort angibt, dürfte etwas Koketterie mitspielen: Kenner der Kunstszene mag

9 Zur Westen, Otto Hupp, 1907, S. 22–25, 29; Zur Westen, Von alter und neuer Kalenderkunst, 1907, S. 118; Katalog der Ausstellung für Buchgewerbe und Photographie in St. Louis, 1904, S. 57–58 Grautoff, Entwicklung moderner Buchkunst, 1901, S. 97, 189 f.

10 Woesthoff, Verzeichnis der Passiven Mitglieder, 2001, S. 340

11 Lichtwark, Einleitung, In: Jahrbuch der Gesellschaft Hamburgischer Kunstfreunde, 1895, S. 8

12 Heimann, Schaffende und Genießende, 2017, S. 44

13 Schiefler, Gedenkrede, 1914, S. 6

14 Siebel / Hipp et al, Biographien der BRÜCKE-Mitglieder, 2001, S. 353

15 Meyer-Tönnesmann, Der Hamburgische Künstlerclub, 1985, S. 288

16 Heimann, Schaffende und Genießende, 2017, S. 42 f.

17 Schiefler, Hamburgische Kulturgeschichte, 1985

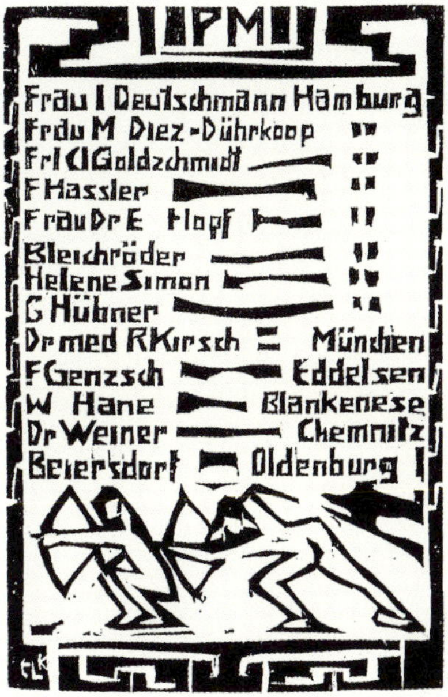

◄ **Ernst Ludwig Kirchner, »PM« (Verzeichnis der Passivmitglieder der Brücke), 1909** (aus: Dokumente der Künstlergruppe Brücke. Hg. von Magdalena M. Moeller, München, Hirmer, 2007, S. 178) Das Verzeichnis der Passivmitglieder der Brücke weist Friedrich Genzsch als wohnhaft in Eddelsen aus, das alles andere als eine Hochburg der expressionistischen Malkunst ist.

beeindrucken, dass hier die neue Heimat des Grafen von Kalckreuth liegt, dieser sogar Genzschs Nachbar genannt werden kann. Allerdings zählt Kalckreuth so wie auch Lichtwark nicht gerade zur Speerspitze künstlerischer Neuerer. Lichtwark gibt unumwunden zu, die gesamte jüngere Kunst nicht zu verstehen, zweifelt sogar daran, mit seinem Kunstverständnis »noch irgendwo Anschluss gewinnen« zu können.[18] Und Kalckreuth, dessen meist in größerer fotografischer Treue geschaffene Werke beim Hamburger Publikum besser ankommen als zum Beispiel Liebermanns Arbeiten, wird von den jüngeren Künstlern, namentlich von Illies, als »altakademisch« abgelehnt, stehe Kalckreuth mit seiner Malerei doch ganz und gar im alten Fahrwasser und bekämpfe mit seinem Einfluss auf Lichtwark sogar alles, was ihm hinderlich erscheine.[19] Sowohl der Sunderberg als auch die nahe gelegene Malschule Siebelist stehen also in dieser Zeit nicht mehr für den künstlerischen Aufbruch, an dem Genzsch interessiert ist.

Genzschs Landhaus wird »Haus Knixberg« – oder auch »Knicksberg« – genannt, ein Name, der Fragen aufwirft: Leitet er sich aus der Landschaft ab, wie es etwa für das Haus Sunderberg und für das Haidberghaus gilt, dann spielt die Bezeichnung wohl auf die hier besonders markant gefaltete Topografie an. Das Landhaus selbst ist von Bensel entworfen und erinnert an dessen

18 Zitiert n. Meyer-Tönnesmann, Der Hamburgische Künstlerclub, 1985, S. 323

19 Meyer-Tönnesmann, Der Hamburgische Künstlerclub, 1985, S. 310–313

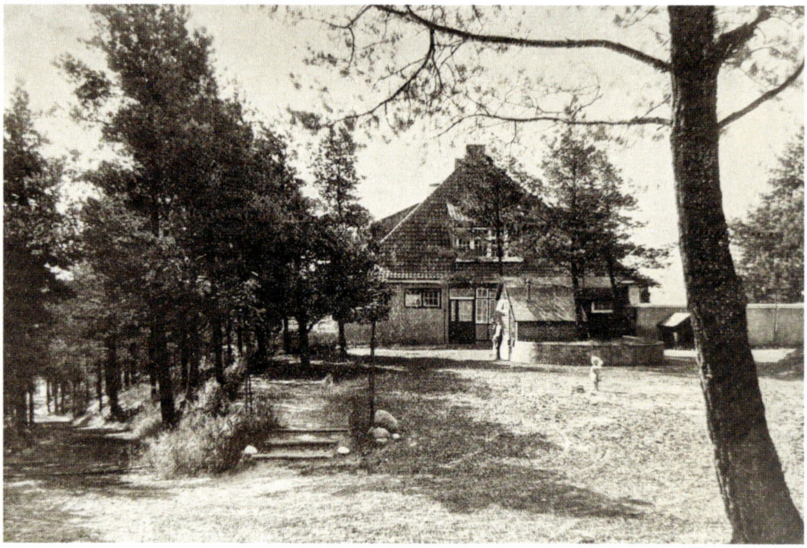

▲ »Landhaus Genzsch, Hittfeld. 1907. Hof mit Brunnenhäuslein« (aus: C. G. Bensel. Regierungsbaumeister, Architekt Hamburg (= Sonderheft der Bau-Rundschau), Hamburg, Konrad Hanf, 1914, S. 89) Unprätentiös und betont sachlich präsentiert sich das Landhaus vom Hofplatz. Die kleine Freitreppe wird lediglich aus Knüppelholzstufen gebildet.

erstes selbstständiges Werk, das Landhaus Kalckreuth: auch hier ein tief herunter gezogenes Walmdach, große weiße Sprossenfenster der Heimatschutzarchitektur und von den hellen Fassaden dunkel abgesetzte Rankgerüste. Darüber hinaus hat Bensel das Haus Knixberg – auch darin dem Kalckreuthschen eng verwandt – derart in den bestehenden Hang hineingebaut, dass es nur dem aus dem Tal sich Nähernden zweigeschossig erscheint, die drei verbleibenden Hausseiten ragen nur mit ihrem Obergeschoss über den Hügel hinaus. Zwei Rundgauben nahe dem Dachfirst erinnern an die Rundgauben von Haus Sunderberg. Auch beim Landhaus Genzsch wird die Gebäudesymmetrie durch eine Reihe asymmetrischer Ergänzungen – ein Balkon über einem fast vollständig verglasten Anbau auf der Westseite und ungleiche Gauben – soweit aufgelöst, dass der Eindruck des über die Jahre Gewachsenen und Veränderten entsteht. Bis in manche Details – das Oberlicht der Gartentür weist diagonale statt der ansonsten orthogonalen Fensterstreben auf – entspricht das Landhaus seinem nur wenig älteren Vorbild, verzichtet dabei aber auf die Ausbildung einer Mansarde und einen repräsentativen zentralen Giebel.

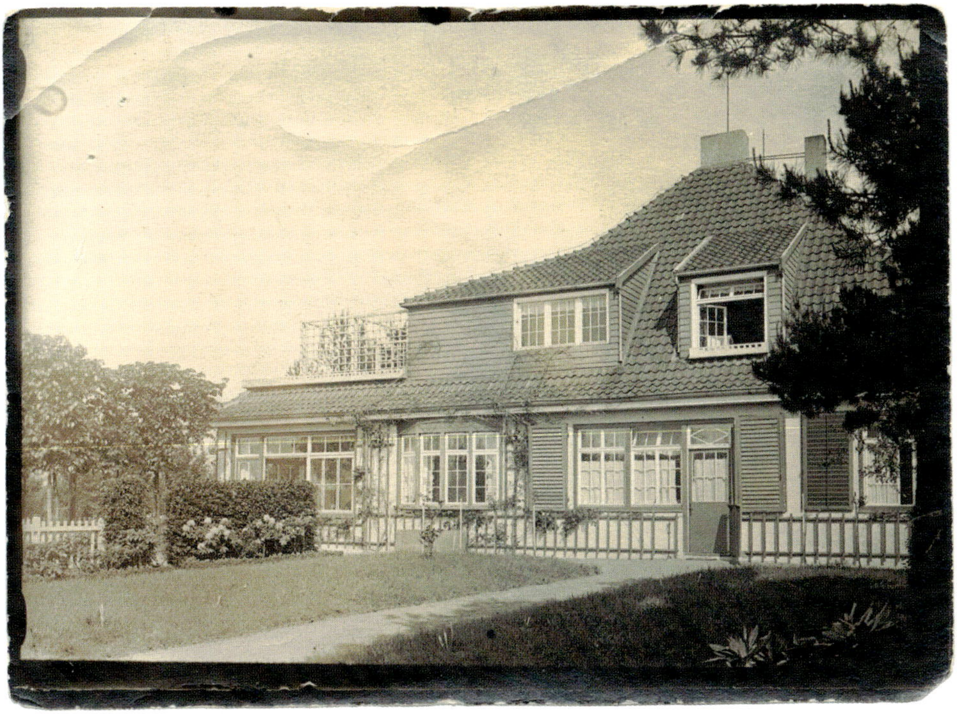

▲ Zentraler Rasenplatz des Landhauses Genzsch, Anfang des 20. Jahrhunderts (Archiv CVJM-Sunderhof GmbH) Wie beim Landhaus Kalckreuth erscheint das Haus von der Gartenseite nur eingeschossig.

Der Ziergarten liegt auf der Ebene der Beletage. Das ist nicht selbstverständlich, würde doch ein Garten auf der tieferliegenden Hangseite noch attraktivere Perspektiven aus dem Haus ermöglichen, wie es etwa bei der 1911 entstandenen Villa des Unternehmers Arnold Mergell in Harburg an der Bremer Straße der Fall war. Wie beim Landhaus Kalckreuth liegt der Ziergarten des Landhauses Genzsch auf dem höheren und sonnengetränkten Plateau, hier vor der Südseite des Hauses. Bauzeitliche Fotografien zeigen das Anwesen auffällig häufig aus der gleichen, offenbar besonders vorteilhaften Perspektive: Der Blick fällt vom östlichen Rand des Ziergartens über die zentrale Rasenfläche auf die niedrige Hausfassade und das hohe Walmdach. Lichtwarks Empfehlungen im Heidegarten entsprechend teilt ein etwas vertieft liegender, mittig auf das Haus zulaufender Weg die Rasenfläche in zwei symmetrische Hälften. Kastenförmig geschnittene Hecken und Bäume sowie ein einfacher Holzzaun fassen den Ziergarten ein. Das Weiß des Zauns korrespondiert mit

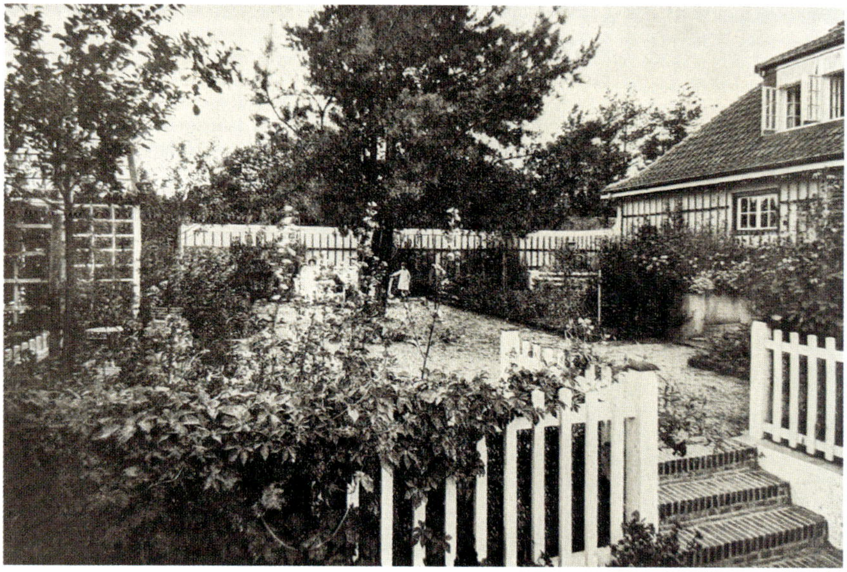

▲ »Landhaus Genzsch, Hittfeld. 1907. Oberer Hausgarten« (aus: C. G. Bensel. Regierungsbaumeister, Architekt Hamburg (= Sonderheft der Bau-Rundschau), Hamburg, Konrad Hanf, 1914, S. 88) In seiner Abgeschlossenheit wirkt der Garten trotz seiner exponierten Lage wie ein »Giardino segreto«.

► »Landhaus Genzsch, Hittfeld. 1907. Unterer Blumengarten« (aus: C. G. Bensel. Regierungsbaumeister,Architekt Hamburg (= Sonderheft der Bau-Rundschau), Hamburg, Konrad Hanf, 1914, S. 90) Zeitgenossen urteilen anerkennend, Bensels Architektur sei straff gegliedert, während das Malerische erst durch die Bepflanzung hineingetragen werde.

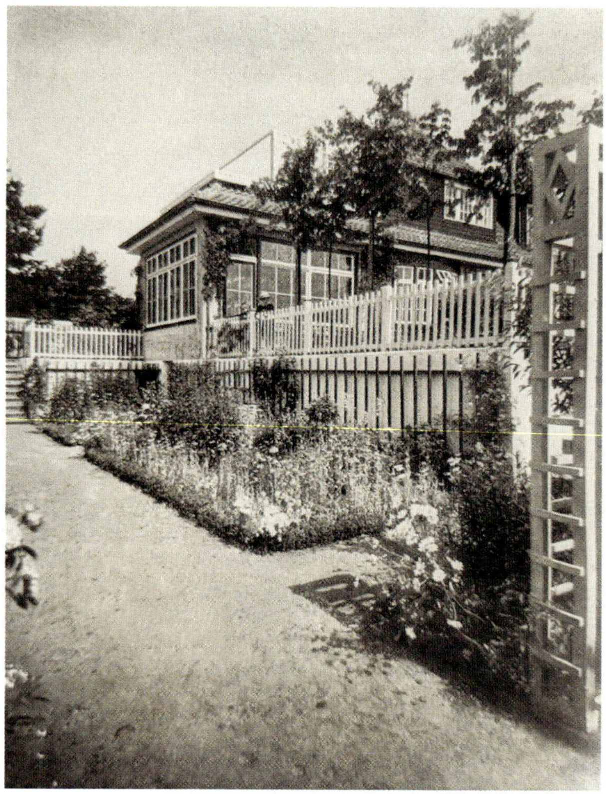

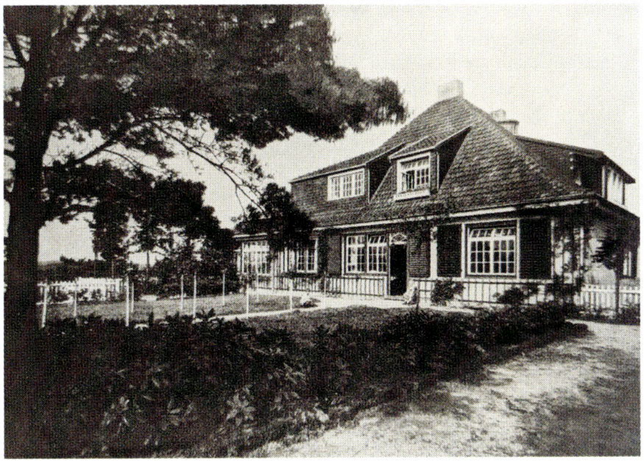

◄ **»Landhaus Genzsch, Hittfeld. 1907.« (Blumengarten)** (aus: C. G. Bensel. Regierungsbaumeister, Architekt Hamburg (= Sonderheft der Bau-Rundschau), Hamburg, Konrad Hanf, 1914, S. 89) In den vielfältigen gegenseitigen Bezugnahmen von Fenstern, Lattenwerk und Pflanzungen verzahnen sich Haus und Garten. Eine solitäre Kiefer bricht die straffe Ordnung.

den Fenstersprossen und dem Lattenwerk des Balkons. Wie dazu invertiert heben sich die niedrigen Rankgerüste an der Fassade dunkel von den weißen Hauswänden und den Gartenmauern ab.

Auf der Westseite ist das Landhaus von Gartenräumen umgeben, die des stark abfallenden Geländes wegen in Terrassen abgefangen und mit einem niedrigen Zaun umgrenzt sind. An den Rankgerüsten sowie durch und über das weiße Lattenwerk des Zauns und die einen Sitzplatz überwölbende Pergola wuchern Wilder Wein und Blauregen. Die sich von nur drei Stufen bis zu zwei Meter bewegenden Niveauunterschiede zwischen den Teilräumen akzentuieren die klare Gliederung dieses Gartenteils. Eine Kleinteiligkeit, die gemütlich wirkt und durch seitlich aufgestellte Sitzmöbel noch verstärkt wird. Zur nördlich anschließenden Hofseite mit dem kleinen »Brunnenhäuslein« ist dieser Garten von einer mannshohen verputzten Mauer auch vor Blicken und Wind geschützt.

Solch vollständige Garten-Privatheit ist seit der Renaissance als »giardino segreto« bekannt. Auf der Erhöhung des Sunderbergs kann der Blick dennoch in die Umgebung schweifen und den Eindruck der Enge vermeiden.

Die den Hügel prägenden wildwachsenden Kiefern rücken nicht nur von außen bis an die Gartenmauer und -zäune heran, sie werden auch im Garten geduldet und sogar auf dem zentralen Rasenstück des ansonsten konsequent geordneten Blumengartens. Die wie zufällige Stellung dieser Kiefern könnte als Verletzung der gartenarchitektonischen Geometrie erscheinen, ist aber zutreffender als Moment der Freiheit in der allgemeinen Ordnung zu deuten. Nein, es ist kein rein formaler, repräsentativer oder zu größeren Gesellschaften einladender Gartenraum, sondern vielmehr ein Ort des Rückzugs und des Ausgleichs zwischen menschlichem Ordnungssinn und freier Landschaft.

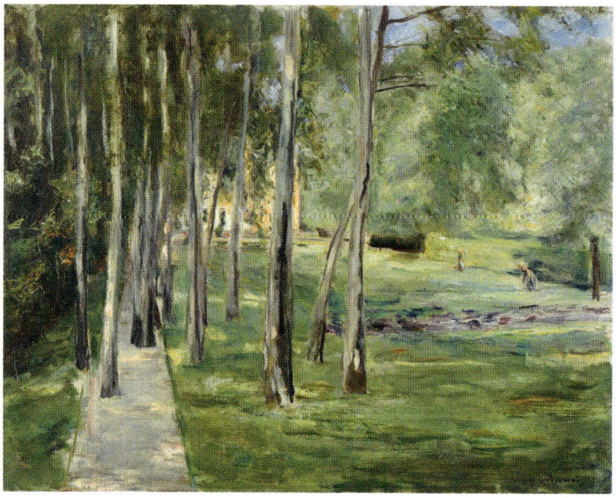

◄ Max Liebermann, Birkenweg, 1919 (Landesmuseum für Kunst und Kulturgeschichte Oldenburg, Foto: Wikimedia Commons, Zyance)
Das Wechselspiel zwischen Ordnung und freier Natur in eindrucksvoller Inszenierung, als wollten die Birken den Weg versperren

▼ »Landhaus Genzsch, Hittfeld. 1907« (Blick vom Obstgarten auf das Landhaus) (aus: C. G. Bensel. Regierungsbaumeister, Architekt Hamburg (= Sonderheft der Bau-Rundschau), Hamburg, Konrad Hanf, 1914, S. 87)
Der Obstgarten reicht vom Landhaus bis hinunter zum Bahndamm.

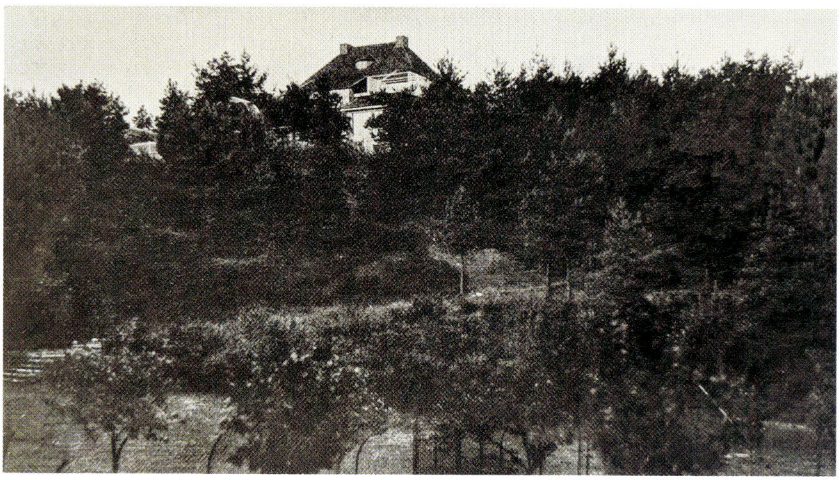

20 vgl. Luftbilder des Hittfelder Raums v. 23.3.1945 (Luftbilddatenbank Dr. Carls GmbH), sowie Meßtischblatt 1212, Hittfeld 1936 (Sächsische Landesbibliothek – Staats- und Universitätsbibliothek Dresden)

Das ist ganz in Lichtwarks Sinn und nimmt in diesen natürlichen Interventionen auch ein berühmtes Motiv des Wannseegartens vorweg: Liebermanns Bild eines quer durch einen Birkenhain verlaufenden Gartenwegs kann den Eindruck erwecken, als würden die Birken den Zutritt versperren und den Weg damit nur umso spannungsreicher inszenieren.

Die an die Wohngärten angrenzenden Obst- und Küchengärten erstrecken sich weit südwärts, bis an die Schienen der Venloer Bahn[20] und runden das Bild eines autarken Rückzugsortes ab, der doch so dicht an das Sunderhöfchen sowie das Kalckreuth-Anwesen grenzt, dass Begegnungen jederzeit geschehen können. Ein Lichtwarkscher Heidegarten ist auch Genzschs Refugium nicht, aber abgesehen von der besonderen Geländebewältigung ein moderner Reformgarten der Art, wie sie in diesen Jahren in Hamburg allmählich die traditionell landschaftliche Gartenkunst verdrängen.

Genzschs gehören der Landhauskolonie nur wenige Jahre an und verlegen ihren Hauptwohnsitz bereits 1912 nach München:[21] Genzsch & Heyse betreiben dort eine Zweigstelle,[22] vielleicht wird Friedrich Genzsch dort gebraucht. Schon bald werden er und seine Frau die Jugendstilvilla Seeburg im nicht weit entfernten Überlingen erwerben und zu einem vornehmen »Haushaltungspensionat für in- und ausländische Töchter« umwandeln.[23]

Auch wenn keine besonders innige Verbindung zwischen den Familien Genzsch und Lichtwark überliefert ist, weiß Lichtwark natürlich um die Vorgänge auf dem Sunderberg. Dass Henry P. Newman Haus Knixberg von Friedrich Genzsch erwirbt,[24] stellt daher zunächst einmal sicher, dass man sich die neuen Nachbarn wird aussuchen können. Und tatsächlich: Bereits im März 1912 kann Lichtwark berichten, dass der ihm bekannte Alfred O'Swald sich mit dem Gedanken trägt, Haus Knixberg von Genzsch zu mieten. Und er ergänzt: »Für Marianne wäre mir das sehr lieb, da sie Frau O'Swald und die Kinder gern hat«.[25]

Tatsächlich beziehen O'Swalds noch im selben Jahr Haus Knixberg[26] und bewohnen es auch noch im folgenden Jahr, während bereits ihr eigenes Landhaus nahebei entsteht.

21 Jahresbericht der Deutschen Orient-Gesellschaft, 1912, S. 36

22 Gerhardinger, Genzsch, 1964, S. 196 f.

23 Scheidtweiler, Geschichte des Bad Hotel Überlingen; vgl. Genzsch, Dokumente und Nachrichten zur Familienforschung

24 Lichtwark, Briefe an Wolf Mannhardt, 1952, S. 120 f. (Brief v. 5.9.1912)

25 ebd., S. 114 (Brief v. 14.3.1912)

26 Verzeichnis der Teilnehmer an den Fernsprechnetzen im Oberpostdirektionsbezirk Hamburg, 1912, S. 431

KÖHNKS HAIDBERGHAUS

Aus San Francisco nach Tötensen

Prominenz aus den Vereinigten Staaten ↭ »a wealthy German of Hamburg« ↭ märchenhafte sieben Jahre ❧ Mitglieder des Hamburger Stadtpark-Vereins ❧ Fernblick übers Heidetal ↭ eine Gartenenthusiastin mit gewinnendem Wesen und eine seltsame Gartenskizze ❧ die Ästhetik eines Küchengartens und die klaren Akzentuierungen der Reformgartenkunst ↭ Rosengarten, Senkgarten und die Inszenierung der Landschaft

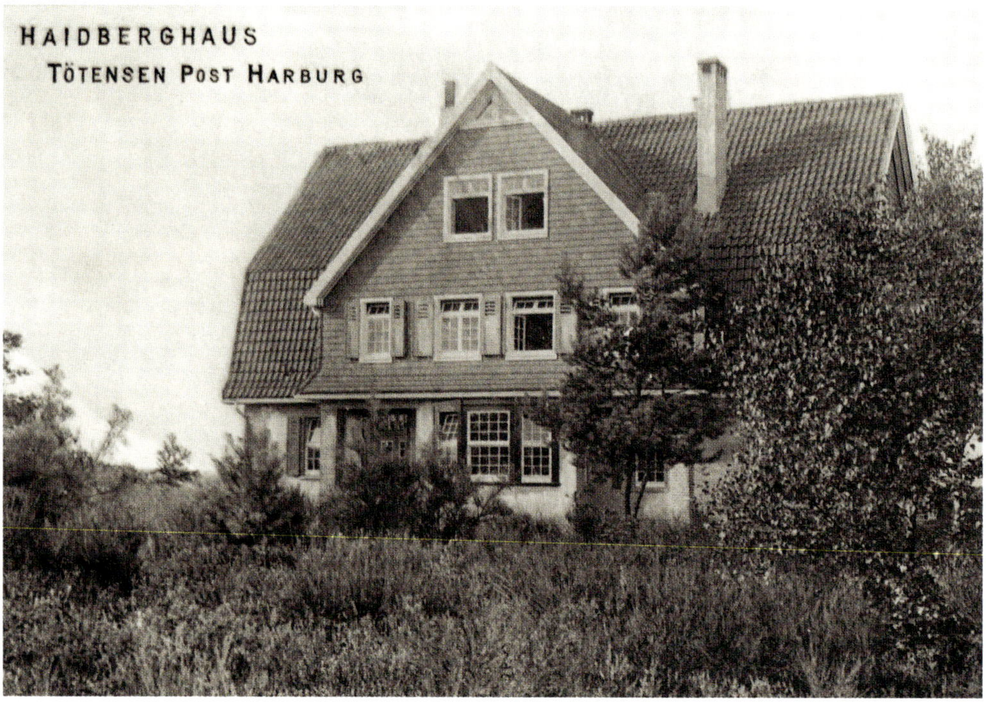

▲ »Haidberghaus Tötensen Post Harburg«, um 1910 (Privatbesitz)
Kurz nach seiner Fertigstellung wirkt das Gebäude wie in die unberührte Heidelandschaft hineingestellt. Die Gartenanlagen folgen später.

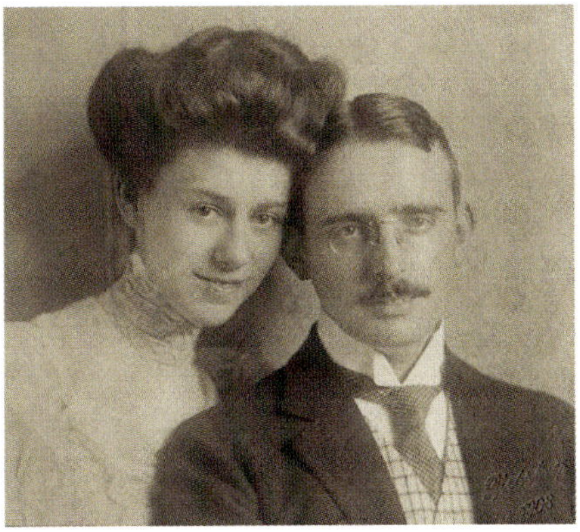

▲ **Atelier Rudolf Dührkoop, Porträt Cara und Victor Köhnk, 1908** (Privatbesitz) Sieben Jahre hat der Hamburger Kaufmann um seine aus San Francisco gebürtige Ehefrau geworben. 1910 ziehen sie gemeinsam in die Heide.

▼ **L. C. Handy Studio, »Gen. Duff Green«, zwischen 1860 und 1875** (Brady-Handy photograph collection, Library of Congress, Prints and Photographs Division) »Let him come on board […]. Duff is an old friend of mine, and I would like to talk to him.« Abraham Lincoln, 1865

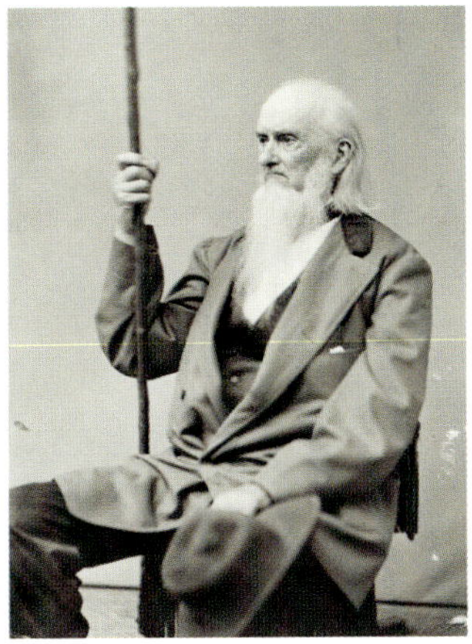

1910 ziehen der 31-jährige Hamburger Kaufmann Victor Hermann Köhnk (1879–1950) und seine drei Jahre jüngere Frau Cara Isabella (1882–1955) in die Nordheide. Als Inhaber der Firma W. Köhnk handelt der Hausherr mit Ruß und Dünger.[1] Das Geschäft floriert, er ist gut situiert, in seinen besten Jahren und spielt bemerkenswert gut Klavier. Cara ist vielseitig interessiert und gebildet,[2] den nicht hoch gewachsenen Mann überragt sie um einen halben Kopf.

Cara Köhnk entstammt einem Kreis berühmter US-amerikanischer Südstaatenfamilien: den Nobles, Calhouns und Pickens.[3] Sie ist in San Francisco zur Welt gekommen, wo ihre Mutter Caroline Noble (1861–1934) zur Prominenz zählt. In New York hat die junge Cara ihre Fremdsprachenkenntnisse erworben,[4] ist nach der Scheidung ihrer Eltern zunächst ihrer Mutter an den Genfer See gefolgt, hat in Frankreich die Schule besucht und danach in Rom eine Sozialeinrichtung geleitet.[5] Erst vor etwa zwei Jahren hat sie in Rom eine Frauenkooperative gegründet und steht mit Vereinen zur Unterstützung obdachloser Frauen in Berlin und Paris in Verbindung.[6]

Victor Köhnk, »a wealthy German of Hamburg«, wie Boulevardblätter in San Francisco zu berichten wissen,[7] hat die junge Frau irgendwo in der Grenzregion zwischen Frankreich und Italien kennengelernt und märchenhafte sieben Jahre um sie geworben.[8]

1 Freundliche Mitteilung von Floride Gorlt, Rosengarten, 2022
2 Kalckreuth, Wesen und Werk, 1967, S. 340
3 Der umstrittene General Duff Green (1791–1875) war Caras Großvater. Ihr Urgroßvater General Andrew Pickens (1739–1817) diente als eines der Vorbilder für die von Mel Gibson verkörperte Titelfigur in »The Patriot« aus dem Jahr 2000 (Andrew Pickens, Wikipedia); vgl. Gentry, The Gentry Family, 1909, S. 221
4 Tantalus, Social Prattle, 1908, S. 22
5 In der Familie ist Caras Tätigkeit unter der Reformpädagogin Maria Montessori (1870–1952) überliefert. Freundliche Mitteilung von Floride Gorlt, Rosengarten 2022
6 Tantalus, Social Prattle, 1908, S. 22
7 ebd.
8 Freundliche Mitteilung von Floride Gorlt, Rosengarten 2022

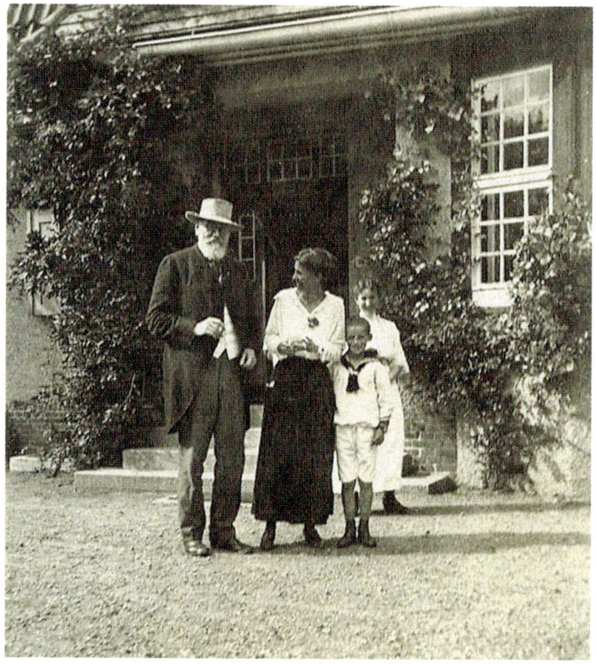

► Leopold Graf von Kalckreuth, Cara Köhnk mit Sohn Wolfgang und dem Kindermädchen vor dem Haidberghaus, ca. 1924/1925 (Privatbesitz) In seinen späten Jahren zieht sich Graf von Kalckreuth, »der alte Löwe«, mehr und mehr zurück. Sein Besuch ist eine besondere Wertschätzung.

Dass Köhnks aus Hamburg den Sprung über die Elbe unternehmen, dürfte auf Empfehlungen aus der kleinen Landhauskolonie zurückgehen: Für die Jahre 1917–19 ist Victors Mitgliedschaft im Hamburger Kunstverein belegt, in dem auch die meisten Hittfelder Sommerfrischler vertreten sind: Newmans, von Kalckreuths, Martin Haller, die O'Swalds und dazu Luttrops und der Kunstmaler Paul Lichtwark (1872–1948), Alfreds Cousin. Auch der Berliner Kunstmaler Walter Schimmelpfeng, Köhnks direkter Nachbar in Tötensen, der immer zu einem Witzchen aufgelegt ist und ebenfalls bei Kalckreuths verkehrt, gehört dazu.[9] Siebelist ist Vorstandsmitglied dieses Lichtwark nahestehenden Vereins.[10] Zudem wird Victor 1930 neben weiteren Personen des Hittfelder Kreises als Mitglied des Hamburger Stadtpark-Vereins geführt, der auf Lichtwarks Initiative hin ins Leben gerufen worden ist.[11] Kalckreuths und Köhnks besuchen sich regelmäßig, Kalckreuths Sohn »Hanne« bringt Victor manchmal Noten mit. Die vielseitig interessierte Cara, »die Amerikanerin«, bereichert den Hittfelder Kreis durch ihre Bildung und ihr gewinnendes Wesen.[12]

1910 stehen Köhnks in den Startlöchern, haben bereits einen kleinen Sohn und vier weitere Kinder werden folgen. Im Heimatschutzstil errichten sie in diesem Jahr ihr »Haidberghaus« genanntes Anwesen. Der Name ist Programm:

9 Kalckreuth, Wesen und Werk, 1967, S. 340
10 Jahresbericht des Kunstvereins in Hamburg: 1917 (S. 19), 1918 (S. 25), 1919 (S. 23)
11 Jahresbericht des Hamburger Stadtpark-Vereins, 1931, S. 24
12 Kalckreuth, Wesen und Werk, 1967, S. 340

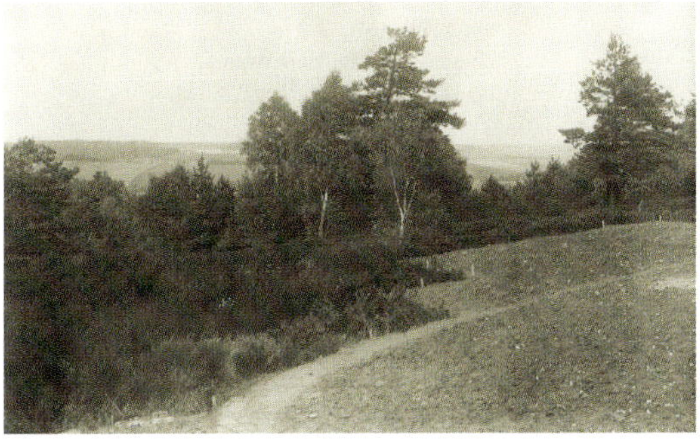

◄ Blick vom Haidberghaus nach Lürade und Marmstorf, um 1910 (Privatbesitz) Das Haidberghaus liegt landschaftlich einmalig: Heide, Birken-Kiefernwald und ein besonders weiter Blick in die Feldflur.

▼ Eingangstor zum Haidberghaus, um 1910 (Privatbesitz) Ein zweifarbiges Holztor mit einladendem Rundbogen empfängt die Besucher am Metzendorfer Weg.

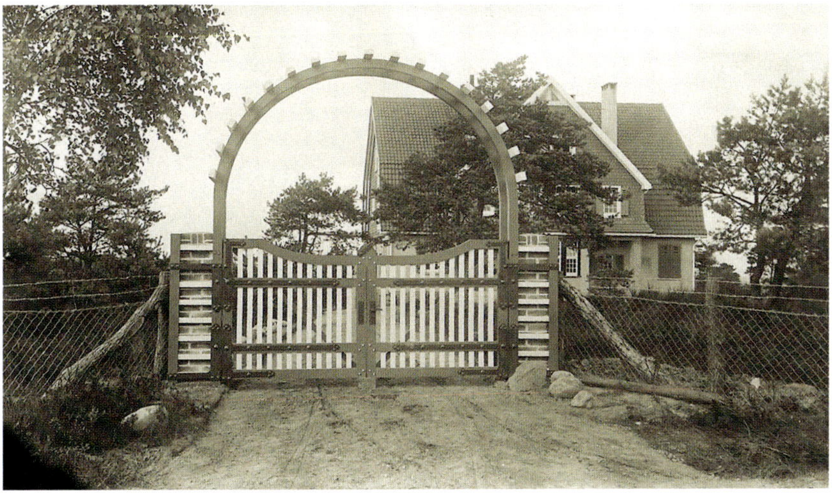

Das Landhaus thront auf einem Höhenrücken zwischen dem Tötenser Sunder im Süden und einem weiten Heidetal mit Fernblick bis ins nördliche Harburg. Es ist durch die Architekten Albert Schutte & Volmer aus Barmen bei Wuppertal geplant[13] und bietet allen Komfort seiner Zeit. Es wirkt ausgesprochen romantisch, wie dieses gemütliche Landhaus mit dem weit heruntergezogenen Walmdach in der scheinbar unberührten Landschaft dasteht, während sich junge Kiefern aus dem mit Heidekraut überzogenen Sandboden strecken (vgl. Abb. S. 134). Doch dabei soll es nicht bleiben, denn das Paar plant, auch die Freianlagen ganz neu zu gestalten.

1910 ist der Garten zur Straße noch mit einem einfachen Drahtzaun umgeben, sicher, um das Wild abzuhalten. Ein doppelflügeliges großes Holztor mit Rundbogen deutet jedoch bereits auf den gestalterischen Anspruch des

13 Grundrisszeichnung, Privatbesitz

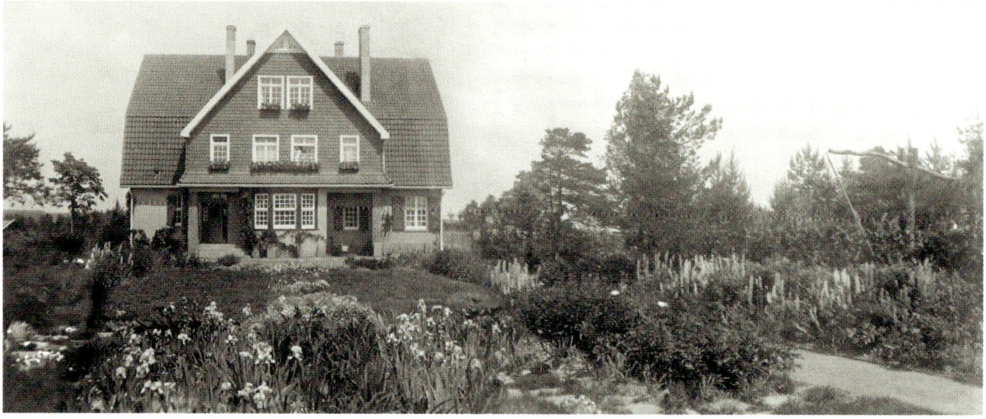

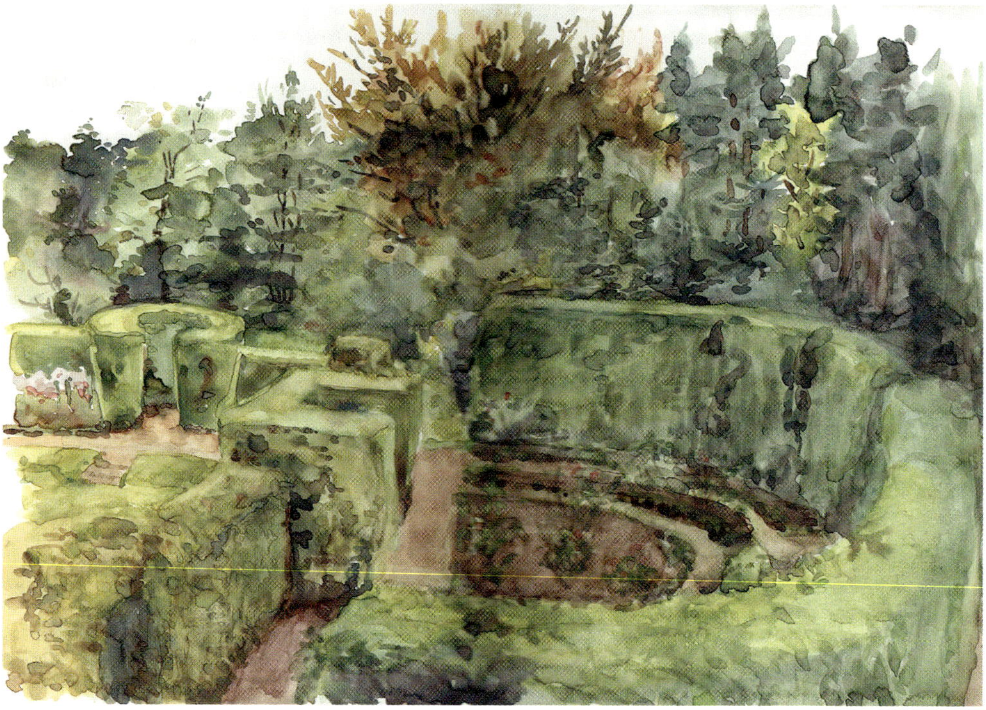

▲▲ Blumengarten am Haidberghaus, ca. 1910er-Jahre (Privatbesitz. Fotomontage der Einzelfotos Joachim Schnitter) Iris, Lupinen und Gräser schmücken den zur Straße orientierten Blumengarten.

▲ Rosengarten am Haidberghaus, undatiert (Privatbesitz) Im Rosengarten bilden unterschiedlich geformte Heckenkörper vor dem Hintergrund freiwachsender Bäume ein kontrastreiches Arrangement.

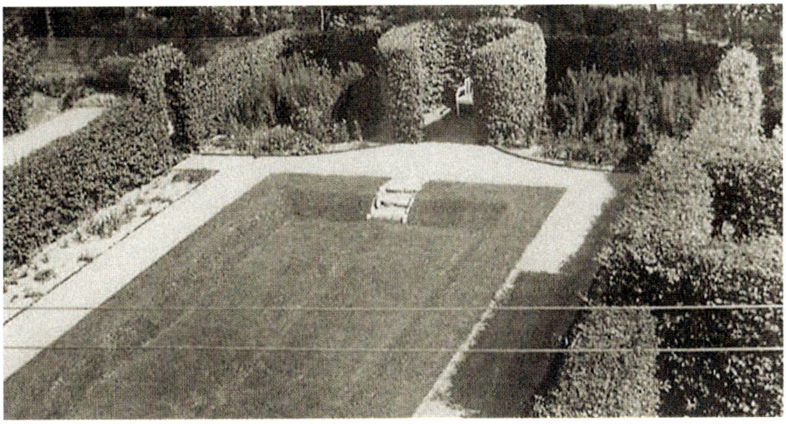

◄ Senkgarten am Haidberghaus, 1928 (Privatbesitz) Eine Heckenlaube bildet über den Senkgarten hinweg das gartenarchitektonische Pendant zum Landhaus.

Anwesens. Bis 1928 werden Klinkermauern mit sandsteinkugelbekrönten Säulen den Zaun ersetzt haben. Vom Metzendorfer Weg kommend, wird man von dieser Toranlage empfangen und über eine schnurgerade Allee zum Wohnhaus geführt. Doch die Allee lenkt den Blick nicht auf das Landhaus, sondern daran vorbei in die Heide, und so wird bereits nach wenigen Metern klar: Den Besitzern geht es nicht um Standesrepräsentation, sondern um die Inszenierung der Landschaft.

Direkt vor dem Haus knickt der Weg ab und führt zwischen Eingangsbereich und den spiegelsymmetrisch zur Gebäudemittelachse angeordneten geometrischen Schmuckbeeten hindurch, den Wohnbereich vom Haus in den Außenraum verlängernd. Dies schließt Zierbereiche wie den in halbkreisförmigen Beeten organisierten Rosengarten ein, der von einer hohen geschnittenen Hecke nach Süden abgeschirmt und dabei wie ein Amphitheater inszeniert ist.

Vom Rosengarten geht es über ein paar Stufen hinab in den Senkgarten, dessen mittig platzierte Rasenfläche nochmals ein paar Stufen vertieft ist. Sollte dieser Senkgarten zur ursprünglichen Gartenkonzeption gehören, wäre er ein bemerkenswert frühes Beispiel derart vertieft angelegter Reformgärten in Deutschland. Zurückgehend auf den von William Robinson gestalteten pond garden im englischen Hampton Court hatte diese Garten-Sonderform ab 1909 das Interesse der Fachleute auf sich gezogen. Der Begriff »Senkgarten« geht auf den Staudenzüchter Karl Foerster zurück, der diesen 1924 wohl erstmals verwendet.[14] Der erstmals 1928 fotografisch festgehaltene Senkgarten der Köhnks ist in der Familie unter diesem Fachbegriff bis heute überliefert.[15]

14 Brüning, Eine gartendenkmalpflegerische Studie, 2009, S. 31, 33–34. Freundlicher Hinweis von Hannes Rother.

15 Freundliche Mitteilung von Floride Gorlt, Rosengarten 2022

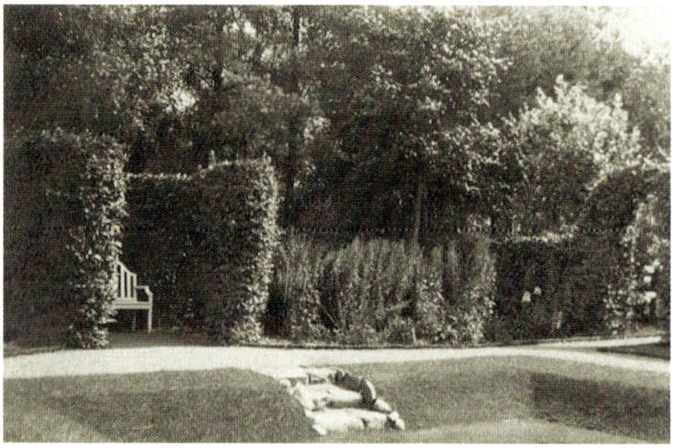

◄ Heckenrondell und Freitreppe im Senkgarten des Haidberghauses, 1928 (Privatbesitz) Die spannungsreiche Kontrastierung akkurat geschnittener Hecken mit freiwachsenden Ziersträuchern sowie von exakt profilierten Rasenböschungen mit rustikalen Feldsteinstufen

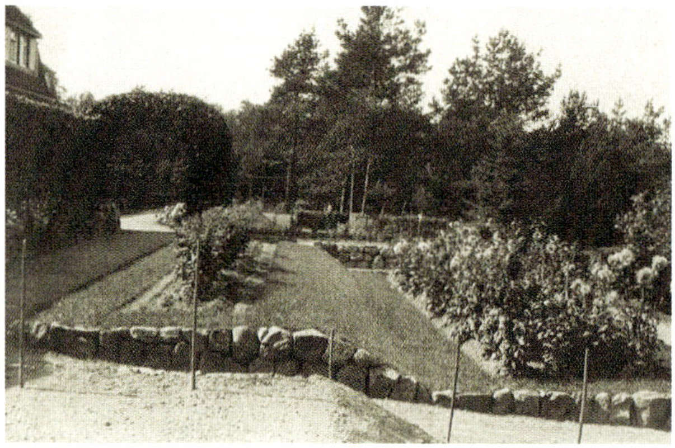

► Terrassengarten des Haidberghauses, ca. 1928 (Privatbesitz) Geometrisch sauber konzipierte Böschungen werden von Feldsteinwangen eingefasst.

Eine solche Schichtung verschiedener Gartenräume, deren Niveau sich selten um mehr als einen Höhenmeter voneinander abhebt, ist typisch für die unprätentiösen, aber stets klaren Akzentuierungen der Reformgartenkunst der 1920er- bis 1930er-Jahre. Dazu gehören im Fall des spiegelsymmetrisch zu seiner Längsachse organisierten Senkgartens die wie mit dem Lineal abgezogenen geometrischen Rasenböschungen, die Abgeschlossenheit mittels einer geschnittenen Hecke und ein intimes Heckenkabinett, gerade groß genug, um eine gemütliche, handwerklich gediegene, weißlackierte Holzbank darin zu platzieren.

Auch der hinter dem Senkgarten befindliche Küchengarten ist symmetrisch gestaltet und mit seinem geometrischen Wegenetz auf die Wege im Rosen- und Senkgarten bezogen. Denn statt diesen Wirtschaftsraum zu verbergen, wird er – darin dem Kalckreutschen Anwesen verwandt – in das Gartenleben

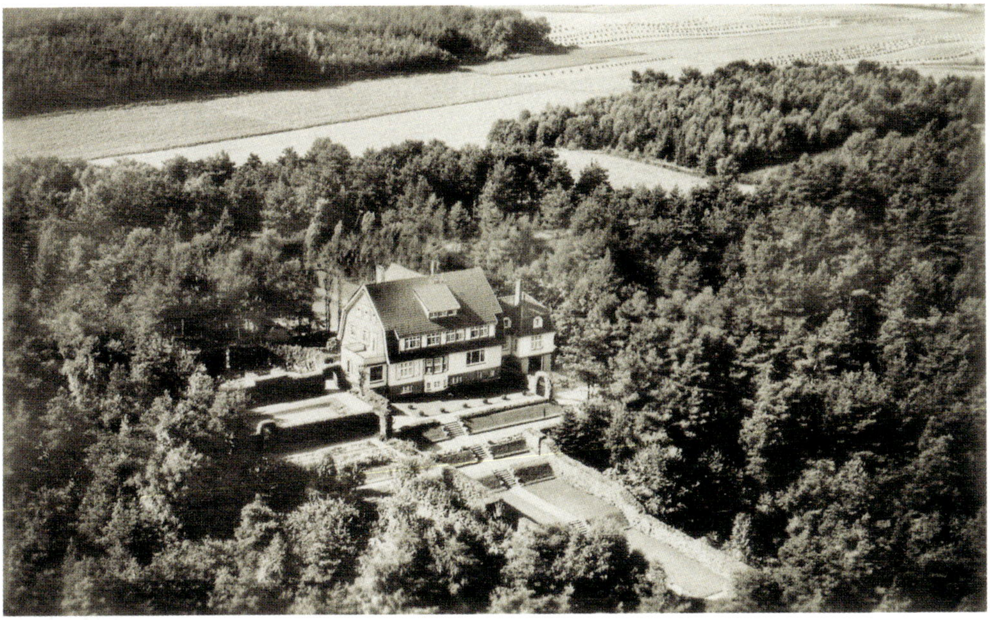

▲ Vogelschau auf das Haidberghaus, um 1950 (Privatbesitz) Die geometrische Gliederung und die flache Terrassierung sind typisch für Reformgärten des frühen 20. Jahrhunderts.

einbezogen und in den Rang eines ästhetischen Objekts erhoben. Es ist ein zeittypisches Bekenntnis zur Schönheit des Einfachen, des Notwendigen und auch zur gärtnerischen Arbeit. Insbesondere die 1912 geborene Tochter Floride wird den Küchengarten lieben, während es Cara mehr zu den Blumen zieht.[16]

Alle diese Separatgärten halten stets das Maß, nehmen nie mehr Fläche ein als das Wohnhaus, bieten jeweils Platz für nur etwa ein Dutzend Menschen und wirken daher trotz ihrer strengen Geometrie intim: Ein Familiengarten, den neben Victor, Cara, Wolfgang und Floride bald auch die Kinder Victor (*1913), Herbert (*1916) und Marianne (*1923) bevölkern.

Auch wenn die nach Norden markant abfallende, von Rasen- und Blumenterrassen begleitete und von niedrigen Feldsteinmauern eingefasste Hauptachse des Terrassengartens insbesondere aus der Luft an großbürgerliche Repräsentationsansprüche erinnern mag, so ist es eigentlich gerade umgekehrt: Das Landhaus ist nur Ausgangspunkt dieser Blickachse, ihr Ziel ist die darunter befindliche Heidelandschaft, die in den kommenden Jahrzehnten zu einem Kiefernwald heranwachsen und später forstwirtschaftlich genutzt werden wird.[17]

16 Freundliche Mitteilung von Floride Gorlt, Rosengarten 2022

17 ebd.

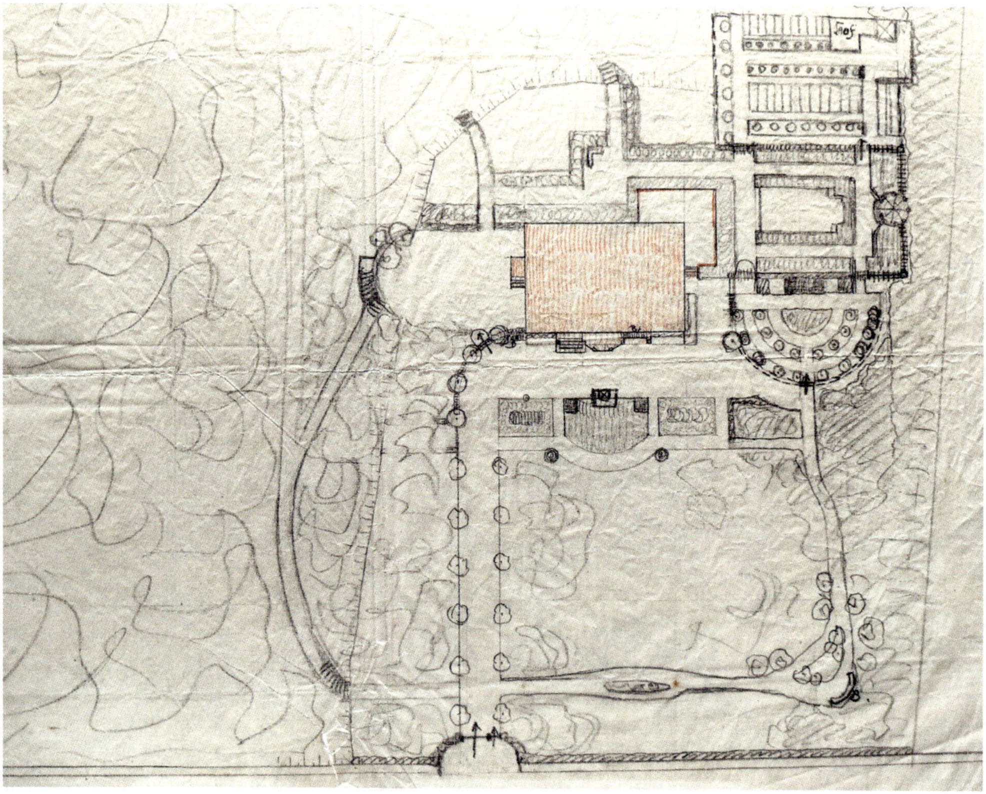

Entwurfskizze der Freianlagen beim Haidberghaus (Ausschnitt), undatiert (Privatbesitz) Die Skizze zeigt eine gartenkünstlerisch sichere Raumbeherrschung in hausnahen Bereichen sowie tastende Ergänzungen im Bereich des Grasplatzes.

Aus dem Familienarchiv der Köhnks ist ein undatierter Vorentwurfsplan des Anwesens auf knittrigem Pergamentpapier überliefert: Eine nicht in allen Details ausgeführte Zeichnung, keineswegs in einer Form, die ein Berufsarchitekt seinen Auftraggebern final übergeben hätte, die Skizze dürfte eher am Küchen- oder Gartentisch entstanden sein. Und doch ist sie in der sicheren geometrischen Organisation der Wege und Pflanzungen insbesondere in den gebäudenahen Bereichen kein Werk eines ahnungslosen Dilettanten. Eine Urheberschaft der Hochbauarchitekten aus Barmen erscheint allerdings eher unwahrscheinlich und das Wirken eines professionellen Gartenarchitekten ist nicht überliefert. Es ist sicher nicht abwegig, bei der Konzeption des Gartens mit Lichtwarks Einfluss zu rechnen, dessen Gartenideen übereinstimmend mit der Konzeption des Haidberghaus-Gartens mehr ordnen als imponieren wollen.

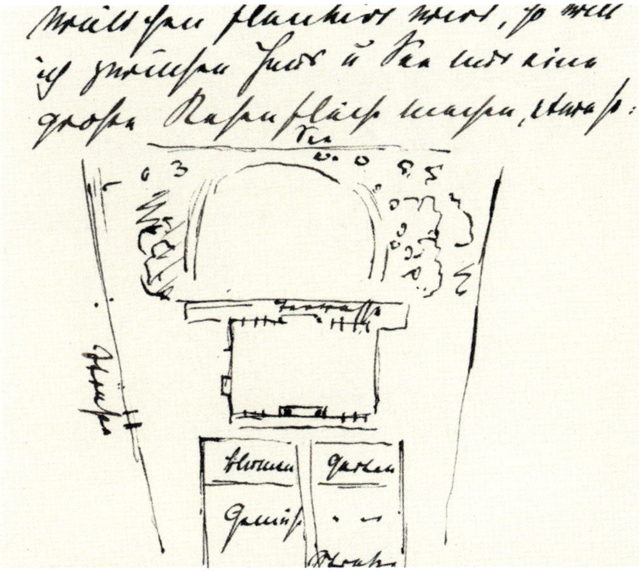

▲ Max Liebermann, Entwurfskizze für den Wannseegarten, 1909 (© Hamburger Kunsthalle / bpk, Foto: Christoph Irrgang) Auch der Entwurfsplan des Wannseegartens stammt vom Bauherrn selbst.

Lichtwark berät in dieser Zeit Liebermann intensiv, auch dort gehen daraus zunächst nur grobe Skizzen hervor. Bei Kalckreuths hat Lichtwark sein Werk bereits getan, auch dort existiert eine überraschend einfache Lageskizze, deren reinlicher Duktus wohl daher rührt, dass sie für eine zeitgenössische Veröffentlichung aufbereitet wurde.[18] In dieser Zeit kämpft Lichtwark als Jurymitglied beim Berliner Schillerpark (gemeinsam mit Liebermann)[19] und beim Hamburger Stadtpark[20] für eine Gartenkunst in geometrischen Formen und differenzierten Funktionsräumen. Und auch wenn die Gartenskizze nicht Lichtwarks zeichnerischem Duktus entspricht, so ist die formale Behandlung der zahlreichen mit Heckenwänden und -nischen, flachen Stufenanlagen und exakten Rasenböschungen gegliederten Teilräume ein Beispiel jener Reformgartenkunst, der Lichtwark in dieser Zeit zum Durchbruch verhilft, und folgt stellenweise bis ins Detail den Empfehlungen des Kunsthallendirektors, die dieser in Briefen an Liebermann skizziert.

Allerdings fehlt dem Haidberg-Anwesen die für Landhausgärten auf dem Sunderberg typische große Zentralachse, die als Rasenebene mit mittiger oder beidseitiger Wegeführung bis zu einem in die Landschaft weisenden Altan führt. Haben etwa doch die Bauherren selbst dem Garten seine Gestalt gegeben?

18 Siehe Abb S. 113
19 Ein Wettbewerb um Entwürfe zu einer Parkanlage in Berlin, 1908
20 Lichtwark, Das Problem des Hamburger Stadtparks, 1908

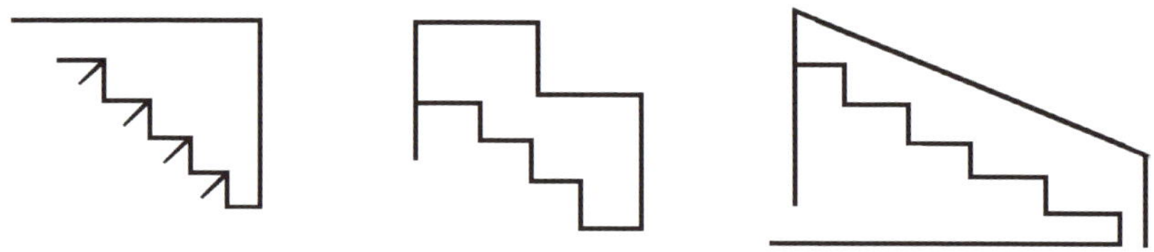

▲ Alfred Lichtwark, Treppenskizzen für den Wannseegarten, 1909 (Nachzeichnung Joachim Schnitter, aus Birgit Pflugmacher, Max Liebermann – sein Briefwechsel mit Alfred Lichtwark. Dissertationsschrift an der Universität Hamburg, 2001, S. 281) Treppenwangen empfiehlt Lichtwark – hier in einem Brief an Max Liebermanns Frau Käthe – als wichtige Gestaltungsmittel.

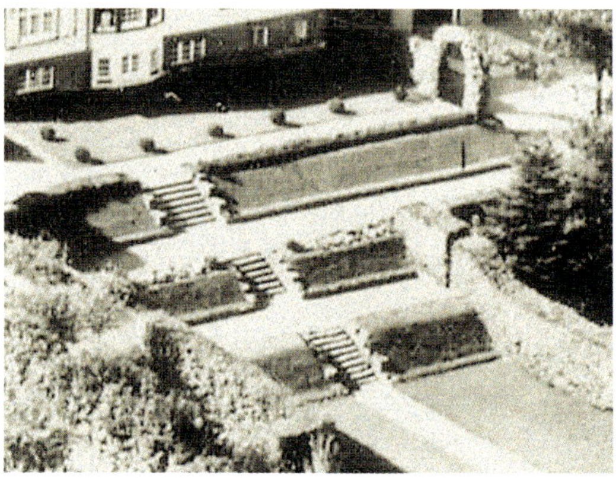

◄ Vogelschau auf die Freitreppen am Haidberghaus (Ausschnitt aus Abb. S. 141), um 1950 (Privatbesitz) Der Verzicht auf schräg geführte Treppenwangen deckt sich mit Lichtwarks Vorstellungen.

21 In der von Cara Köhnk überkommenen Buchsammlung befinden sich 2021 außerdem: Betten, Praktische Blumenzucht und Blumenpflege im Zimmer, 1928; Poethig / Schneider, Hausgartentechnik, 1929; Wehrhahn, Die Gartenstauden, 1931; Foerster, Staudenbilderbuch, 1935

Als Frau von Welt kennt Cara Köhnk zahlreiche Gärten des In- und Auslands. Ihre Bibliothek beinhaltet verschiedene Werke zu Gartenkunst und Gartenbau, darunter Marie Luise Gotheins opulente »Geschichte der Gartenkunst« von 1914, die mit einem Ausblick auf die zeitgenössischen Strömungen der Profession endet. Hat sich Cara von Reformgärten wie den dort gezeigten aus Mannheim, Hamburg oder Reinbek inspirieren lassen?[21] Sicher kennt sie auch dort Beispiele aus eigener Anschauung, denn der Hamburger Raum mit den Städten Altona und Harburg ist mit hochrangigen Gartenarchitekten und wohlhabenden Auftraggebern in dieser Zeit ein Zentrum der Reformgartenkunst.

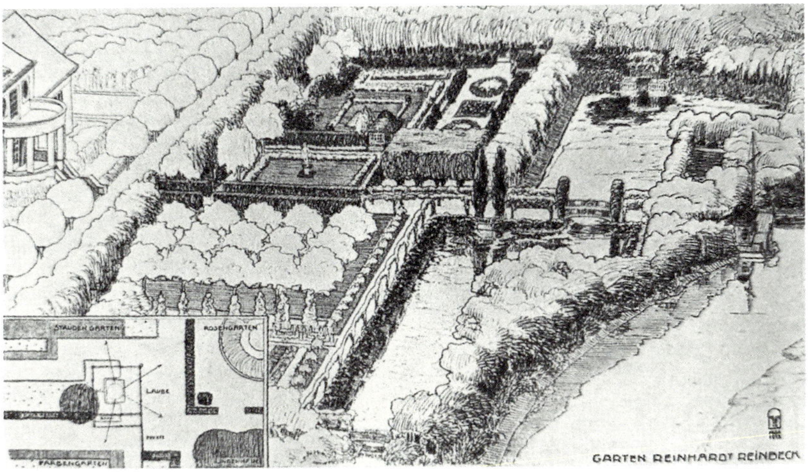

▲ Leberecht Migge, »Garten Reinhardt Reinbeck«, vor 1914 (aus: Marie Luise Gothein, Geschichte der Gartenkunst Bd. 2, Jena, Eugen Diederichs, 1914, S. 462) »Ein freudiges Bewußtsein darf heute jeden Gartenliebhaber und Künstler erfüllen, daß dieser Kunst in unserer Zeit eine fruchtbare und bedeutende Entwicklung zugefallen ist.« Marie Luise Gothein, 1914

Und auch wenn die Bepflanzung des Haidberg-Gartens nicht Lichtwarks heimatgebundenem Pflanzenpurismus nacheifert: Die schöne Kiefer am Rosengarten setzt die an den Häusern Knixberg und Sunderberg beobachtete demonstrative Einbeziehung vorhandener Kiefern fort und deutet auf eine bewusste Bezugnahme oder eine gemeinsame Inspirationsquelle – und wer dächte hier nicht an den Kunsthallendirektor?

DIE ANWESEN HALLER UND O'SWALD

Belle Époque & Jugendliteratur

eine Philanthropin aus höchsten Gesellschaftskreisen ❧ Kinderbücher als Erziehungsmittel ❧ Bekenntnisschärfe ❧ Schwarzkäferchen ❧ jeder Tändelei die Spitze abgebrochen ❧ Luxusarchitekt des vergangenen Jahrhunderts ❧ die Epoche der billigen Überladung und des Schwulstes ❧ bei ziemlich kühlen Beziehungen »auf's Angenehmste berührt« ❧ ein gewandter Lebenskünstler ❧ Hauskonzerte mit Gustav Mahler ❧ der Unmut verliert sich ❧ diese Kinder sind aber auch ganz reizend

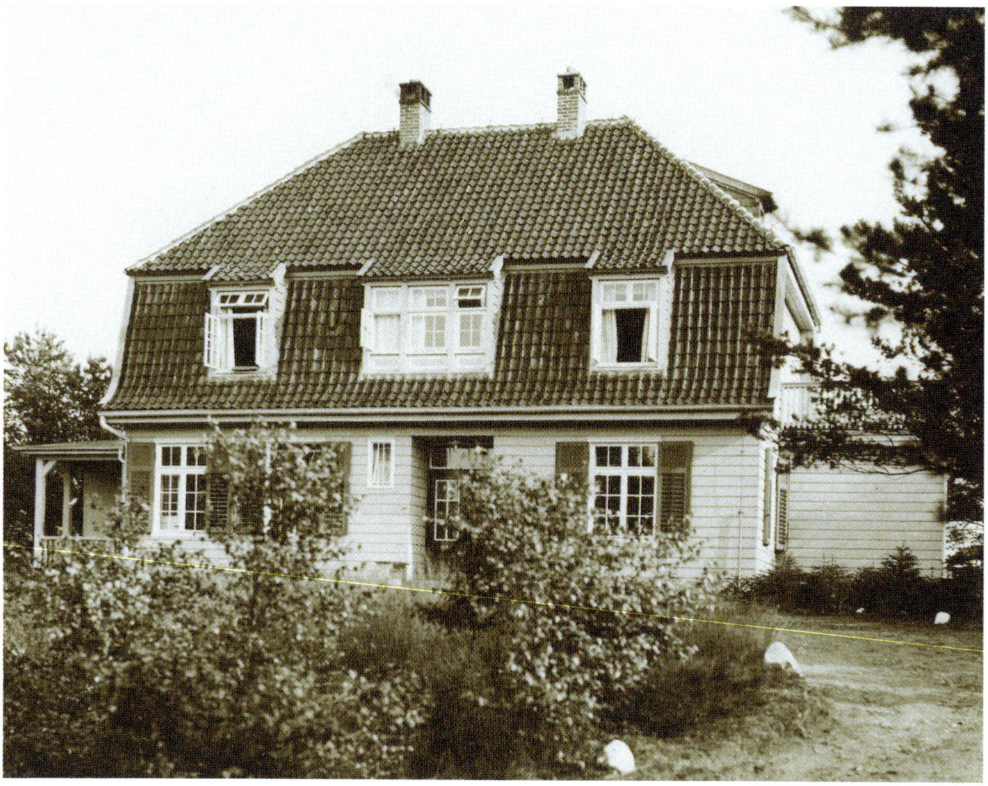

▲ Landhaus Haller, ca. 1920er Jahre (Staatsarchiv Hamburg)
»Erst in der reinen Sommerluft und der lieblichen Natur Hittfelds verlor sich allmählig mein Unmuth.«. Martin Haller, 1913–1925

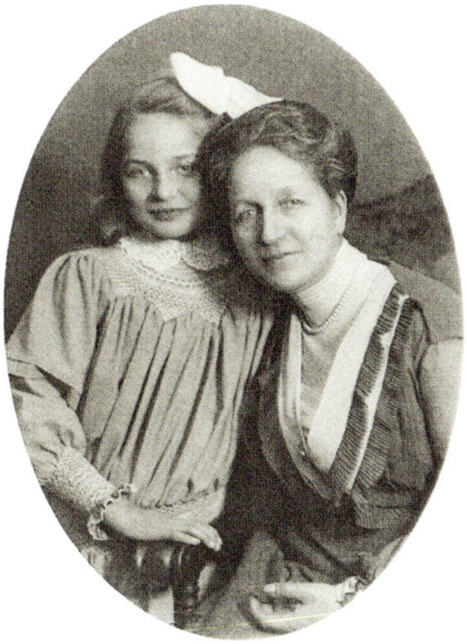

◄ **Toni O'Swald mit Kind, undatiert** (Privatarchiv Malte O'Swald)
»O'Swalds wohnen nun schon lange hier und haben sich ganz eingelebt.«
Alfred Lichtwark, 1912

Als Helene Antonie geb. Haller (1866–1949) ihr Landhaus auf dem Sunderberg bezieht, ist sie schon über zwanzig Jahre mit Ernst Alfred O'Swald (1861–1929) verheiratet. Die Kinder Ernst (*1891), Margot (*1892), Paul (*1894) und Ilse (*1896) sind ganz oder fast erwachsen, nur Helga (*1901), Maria (*1906) und Gerda (*1909) sind noch klein.[1] Maria wird später zu einer Freundin der vierundzwanzig Jahre älteren Cara Köhnk werden.[2]

Antonie O'Swald wird »Toni« gerufen – so wie übrigens auch ihre Mutter – und sie verwendet diese Abkürzung auch für ihren Künstlernamen. Denn Toni O'Swald ist mehr als nur die Ehefrau eines reichen Überseekaufmanns, sie gestaltet Hamburgs kulturelles und soziales Leben mit. Bereits im Jahr 1900 hat sie ein Märchenspiel verfasst und zugunsten des »Verbandes Hamburger Mädchenhorte« aufgeführt.[3] Zwei Jahre später bringt das Thalia Theater ihr Lustspiel »Der Wohltätigkeitskuss« auf die Bühne. Außerdem schreibt sie Kinderbücher: »Schwarzkäferchen und Anderes« (1901), »Goldene Jugendzeit« (1905) und »In der Dämmerstunde« (1908).

Natürlich schreibt sie nicht für Ihren Lebensunterhalt. Ihr Mann ist Teilhaber des Familienunternehmens Wm. O'Swald & Co, das höchst erfolgreich Handel in Ostafrika und Madagaskar betreibt. Sein Onkel Wilhelm Henry O'Swald (1832–1923) ist 1908 zum Zweiten Bürgermeister der Hansestadt Hamburg berufen worden. Ernst Alfred hat selbst von 1898 bis 1908 einen Sitz in der Hamburgischen Bürgerschaft innegehabt, ist langjähriges Mitglied der Hamburger Baudeputation (dem Vorläufer der Baubehörde) und der Finanzdeputation. Dazu gehört er zeitweise dem Aufsichtsrat der Deutschen Bank sowie

1 Stammbuch der Familie O'Swald, 1927, S. 291 f.
2 Freundliche Mitteilung von Floride Gorlt, Rosengarten 2022
3 Die Musik steuert der berühmte Komponist Oscar Fetrás (1854–1931) bei (O'Swald 1901, Die Königsmaid)
4 Alfred O'Swald †, 1929
5 Jahrbuch der Gesellschaft Hamburgischer Kunstfreunde 1896, S. 76; Olga Schramm (*1869) war mit Max Schramm (1861–1928) verheiratet, der als Hamburger Bausenator Fritz Schumacher zum Oberbaudirektor Hamburgs berief.
6 Lichtwark, Einleitung. In: Jahrbuch der Gesellschaft Hamburgischer Kunstfreunde, Jg. 1 (1895), S. 6

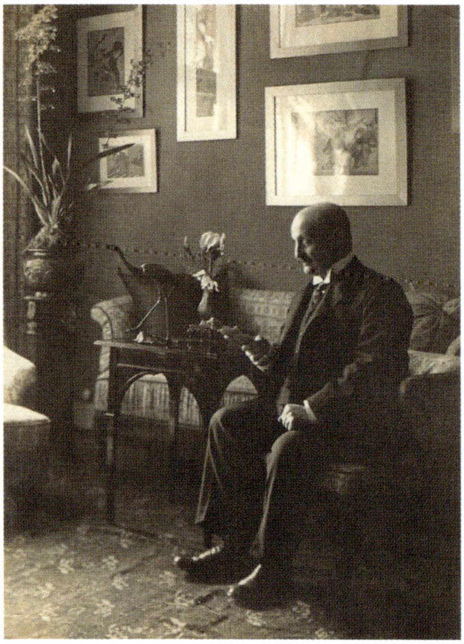

Ernst Alfred O'Swald, undatiert (Privatarchiv Malte O'Swald) Ernst Alfred O'Swald hat für das Familienunternehmen Wm. O'Swald & Co. viele Jahre in Afrika und Madagaskar verbracht. Der Aufsichtsrat der Hamburg-Amerika-Linie und der Deutschen Bank ist auch begeisterter Segler und Vorsitzender des Hamburger Stadtpark-Vereins.

der Hamburger Freihafen-Lagerhaus-Gesellschaft an: ein einflussreicher Geschäftsmann, dessen besonderes Interesse der Entwicklung des Hamburger Einfuhrhandels gilt.[4]

O'Swalds sind beide auch feste Größen des Hamburger Kulturlebens. So wie ihr Schwager Albrecht O'Swald nebst Frau und ihre Schwägerin Olga Schramm, geb. O'Swald,[5] ist Toni ordentliches Mitglied der Lichtwark nahestehenden Gesellschaft Hamburger Kunstfreunde. Zweck der Gesellschaft ist es, »die Freude am Sammeln von Kunstwerken zu erwecken und zu verbreiten und die dilettantische Kunstübung mit ernster Absicht zu pflegen«.[6] Mit dieser Zielrichtung passen O'Swalds perfekt in den Kreis auf dem Sunderberg. Toni ist außerdem mit Marie Zacharias (1828 – 1907), der stellvertretenden Vorsitzenden der Gesellschaft, befreundet,[7] die auch eine sehr enge Freundin der Lichtwarks ist.[8] Toni gehört sogar der siebenköpfigen »Anregungskommission« der Gesellschaft an, die die vielfältigen künstlerischen Interessen der Mitglieder beobachten und in gemeinsame Tätigkeiten, Veranstaltungen und Wettbewerbe überführen soll.[9] Mit vielen eigenen Zeichnungen trägt sie selbst zur Illustration der Jahrbücher bei.[10]

Die Bindung zwischen Lichtwarks und O'Swalds wird auf dem Sunderberg noch enger. Schon im August 1912, da wohnen sie noch keine sechs Monate im Haus Knixberg zur Miete, vermerkt Lichtwark:

7 1896 entwirft Marie Zacharias ein Lesezeichen für Toni O'Swald, das im Jahrbuch der Gesellschaft abgedruckt wird (Lichtwark, Bucheinbände, 1896, S. 24)
8 Alfred Lichtwark, Brief an Martin Haller v. 16.2.1907 (Hamburger Kunsthalle: HAMK-SO Archiv 129)
9 Die Anregungskommission, 1900, S. 81
10 Jahrbuch der Gesellschaft Hamburgischer Kunstfreunde, Jg. 4 (1898), S. 8, 31, 37, 48, 55, 57, 61, 68, 72 f., 83; Jg. 7 (1901), Vorwort, S. 24, 58, 88 f., Jg. 13 (1907), S. 1, 87, Bd. 14 (1908), S. 81, 101

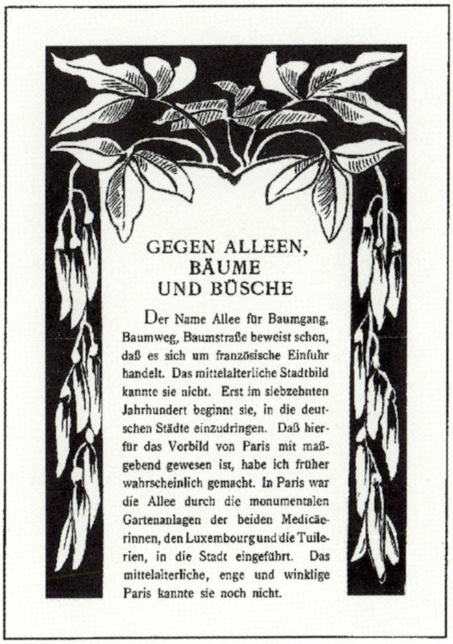

GEGEN ALLEEN,
BÄUME
UND BÜSCHE

Der Name Allee für Baumgang, Baumweg, Baumstraße beweist schon, daß es sich um französische Einfuhr handelt. Das mittelalterliche Stadtbild kannte sie nicht. Erst im siebzehnten Jahrhundert beginnt sie, in die deutschen Städte einzudringen. Daß hierfür das Vorbild von Paris mit maßgebend gewesen ist, habe ich früher wahrscheinlich gemacht. In Paris war die Allee durch die monumentalen Gartenanlagen der beiden Medicäerinnen, den Luxembourg und die Tuilerien, in die Stadt eingeführt. Das mittelalterliche, enge und winklige Paris kannte sie noch nicht.

◄ Toni O'Swald, Titelillustration, 1907 (aus: Alfred Lichtwark, Gegen Alleen, Bäume und Büsche. In: Jahrbuch der Gesellschaft Hamburger Kunstfreunde 13. Jg. (1907), S. 87–92, hier S. 87, Hamburg, Lütcke und Wulff) Im Jahrbuch der Gesellschaft Hamburgischer Kunstfreunde illustriert Toni O'Swald Lichtwarks Artikel gegen die übermäßige Verwendung von Alleen und Großgehölzen.

»O'Swalds wohnen nun schon lange hier und haben sich ganz eingelebt. Die Kinder kommen oft zu Marianne, und es ist mir ein Trost, dass sie den Zuspruch hat. Das heitert sie auf und füllt ihr Herz. Nun sind diese Kinder aber auch ganz reizend«.[11]

Auch von der Seite Ernst Alfred O'Swalds gibt es feste Bindungen zu Lichtwark. Ernst Alfred ist Gründungsmitglied und sogar Vorsitzender im noch ganz jungen Hamburger Stadtpark-Verein,[12] eines Projekts, das Lichtwark wohl schon mit Ernst Alfreds Vater Albrecht Percy O'Swald (1831–1899) erörtert hatte.[13] Lichtwark hat auch Toni O'Swald dafür begeistern können,[14] an der Gründung des Stadtparkvereins mitzuwirken: Der Verein soll die Mittel aufbringen, um die dortigen »Blumengärten zu dem schönsten deutschen Skulpturenmuseum [zu] machen«, Baudirektor Schumacher sei schon mit der Ausarbeitung entsprechender Pläne beschäftigt.[15]

Bei einer Frau ihrer Stellung könnte man Toni O'Swalds Veröffentlichungen, insbesondere ihre Kinderbücher, für Zerstreuung halten, doch es steckt mehr dahinter. Seit der Wende zum 20. Jahrhundert werden Forderungen lauter, Kinder für die Schönheit in Natur und Kunst empfänglicher zu machen: In Hamburg hat die Lehrervereinigung für die Pflege der künstlerischen Bildung bereits 1897 eine Ausstellung zu diesem Thema durchgeführt, Berlin ist 1901 mit einer Ausstellung der dortigen Secession gefolgt, an dem Ausstellungs-

11 Lichtwark, Briefe an Wolf Mannhardt, 1952, S. 117 f. (Brief v. 22.8.1912)

12 Stammbuch der Familie O'Swald, 1927, S. 291; Alfred O'Swald †, 1929

13 Stammbuch der Familie O'Swald, 1927, S. 283–287; In der Briefsammlung an Familie Haller befindet sich Lichtwarks Schreiben vom 9.5.1911 an eine ungenannte »hochverehrte Frau«, mit deren Schwiegervater er die Frage des Stadtparks »schon vor längerer Zeit« besprochen habe. Da Toni Hallers Schwiegervater schon 1876 verstorben war, ist Toni Hallers Tochter Toni O'Swald, geb. Haller, als Adressatin wahrscheinlich (Hamburger Kunsthalle, HAMK-SO Archiv 129).

komitee haben neben Liebermann auch der Lebensreformer Hugo Höppner (»Fidus«, 1868–1948) sowie der später als Architekt und Gartengestalter Bedeutung erlangende Paul Schultze-Naumburg (1869–1949) mitgewirkt.[16] Siebelists Zeichenkurse für Lehrer zielen mittelbar ja auch auf die Bildung der Jugend, ebenso wie das von ihm illustrierte und bis 1916 erscheinende »Deutsche Lesebuch«.[17] Kunstpädagogen wollen Kinder sehen lehren, um Gegenstände der Umgebung und der Fantasie in ihren Formen, Linien und Farben darstellen zu können und sie mit Kunst in Beziehung zu bringen: Lerne das Kind dort, die Dinge der Natur genau zu sehen, so lerne es hier, die Natur wie ein Künstler aufzufassen.[18] Lichtwarks »Übungen in der Betrachtung von Kunstwerken«, die er nach Versuchen mit einer Schulklasse zwischen 1902 und 1906 herausgibt,[19] ist die museumpädagogische Krönung dieser Bemühungen.

Das Thema Kunsterziehung als gemeinsames Interesse von Pädagogen und Kunstliebhabern bildet in diesen Jahren einen wichtigen Bereich der bürgerlichen Reformströmungen ab. Kinderbüchern wird ein wesentlicher Anteil an der künstlerischen, ja der Lebensbildung von Kindern zugesprochen, und zu Beginn des Jahrhunderts herrscht hier Aufbruchstimmung.[20] Alles, was man den Augen der Kleinen darbietet, an erster Stelle die Kinderbücher, soll künstlerischen Anforderungen genügen.[21] Gute Kinderbücher sind damit die zweite Seite einer Medaille, deren erste der Zeichenunterricht darstellt.

Vor diesem Hintergrund sind im Jahr 1900 Toni O'Swalds »Schwarzkäferchen und Anderes«, mit dem Untertitel »Hamburger Kindergeschichten« erschienen.[22] Die darin gesammelten Erzählungen spielen in gehobenen Wohnvierteln, in Altona, Blankenese und Harvestehude, eine sogar in der Alsterchaussee, wo ihre Eltern wohnen. Diese Erzählungen sollen keine große Literatur sein, sondern einfach Geschichten einer Hamburgerin für Kinder ihrer Stadt, Dilettantismus in seiner besten Form. Der regionale Bezug fördert die Heimatverbundenheit, so wie künstlerische Bildung nach Lichtwark auch Vaterlandsgefühl und Nationalstolz fördern soll.[23] O'Swald schreibt moralische Lehrstücke von Kindern, Tieren und Pflanzen, mit Einfühlungsvermögen für ihre Protagonisten, manchmal an der Grenze zum Kitsch, aber immer mit erkennbarer Sorgfalt. Viele Handlungen spielen in Gärten als Geborgenheit vermittelnden, aber auch beschränkenden Freiräumen artiger Kinder in einer Erwachsenenwelt. In der Zeit einer allgemeinen Heidebegeisterung hat die Autorin ihren Erzählungen die Geschichte eines Maikäfers vorangestellt, der sich in die Heide aufmacht.

War »Schwarzkäferchen« durch ein Blumenornament mit Anklängen an den Jugendstil geziert, so wartet O'Swalds nächster Erzählband[24] bereits mit Farbdruckbildern des renommierten Wiener Malers und Radierers Otto Tau-

14 Jahresbericht des Hamburger Stadtpark-Vereins für das Jahr 1930, 1931, S. 26
15 Alfred Lichtwark, Brief v. 9.5.1911 (Hamburger Kunsthalle: HAMK-SO Archiv 129)
16 Ausstellung-Comité, 1901, S. 3
17 Deutsches Lesebuch, Bd. 1–6, 1912–1916
18 Osborn, Vorwort, 1901, S. 10
19 Lichtwark, Übungen in der Betrachtung von Kunstwerken, 1906
20 Lichtwark, Einleitung, 1901, S. 1
21 Osborn, Vorwort, 1901, S. 12 f.
22 O'Swald, Schwarzkäferchen, 1900
23 Lichtwark, Neue Bahnen, 1902, S. 156
24 O'Swald, Goldene Jugendzeit, 1905

▼ Toni O'Swald, Schwarzkäferchen und Anderes, Hamburg, Lucas Gräfe und Sillem, 1900, Einband
Für Zeitgenossen sind auch Kinderbücher »hineingestellt in die Entwicklung der grossen Kunst.«

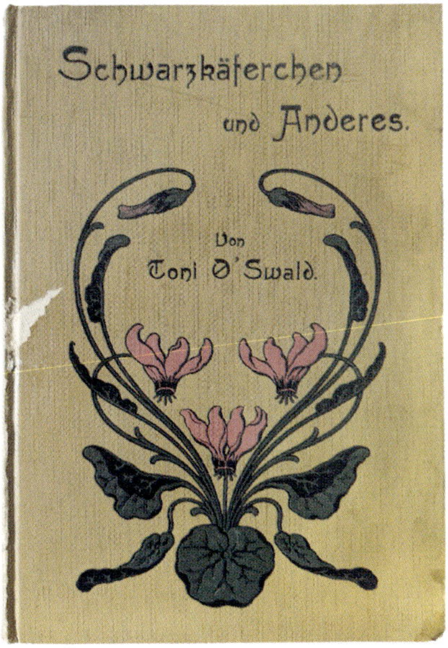

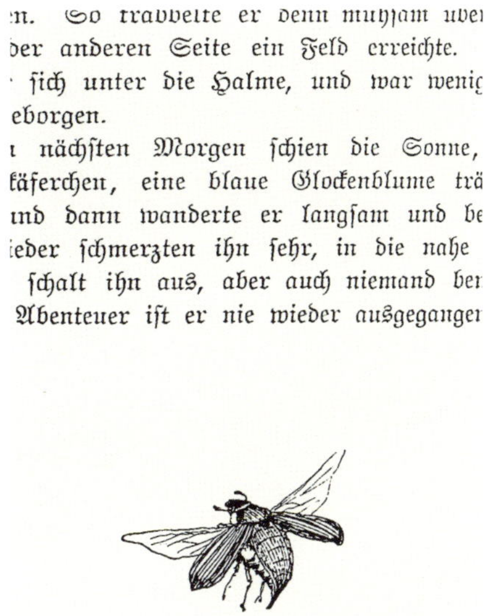
n. So krabbelte er denn mühsam übe
der anderen Seite ein Feld erreichte.
sich unter die Halme, und war wenig
eborgen.
n nächsten Morgen schien die Sonne,
käferchen, eine blaue Glockenblume trä
und dann wanderte er langsam und be
ieder schmerzten ihn sehr, in die nahe
schalt ihn aus, aber auch niemand ber
Abenteuer ist er nie wieder ausgegangen

▲ Toni O'Swald, Schwarzkäferchen und Anderes, Hamburg, Lucas Gräfe und Sillem, 1900, S. 10 (Ausschnitt)
»Am nächsten Morgen schien die Sonne [...] Und auf Abenteuer ist er nie wieder ausgegangen.«

schek (1881–1971) auf. Offenbar ist Toni O'Swald gut vernetzt, denn ihr dritter Erzählband ist mit Illustrationen des erfolgreichen Genremalers Alexander Zick (1845–1907) aus Berlin versehen.[25]

Lichtwarks Geschmack treffen wohl weder die Erzählungen noch die Illustrationen. In dieser Zeit werden Kinderbücher derberen Zuschnitts bis hin zu den stellenweise zotigen Bildergeschichten Wilhelm Buschs (1832–1908) von Reformpädagogen als wertvoll anerkannt, wenn sie nur »scharf charakterisirend [sic]« und »bekenntnisscharf« sind, indem sie zum Beispiel Halbtöne und subtile Farbnuancen vermeiden.[26] Die Illustrationen für »In der Dämmerstunde« entsprechen dem gerade nicht. Allein das Titelbild besitzt diese Charakteristik, doch verrät es auch seine Herkunft und Bestimmung: Familien, die über Zeit und Mittel verfügen, des Abends auf einer Gartenbank vor ihrem Landhaus ihren Kindern vorzulesen. O'Swald schreibt für Kinder ihrer eigenen sozialen Schicht. Ihr guter erzieherischer Wille ist zweifellos da, doch auf der Höhe der Zeit ist sie nicht. Die pädagogische Avantgarde setzt da

25 O'Swald, In der Dämmerstunde, 1908
26 Spohr, Künstlerische Bilderbücher, 1901, S. 56

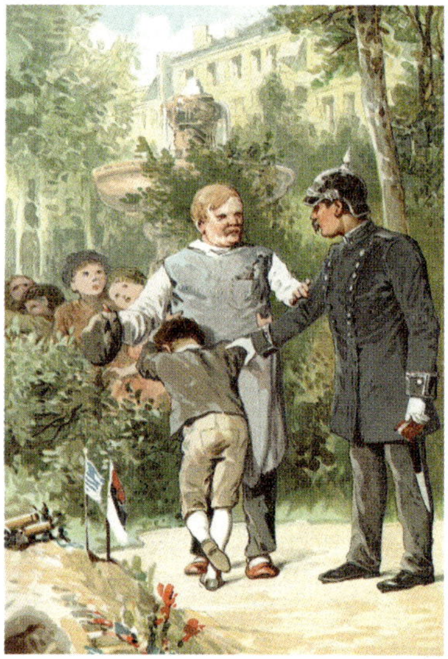

▲ Alexander Zick, Illustration aus: Toni O'Swald, In der Dämmerstunde (Stuttgart, Loewes Verlag Ferdinand Carl, 1908, zwischen S. 120 und 121)
Eine großbürgerliche Perspektive auf Kinder in einer Erwachsenengesellschaft

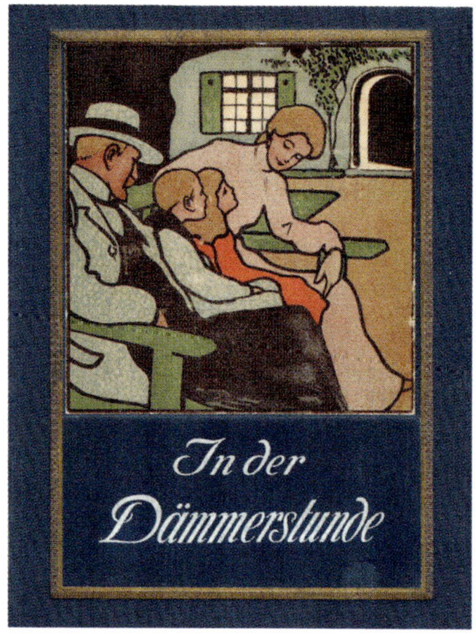

▲ Toni O'Swald, In der Dämmerstunde (Stuttgart, Loewes Verlag Ferdinand Carl, 1908, Einband)
O'Swald schreibt für Kinder ihrer eigenen sozialen Schicht.

bereits auf den Anschluss an den allgemeinen künstlerischen Diskurs und darauf, dass mit Mitteln moderner Kunst »das rechte farbige Kinderbilderbuch« gelingen könne.[27]

Lichtwark hat eigene Erfahrung in der Kunsterziehung, auch mit Kindern. Seinen »Übungen in der Betrachtung von Kunstwerken« fehlt im Gegensatz zu O'Swalds Jugendbüchern jegliche Niedlichkeit, sie führen die Zielgruppe schnörkellos zur Interpretation ausgewählter Bildwerke.[28] Aber O'Swalds Jugendliteratur ist andererseits auch ein Ausdruck des von Lichtwark für wertvoll erachteten Dilettantismus. Er selbst hat die Gesellschaft Hamburgischer Kunstfreunde als eine Gruppe von Dilettanten ins Leben gerufen, und deren eigene künstlerische Produktionen – zumeist Grafiken – werden von Fachleuten durchaus positiv aufgenommen und als qualitätvoll beurteilt, darunter explizit auch Toni O'Swalds Arbeiten.[29] In ihren Jugenderzählungen aber arbeitet sie sicher ohne Abstimmung mit Lichtwark, obwohl diesem das Thema ebenfalls am Herzen liegt: »Ich würde«, so schreibt er wenige Wochen vor seinem Tod, »wenn ich es könnte, selber ein Kinderbuch schreiben, so wichtig erscheint mir dieser Literaturzweig.«[30]

27 Spohr, Künstlerische Bilderbücher, 1901, S. 56 f.
28 Lichtwark, Übungen in der Betrachtung von Kunstwerken, 1897
29 Schwindrazheim, Die Gesellschaft Hamburgischer Kunstfreunde, 1904, S. 549

Und so können wir annehmen, dass Lichtwark, während er selbst dutzendweise Bildungsprojekte anschiebt, die literarischen Erzeugnisse seiner Nachbarin auf dem Sunderberg mit wohlwollender Nachsicht zur Kenntnis nimmt. Vielleicht trifft der Altonaer Kunstschriftsteller Oscar Schwindrazheim (1865–1952) den Punkt am besten, wenn er am Beispiel der Gesellschaft Hamburgischer Kunstfreunde über den Dilettantismus resümiert, dass bei den noch unsicheren künstlerischen Versuchen für den Einzelnen zwar oft die Lust am Selbstschaffen und an der Entwicklung des eigenen Könnens im Vordergrund stünde, dass aber mit diesem Können auch die »Gesamtbegabung des Volksganzen« wachse, und damit »jeder Tändelei von vornherein die Spitze abgebrochen« sei.[31]

Toni O'Swalds soziale Ambitionen nehmen mit der Zeit sogar noch zu: So wird sie die 1916 in gegründete Hamburger Soziale Frauenschule als Vorsitzende mit großzügigen Spenden unterstützen.[32]

Vom Anwesen der O'Swalds auf dem Sunderberg ist außer seiner Lage kaum etwas bekannt. Ernst Alfred hat 1911 rund dreißig Morgen (75.000 Quadratmeter) Land an der östlichen Grenze des Sunderhofs erworben. Tonis Vater Martin Haller hat als Berufsarchitekt die Planung dieses und eines weiteren Landhauses, letzteres für sich und seine Frau, übernommen. Die beiden Häuser liegen nur fünfzig Meter voneinander entfernt, und innerhalb von zehn Gehminuten erreicht man die Häuser Lichtwarks, Newmans oder Kalckreuths. Es ist unwahrscheinlich, dass die Gestaltung dieser Anwesen ebenso Lichtwarks Einfluss unterliegen wie die der anderen Familien im Sunder, denn Haller ist künstlerisch ein ganz anderer Kopf als Lichtwark. Die Bedeutung der Familien O'Swald und Haller für die Landhauskolonie liegt vielmehr im Persönlichen, und für Lichtwarks insbesondere in O'Swalds Kindern, wie Lichtwark verschiedentlich hervorhebt.

Mit O'Swalds hatten auch Tonis Eltern, Martin Haller (1835–1925) und Antonie Haller, geb. Schramm (1846–1925), den Sommer 1912 im Haus Knixberg verbracht.[33] Und als einer der letzten Sommerfrischler des Lichtwark-Kreises zieht nun das betagte Ehepaar Haller auf den Sunderberg. Der Juristensohn Martin Haller ist Hamburgs bedeutendster Privat- und Luxusarchitekt seiner Zeit, mit einer Werkliste, die allein einunddreißig Bankgebäude und Geschäftshäuser umfasst, dazu über einhundertfünfzig städtische Wohnhäuser und fast ebenso viele Vorstadt-Villen.[34] Er selbst residiert mit seiner Familie in einem vielfach an seine gewachsenen Bedürfnisse angepassten klassizistischem Wohnhaus an der Hamburger »Alsterterrasse«.

Haller steht wie kein zweiter für die Hamburger Belle Époque: Aus gutem Hause – sein Vater Nicolaus Ferdinand Haller war in den 1860er- und 1870er-

30 Lichtwark, Schreiben v. 23.12.1913, zit. n. Zeromski, Alfred Lichtwark, 1924, S. 101

31 Schwindrazheim, Gesellschaft Hamburgischer Kunstfreunde, 1904, S. 549

32 Toni O'Swalds Bruder Martin Ferdinand Haller (1871–1963) wird im Inflationsjahr 1923 zu den wichtigsten Förderern der Schule gehören (Röh / Larisch, Anfänge der sozialen Frauenschule, 2011, S. 6).

33 Lichtwark, Briefe an Wolf Mannhardt, 1952, S. 120 f. (Brief v. 5.9.1912)

34 Behr, Martin Haller, 2019, S. 160

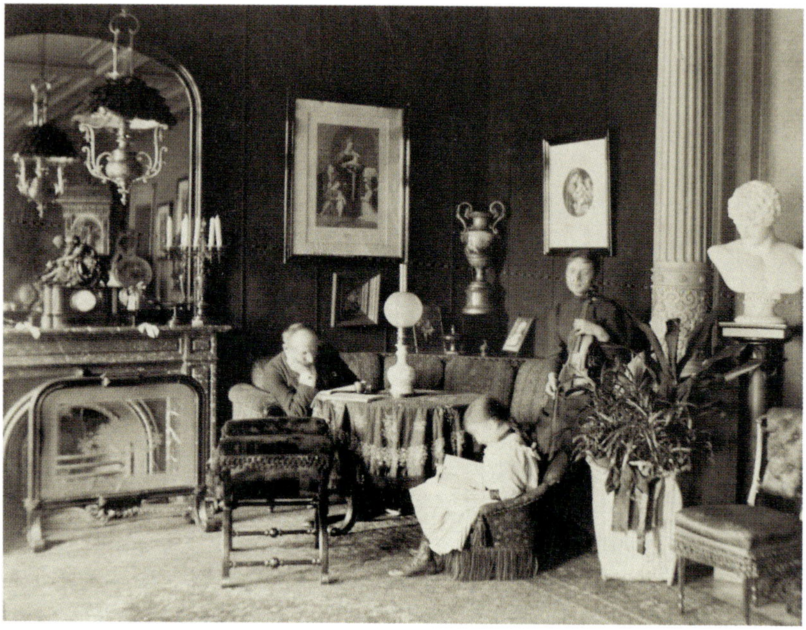

▲ Familie Martin Haller, ca. 1870 – 1880er-Jahre (Staatsarchiv Hamburg, 720-1/388-1.1_60b) Martin und Toni Haller mit der 1866 geborenen Tochter Toni in ihrem reich dekorierten Haus in der Hamburger Welckerstraße

Jahren mehrfach Erster Bürgermeister der Hansestadt gewesen – und bestens mit den wichtigen Familien der Hansestadt vernetzt, hat er es mit seinem Architekturbüro zu bedeutendem Wohlstand gebracht. Haller legt Wert auf Etikette und steht als Baumeister alter Schule für »praktische, geschmackvolle Anpassung«. Mit Blick auf sein Lebenswerk, das man später als Historismus bezeichnen wird, bekennt er, dass seine Schöpfungen eine geschickte Anwendung altbekannter Motive und Formen seien, ein »Produkt des Takts und des Gedächtnisses«.[35]

Wenig scheint diesen Hamburger Patrizier mit dem Reformer Lichtwark zu verbinden: Hier der Bourgeois – da der Müllerssohn, hier der luxuriöse Architektur- und Wohnstil – da die Suche nach Ursprünglichkeit und Einfachheit. Der Neorenaissance-Stil des neuen Hamburger Rathauses etwa erscheint Lichtwark als anachronistisch und völlig verfehlt: Die Planungen dafür stammen von der Arbeitsgemeinschaft der »Rathausbaumeister«, denen Haller vorgestanden hat. In einer Denkschrift an den Senat hat Lichtwark schon 1888 gefordert, wenigstens bei der Ausstattung der 647 Innenräume auf histori-

35 Behr, Martin Haller, 2019, S. 167; Klemm, Hamburg und Hallers Bauten, 2019, S. 170

sierende Dekoration zu verzichten, die »Epoche der billigen Überladung und des Schwulstes« zu überwinden und zu einem Musterbeispiel modernen Kunsthandwerks auszugestalten. Ernst Gottfried Vivié, Vater von »Willi« Vivié, hatte das Dokument dem hohen Senat überreicht. Die Rathausbaumeister haben sich nach außen von der Denkschrift »aufs Angenehmste berührt« gegeben, sich jedoch außerstande gesehen, Lichtwarks Forderungen »in eine lebensfähige Form zu bringen«.[36] Lichtwark hat sich über die oberflächlichen Entgegnungen, die man Haller als dem Wortführer der Rathausbaumeister zuschreibt, entrüstet, ist jedoch unterlegen.[37]

Noch 1898 hat Lichtwark die Grundzüge seiner pragmatischen, an Nutzungsbedürfnissen orientierten Architekturauffassung im Jahrbuch der Gesellschaft Hamburgischer Kunstfreunde veröffentlicht, ist darin ziemlich unverblümt Architekten vom Schlage Hallers angegangen: »ein Architekt, der zur Behörde Beziehungen hat«, »die romantische Idee [...], dass die hübsche Fassade schon Architektur wäre« – das zielt auf Haller und muss, ja soll ihn vielleicht brüskieren.[38] Als Mitglied der Kunsthallenkommission schreibt Haller seinerseits noch 1903 an Gustav Schiefler, den Schriftführer der Gesellschaft Hamburgischer Kunstfreunde, in Bezug auf die jungen Hamburger Malkünstler, die Lichtwark so am Herzen liegen, das Publikum möge solche Schmierereien nicht.[39] Diese von Haller als »ziemlich kühle Beziehungen« noch schmeichelhaft umschriebenen Umstände ändern sich just zu der Zeit, als Lichtwark die Heide für sich entdeckt. In seinen Memoiren erinnert sich Haller:

»Persönlich bin ich Lichtwark erst näher getreten auf einer gemeinsamen Fahrt zum Denkmalstag in Erfurt im September 1903. Wie mir damals die ritterliche Art imponierte [als Lichtwark einen abwesenden Künstler in Schutz nahm], so lernte ich ihn damals als gewandten Lebenskünstler kennen, dessen große Erfahrungen auf culinarischem und sonstigem Gebiet mein Staunen und meinen Neid erregten.«[40]

Haller schätzt in Lichtwark also nicht zuerst den Reformer, sondern den gewandten und ritterlichen Weltmann, dessen breit gefächerte Kenntnisse selbst der in Umgangsformen bewanderte Haller beneiden muss.

Zu diesem Zeitpunkt ist er bereits 68 Jahre alt und hat ausgesorgt, besitzt neben dem prächtigen Stadthaus schon seit 1877 ein Landhaus in Billwerder. Dieses »stattliche« Wohnhaus mit Garten, parkartigem Gelände, Stall und etwas Gemüseland dient als Sommerfrische. Kleine Bauernhöfe haben davon in – und man hört Haller dazu förmlich ein »Gott sei Dank!« seufzen – »angemessener Entfernung« gelegen.[41] Doch als seine Billwerder Idylle »in folge der wachsenden Vorstadt und ihrer socialistischen Bevölkerung aufhört, ländlich zu bleiben«, gibt er diesen Landsitz auf.[42]

36 Junge-Gent, Lichtwark, 2012, S. 238–242
37 Scheffler, Hamburgische Kulturgeschichte, 1985, S. 63
38 Lichtwark, Realistische Architektur, 1898, S. 18 f.
39 Junge-Gent, Lichtwark, 2012, S. 510
40 Behr, Martin Haller, 2019, S. 164 f.
41 ebd., S. 109 f.
42 Haller, Lebenserinnerungen, Band 8, S. 16, 1913–1925; frdl. Hinweis Karin von Behr, Hamburg

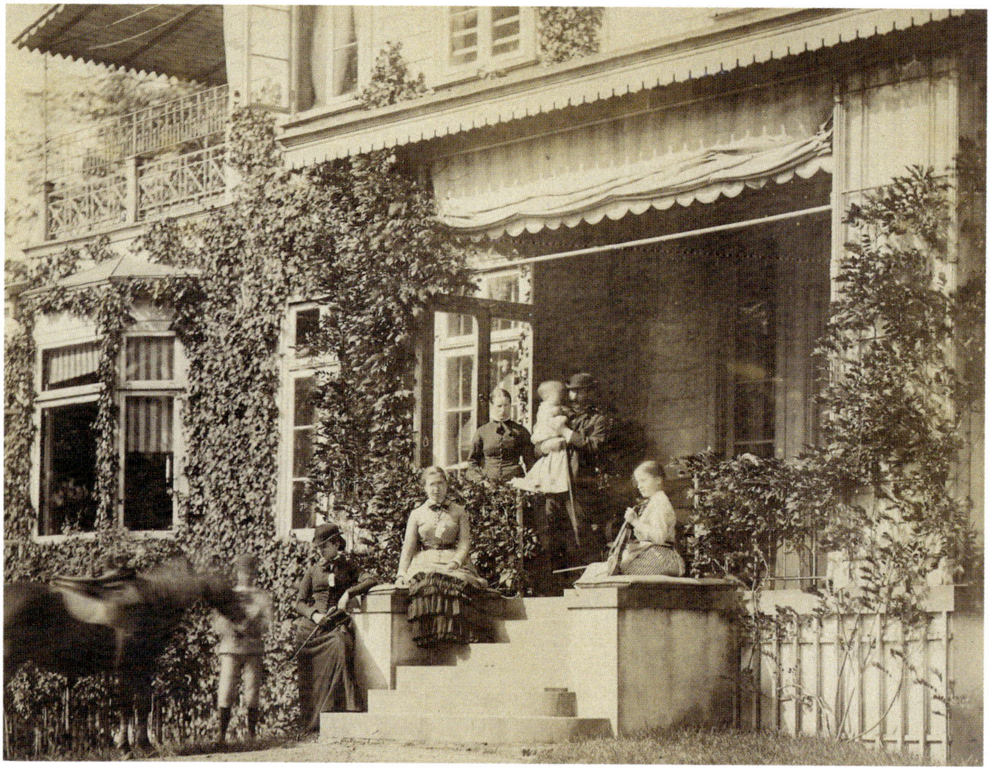

▲ Das Hallersche Sommerhaus in Billwerder, ca. 1870er- bis 1880er-Jahre (Staatsarchiv Hamburg, 720-1/388-1.1_63) Reiten und Musizieren gehören zum Leben in der Sommerfrische.

Auf dem Sunderberg gibt es noch keine wachsende Vorstadt und erst recht keinen Sozialismus: Wenigstens in politischer Hinsicht findet der erzkonservative Haller in Lichtwark ein Pendant als überzeugten Vertreter eines traditionellen Gesellschaftsbildes.[43] Und außerdem, wer hätte es geglaubt, findet der alternde Architekt, dessen Einfluss in der Stadt zusehends schwindet,[44] Gefallen an der Landschaft: Erst in der reinen Sommerluft und der lieblichen Natur Hittfelds, bekennt er rückblickend, habe sich sein Unmut allmählich verloren.[45] Und so reift auch in Haller der Entschluss, die Sommer künftig immer auf dem Sunderberg zu verbringen.

Als Mitglied der Kunsthallenkommission hat sich Haller ein genaues Bild über die Ziele des Kunsthallendirektors machen können. Denn Lichtwark erwidert die ihm gewährten Freiheiten – man lässt ihn unternehmen, sammeln

43 Schellenberg, Einleitung, In: Lichtwark, Briefe an Leopold Graf von Kalckreuth, 1957, S. 7 f.

44 Behr, Martin Haller, 2019, S. 164

45 Haller, Lebenserinnerungen, Band 10, S. 1, 1913–1925; frdl. Hinweis Karin von Behr, Hamburg

und reisen, wie er es wünscht – in zahllosen Reisebriefen, in denen er der Kommission seine Gedanken, Pläne und Erlebnisse schildert.[46] Haller entstammt selbst einer kunstsinnigen Familie: Sein Urgroßvater hatte eine »nicht unbedeutende Sammlung teilweise wertvoller alter Ölbilder« hinterlassen.[47] Über diesen Martin Joseph Haller (1770 – 1852) ist der Luxusarchitekt mit Liebermann verwandt[48]: Ob sie wissen, dass sie Cousins zweiten Grades sind, ist nicht belegt.

In seinen hinterlassenen Aufzeichnungen zählt Haller minutiös seine Besuche in Hittfeld auf: Für den ersten Besuch am 24. Mai 1912 ist ausdrücklich der »Knieksberg« genannt.[49] In diesem Jahr bewohnen Hallers zusammen mit Toni und Alfred O'Swald das dortige Landhaus[50] als Mieter, solange die neuen Häuser noch im Bau sind. Das Landhaus O'Swald wird schon um 1913 bezugsfertig.[51] Hallers erscheinen in den Adressbüchern erstmals im Jahr darauf.[52] In diesen zwei Jahren führen Hallers Hittfelder Sommeraufenthalte zu einem »intimen und herzlichen Familienverkehr« mit Lichtwarks.[53] Diese Nähe mag dann doch überraschen: Was findet Lichtwark an dem älteren, seinen eigenen Kunstanschauungen so wenig zugeneigten Baukünstler?

Neben künstlerischer Erfahrung und gesellschaftlicher Vernetzung mag es eine gewisse Kühnheit in Verbindung mit großem Ideenreichtum sein, die Haller zu eigen ist: Inkognito hatte er schon als Abiturient an einem Wettbewerb zur Neugestaltung des Hamburger Rathauses teilgenommen. Und durch die Gründung des Bundes der Rathausbaumeister erreichte er gemeinsam mit acht seiner Konkurrenten etwas, das jedem einzelnen von ihnen bis dahin verwehrt gewesen war.[54] Dazu verfügt Haller über Witz und eine gehörige Portion Selbstironie, die in Anekdoten über seine Bauherren und in selbstverfassten Gedichten zum Ausdruck kommt, die er im Familien- und Freundeskreis zum Besten gibt.[55]

Neben den Qualitäten des Architekten schätzt Lichtwark auch die musische Atmosphäre des Hauses Haller, die ins Metier von Martins Frau Toni fällt. Sie gilt als hervorragende Tänzerin und besitzt eine besondere musikalische Begabung. Für ihre dunkle, schöne Stimme ist sie stadtbekannt. Zudem veranstaltet sie regelmäßige Hauskonzerte, bei denen sie bisweilen berühmte Musiker wie Gustav Mahler, Ferruccio Busoni oder Hans von Bülow zu ihren Gästen zählt. Ihr Mann scheint von ihrem Talent wenig beeindruckt,[56] Lichtwark dagegen bekennt, er habe Brahms von niemandem so gut singen hören wie von Frau Haller.[57]

Eine Handvoll Briefe von Lichtwark an Toni Haller haben sich erhalten: Darin bringt er zum Beispiel die Sorge um die Gesundheit der gemeinsamen Freundin Marie Zacharias zum Ausdruck oder bittet um Vermittlung bei einer geplanten

46 Pauli, Alfred Lichtwark, 1924, S. 67
47 Haller, Erinnerungen an Kindheit und Elternhaus, 1985, S. 7
48 Liebermanns Mutter Philippine Haller, geb. Landsberger (1822 – 1892) war eine Cousine von Martin Hallers Vater Nikolaus Ferdinand Haller (1805 – 1876). Vgl. Hauschild-Thiessen, Anmerkungen, 1985, S. 111
49 Haller, Lebenserinnerungen, Band 9, S. 70, 1913 – 1925; frdl. Hinweis Karin von Behr, Hamburg
50 Verzeichnis der Teilnehmer an den Fernsprechnetzen, April 1912, S. 431; Verzeichnis der Teilnehmer an den Fernsprechnetzen, Oktober 1912, S. 450
51 Verzeichnis der Teilnehmer an den Fernsprechnetzen, April 1913, S. 467
52 Verzeichnis der Teilnehmer an den Fernsprechnetzen, April 1914, S. 499
53 Haller, Lebenserinnerungen, Bd. 7, 1913 – 1925; zit. n. Behr, Martin Haller, 2019, S. 165
54 ebd., S. 131
55 ebd., S. 156; vgl. Hallers Gedicht zum 65. Geburtstag Ernst Alfred O'Swalds (Staatsarchiv Hamburg 622-1/77_E5)
56 Behr, Martin Haller, 2019, S. 76, 80 f., 131, 144
57 Schiefler, Hamburgische Kulturgeschichte, 1985, S. 167

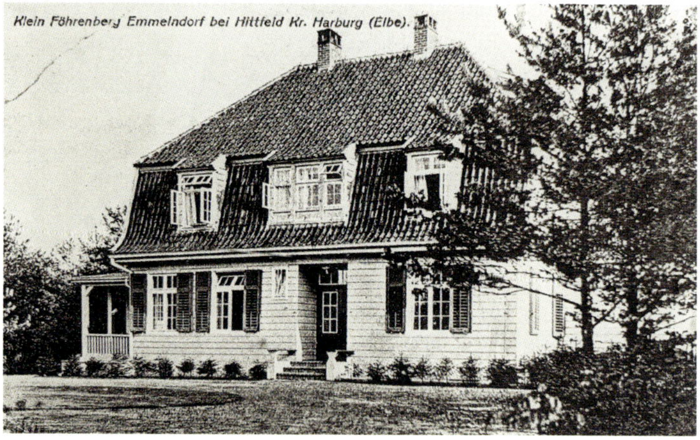

► »Klein Föhrenberg Emmelndorf bei Hittfeld Kr. Harburg (Elbe)«, Anfang des 20. Jahrhunderts (Privatbesitz) Auf dem Sunderberg errichtet Haller dieses »bescheidene kleine Haus« und verfasst dort den größten Teil seiner Memoiren.

Veröffentlichung der Gesellschaft Hamburgischer Kunstfreunde. Bei anderer Gelegenheit dankt er schlicht für einen witzigen Brief Martin Hallers. Ein nicht inniger, aber sehr freundschaftlicher Verkehr kommt in diesen Briefen zum Ausdruck, der auch Lichtwarks Schwester Marianne einschließt.[58]

Hallers kommen mindestens bis 1918 mit schöner Regelmäßigkeit in der zweiten Maihälfte nach Hittfeld und bleiben dort jeweils für drei bis fünf Monate.[59] Für den sich nun immer weiter aus dem beruflichen Leben zurückziehenden Architekten wird der Sunder mehr als ein Sommerurlaub, er wird zum zweiten Heim. Haller genießt die Natur und Abgeschiedenheit des Ortes, und als ihn seine Kinder drängen, seine Memoiren niederzuschreiben – elf handschriftliche Kladden von je etwa einhundert Seiten – wird er sie größtenteils in diesem Sommerhaus verfassen.[60]

Zu Lichtwarks engsten Vertrauten auf dem Sunderberg zählen Hallers nicht,[61] zu wenig passen sie zu dem garten- und lebenskünstlerischen Experiment, das sich um Lichtwarks Holzhütte herum vollzieht. Hallers Bewunderung für Lichtwarks »Lebenskunst« und eine gewisse bauliche Bescheidenheit in Hallers Landhaus zeigen allerdings, dass dieser keinen Repräsentationswettlauf anstrebt, sondern einfach Erholung in der Heidelandschaft und in angenehmer Nachbarschaft sucht. Verglichen mit dem Billwerder Landhaus sind die neuen Häuser daher eher schlicht, wenn auch – versteht sich – hochwertig.[62]

Ein seltenes Foto zeigt das Hallersche Landhaus in seiner bauzeitlichen Erscheinung, zurückhaltend »Klein Föhrenberg« benannt, ganz in der Manier der bereits bestehenden Landhäuser. Passend zu diesem Namen stehen in einiger Entfernung vom Landhaus eine Reihe nicht mehr junger Föhren (Kie-

58 Alfred Lichtwark, Briefe an Antonie Haller vom 9.2.1907, 10.11.1907, 31.12.1912 (Hamburger Kunsthalle: HAMK-SO Archiv 129)

59 Haller, Lebenserinnerungen, Bd. 9, S. 70, 1913–1925; frdl. Hinweis Karin von Behr

60 Behr, Martin Haller, 2019, S. 164

61 Damit übereinstimmend wird Haller im Zusammenhang mit dem Lichtwark-Kreis nicht genannt (vgl. Kalckreuth, Wesen und Werk, 1967; Zeromski, Alfred Lichtwark, 1924) und taucht auch in Lichtwarks Korrespondenz selten auf (Lichtwark, Briefe an Leopold Graf von Kalckreuth, 1957; Lichtwark, Briefe an Max Liebermann, 1947; Lichtwark, Briefe an Wolf Mannhardt, 1952).

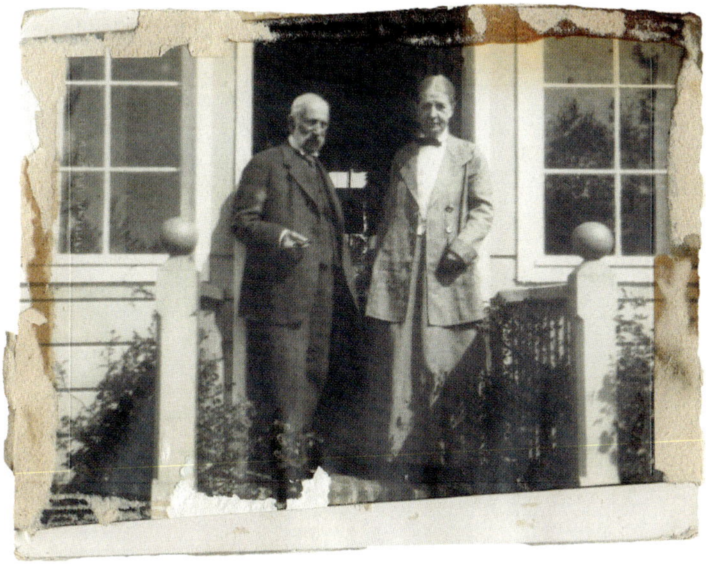

Martin Haller und Toni O'Swald vor dem Landhaus Klein Föhrenberg, vor 1926 (Privatarchiv Malte O'Swald) Auftritt der verschwindenden Belle Époque auf dem Sunderberg

fern), die beim Hausbau erhalten wurden und den Charakter des Ortes bewahren. Direkt unter die weißen Sprossenfenster mit den obligatorischen dunklen Fensterläden haben Hallers eine Reihe junger Nadelbäume gesetzt, die in ein paar Jahren zur Hecke geschnitten werden müssen, um nicht die Fenster zu verschatten. Eine ausreichend große Hoffläche um ein einfaches Rasenrund vor der Nordfassade bietet Platz für eine Kutsche, die auch gebraucht wird, denn die betagten Hausherren werden den weiten Weg vom Bahnhof kaum jedes Mal zu Fuß zurücklegen wollen.[63] Östlich des Hauses liegen die symmetrisch auf die Gebäudemittelachse bezogenen Gartenflächen, und sogar von dort lugen einige Kiefern hervor. Auf der Südseite des Hauses liegt die Gartenterrasse, mit Blick über das von hier kräftig abfallende Gelände und die Kronen der namengebenden Föhren.[64] Bescheiden auch der Austritt aus dem Haus: eine Treppe, kaum breiter als die einflügelige Terrassentür, eingefasst von weißgestrichenen Geländern und kugelbekrönten Holzpfosten. Ein stilvoller und einmaliger Auftritt der verschwindenden Belle Époque auf dem Sunderberg.

62 Die Häuser sind mit Pitchpine-Bohlen beplankt (Lind, Als es den Golfplatz noch nicht gab, o. D., S. 15)

63 Den Transport der Fahrgäste übernahm in der Regel ein ortsansässiger Landwirt / Fuhrunternehmer. Frdl. Mitteilung von Erika Meyer-Sahling, Seevetal 2022

64 vgl. Luftbilder v. 23.3.1945 (Luftbilddatenbank Dr. Carls GmbH)

MARIA SCHMIDT-MATTHAEIS SUNDERHOF ALS ERZIEHUNGSINSTITUT

Bildungsreform, Frauenbewegung & die Schauspielerin Adele Doré

Lehrerin an der Klosterschule ❧ glaubhaftes Leben, Tod und Wahnsinn der Tragödin Adele Doré ❧ die Wunder des Hittfelder Dornröschenschlösschens ❧ eine aufsteigende Lerche vor Lichtwarks Haus ❧ mit Marianne Lichtwark über Land ❧ stark berührt von Lichtwarks Gedankenwelt ❧ eine Arbeitsgemeinschaft aus Lehrenden und Elevinnen ❧ Fehler des pädagogischen Systems ❧ Frauenrechte und politische Verwerfungen ❧ Rezitationen und Volkstänze ❧ Naturbetrachtung von schöpferischer Kraft ❧ mehr als Boden und Raum im äußerlichen Sinne

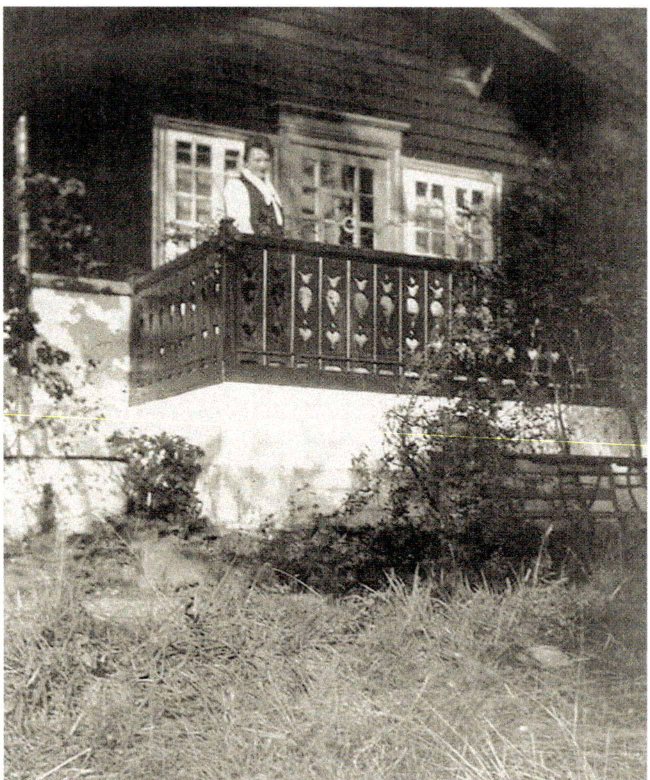

◄ Maria Schmidt-Matthaei auf dem Altan des Lichtwarkhauses, ca. 1930er- bis 1940er-Jahre (Archiv CVJM-Sunderhof GmbH)

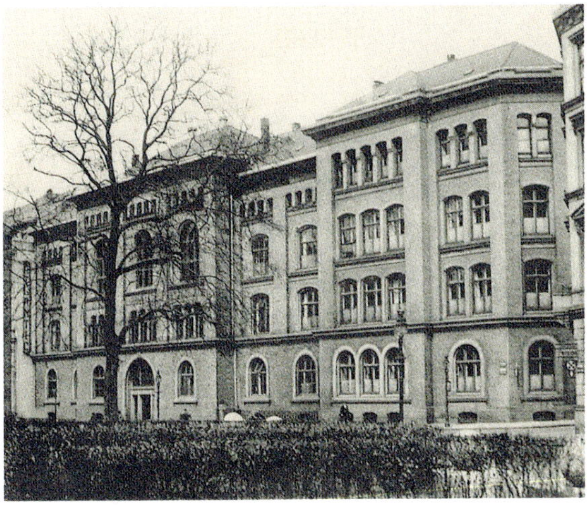

◄ Klosterschule St. Johannis, um 1932 (Privatarchiv Joachim Schnitter)
In der Klosterschule am Holzdamm, nur hundertfünfzig Meter entfernt von der Hamburger Kunsthalle, hat Maria Schmidt-Matthaei als Lehrerin gewirkt.

1911 hat sich eine Frau zu den Landhäuslern gesellt, die Lichtwarks »Lebenskunst« in eine pädagogische Ausprägung überführen will: die 37-jährige unverheiratete Erzieherin Maria Schmidt-Matthaei (1874–1957). Ihr Vater[1] hat die Hamburger Kupferschmiede und Apparatebaufirma C. August Schmidt Sohne geführt, die Rohrpostautomaten in die ganze Welt liefert.[2] Sie kennt das Erziehungswesen von außen und innen, ist selbst Elevin in einem Pensionat am Genfer See gewesen.[3] In jungen Jahren ist die impulsive Frau mit einem Frachtschiff nach Boston, Baltimore und Washington gereist, um die Welt kennenzulernen. Aus vermögendem Hause stammend, ist sie nicht auf eine Erwerbsarbeit angewiesen, doch hat sie seit 1902 trotzdem als Lehrerin in den Unterrichtsanstalten des Klosters St. Johannis gewirkt.[4] Die Hamburger Klosterschule dient als Höhere Mädchenschule und Lehrerinnenseminar und befindet sich in dieser Zeit an der Straße Holzdamm, nur einhundertfünfzig Meter entfernt von der Kunsthalle.

Wahrscheinlich ist Schmidt-Matthaei unter den zahlreichen Pädagoginnen gewesen, die zu Lichtwarks brechend vollen Sonntagsvorträgen und Ausstellungen in die Kunsthalle geströmt sind. Vielleicht hat sie sogar jene Vorträge gehört, die er eigens für die Soziale Frauenschule gehalten hat.[5] Auf jeden Fall aber gehört sie den Lichtwark nahestehenden Bildungsbürgern an und ist mit Mitgliedern der Hittfelder Landhauskolonie befreundet: Auf einer Wohltätigkeitsveranstaltung zum Wohle des Pensionsvereins unverheirateter Lehrerinnen tritt sie an der Seite von Emma Vivié und Margot O'Swald in einem von Toni O'Swald verfassten Märchenspiel auf.[6]

1 vermutlich der Hamburger Hermann August Schmidt (1848–1906), seit 1873 verheiratet mit der Hamburgerin Marie Matthaei (1849–1928), Cortale Web Site, Marie Schmidt (geb. Matthaei), 2017
2 Nethe, Consulting & Engineering, 2020; C. August Schmidt & Söhne Company, 100 Jahre C. Aug. Schmidt Söhne, 1941
3 Oppens, Maria Schmidt-Matthaei und der Sunderhof, 1957
4 Der Sunderhof und seine Herrin, o. D.; Schmidt-Matthaei, Erklärung, [um 1951].
5 Zeromski, Alfred Lichtwark, 1924, S. 99, 108, 110
6 Krause, Wohltätigkeits-Vorstellung, o. D.

▼ **Emil Milan, undatiert** (aus: Walter Trenschel, In memoriam Emil Milan, In: the Phonetican, Nr. 93/94 (2006) S. 29 – 34, hier S. 29) Milan wird das Verdienst zugeschrieben, im Vortrag als erster mit allem unnatürlichem Pathos gebrochen zu haben. Schüler berichten von »Meister Milans Zauber«.

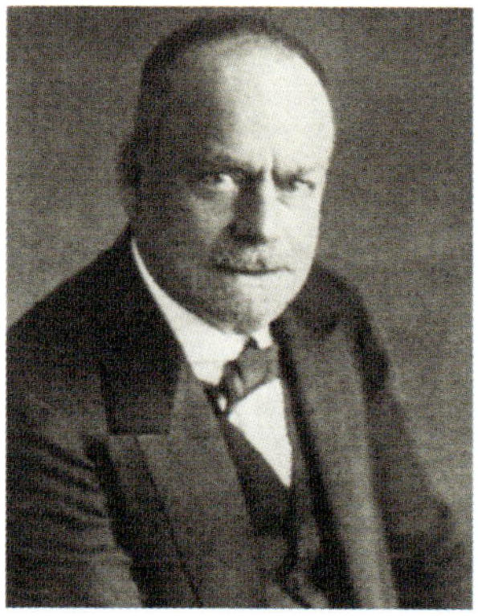

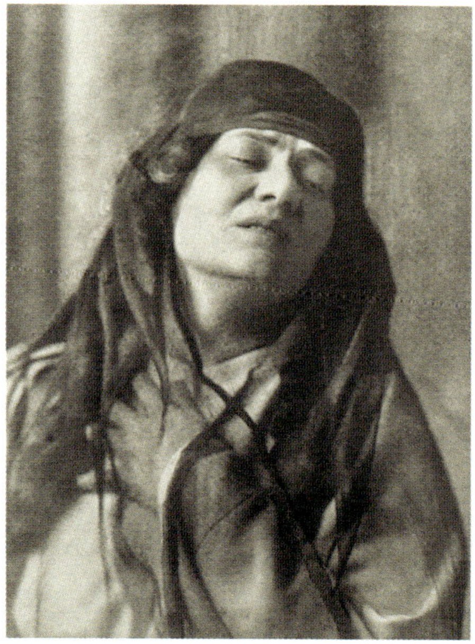

▲ **Atelier Rudolf Dührkoop, »Adele Doré als Mariamne in ›Herodes und Mariamne‹«, um 1917** (Staats- und Universitätsbibliothek Hamburg Carl von Ossietzky, Hamburger Theatersammlung 51 – 76 Adele Doré) »Könnte ich nur heute Abend dabei sein.« Alfred Lichtwark, undatiertes Telegramm an Adele Doré

Bereits 1911, einige Jahre nach dem Tod ihres Vaters, ist Schmidt-Matthaei mit ihrer Mutter in den Sunder gezogen,[7] was auf diese Verbindungen zurückgehen dürfte. 1913 wird sie als Bewohnerin von Haus Knixberg genannt,[8] das nach dem Auszug der O'Swalds wieder frei geworden war. Wenn Lichtwark nachmittags von der Kunsthalle kommend zu seinem Häuschen geeilt ist, ist er »Fräulein Schmidt«, wie er sie nennt, daher oft begegnet.[9] Zu diesem Zeitpunkt hat sich der soziale Zusammenhalt der kleinen Landhauskolonie schon so gefestigt, dass man die Pädagogin als »eifrige Sunderenthusiastin« charakterisiert.[10]

Neben Schmidt-Matthaei gehört auch die Schauspielerin Adele Doré (1863 – 1918) zum Freundeskreis im Sunder. Die unter dem bürgerlichen Namen Barbara Apollonia Foederl in Wien geborene Schauspielerin hat ihren ehemaligen Schauspiellehrer Emil Milan (1859 – 1917) geheiratet, der – selbst

7 Der Sunderhof und seine Herrin, o. D.
8 Verzeichnis der Teilnehmer an den Fernsprechnetzen im Oberpostdirektionsbezirk Hamburg, April 1913, S. 467
9 Kahl, Landsitze als Kulturinseln, 1936
10 ebd.

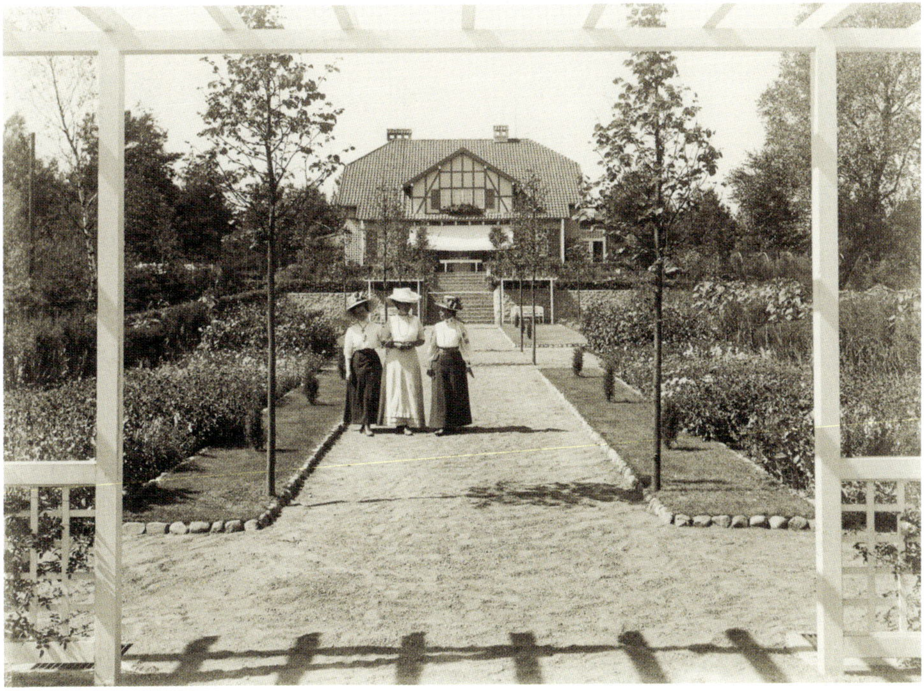

▲ **Anton Joachim Christian Bruhn, »Privathaus der Familie Terfloth in Metzendorf bei Hittfeld«, 1908** (Museum für Kunst und Gewerbe Hamburg, Sammlung Juhl, AB1988.402) Das Zusammenspiel von rustikalen Wegeeinfassungen mit weißen Lauben und Sitzbänken sowie von bäuerlich-üppigen Blumenbeeten in Verbindung mit geometrischer Strenge prägt auch das Anwesen Terfloth.

Schauspieler und auch Regisseur – sich vor allem als Rezitator und Sprachtrainer einen Namen gemacht hat. 1897 war sie aus Köln einem Ruf an das Hamburger Thalia Theater gefolgt, bevor sie 1900 ins neugegründete Deutsche Schauspielhaus im Hamburger Stadtteil St. Georg wechselte. Als »Tragödin« überzeugt sie seither besonders in heldenhaften und tragischen Frauengestalten.

Auch Lichtwark hat sich von ihren Fähigkeiten begeistert gezeigt:

»Sie haben aber bei schwierigsten aller Gestalten glaubhaftes Leben, glaubhaften Tod und glaubhaften Wahnsinn in eins verschmolzen. Wo der Dichter die Einheit am stärksten herausbrachte, im dritten Akt, kann ich mir heute jede Gebärde, jede Miene, jede Intonation wiederholen und Gott weiß, wie reich sie waren.«[11]

Überschwänglich lobt auch der Maler Walter Schimmelpfeng:

11 Alfred Lichtwark, Brief an Adele Doré vom 10.1.1907, zit. n.: Dr. O.E., Am 9. Februar: Der Todestag Adele Dorés, 1934

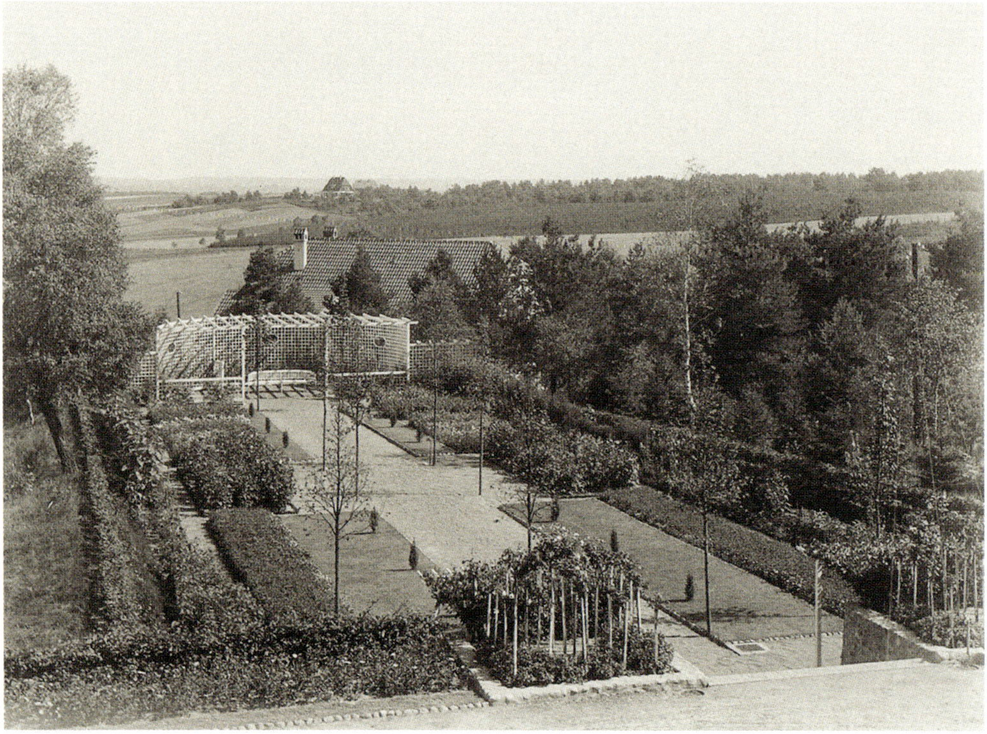

Anton Joachim Christian Bruhn, »Hittfeld. Besitz Terfloth: Blumengarten und Terrasse«, 1908 (Museum für Kunst und Gewerbe Hamburg, Sammlung Juhl, AB1988.440) Als formale Verlängerung der Terrasse schiebt sich der Blumengarten in die umgebende Landschaft.

»Wie hoch ragen Sie über die andern empor! […] Sie sind, was Sie spielen. Sie könnten sein, wie Elektra, wenn das Leben Sie in so grausige Probleme stellte, würden so groß handeln, wie jene. So wird im tiefsten Innern wahr, was Sie spielen […].«[12]

Schon 1904 hatte Lichtwark gelobt, nicht einmal die Schauspielerinnen der berühmten Comédie-Française könnten der Doré das Wasser reichen.[13] Wahrscheinlich hat er noch früher zu ihren Bewundern gehört, heißt es doch, die Doré sei sogar »der erste Gast in dem Hittfelder Dornröschenschlößchen« – dem Lichtwarkhaus – gewesen, von dem sie Wunder erzählt habe.[14]

Da Doré und Milan in verschiedenen Städten leben – sie ist ans Schauspielhaus gebunden, während er an der Universität Berlin und an der Schauspielschule des Deutschen Theaters in Berlin Lehrveranstaltungen hält – gehören

12 Walter Schimmelpfeng, Brief an Adele Doré vom 20.1.1909. zit. n.: Dr. O. E., Am 9. Februar: Der Todestag Adele Dorés, 1934

13 Lichtwark, Brief v. 18.5.1904, zit. n. Zeromski, Alfred Lichtwark, 1924, S. 243

14 Zeromski, Alfred Lichtwark, 1924, S. 158

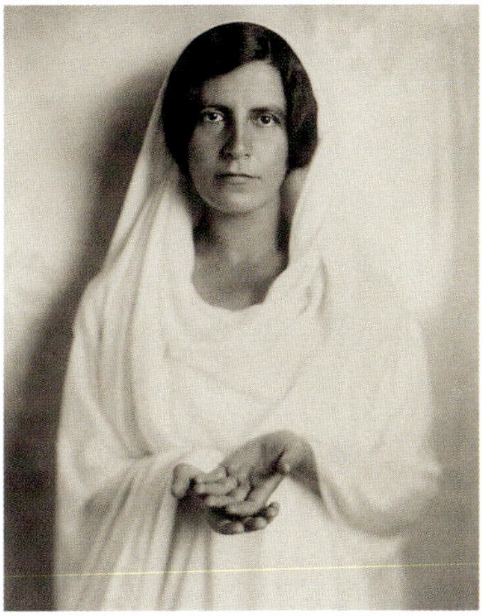

Minya Diez-Dührkoop, »Hertha Terfloth, die Tochter von Ernst Juhl«, 1917 (Museum für Kunst und Gewerbe Hamburg, Sammlung Juhl, AB1988.274) Hertha Terfloth (1880–1943), für einen Exlibris-Entwurf für ihren Vater, den Fotografen Ernst Wilhelm Juhl, posierend

sie nicht zu den dauernden Bewohnern des Sunderbergs. Und obwohl – oder gerade weil – Dorés Wohnung in der Papenhuderstraße 30 nur tausend Meter von Lichtwarks Wohnung entfernt liegt, besucht sie Lichtwarks in ihrem Sunderhöfchen so häufig, dass sie auch Kontakte zu anderen Bewohnern der Landhauskolonie knüpft: Nach einem Besuch bei Terfloths im dem Metzendorf zugehörigen Teil des Sunders etwa berichtet sie ihrem Mann von dem »feinen Haus« und der Hausfrau Hertha Terfloth: »eine schöne, charmante Frau, die meine Kunst sehr liebt.«[15]

Schon 1913 zeigen sich jedoch auch erste Auflösungserscheinungen der Gemeinschaft auf dem Sunderberg: Das Ehepaar Vivié, von dem elf Jahre zuvor die Initialzündung zur Bildung der Landhauskolonie ausgegangen ist, trägt sich mit Verkaufsgedanken. Sicher hat Lichtwark sie daraufhin mit Schmidt-Matthaei zusammengebracht und hofft nun, in der Pädagogin eine umgängliche neue Nachbarin zu gewinnen, die noch dazu seinen kulturpädagogischen Ideen gegenüber besonders aufgeschlossen ist. Und obwohl Schmidt-Matthaei mit dem heute unbekannten Grundstück »Ihlenberg« bereits einen Bauplatz in der Nähe erworben hat, überredet Lichtwark sie, nicht in so unbesiedelte »Wildnis« zu ziehen und lieber Viviés Besitz zu erwerben. Noch aus Meran, wo sich Lichtwark nach einer schweren Operation zu erholen versucht, erkundigt sich der Todkranke 1914, ob Fräulein Schmidt endlich den Sunderhof gekauft habe.[16] Sie tut es, kündigt ihre Arbeitsstelle und zieht in das Landhaus der Vorbesitzer, das sie weiterhin respektvoll als »Viviéhaus« bezeichnen wird.[17]

15 Adele Doré, Brief an Emil Milan v. 16.3.1914 (Staats- u. Universitätsbibliothek, Theatersammlung, 51–36); Terfloths besaßen auf dem Gelände des heutigen Hamburger Land- und Golfclubs Hittfeld e.V. mehrere Häuser (vgl. Lind, Als es den Golfplatz noch nicht gab, o.D., S. 8–11; Grenander, Entwurf für das Haus Terfloth, 1920)
16 Kahl, Landsitze als Kulturinseln, 1936
17 vgl. Schmidt-Matthaei, Richtlinien für die Arbeitsgemeinschaft, o.D.

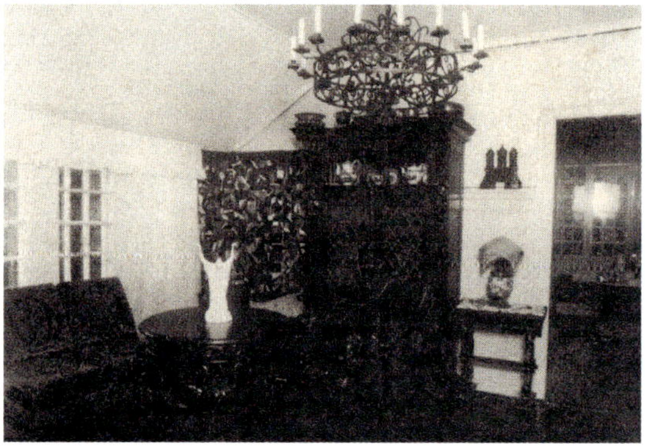

◄ »Arbeitsraum im Viviéhaus«, ca. 1930er-Jahre (Archiv CVJM-Sunderhof GmbH) Der Arbeitsraum im Mansardgeschoss, eingerichtet wie ein bürgerliches Wohnzimmer im Stilmix zwischen Expressionismus und Eklektizismus des 19. Jahrhunderts

► Doréhaus aus Norden, undatiert (Archiv CVJM-Sunderhof GmbH) Das Doréhaus wird nach bewährtem Muster in den Hang hineingebaut, doch nicht mehr im Stil der Reformarchitektur, sondern als traditioneller Fachwerkbau. Im Sockelgeschoss ist die Garage untergebracht.

Mit Alfred Lichtwarks Tod am 13. Januar 1914 hatte noch kurze Zeit zuvor kaum jemand gerechnet. Er selbst hat noch drei Wochen zuvor Graf Kalckreuth versichert, wie sehr er und Marianne sich über die Verlobung von Kalckreuths Tochter Anna freuten, ohne ein Wort über seine Krankheit zu verlieren.[18] Nun fehlt er. Ein Teil seiner Asche soll seinem Wunsch entsprechend auf dem Sunderhof verstreut worden sein.[19] Einen Monat später schreibt Doré ihrem Mann:

»Neulich auf dem Weg nach Lichtwarks Haus stieg eine Lerche vor mir auf und schmetterte ihr schönstes Lied. Ich war tiefergriffen.«[20]

Und doch geht auch nach Lichtwarks Ableben das Leben auf dem Sunderberg überraschend normal weiter. Im April wandert Doré »mit Marianne über Land«, findet es geradezu »herrlich«,[21] und nächtigt bei Marianne im Sunderhöfchen. Am Morgen gehen beide zu Kalckreuths, wo sie eine fröhliche Gesellschaft vorfinden. Doré genießt nach einem großen Spaziergang mit Marianne ein improvisiertes Mittagessen, bevor sie zur Trauung von Anna von Kalckreuth in die Hittfelder Kirche fahren. Am nächsten Tag schon ist sie mit Frau Bürgermeister Predöhl bei Lichtwarks zum Tee eingeladen.[22]

Tatsächlich ist wohl Marianne Lichtwark das emotionale Bindeglied der Sundergemeinschaft und mindestens für Doré die dort wichtigste Bezugsperson. Ihrem Mann berichtet sie häufiger von ihren Verabredungen mit »Marianne«. Zur neuen Besitzerin des Sunderhofs dagegen ist das Verhältnis weniger intim, von dieser schreibt Doré auch nach gemeinsamen Wanderungen weiterhin als von »Fräulein Schmidt«.[23]

Dessen ungeachtet empfindet Schmidt-Matthaei große Bewunderung für die Schauspielerin. Und so kommt es, dass sie die ehemaligen »Kutscher-

18 Lichtwark, Briefe an Kalckreuth, 1957, S. 276 (Brief v. 23.12.1913)
19 Lind, Als es den Golfplatz noch nicht gab, o. D., S. 14
20 Adele Doré, Brief an Emil Milan v. 10.2.1914 (Staats- u. Universitätsbibliothek Hamburg, Theatersammlung, 51–36)
21 Adele Doré, Brief an Emil Milan v. 22.4.1914 (Staats- u. Universitätsbibliothek Hamburg, Theatersammlung, 51–37)
22 Adele Doré, Brief an Emil Milan v. 26.4.1914 (Staats- u. Universitätsbibliothek Hamburg, Theatersammlung, 51–37)
23 Adele Doré, Brief an Emil Milan v. 6.2.1914 (Staats- u. Universitätsbibliothek, Theatersammlung, 51–36)

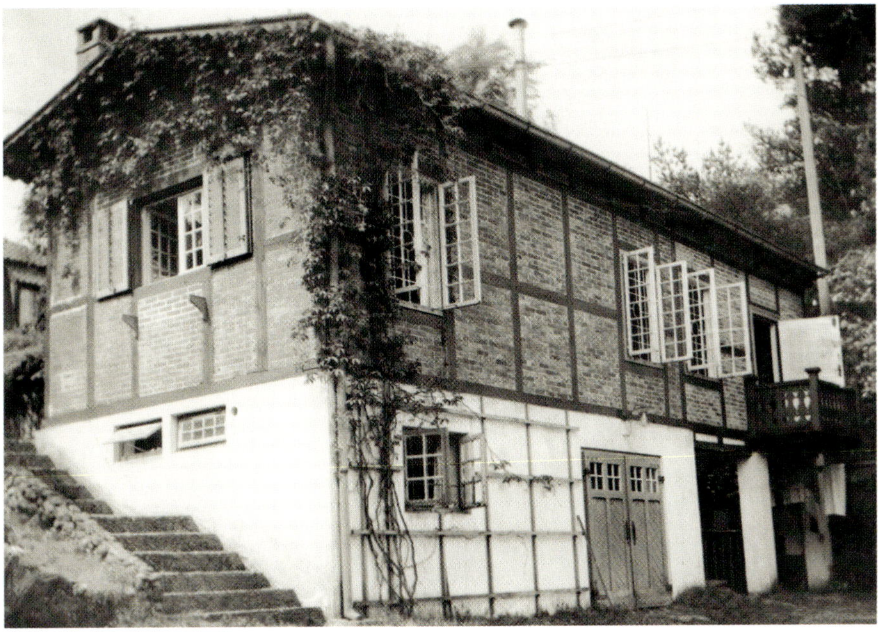

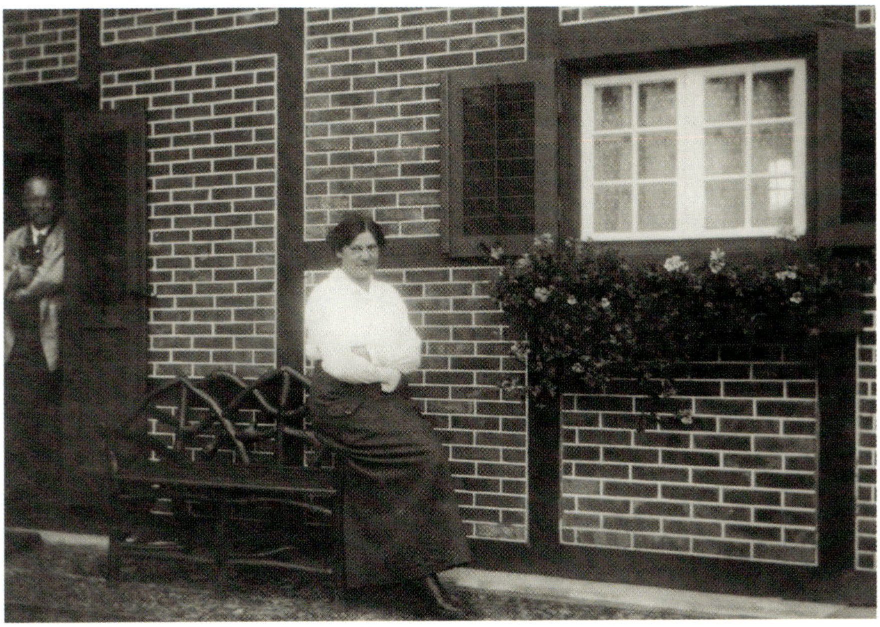

▲ Emil Milan und Adele Doré vor ihrem Landhäuschen auf dem Sunderberg, um 1916 (Archiv CVJM-Sunderhof GmbH) »Adele Doré hatte außerhalb der Bühne eine rührende Lebensunsicherheit, etwas von kindlicher Hilflosigkeit.« Heinrich Spiero, 1929

stuben«, eine Remise direkt unterhalb des Vivié-Hauses, für Doré und Milan bis 1916 zu einem einfachen Landhäuschen ausbaut,[24] damit die beiden eine Bleibe für die kostbare gemeinsame Zeit auf dem Lande haben.[25] Ob dem Paar diese unmittelbare Nähe zum Wohnhaus der Pädagogin so lieb ist wie dieser, darf getrost bezweifelt werden: Das wohl einzige Bilddokument, das diese beiden gemeinsam auf dem Sunderhof festhält, zeigt Doré in leicht angestrengter Haltung vor dem kürzlich fertiggestellten »Doréhaus«, während Milan sich diskret im Hintergrund hält.

Architektonisch ist die Hinzufügung des neuen Hauses eine Abkehr vom Reformstil, der alle Sommerhäuser der ersten Generation – Lichtwarks Hütte einmal ausgenommen – ausgezeichnet hatte. In Benselscher Manier in den Hang hineingesetzt sucht das Haus trotz seiner hohen zweiflügligen Fenster mit seinen unverputzten Gefachen eher den Anschluss an das Rustikale, als an die eleganten Landhäuser der Nachbarschaft. Zwar gibt es hier auch einen kleinen Balkon, dessen geschreinerte Zierbrüstung derjenigen des Sunderhöfchens vollständig gleicht, und die stellenweise bis über die Traufe mit wildem Wein berankte Fassade verleiht dem Haus auch eine ländliche Gemütlichkeit, aber die zu einem Souterrain umgebauten Kutscherstuben wirken in ihrem weißen Putz doch eher wie ein zu hoch geratener Sockel. Vor der eingeschossigen Südfassade steht eine Sitzbank im veralteten Knüppelholzstil wie ein Symbol der von Lichtwark bekämpften alten Gartenmode. Von dort blickt man über den mit einer Feldsteinmauer an der Böschungskante eingefassten winzigen Ziergarten.

Einen hohen Gestaltungsanspruch hat das Ensemble zwar nicht, aber der Sommersitz macht die Aufenthalte im Sunder für das Paar sicherlich bequemer. Und außerdem liebt es die Doré, hier etwas Gartenarbeit verrichten zu können: Wenn sie mit dem Pflanzen oder Roden beschäftigt ist, achtet sie nicht auf ihre Kleider und vergisst, ihre gepflegten Hände zu schonen.

Gleich nachdem das Häuschen fertig geworden ist, soll sie sich »triefend und schmutzig mit den bloßen Händen« einen Weg in das kleine Wäldchen unterhalb gebahnt haben. Noch zwanzig Jahre später werden der von ihr angelegte Hainbuchenweg und ihre selbstgepflanzten Rosen erkennbar sein. Und Schmidt-Matthaei werden noch die Worte der Doré in den Ohren klingen: »Fest gießen, nur fest gießen!«[26]

In ihren zahlreichen Briefen an Milan berichtet Doré nicht von ihrem Garten, sondern von ihrer Arbeit am Theater, ihrem Tagesablauf und ihrer Gesundheit, mit der es tatsächlich schlecht steht. Ihre Zeit auf dem Sunderhof währt auch nur noch kurz: Milan stirbt im Frühjahr des Jahres 1917, und schon drei Monate darauf verlässt Doré Hamburg, um einem Ruf an das königliche Hoftheater

24 Kahl, Landsitze als Kulturinseln, 1936
25 vgl. Oppens, Maria Schmidt-Matthaei und der Sunderhof, 1957
26 Kahl, Landsitze als Kulturinseln, 1936

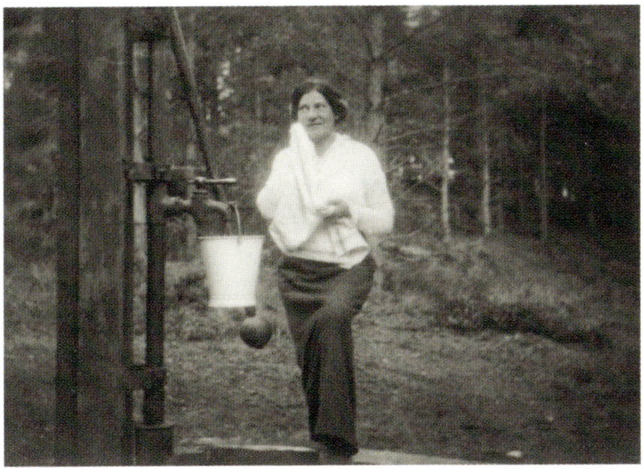

Adele Doré im Sunder, um 1916
(Archiv CVJM-Sunderhof GmbH)
»Für Maria Schmidt-Matthaei war die Freundschaft mit der Doré ein Erlebnis, das sie ganz und gar durchdrang.«
Edith Oppens, 1957

in Dresden zu folgen. Ihr Versprechen, Hamburg und die dortigen Freunde wiederzusehen, kann sie nicht mehr einlösen: Sie verstirbt im Februar 1918 an einem Krebsleiden.

Nachdem der Sunderberg mit Alfred Lichtwark im Frühjahr 1914 einen kulturellen Brennpunkt verloren hatte, hat sich Schmidt-Matthaei angeschickt, sein Werk nach ihrem Verständnis fortzuführen. Mit Doré und Milan hatte sie, wie zuvor Lichtwark, ihr nahestehende Kulturpersönlichkeiten an sich und den Sunderberg zu binden versucht. »Stark berührt von der Gedankenwelt Alfred Lichtwarks« hatte sie schon den Ihlenberg erworben, um ihn »den Aufgaben einer neuen, diesen Ideen entsprechenden Erziehungsarbeit dienstbar zu machen.« Der Sunderberg steht noch direkter in der Lichtwarkschen Tradition, und sie glaubt, seinem Vermächtnis am nächsten zu kommen, wenn sie diesen Ort nicht nur als Wohnstätte nutzt, sondern als Erziehungsinstitut, das die »Mängel des […] pädagogischen Systems« ihrer Zeit vermeidet.[27]

Schmidt-Matthaeis Zielgruppe sind junge Frauen ab fünfzehn Jahren mit einer abgeschlossenen Schulausbildung. Indem sie den Sunderhof zu einer Art Landschulheim für Frauen entwickelt, führt sie Stränge der zeitgenössischen Bildungsreform und der Frauenbewegung zusammen. Schon die Tatsache, dass sie als Frau ein Erziehungsinstitut gründet, markiert diesen emanzipatorischen Hintergrund.[28] Wesentlich ist außerdem ihr Anspruch ganzheitlichen Lernens in gemeinschaftlicher Arbeits- und Naturerfahrung, um »Natur und Kunst zu einer Einheit im Menschen« zusammenzuschließen.[29] Die Lehrer verstehen sich nicht mehr als Zuchtmeister, sondern nehmen sich zugunsten der schulischen »Arbeitsgemeinschaft« zurück, in der die Einzelne eine umfassende Charakterbildung erfahren soll.[30]

27 Schmidt-Matthaei, Erklärung, o. D.
28 Hauschild-Thiessen, Die Klosterschule, 1972, S. 11
29 Schmidt-Matthaei, Richtlinien für die Arbeitsgemeinschaften. o. D.
30 ebd.

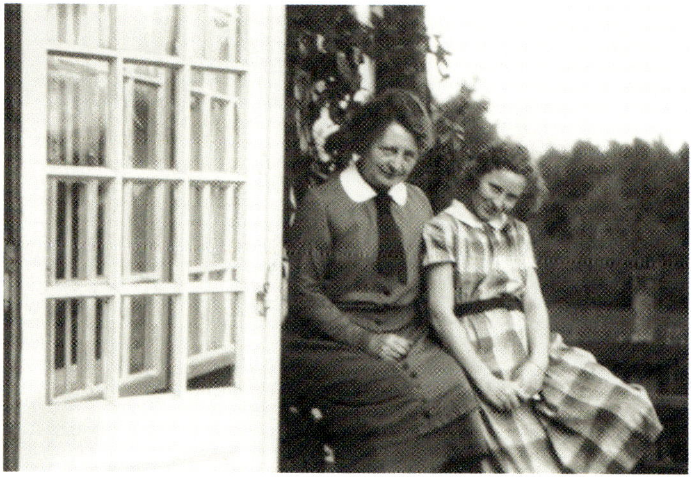

► Maria Schmidt-Matthaei (verm. mit einer Haustochter) auf dem Altan des Viviéhauses, undatiert (Archiv CVJM-Sunderhof GmbH) Im Hintergrund ist das Doréhaus erkennbar.

Unterrichtet werden daher nicht traditionelle Fächer wie Geografie, Mathematik oder Religion, sondern vor allem weltanschaulich-soziale: Gesundheits- und Erziehungslehre, Staatsbürgerkunde und Weltanschauung. Im Mittelpunkt aber steht die Naturbetrachtung, genauer, eine »Naturbetrachtung [...] von schöpferischer Kraft«. Außerdem werden rhythmische Gymnastik, Dichtung und Musik sowie »Betrachtung von Kunstwerken« gelehrt, letzteres offenbar in Anlehnung an Lichtwarks »Übungen in der Betrachtung von Kunstwerken«.[31] Und auch »eigene Kunstausübung« zählt zu den Lerninhalten,[32] sicher in Hittfelder Tradition das Zeichnen oder Malen »en plein air«, oder das Anfertigen von Scherenschnitten nach Art der dilettierenden Künstlerinnen der Gesellschaft Hamburgischer Kunstfreunde. Ist die Vermutung abwegig, dass Schmidt-Matthaei dabei auch Arthur Siebelist unten im Hittfelder Dorf zu Rate zieht, den erfahrenen Kunstpädagogen, der zu dieser Zeit kaum mehr genug Aufträge bekommt, um sich und seine Familie durchzubringen?[33]

Ausdrücklich zielt die Ausbildung darauf, sich »auf den zukünftigen Beruf des jungen Mädchens als Mutter und auf die Kinderpflege« vorzubereiten. Doch es wäre nicht im Geiste Lichtwarks, sollte es dabei sein Bewenden haben: Als »künftige Erzieherin[nen] unseres Volkes« sollen die Schülerinnen mit aktuellen pädagogischen Fragen vertraut gemacht werden und ohne parteipolitische oder religiöse Bindung zu einer »schöpferischen Weltanschauung« und ethischen Prinzipien geführt werden. Das sind mehr als nur hohle Phrasen, denn in dieser Zeit der Lebensreformbewegung setzen viele ihre Hoffnung auf eine moralische Verbesserung der Gesellschaft durch kulturelles Schaffen.

31 Lichtwark, Übungen in der Betrachtung von Kunstwerken, 1897
32 Schmidt-Matthaei, Der Sunderhof, 1925
33 vgl. Meyer-Tönnesmann, Der Hamburgische Künstlerclub, 1985, S. 71

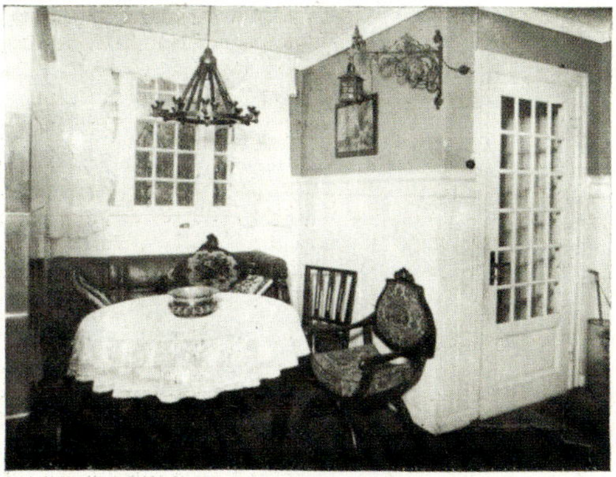

Wohnzimmer im Viviéhaus

schließt diese Arbeitsgemeinschaft Natur und Kunst zu einer Einheit im Menschen zusammen.

GESUNDHEITSLEHRE. Der geordnete Lebensrhythmus ist nur in einem geordneten Körper möglich. Daher ist eine hygienische Arbeitsgemeinschaft unerläßlich. Sie wird insbesondere auch auf den zukünftigen Beruf des jungen Mädchens als Mutter und auf die Kinderpflege vorbereiten.

ERZIEHUNGSLEHRE. Die künftige Frau wird die Erzieherin unseres Volkes sein, daher muß sie mit den pädagogischen Problemen der Neuzeit, die z. B. in wenigen Jahren das ganze Schulwesen von Grund auf geändert haben, bekanntgemacht werden. Sie muß von sich aus Stellung nehmen zur Erziehung der Kinder und zur steten Selbsterziehung auch des erwachsenen Menchen.

STAATSBÜRGERKUNDE. Das tägliche Leben stellt heute jeden Menschen vor Entscheidungen staatsbürgerlicher Art. Auch die Frau ist heute genötigt, zu den staatsbürgerlichen Fragen Stellung zu nehmen. Die Vorbereitung auf die Mitarbeit der Frau als Bürgerin in Gemeinde, Staat und Reich ist eine notwendige und wertvolle Vorbereitung für den Lebensweg. Es ist selbstverständlich, daß jede Parteipolitik irgendeiner Art als bestimmendes Element der Arbeitsgemeinschaft ferngehalten wird.

WELTANSCHAUUNG. Ist der Mittelpunkt unserer Arbeitsgemeinschaft die Naturbetrachtung, so kann diese Naturbetrachtung nur von schöpferischer Kraft sein, wenn sie *aus einer schöpferischen* Weltanschauung kommt. Die Einsichtigen wissen schon lange, daß in der Zerrissenheit unserer Zeit sich eine innere Sammlung, eine wiedererwachende Religiosität vorbereitet. Wie die Besten der Menschheit die ethische Frage stellten und beantworteten, wollen wir zu begreifen suchen, um daraus die Kraft zu gewinnen zu jenem eigenen ethischen Handeln, das der Tätigkeit des Lebens Ziel und Sinn gibt.

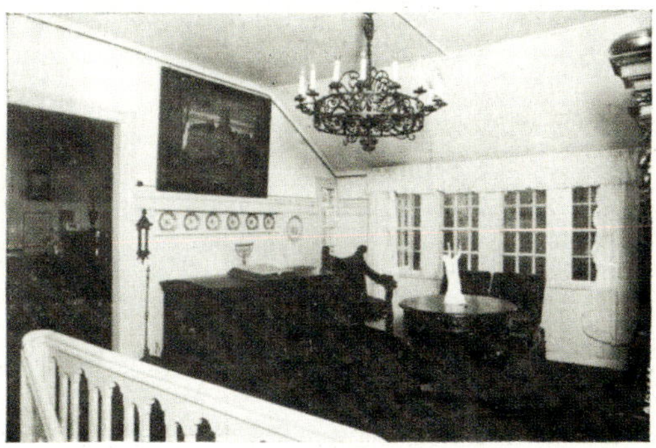

Arbeitsraum im Viviéhaus

▲ Maria Schmidt-Matthaei, Richtlinien für die Arbeitsgemeinschaften, S. 3, ca. 1920er-Jahre (Archiv CVJM-Sunderhof GmbH) Die Räumlichkeiten des Viviéhauses nutzt Schmidt-Matthaei für ihr Erziehungsinstitut.

Die Schülerinnen kommen aus verschiedenen deutschen Städten[34] und wohnen mit ihrer Leiterin im Viviéhaus. Den Räumlichkeiten nach zu urteilen sind es nie mehr als drei, vier Elevinnen gleichzeitig. Offenbar will Schmidt-Matthaei den Sunderhof zu einem besonders gehobenen Erziehungsinstitut entwickeln und versichert sich daher der Unterstützung hochkarätiger Dozenten: Der

34 Oppens, Maria Schmidt-Matthaei und der Sunderhof, 1957

► Lothar Schreyer, 1918 (aus: Nell Walden, Herwarth Walden: Ein Lebensbild, Berlin / Mainz, 1963, S. 56) Der universal talentierte Jurist, Dramaturg, Redakteur, Bauhaus-Pädagoge, Künstler und Maler erklärt sich zur Mitarbeit an Schmidt-Matthaeis Erziehungsprojekt bereit.

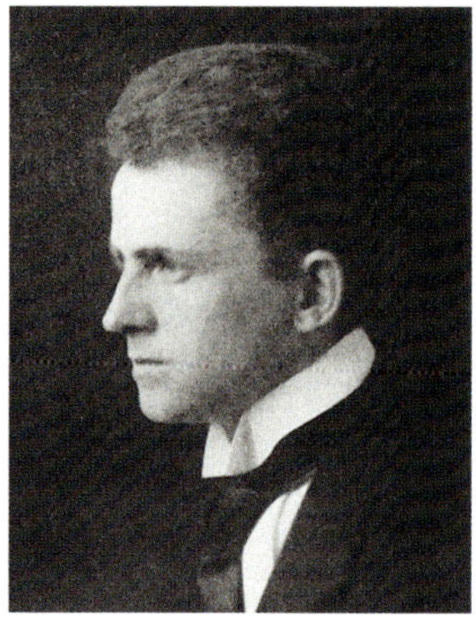

Konzert- und Oratoriensänger, Librettist, Schriftsteller und Theaterkritiker Rudolf Klutmann (1883–1968) aus Blankenese ist darunter,[35] ebenso wie der Philologe und Kunsthistoriker Hubert Stierling (1882–1950), seit 1915 Direktorialassistent am Altonaer Museum und nach 1931 dessen Leiter. Mit Lothar Schreyer (1886–1966), von 1911 bis 1918 Dramaturg am Deutschen Schauspielhaus und ein Freund der Doré, hat sich ein Allroundkünstler zur Mitarbeit bereit erklärt, der auch als expressionistischer Maler, Schriftsteller und Bauhaus-Dozent von sich reden macht. Und mit Dr. Pauly aus Harburg sowie Dr. Eleonore Salm-Salm[36] wirken auch Frauen an dem Projekt mit.

Die assoziierten Fachleute werden allerdings nicht oft tätig, nur für das Jahr 1925 berichtet Schmidt-Matthaei vom Zustandekommen der »Arbeitsgemeinschaft«.[37] Der Anfang gerät offenbar schleppend, es gibt zunächst wenige Interessentinnen. Nur zwei dieser »Haustöchter« genannten Schülerinnen sind namentlich überliefert. Das Beispiel der aus Ostmoor bei Buxtehude stammenden Bauerntochter Emma Prange (geb. 1909), die mit fünfzehn Jahren zu Schmidt-Matthaei kommt, belegt, dass die Schülerinnen auch nicht unbedingt aus begüterten Familien stammen müssen.[38] Viel lässt sich mit dem Erziehungsinstitut nicht verdienen. Mitte der 1950er-Jahre resümiert Schmidt-Matthaei:

»Obgleich zuerst der sehr bald ausbrechende Weltkrieg und dann Familienverhältnisse dazu geführt haben, dass erst jetzt zu einer endgültigen Verwirklichung dieses Planes geschritten werden kann, ist im Verlauf dieser Jahre stets daran gearbeitet worden, den Sunderhof für dieses Ziel geeignet zu machen.« [39]

35 Teich, Rudolf Klutmann, 1958
36 Verm. die Hamburger Psychologin Dr. Prinzessin Eleonore Salm-Salm, die u. a. 1922 neben Alfred Adler beim 1. Internationalen Kongress für Individualpsychologie spricht (Bericht über den I. internationalen Kongreß für Individualpsychologie, 1923, S. 43)
37 Schmidt-Matthaei, Erklärung, o. D.
38 Frdl. Mitteilung von Erika Meyer-Sahling, Seevetal, 2022
39 Schmidt-Matthaei, Erklärung, o. D.

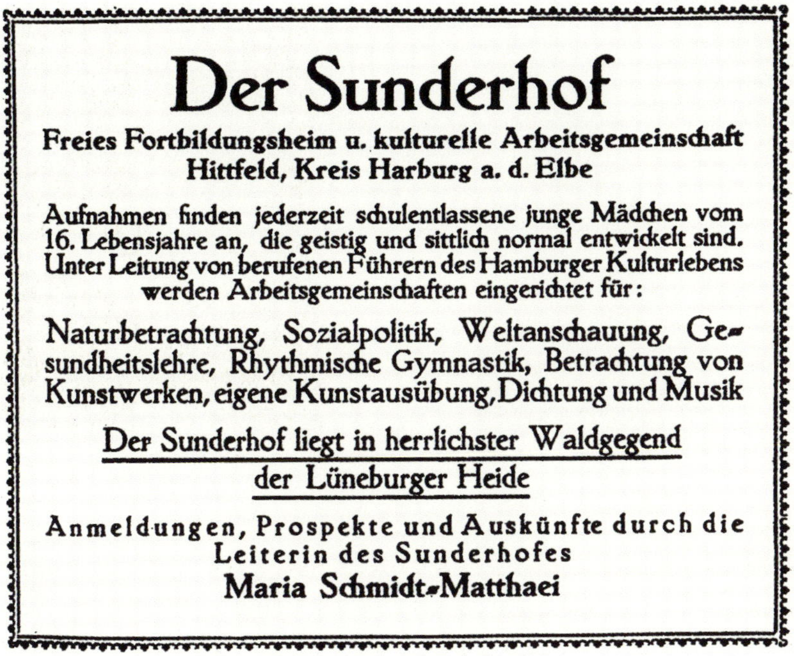

Der Sunderhof

Freies Fortbildungsheim u. kulturelle Arbeitsgemeinschaft
Hittfeld, Kreis Harburg a. d. Elbe

Aufnahmen finden jederzeit schulentlassene junge Mädchen vom 16. Lebensjahre an, die geistig und sittlich normal entwickelt sind. Unter Leitung von berufenen Führern des Hamburger Kulturlebens werden Arbeitsgemeinschaften eingerichtet für:

Naturbetrachtung, Sozialpolitik, Weltanschauung, Gesundheitslehre, Rhythmische Gymnastik, Betrachtung von Kunstwerken, eigene Kunstausübung, Dichtung und Musik

Der Sunderhof liegt in herrlichster Waldgegend der Lüneburger Heide

Anmeldungen, Prospekte und Auskünfte durch die Leiterin des Sunderhofes
Maria Schmidt-Matthaei

▲ Werbeanzeige für das Erziehungsinstitut Der Sunderhof
(aus: Die Neue Generation Jg. 21, Heft 4/5, Leipzig, Ernst Oldenburg, 1925, [S. 127])
In »Die Neue Generation«, dem Publikationsorgan des Deutschen Bundes für Mutterschutz und Sexualreform, publizieren so renommierte Autoren wie Sigmund Freud, Ricarda Huch, Bertha von Suttner und Kurt Tucholsky.

Schmidt-Matthaei dürfte hierbei auf den Ausbau ihres weitgespannten Netzwerks anspielen, zu dem so unterschiedlichen Pädagogen wie Erich Weniger[40] (1894–1961) sowie Helene Lange (1848–1930) und Gertrud Bäumer (1873–1954) zählen.[41]

Letztere sind das wohl bekannteste Paar der deutschen Frauenbewegung. Seit anderthalb Jahrzehnten haben sie in Berlin zusammengelebt und gearbeitet, doch ab 1916 verlagern sie ihren Lebensmittelpunkt für vier Jahre nach Hamburg. In diesem dritten Kriegsjahr sind Hamburger Bürgerinnen und Bürger, die sich zuvor in der Kriegshilfe engagiert haben, zu der Erkenntnis gelangt, dass es angesichts der hohen Zahl gefallener Soldaten notwendig ist, Frauen auf eine Erwerbsarbeit vorzubereiten. Unter den Gründungsmitgliedern des Vereins Soziale Frauenschule und Sozialpädagogisches Seminar in Hamburg e. V. befindet sich Toni O'Swald, die zur stellvertretenden Vorsitzenden gewählt wird. Von 1923 bis 1929 hat sie nicht nur den Vereinsvorsitz

40 Briefe zwischen Maria Schmidt-Matthei und Erich Weniger 11.11.1931 bis 17.11.1931 (Niedersächsische Staats- und Universitätsbibliothek Göttingen, Nachlass Erich Weniger Professor der Pädagogik 1894–1961 Cod. Ms. E. Weniger 3: 5,128)

41 Cohrs, Tagungs- und Jugendbildungsstätte, 1983, S. 34

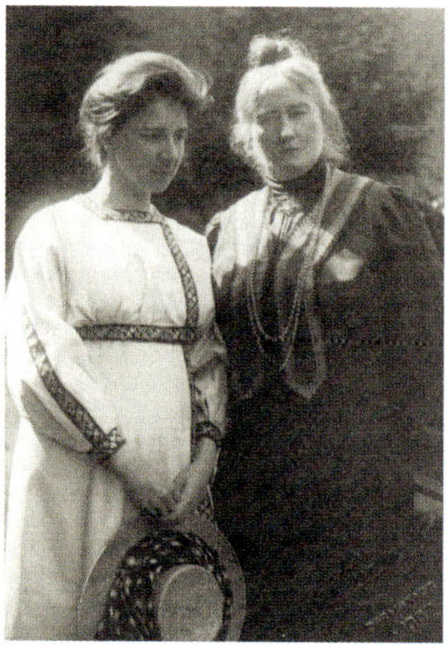

◄ **Gertrud Bäumer und Helene Lange, 1907** (aus: Angelika Schaser, Helene Lange und Gertrud Bäumer: Eine politische Lebensgemeinschaft, Köln / Weimar / Wien 2000, Anhang. Original: Privatarchiv Karen Hagemann) Die Frauenrechtlerinnen halten wiederholt Treffen auf dem Sunderhof ab.

► **Tanzdarbietung auf dem Sunderhof, undatiert** (Archiv CVJM-Sunderhof GmbH) Gruppen wie die Deutsche Demokratische Jugend führen bei ihren Veranstaltungen auf dem Sunderhof Volkstänze auf.

inne, sie fördert den Verein auch mit eigenen finanziellen Mitteln.[42] Gertrud Bäumer übernimmt 1916 die Leitung des Instituts[43] und mietet für die Soziale Frauenschule 1920 das seit zwei Jahren leerstehende Doréhaus.[44] Zu dieser Zeit stößt mit Elsa Luttrop (1896–1951), Frau des Hamburger Kaufmanns Edmund Wilhelm Luttrop (1863–1941),[45] eine weitere Bewohnerin des Sunderbergs zum Kuratorium der Sozialen Frauenschule.[46]

Da aber das Erziehungsinstitut nur selten ausgebucht ist, überführt Schmidt-Matthaei den Sunderhof in eine Tagungs- und Freizeitstätte für politische Gruppen und Schulen: Die Kinderpflegerinnen-Schule aus der Hamburger Feldbrunnenstraße etwa, verschiedene Hamburger Berufsschulen und das Hamburger Fröbel-Seminar, sowie aus Berlin die reformpädagogische Scharfenberg-Schule und die Oberprima der Mommsen-Schule.[47] Als ein Höhepunkt solcher Nutzungen lädt die Deutsche Demokratische Jugend von Hamburg im August 1924 zum Gedenken an Friedrich Naumann (1860–1919) auf den Sunderhof. Naumann hatte eine innige Freundschaft mit Gertrud Bäumer verbunden. Er war Gründungsmitglied der Deutschen Demokratischen Partei (DDP), für die Lange 1919 in die Hamburger Bürgerschaft eingezogen ist, und aus deren Reihen die entscheidenden Gestalter der Weimarer Verfassung gekommen sind. In geschlossenen Zügen rücken die Mitglieder der Jugendorganisation an und führen Rezitationen und Gesangsdarbietungen auf. Hamburgs Bürgermeister Carl Petersen (1868–1933) tritt als Redner auf, bis zum späten Abend werden Lieder gesungen und Volkstänze aufgeführt, und schließlich wird das Doréhaus als Landheim bezogen.[48]

42 Larisch, Die Hamburger Soziale Frauenschule, 2017, S. 9–10, 16; Röh / Larisch, Anfänge der Sozialen Frauenschule, 2011, S. 1

43 Larisch, Die Hamburger Soziale Frauenschule, 2017, S. 9–10

44 Cohrs, Tagungs- und Jugendbildungsstätte, 1983, S. 34

45 Edmund Luttrop war als Schatzmeister Vorstandsmitglied im Hamburger Stadtpark-Verein, der zu dieser Zeit mit Victor Köhnk, Maria Newman, Toni O'Swald, Albert Terfloth und Paul Voelcker fünf weitere Bewohner des Sunderbergs zu seinen Mitgliedern zählte (Jahresbericht des Hamburger Stadtpark-Vereins, 1931, S. 16–32).

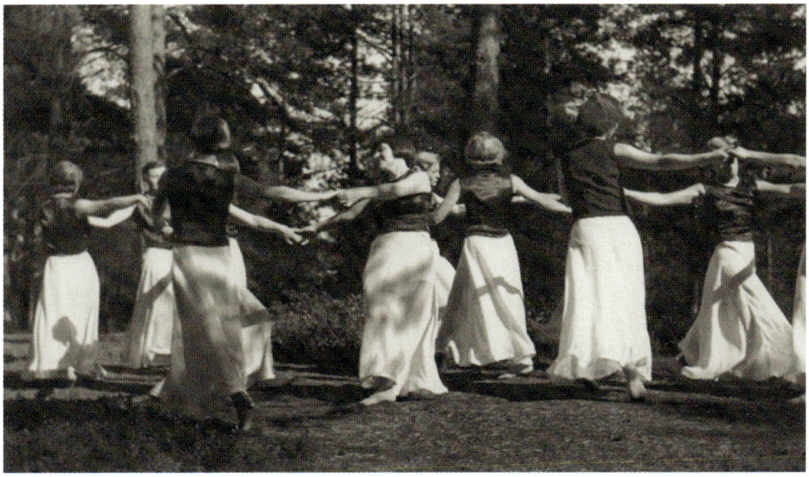

Mangels Schülerinnen für die »Arbeitsgemeinschaft« verliert der abgelegene Sunderberg schrittweise seine Privatheit: Im Dezember des Jahres wird Lichtwarks Sunderhöfchen den Blankeneser Schwestern vom Roten Kreuz als Erholungsheim übergeben.[49]

1933 bietet die mittlerweile 59-jährige Schmidt-Matthaei jüdischen Kindern Unterkunft, die sich auf dem Sunderberg auf ihre Ausreise nach und künftige Siedlungsarbeit in Palästina vorbereiten. Auch der Maler und Kunsthandwerker Ervin Bossányi (1891–1975)[50] findet auf dem Sunderhof Unterkunft, bevor er 1934 unter dem Druck der Nationalsozialisten nach England emigriert.[51] Aus heutiger Sicht schwer damit übereinzubringen, steht der Ort aber nicht nur staatlichen Schul- und Hortklassen, Studenten, Sozialbeamtinnen, Kinderpflegerinnen und Kindergärtnerinnen offen, sondern auch der Hitlerjugend (HJ), dem Bund Deutscher Mädel sowie der zur HJ gehörigen Jugendorganisation Jungvolk. Indem sie dafür sorgt, dass der Sunderhof weiterhin für Maler, Musiker und Schriftsteller interessant bleibt,[52] will Schmidt-Matthaei die Möglichkeit erhalten, pädagogisch-sozialpolitische und künstlerische Fragen in einer ganzheitlichen Perspektive zu betrachten. Um die an Sonntagen manchmal über einhundert Menschen zu beherbergen, errichtet sie drei zusätzliche Blockhäuser: das »Scharfenberghaus«, die »Hügelbaude« und den »Waldwinkel«.[53]

Sie gilt als liberal, in diesen Zeiten nicht ungefährlich. Ostern 1933 taucht die HJ auf und nimmt unter den Anwesenden der Sozialistischen Arbeiter-Jugend (SAJ), die den Sunderhof ebenfalls für ihre Treffen nutzt, Verhaftungen vor. Dies

46 Sozialpädagogisches Institut Hamburg, 1920–1922; zum Landhaus Luttrop vgl. Lind, Als es den Golfplatz noch nicht gab, o. D., S. 5 f.

47 Cohrs, Tagungs- und Jugendbildungsstätte, 1983, S. 34; Schmidt-Matthaei, Erklärung, o. D.

48 rap., Friedrich Naumann in memoriam, 1924

49 Cohrs, Tagungs- und Jugendbildungsstätte, 1983, S. 34

50 Bossányi war mit Wilma Maasz, einer Schwester des Lübecker Gartenarchitekten Harry Maasz (1880–1946) verheiratet und 1929 von Fritz Schumacher nach Hamburg geholt worden.

51 Oppens, Maria Schmidt-Matthaei, 1957

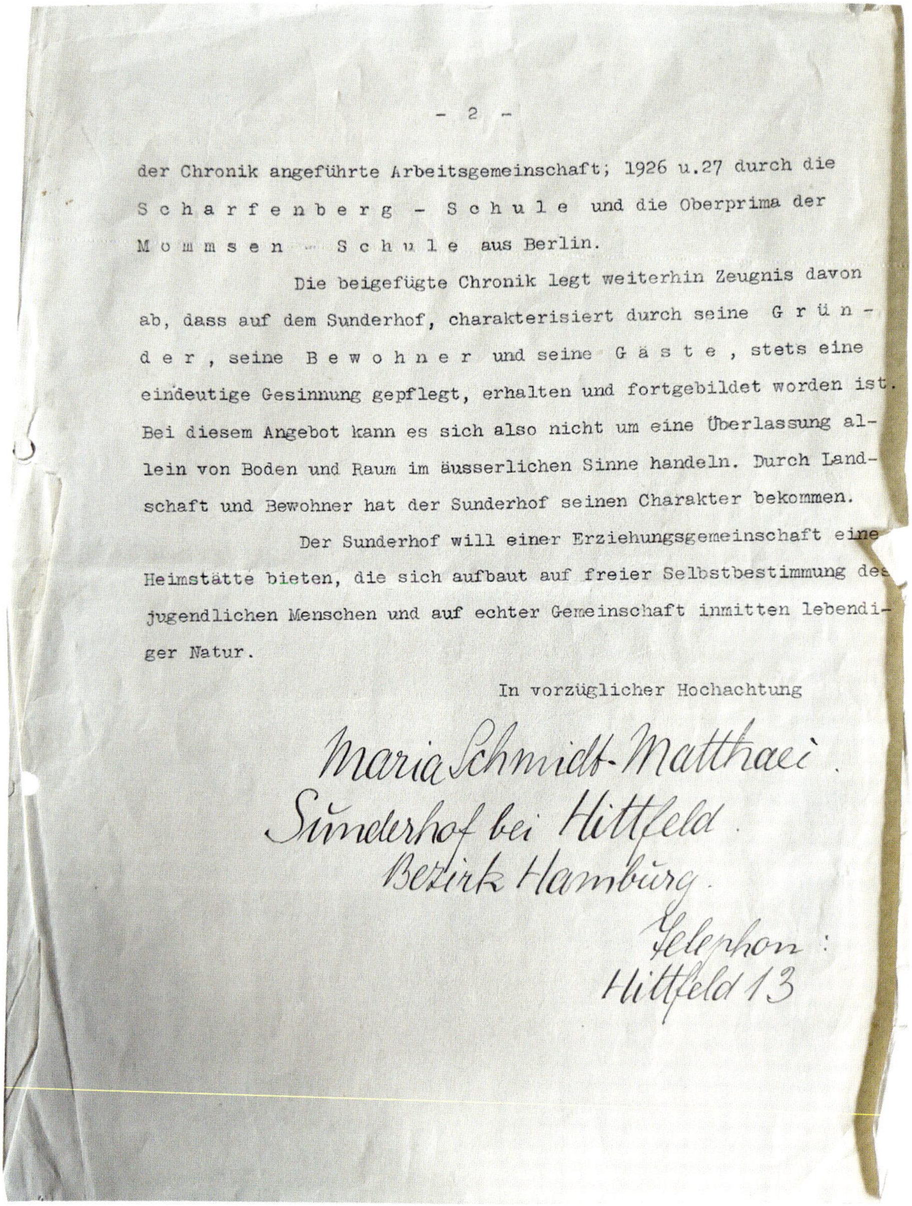

- 2 -

der Chronik angeführte Arbeitsgemeinschaft; 1926 u.27 durch die S c h a r f e n b e r g - S c h u l e und die Oberprima der M o m m s e n - S c h u l e aus Berlin.

Die beigefügte Chronik legt weiterhin Zeugnis davon ab, dass auf dem Sunderhof, charakterisiert durch seine G r ü n - d e r , seine B e w o h n e r und seine G ä s t e , stets eine eindeutige Gesinnung gepflegt, erhalten und fortgebildet worden ist. Bei diesem Angebot kann es sich also nicht um eine Überlassung allein von Boden und Raum im äusserlichen Sinne handeln. Durch Landschaft und Bewohner hat der Sunderhof seinen Charakter bekommen.

Der Sunderhof will einer Erziehungsgemeinschaft eine Heimstätte bieten, die sich aufbaut auf freier Selbstbestimmung des jugendlichen Menschen und auf echter Gemeinschaft inmitten lebendiger Natur.

In vorzüglicher Hochachtung

Maria Schmidt-Matthaei.
Sunderhof bei Hittfeld.
Bezirk Hamburg.
Telephon:
Hittfeld 13

▲ Maria Schmidt-Matthaei, Überlassungserklärung, um 1951 (Privatarchiv Siegfried Schmidt)
Schmidt-Matthaeis pädagogisches Testament

bleibt zunächst wohl ohne drastische Folgen für die Betroffenen. Als Schmidt-Matthaei der SAJ gestattet, mit rund vierzig Personen im nächsten Jahr wieder auf dem Sunderhof zusammenzukommen, erhält sie selbst immer häufiger »Besuch von örtlichen Polizisten«, was sie schließlich zum Einlenken zwingt.[54] In der Zeit der Gleichschaltung überführt die NSDAP ihr Erziehungsinstitut in ein Kinderheim und nutzt es nach 1939 als militärischen Außenposten.[55]

Doch sie kommt ansonsten wohl weitgehend unbeschadet durch NS-Zeit und Krieg und bietet nach dessen Ende Ausgebombten und Flüchtlingen eine Zufluchtsstätte.[56]

Sie versteht sich selbst als letzte Vertreterin der Lichtwarkschen Ideen auf dem Sunderberg, archiviert jedes Erinnerungsstück und jeden Brief Adele Dorés,[57] verfasst eine heute verschollene Chronik des Sunderhofs und beschriftet und archiviert Fotografien des Sunderbergs. Ledig und ohne Erben sorgt sie sich darum, den Sunderhof in seiner Bestimmung zu erhalten. Er soll »einer Erziehungsgemeinschaft eine Heimstätte bieten, die sich aufbaut auf freier Selbstbestimmung der jugendlichen Menschen und auf echter Gemeinschaft inmitten lebendiger Natur«. So wünscht sie es sich, als sie das Anwesen zunächst vermietet und im Oktober 1951 gegen eine geringe Kaufsumme und eine bescheidene Leibrente dem CVJM-Nordbund überträgt. Schon 1952 werden dort die ersten Jugendfreizeiten durchgeführt. In einer undatierten Überlassungserklärung hebt sie ein letztes Mal die Bedeutung der »Lichtwarkschen Gedankenwelt« für ihre Bemühungen hervor und stellt heraus:

»[…] dass auf dem Sunderhof, charakterisiert durch seine Gründer, seine Bewohner und seine Gäste, stets eine eindeutige Gesinnung gepflegt, erhalten und fortgebildet worden ist. Bei diesem Angebot kann es sich also nicht um eine Überlassung allein von Boden und Raum im äußerlichen Sinne handeln. Durch Landschaft und Bewohner hat der Sunderhof seinen Charakter bekommen.«[58]

52 Darunter der Schweizer Schriftsteller Jakob Schaffner (1875–1944) und der dänische Offizier Stig Guldberg (1916–1980), der später Rehabilitationsprojekte für körperbehinderte Kinder organisierte. (Fritsch, Sowjets im Sunderhof, 1962)

53 Kahl, Landsitze als Kulturinseln, 1936

54 Kaminsky, Verfolgung im Arbeitermilieu, 1999, S. 218, 221

55 Der Sunderhof und seine Herrin, o. D.; ein ehem. Flakbunker existiert noch heute auf dem Sunderhof.

56 Cohrs, Tagungs- und Jugendbildungsstätte, 1983, S. 34

57 Oppens, Maria Schmidt-Matthaei und der Sunderhof, 1957

58 Schmidt-Matthaei, Erklärung, o. D.

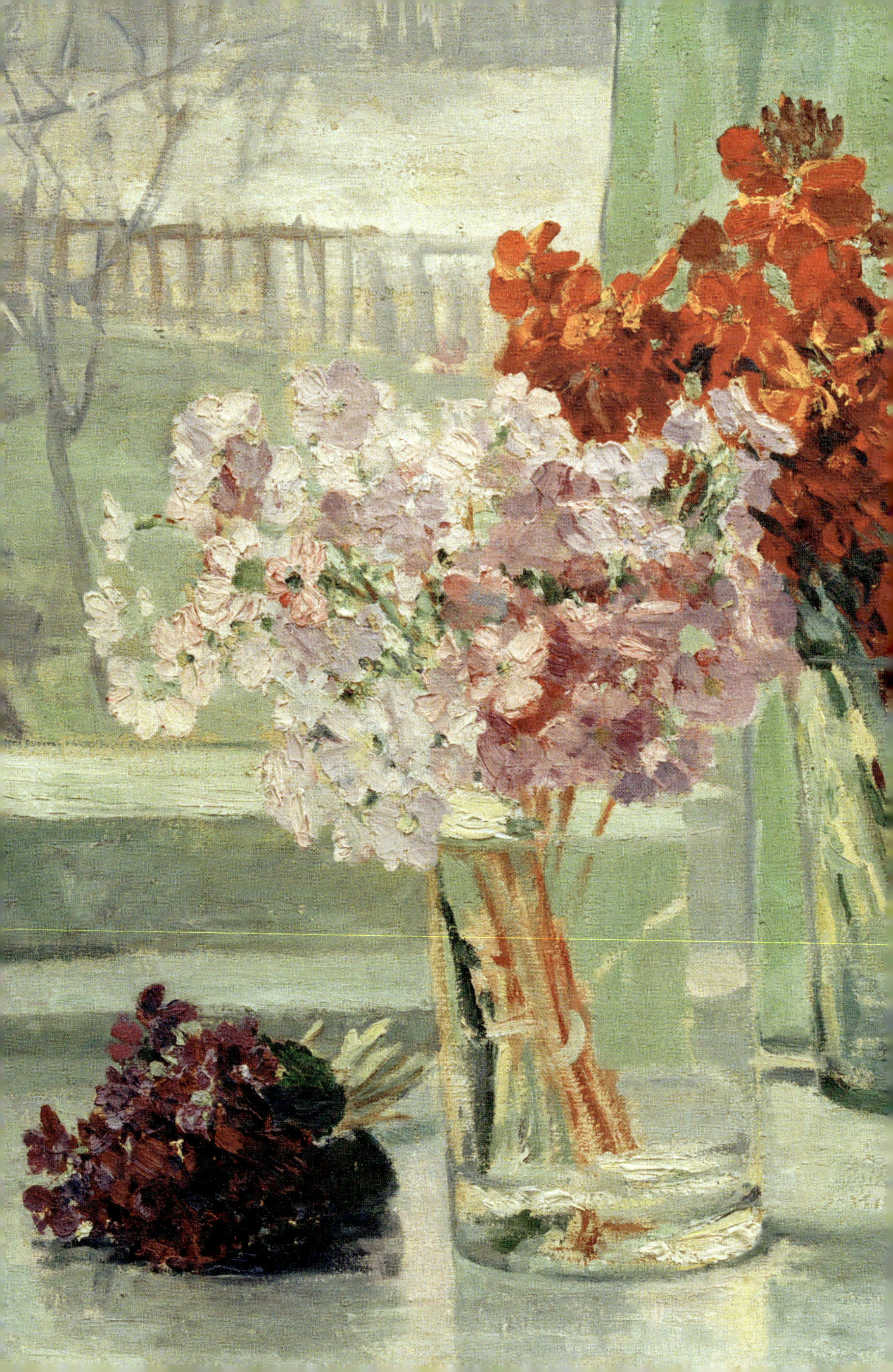

Lichtwarks Lebenskunst

◄ Molly Cramer, »Goldlack und Primeln (Atelierfenster)«, 1899 (Ausschnitt / vgl. S. 183)

Zwischen Innerlichkeit und Revolution

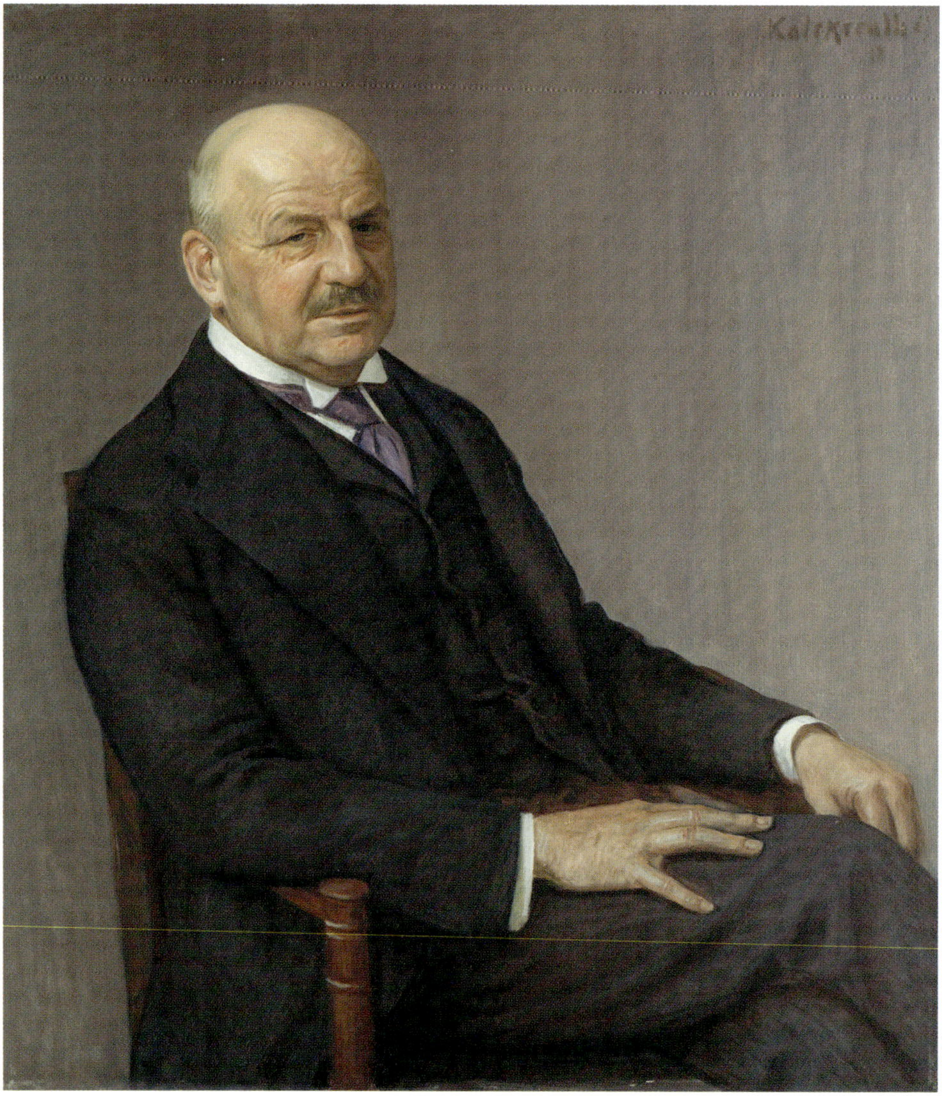

▲ Leopold Graf von Kalckreuth, »Alfred Lichtwark«, 1912
(© Hamburger Kunsthalle / bpk, Foto: Elke Walford)

»Neulich haben die jungen Leute der Kolonie ein nächtliches Spukfest gegeben. Sie hatten sich gedacht, es sollte um ein Uhr nachts anfangen. Das wollten die Eltern nicht. Dann fing es um neun an und dauerte bis drei, die Eltern immer mit. Nixen, Elfen, Hexen, Teufel, Engel, alles durcheinander um das Feuer neben dem Zelt im Walde. [Man] briet Cotelettes auf dem Rost, die aus der Hand verspeist wurden. Kalckreuth machte die gespenstische Füertangenbowl. Erst war es wolkig, aber offenbar wurde der Mond ebenso neugierig wie die Dorfbewohner, die von Ferne in unheimlichen Schaaren, von den Stämmen kaum zu unterscheiden, aus dem Dunkel zusahen. Die Kolonie beginnt sich zu fühlen.« [1]

Als Resümee dieser empathischen Schilderung zog Lichtwark befriedigt den Schluss einer inneren Konsolidierung der Landhauskolonie. Er analysierte ihren sozialen Zusammenhalt, während er sie gleichzeitig als persönlichen Erlebnis- und Empfindungsraum genoss. Ganz offenbar bedeutete die Kolonie für ihn mehr als ein »Rückzug in die Waldeinsamkeit«, den der mit Martin Haller befreundete Architekt Paul Wallot (1841–1912) darin sah,[2] auch wenn Lichtwark selbst gelegentlich davon sprach, der Ort sei so abgelegen, dass es in der Sahara nicht entrückter sein könne.[3] Lichtwark verband mit dem Leben im Sunder neben einer Hinwendung zur heimatlichen Natur auch die Möglichkeit, familiäre Nähe über den Kreis der Geschwister und der Mutter hinaus mit Freunden und Gleichgesinnten zu gestalten.

Alfred Lichtwark und auch seine Schwester Marianne beschäftigten sich oft und gerne mit Kindern, mindestens Marianne hätte am liebsten eigene gehabt. In ihrer Jugend hatte sie in Berlin als Erzieherin gewirkt,[4] und wenn sie dort gelegentlich »ihre Kinder und Enkel« besuchte und das Zusammensein mit ihnen genoss, bekam auch Alfred, der sie stets begleitete, seinen »Theil von dem Kuchen«, wie er vermerkte.[5] Tatsächlich sollen Kinder »wie Kletten« an ihm gehangen haben. Bezeichnend sind die Feste, die Lichtwark und Marianne jährlich in dem Heidedorf Klein Klecken, zehn Kilometer südwestlich vom Sunderhof, für die Kinder ihrer Freunde ausrichteten. Eine von Kalckreuths Töchtern angeführte Schar kleiner blumenbekränzter Mädchen umtanzte bei einer dieser Gelegenheiten singend ihren verlegen wirkenden »Onkel Alfred«. Bezeichnend ist auch Mariannes Reaktion auf ein kleines Mädchen, das Lichtwarks Sunderhöfchen einmal als »das Knusperhäuschen« bezeichnete: Lichtwarks Schwester behängte das kleine Haus für das Kind daraufhin tatsächlich mit Pfefferkuchen und Süßigkeiten![6] Die Kolonie bot Lichtwark sicher einen kleinen Ersatz für eigene Kinder.

Sie war darüber hinaus auch Teil seines Ringens um die Etablierung künstlerischen Tuns in der Gesellschaft insgesamt. Sowohl die Landhauskolonie als

1 Lichtwark, Briefe an Wolf Mannhardt, 1952, S. 74 f. (Brief v. 5.9.1908)
2 Paul Wallot, Brief v. 23.7.1911 an Martin Haller (Hamburger Kunsthalle: HAMK-SO Archiv 129)
3 Lichtwark, Briefe an Leopold Graf von Kalckreuth, 1957, S.121–123 (Brief v. 16.4.1904)
4 Familie Bodenstedt in Berlin (Junge-Gent 2012, Lichtwark, S. 40)
5 Alfred Lichtwark, Brief an Antonie Haller v. 31.12.1912 (Hamburger Kunsthalle: HAMK-SO Archiv 129)
6 Zeromski, Alfred Lichtwark, 1924, S. 161

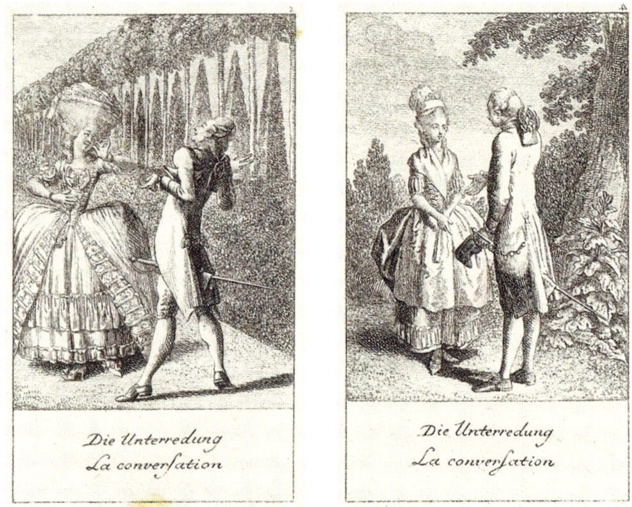

► **Daniel Nikolaus Chodowiecki, »Die Unterredung/La conversation«, 1778** (aus: Natürliche und affectirte Handlungen des Lebens, erste Folge, 4, 1778, Staatsgalerie Stuttgart) Eine Hinwendung zur Natur sollte die Gesellschaft am Ende des 18. Jahrhunderts von Affektiertheit und Zwang befreien.

auch die Hittfelder Malkolonie können als großbürgerliche Ausprägungen der vielfältig wirksamen Lebensreformbewegung verstanden werden. Beide Kolonien formten sich unter Lichtwarks Einfluss in der in ihrer Ästhetik wiederentdeckten Nordheide als je eigene Suchbewegungen in Richtung einer neuen Beziehung des Menschen zu Natur und Heimat. Es war eine Suche, der auch progressive Gartenkünstler dieser Zeit sich verschrieben hatten, und die eine gartenkulturelle Reform zur Folge haben sollte, an der die Landhauskolonie im Sunder teilhatte.

Die Gartenrevolution am Ende des 18. Jahrhunderts hatte sich aus der Kritik an der vermeintlichen Unnatürlichkeit geometrisch-formaler Gärten entwickelt. Natürlichkeit konnte ein Garten nach damaliger Lesart folglich nur für sich beanspruchen, wenn er Landschaft imitierte. Da die meisten der frühen Protagonisten dieser Anschauung aus England stammten, bestimmte die dortige Weidelandschaft das gartenkünstlerische Idealbild. Dabei wurden die der Schere des Gärtners entrissenen Bäume zum Sinnbild für das nun auch befreite menschliche Individuum: Beide sollten sich frei und ihren unverbildeten Anlagen gemäß entfalten können. Diese Emanzipation von den Zwängen der Verkünstelung konnte durch Negativ-/Positivbilder beworben werden.

Hinter der Kritik an der vorherrschenden Gartenkunst um 1900 verbarg sich ein analoges Problem, nur mit umgekehrten Vorzeichen: Nun erschien die Imitation von Landschaft, zumal auf kleinem Raum, als unnatürlich. Denn als Referenz für Natürlichkeit diente diesmal kein Landschaftsbild, sondern der Mensch.

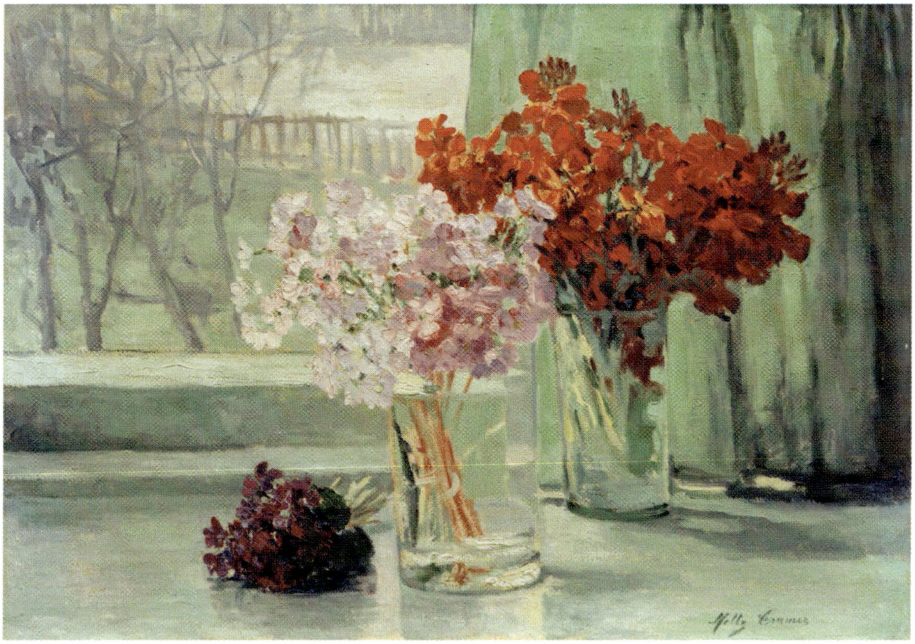

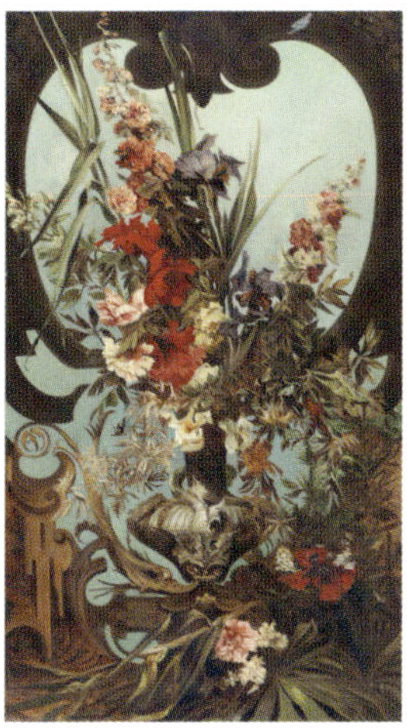

▲ Molly Cramer, »Goldlack und Primeln (Atelierfenster)«, 1899 (Krefeld, Kaiser Wilhelm Museum / akg-images) Lichtwark nahm an, Kinder würden die ersten sein, die sich an einfachen Blumensträußen in schmucklosen Glasvasen begeistern werden.

◄ Hans Makart, »Blumenstück«, 1884 (Fotonachweis: Dorotheum Wien, Auktionskatalog 10.5.2017) Für Lichtwark ein Sinnbild von Überladung und Unnatürlichkeit

Da die Gartenkunst nicht den Realitäten der Industriegesellschaft – kleine Grundstücke, beengte Wohnverhältnisse, wenig Licht – Rechnung trug, erlebte man sie als auf Repräsentationsästhetik verengt, akademisch und weltfremd.[7]

Als früher und wortgewaltiger Protagonist dieser Gartenrevolution bediente sich Lichtwark ebenfalls, und sogar häufig, plakativer Negativ-/Positiv-

7 Lichtwark, Einleitung, In: Breitfenster und Hecke, 1906, S. 8

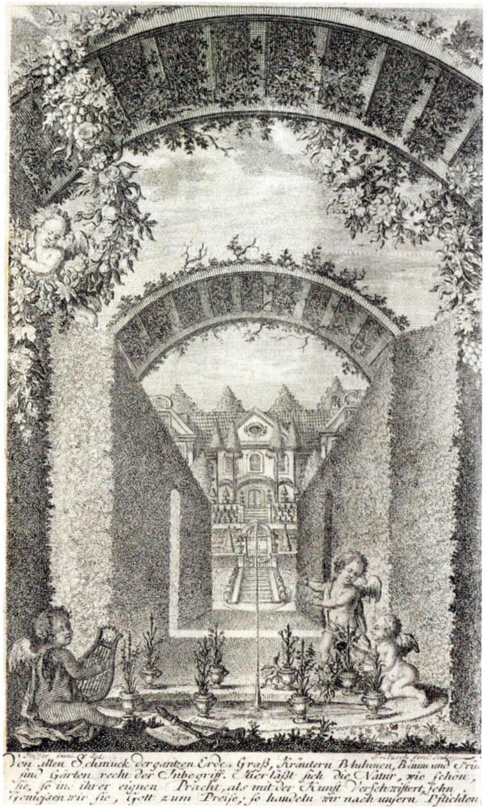

◄ Christian Fritzsch, »Irdisches Vergnügen in Gott«, Titelkupfer, 1746 (aus »Barthold Heinrich Brockes, Herrn B. H. Brockes, Lti. Com. Palat. Cæs. und Raths-Herrn der Stadt Hamburg, Irdisches Vergnügen in Gott, bestehend in Physicalisch- und Moralischen Gedichten, Bd. 8, Hamburg, Christian Herold, 1746) Die Geometrie Althamburgischer Gärten entsprach für Lichtwark der Schlichtheit der Brockes'schen Naturempfindung.

bilder. So auch in seiner Kontrastierung des mit Draht gebundenen und in verschnörkelten Vasen arrangierten Makart-Bouquets gegen den in seiner Einfachheit und Klarheit schönen Blumenstrauß in einem Glas.[8] Die Propagierung der Hamburger Landschaft, ihrer Vegetation und Bautradition als Eckpfeiler einer künstlerischen und allgemein gesellschaftlichen Erneuerung, von Lichtwark sprachlich als »Erdgeruch«, »Bedürfnis des Bodens« und »Localcharakter« gefasst,[9] war sein Weg, Natürlichkeit einzufordern.

Mit diesem Verständnis lag ihm eine positiv verstandene Naivität nahe, die er in Kindlichkeit,[10] Dilettantismus, in heimatlich-ländlicher Einfachheit und sogar in Frömmigkeit fand: Nicht von ungefähr führte Lichtwark in seinen Schriften zur Heimatmalerei und zur Gartenkunst den in Hamburg wirkenden Universalkünstler Philipp Otto Runge (1777–1810) und auch den Hamburger Senator und Schriftsteller Barthold Heinrich Brockes (1680–1747) als Referenzen an.[11] Brockes zwischenzeitlich beinahe vergessenen Natur- und Garten-

8 Lichtwark, Makartbouquet und Blumenstrauß, 1892, S. 15–18, 24
9 Lichtwark, Die Sammlung von Bildern aus Hamburg, 1897, S. 26
10 Lichtwark, Makartbouquet und Blumenstrauß, 1892, S. 21–24
11 Lichtwark, Makartbouquet und Blumenstrauß, 1892, S. 35–41; Lichtwark, Die Sammlung von Bildern aus Hamburg, 1897, S. 23

dichtungen »Irdisches Vergnügen in Gott« (1721–48) erschienen Lichtwark durch ihre Einfachheit, Ehrlichkeit und Schlichtheit bedeutend. Insbesondere Brockes Blumenschilderungen aus dem »Irdischen Vergnügen« waren Lichtwark daher die Zitation längerer Passagen wert.

»Und uns Modernen, die wir nach langer Gleichgültigkeit wieder so intim wie Brockes zu sein trachten, uns will es scheinen, als ob wir nach langer Zeit die ersten wären, die ihn wieder ganz verstehen.«[12]

Neben der Schlichtheit dieser Frömmigkeit lag auch die Gestaltung von Brockes barockem Garten, dem »Roß«, Lichtwarks Gartenkonzept stilistisch nicht allzu fern: Die streng geschnittenen Heckenwände und die hölzernen Treillagen aus den Illustrationen zu Brockes »Irdischem Vergnügen« passten gut zu Lichtwarks gartenkünstlerischen Vorlieben.[13]

War es Zufall gewesen, dass Runges Darstellung der Hülsenbeckschen Kinder – Lichtwark hatte das Werk bei seinem Amtsantritt in der Kunsthalle aus dem Magazin geholt und ihm einen herausgehobenen Platz zugewiesen[14] – in Farbwahl und Motivik so bemerkenswerte Übereinstimmungen mit der achtzig Jahre älteren Darstellung der Brockeschen Kinder aufwies? »Kinder müssen wir werden, wenn wir das Beste erreichen wollen« hatte Runge einst gefordert[15]: Da Runges »anspruchslose Frömmigkeit«[16] dem religiösen Pathos Brockescher Prägung gut entsprach, mag Lichtwark darin einen Staffelstab erblickt haben, den er mit Überzeugung aufnahm, um ihn ins 20. Jahrhundert zu tragen.

Dies gilt umso mehr, als Runge dem Typus des universal begabten Künstlers entsprach, der Skizze und Radierung ebenso beherrschte wie das Ölbild, ein Meister des Scherenschnitts war, das erste dreidimensionale Farbsystem erdachte, über Kunst und Leben philosophierte und das Märchen »Van den Fischer un siine Fru« ersann. Dem auf seine Weise ebenfalls universell tätigen Lichtwark mögen Brookes und Runges Innerlichkeit und der bei Runge hinzukommende künstlerische Universalismus gerade in der Zeit der Lebensreform vorbildhaft erschienen sein. Dem Künstler Arthur Illies ist diese Verbindung nicht entgangen.[17] Sein postumes Lichtwark-Porträt lässt den Direktor vor dem Rungeschen Werk »Wir drei« posieren. Es inszeniert familiäre Nähe als Ideal in der Natur, gleichsam als Darstellung eines ideellen Vermächtnisses, welches Runge mit Lichtwark verband.[18]

Unter der generalisierenden Bezeichnung »Lebensreformbewegung« werden Gruppierungen verstanden, die um 1900 in Opposition zu Industrialisierung, Urbanisierung und Materialismus nach der Natur angemessenen Lebens- und Ausdrucksformen suchten. Die vielgestaltigen Gruppierungen und Themenfelder der Lebensreformer einte die Ablehnung einer als festgefahren

12 Lichtwark, Makartbouquet und Blumenstrauß, 1892, S. 38

13 vgl. Delius, Der Brockes-Garten, 1918, S. 349–354

14 Bahnsen, Ein Blick ins Paradies, 2005

15 Runge, Hinterlassene Schriften, 1840, S. 7

16 Lichtwark, Aus Philipp Otto Runges Jugend, 1903, S. 90

17 vgl. Illies, Aus Tagebuch und Werk, 1981, S. 58

18 Illies Komposition war daneben wohl auch eine humorvolle Anspielung auf die Verbundenheit zwischen Alfred, Marianne und Hans Lichtwark.

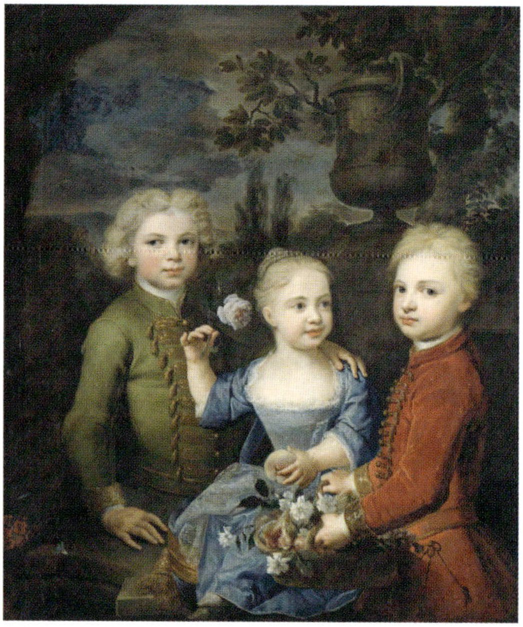

◄ Balthasar Denner, »Drei Kinder des Ratsherrn Barthold Hinrich Brockes«, um 1724 (© Hamburger Kunsthalle / bpk, Foto: Elke Walford) »Es wächst mein kindliches Vertrauen, / Wenn die gerührte Seele denkt: / Der Bluhmen kleidet, nährt und tränkt, / Der sie formiert, der mir sie schenkt, / Wird auch auf meinen Zustand schauen.« Barthold Heinrich Brockes, 1746

▼ Philipp Otto Runge, »Die Hülsenbeckschen Kinder«, 1805 / 1806 (© Hamburger Kunsthalle / bpk, Foto: Elke Walford) Runges »Die Hülsenbeckschen Kinder« vor einem formalen Landhausgarten in Hamm mögen Lichtwark wie eine Bezugnahme auf die Darstellung der »Drei Kinder des Ratsherrn Barthold Hinrich Brockes« und Brockes althamburgische Gartenkunst erschienen sein.

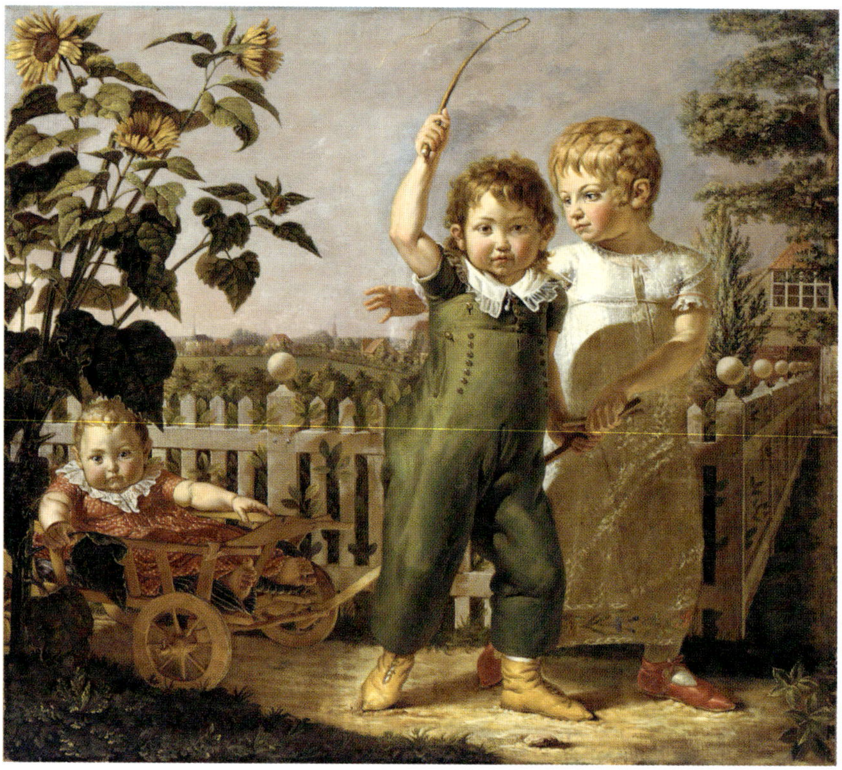

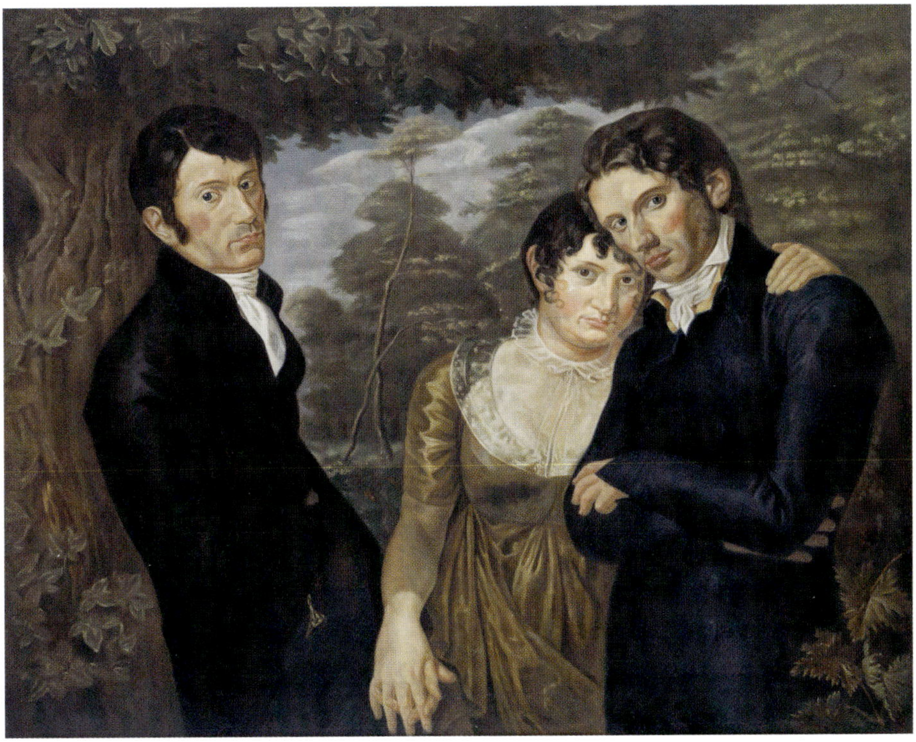

▲ Julius von Ehren, »Wir Drei«, um 1930 (Kopie nach Philipp Otto Runge, 1805) (© Hamburger Kunsthalle / bpk, Foto: Elke Walford)
Innige Verbundenheit zwischen den Brüdern Daniel Runge (links), Philipp Otto Runge und Philipp Ottos Ehefrau Pauline in der Natur

erlebten Gesellschaft im »langen« 19. Jahrhundert. Diese Opposition äußerte sich in der Einstellung u.a. zu Ernährung, Kleidung, Heimat- und Naturbegriff, Familie, Malkunst sowie Architektur und Gartenkunst. Als Teil und im diffusen Umfeld dieser Bewegungen arbeiteten Künstler in ihren je eigenen Disziplinen am Ideal der großen Verschmelzung von Kunst und Leben.

So wurde die heimatliche Landschaft zum Sehnsuchtsort der Wandervogel-Jugend und die Freiluftmalerei ländlicher Themen als Weg zur malkünstlerischen Erneuerung gefeiert, während zu gleicher Zeit Gartenkünstler in einer Neufindung ihrer Formensprache an einer Versöhnung von Ästhetik und Funktion arbeiteten. Die Landhauskolonie auf dem Sunderberg und die Hittfelder Künstlerkolonie deckten die Diskursfelder der Malerei, des Heimatschutzes sowie der Bau- und Gartenkunst ab. Wie zwei umeinanderkreisende

► Arthur Illies, »Alfred Lichtwark«, 1915–1917
(© Hamburger Kunsthalle / bpk, Foto: Elke Walford)
»[Lichtwark] hält einen besonderen Vortrag über ihn [Philipp Otto Runge] und seine Bilder, [...] das Familienbild mit dem Bruder, seiner Frau und ihm selbst, das Bild der Hülsenbeckschen Kinder usw. Über diese Bilder spricht er mit großer Wärme.«
Arthur Illies, 1892

Brennpunkte evozierten sie Austausch und stellenweise Wechselwirkungen zwischen diesen künstlerischen Disziplinen, was sie von weniger komplexen Projekten der Lebensrefombewegung abhob.

Singulär war die Kombination von Siedlungs- und Kunstprojekt nicht. Noch 1900, kurz vor Lichtwarks Hittfelder Abenteuer, hatten sich Aussteiger aus dem deutschsprachigen Raum im Schweizer Tessin auf dem Monte Verità, dem »Wahrheitsberg«, zusammengetan, eine »vegetabile Cooperative« und eine Naturheilanstalt gegründet, um die herum sich bald auch eine Künstlerkolonie (und ab 1913 auch eine Schule für Ausdruckstanz) etablierte. Weder ganz Landkommune noch reine Künstlerkolonie, gelang es den zunächst dem Anarchismus nahestehenden Siedlern, ohne definierte Leitung oder Statuten jahrzehntelang als loser Zusammenschluss verstreut lebender Individualisten zu bestehen und so einflussreiche Persönlichkeiten wie Hans Arp, Hermann Hesse, C. G. Jung, Hugo Höppner (»Fidus«), Erich Mühsam oder Rudolf von Laban anzuziehen.[19] Und obwohl der Monte Verità als alternative Lebensgemeinschaft europaweit bekannt wurde und ab 1909 auch die Bohème und sogar Touristen anzog, waren sowohl der räumliche als auch der ideologische Abstand zu den Landhäuslern des Sunderbergs mit ihren teilweise in der Stadt weiterbestehenden großbürgerlichen Verhältnissen immens.

Allerdings existierten auch in größerer räumlicher Nähe zur Landhauskolonie auf dem Sunderberg zeitgenössische Wohnprojekte als Verbindungen von Mal-, Bau- und Gartenkunst. Hier wäre zuerst an Liebermanns Wannseegarten zu denken, der seine Gestalt ja wesentlich Lichtwarks Mitwirkung verdankte. Doch Liebermanns »Schloss am See« war schon in seinem neoklassizistischen, an die Landhäuser Wesselhoeft und J. C. Godeffroy an der Hamburger Elbchaussee angelehnten Duktus zu bourgeois, um sich mit der Landhauskolonie rund um den Sunderberg vergleichen zu können. Hier stand die ungezwungene Begegnung mit Gleichgesinnten im Vordergrund, dort der großbürgerlich-familiäre Rückzugsraum. Die Landhauskolonie war darin auch komplexer als die norddeutschen Künstlergärten, an die man an zweiter Stelle denken mag:

19 Monte Verità, 1978

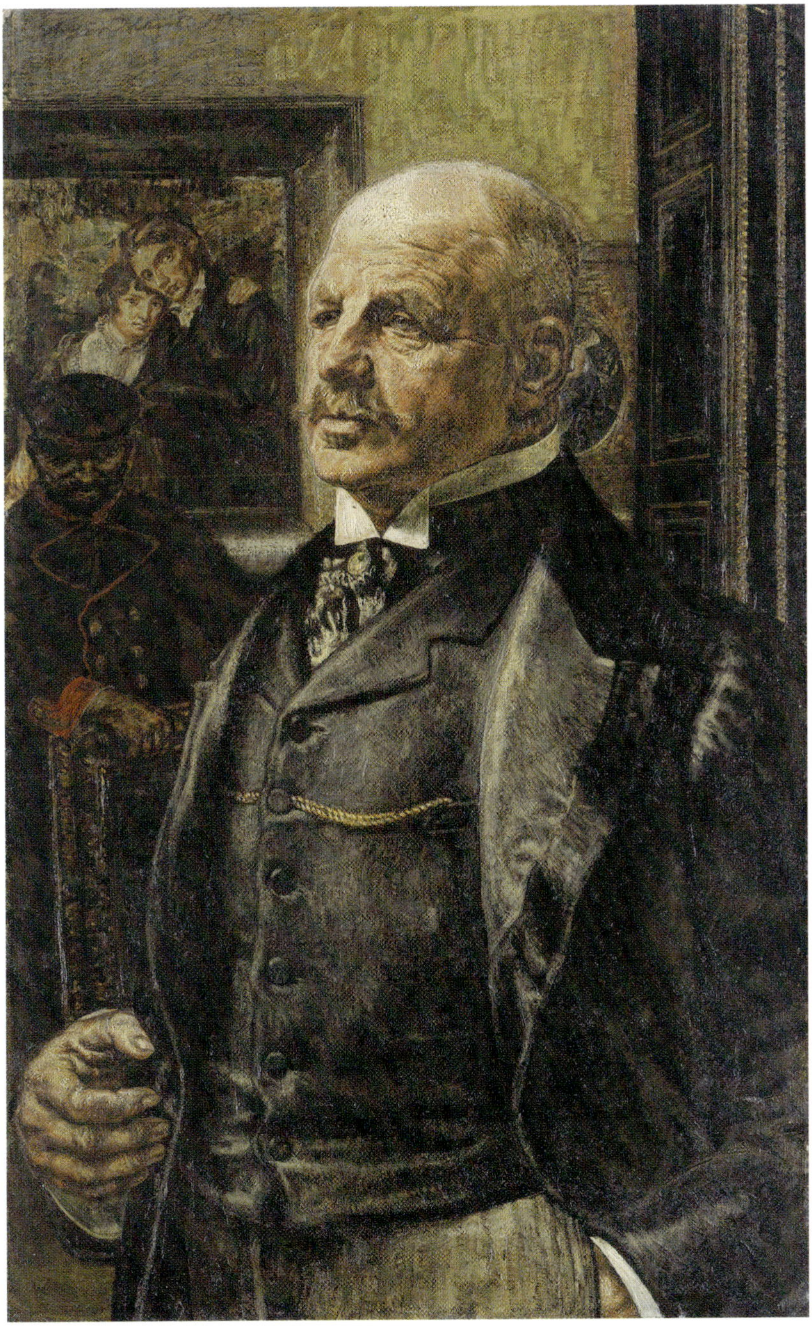

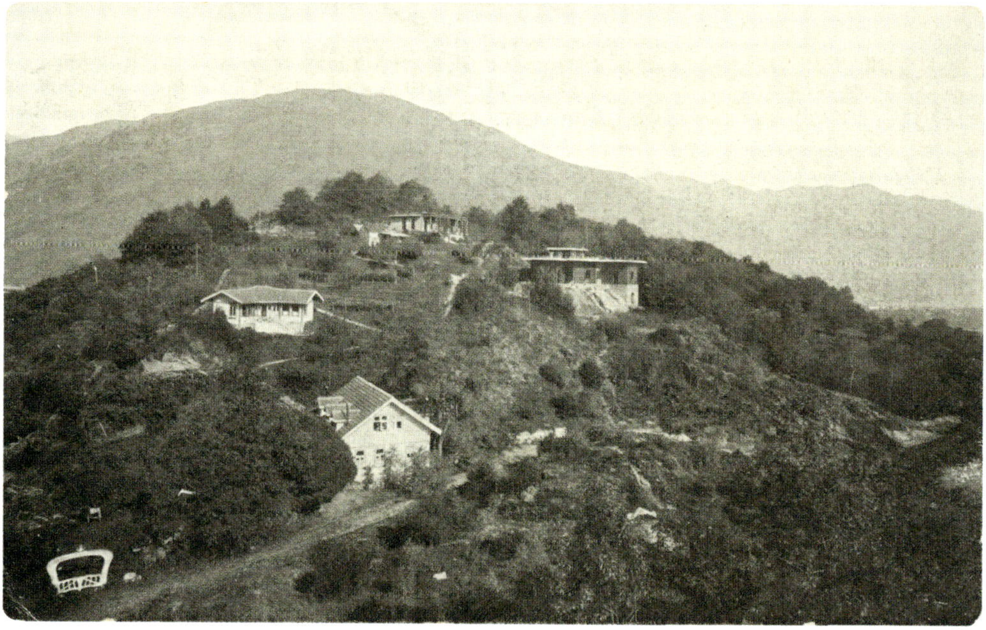

▲ Monte Verità, undatiert (© Fondazione Monte Verità, Fondo Harald Szeemann) Wohnhäuser der Kolonie auf dem »Wahrheitsberg«

etwa der 1926 entstandene Garten Emil Noldes in Seebüll oder der Garten von Emil Maetzel und Dorothea Maetzel-Johannsen in Volksdorf, ebenfalls erst nach 1914 realisiert. Künstlerkolonien des norddeutschen Tieflands wie Ahrenshoop und Schwaan (beide ab ca. 1892) oder Hiddensee (ab ca. 1919) kamen dem kommunikativen Aspekt der Landhauskolonie um den Sunderberg näher, waren aber der Reformarchitektur und -gartenkunst mit ihrer für Lichtwark wichtigen Konnotation mit dem Naturraum der Nordheide weniger verbunden.

Der Hittfelder Nordheide räumlich und landschaftlich näher lagen die Kunststätten in Worpswede und Jesteburg-Lüllau. Durch den Vergleich mit diesen beiden auch dem Hamburger Kulturraum verbundenen Orten lassen sich die Besonderheiten der Landhauskolonie um den Sunderberg in ihrer Zeit näher bestimmen.

Die Künstlerkolonie Worpswede war, darin den Siedlern des Monte Verità nicht unähnlich, vielfältigen Strömungen der Lebensreform und sogar sozialistischen Ideen verbunden[20] und hatte bereits seit dem späten 19. Jahrhun-

20 Uppenkamp, Sonnenhof und die Siedlerschule in Worpswede, 2019, S. 258

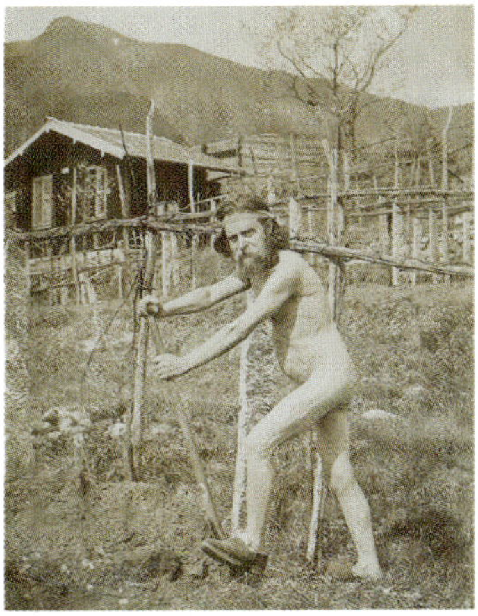

◄ M. Büch, Der ehemalige Konsul Joseph Salomonsen beim Ackerbau in der »Vegetabilen Cooperative Monte Veritá«, 1907 (© Fondazione Monte Verità, Fondo Harald Szeemann) Der mittels Fotografien beworbene Ackerbau im »Lichtkleid« auf dem Monte Verità ging vielen zu weit.

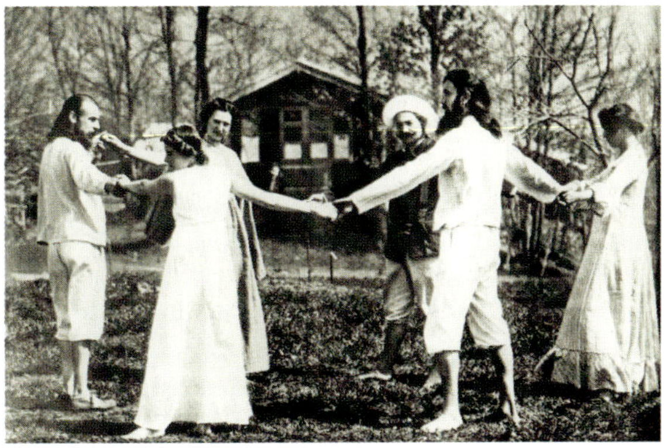

► Monte Veritá, ca. 1900er-Jahre (© Fondazione Monte Verità, Fondo Harald Szeemann) »Taulaufen« in Reformkleidung vor einem Licht-Luft-Chalet auf dem Monte Verità

dert die Freiluftmalerei zu einem künstlerischen Bekenntnis erhoben. In dem abgelegenen Heidedorf fanden sich namhafte Künstler zu einer komplexen Künstler- und Siedlungsgemeinschaft zusammen. Als dauernder Lebensmittelpunkt ihrer Bewohner und architektonisch vielgestaltig zielte sie deutlicher auf eine Reform von Kunst und Gesellschaft, als dies mit den Hittfelder Sommerhäusern der Fall sein konnte. Der Veränderungswille der frühen Worpsweder Kolonie fand in Heinrich Vogelers Anwesen, dem Barkenhoff, als Gesamtkunstwerk[21] aus Mal-, Garten- und Lebenskunst seinen deutlichsten Niederschlag. Was verriet dies über das Natur- und das Menschenbild ihres Urhebers und wie unterschied sich der hier waltende Reformwille vom Arrangement um den Sunderberg?

Die floral schwingenden Linien des Barkenhoff-Anwesens ließen noch Vogelers Nähe zum Jugendstil erkennen. Vor allem seine Gartenbilder zeigen die Intentionen der Gartenanlage deutlich: Anders als Lichtwarks Heidegarten-Ästhetik spiegelte der Garten des Barkenhoffs weder eine pflanzensoziologische Auseinandersetzung mit dem vorgefundenen Naturraum noch die funk-

21 Müller-Glaßl, Heinrich Vogeler, 2005, S. 26

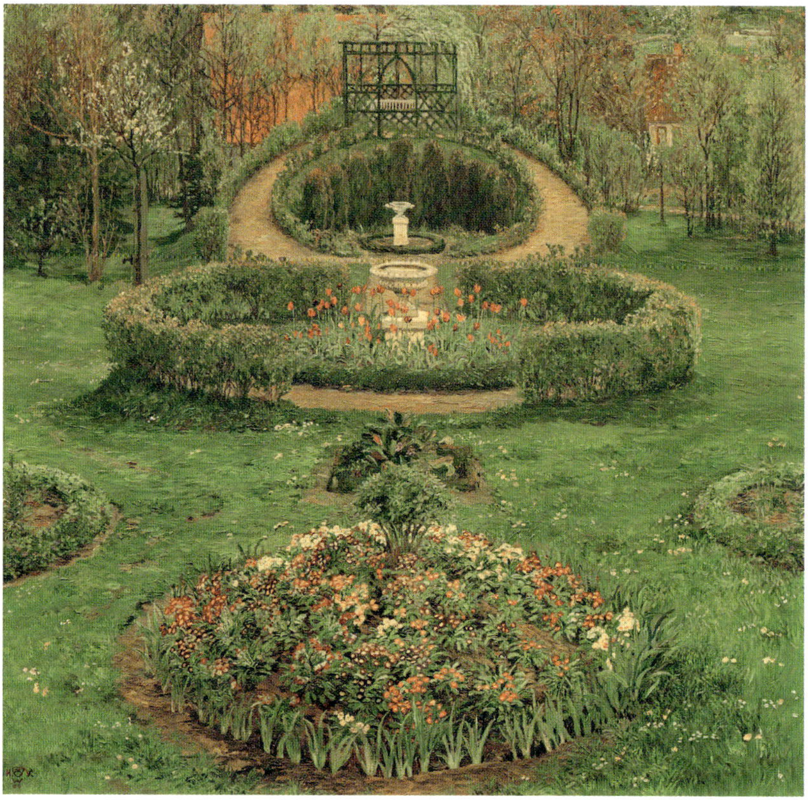

▲ Heinrich Vogeler, »Blumenbeete im Garten«, 1907 (Kunsthalle Bremen, akg-images) »In diesen Garten schreibt [Heinrich Vogeler] seine Gefühle und Stimmungen wie in ein Buch.« Rainer Maria Rilke, 1903

tionale Ästhetik der Reformgartenzeit. Stattdessen formte der Garten einen symmetrisch-harmonischen Idealraum, der sich schiffsbugartig aus dem umgebenden Meer von Heide und Moor emporreckte[22]: Ein Paradies und Traumland, von Landschaft und Natur abgehoben.

In die gleiche utopische Richtung zielte Vogelers »Sommerabend auf dem Barkenhoff« mit seinen zerbrechlich wirkenden, ihren je eigenen Gedanken nachhängenden abendlichen Gästen auf der traumhaft schönen Sonnenterrasse. In der anmutigen Wehmut und bei genauem Hinsehen auch erkennbaren Einsamkeit der Dargestellten zeigte sich das knapp verfehlte Miteinander in seiner ganzen Traurigkeit.

Einen solchen Abgesang auf soziale Utopien würde man in der Landhauskolonie um den Sunderberg und auch in der Hittfelder Künstlerkolonie ver-

22 vgl. Müller-Glaßl, Heinrich Vogeler, 2005, S. 27, 30

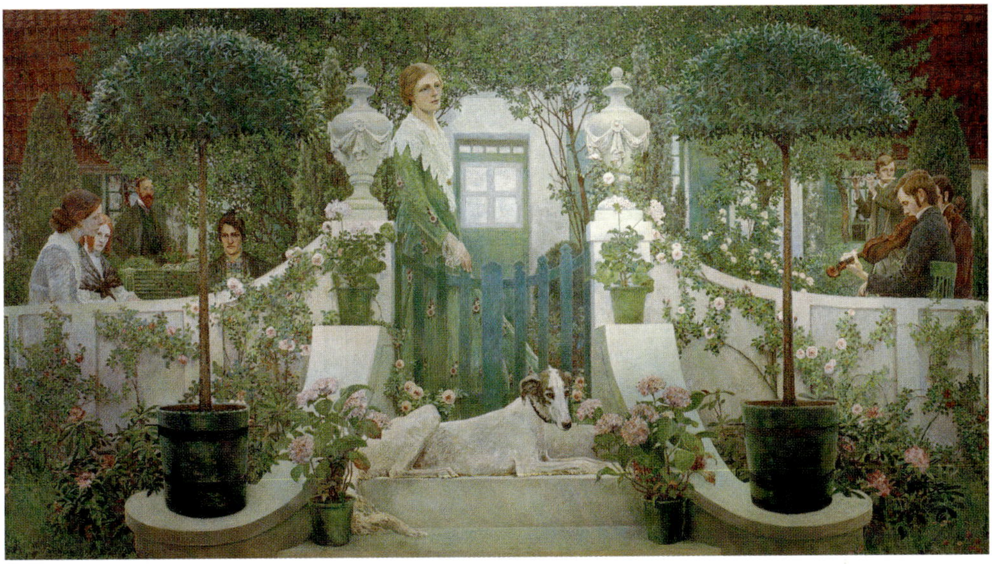

▲ Heinrich Vogeler, »Sommerabend«, 1905
(Kulturstiftung Landkreis Osterholz, akg-images)
Das ideale Miteinander als unerfüllbarer
Sommertraum

geblich suchen, weil sie dort so rein nie angestrebt wurden. Die vielfältigen Bestrebungen der Hittfelder Malkolonie und der benachbarten Landhauskolonie um künstlerische Reformen und ein natürliches Miteinander verließen kaum je den Boden des Realistischen. Enttäuschte Lebenshoffnungen gab es auch dort, etwa im Falle Anita Rées, doch deren künstlerische Darstellung beschwor bereits nicht mehr den Idealraum, sondern zeigte die Desillusionierte vor der banalen Realität, etwa einer bäuerlichen Szene, die dem Hittfelder Umfeld entnommen sein dürfte.

Bereits der von Vogeler gewählte Name »Barkenhoff« hatte eine alte Verwurzelung des Anwesens im ländlichen Raum suggeriert. Rund um den Sunderberg hatten die Bauherren der Landhauskolonie ähnliche, vorgeblich einer bäuerlichen Überlieferung entstammende Namen wie »Haus Sunderberg«, »Klein Föhrenberg« oder »Haidberghaus« gewählt. Die zugehörigen Reformgärten verwiesen zwar passenderweise auf die von Lichtwark angenommenen bäuerlichen bzw. »althamburgischen« Gartentraditionen, waren dabei mit ihrer Nutzungsästhetik aber ausgesprochen modern. Wie anders Vogelers Barkenhoff: Accessoires bäuerlicher Gartenkultur wie das der Hochhecke vor dem zur Jugendstilvilla umgebauten Bauernhaus und Verweise auf bürger-

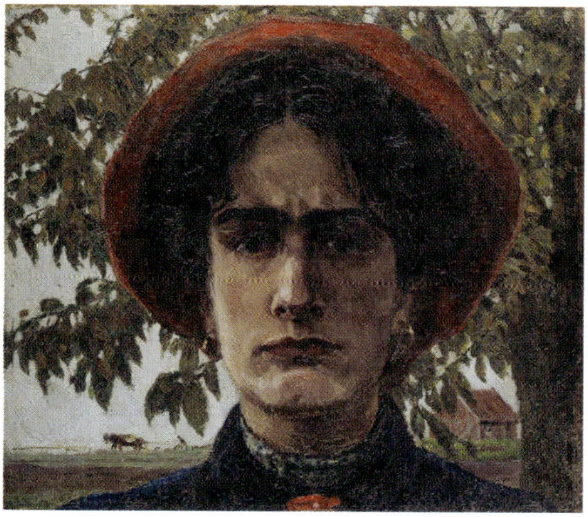

▲ Anita Rée, »Selbstbildnis in Hittfeld«, 1904 (© Hamburger Kunsthalle / bpk, Foto: Elke Walford) Desillusionierung vor banaler Realität: Der in Vogelers »Sommerabend« noch angedeuteten Trauer und Einsamkeit ist die Künstlerin ein gutes Stück nähergekommen: Utopien haben in ihrem Selbstportrait keinen Platz mehr.

▼ Heinrich Vogeler, »Die Arbeitsschule als Aufbauzelle der klassenlosen menschlichen Gesellschaft«, Titelseite, 1921 Der Traum des idealen Miteinanders in Form einer sozialistischen Gesellschaftsutopie

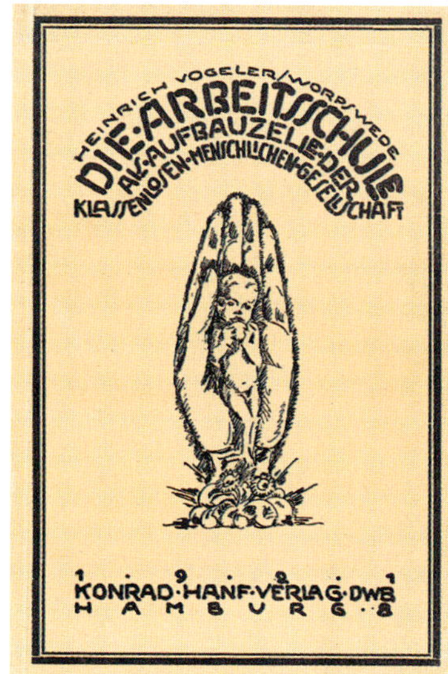
HEINRICH VOGELER / WORPSWEDE
DIE ARBEITSSCHULE
ALS AUFBAUZELLE DER
KLASSENLOSEN MENSCHLICHEN GESELLSCHAFT
1921
KONRAD HANF-VERLAG DWB
HAMBURG 8

liche Traditionen wie die der Formbäumchen und der Kammermusik aus dem »Sommerabend« interpretierten diesen Idealraum als dem Boden älterer Tradition entwachsen. Tatsächlich war er als idealisierter, neu geschaffener Kunstraum gerade das Gegenteil davon.

Später, nach dem Schock des Ersten Weltkriegs und einer zerbrochenen Ehe, überführte Vogeler die »neuromantische Dekadenz« der »wirklichkeitsfremden Phantasiekunst«[23] des Barkenhoffs aus der Privatheit des Familien- und Freundeskreises ins Politische: 1919 formte er den Barkenhoff mit einigen Gleichgesinnten in eine Siedlungskommune mit angegliederter Arbeitsschule um, als »Aufbauzelle der klassenlosen Gesellschaft«.[24]

Der sozial- und kunstreformerische Anspruch von Worpswede machte den Ort auch für den Gartenarchitekten Leberecht Migge (1881–1935) interessant. Als höchst erfolgreicher Reformgartenkünstler der ersten Stunde hatte dieser im Hamburger Raum viele Privatgärten und auch öffentliche Parks angelegt sowie eine breite fachliterarische Tätigkeit entfaltet. Über Richard Dehmel in

23 Kneubühler, Die Künstler und Schriftsteller, 1978, S. 146

24 Seine Sozialutopie führte Vogeler 1931 in die Sowjetunion, wo er 1942 in dem Bemühen, als Künstler am Aufbau des Sozialismus mitzuwirken, verarmt und entkräftet starb.

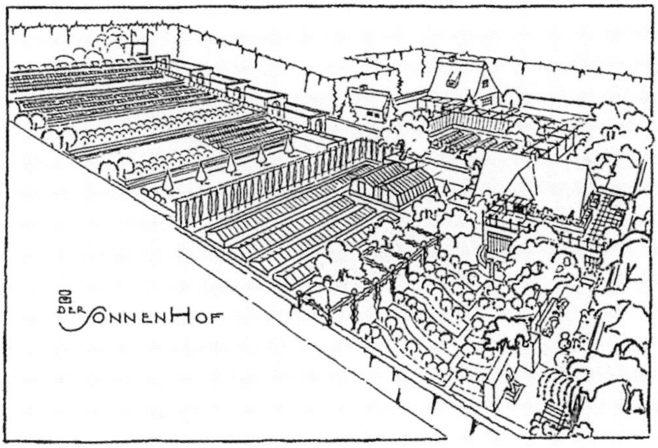

◄ Leberecht Migge, »Der Sonnenhof«, vor 1929 (aus: Leberecht Migge, Der Garten »Sonnenhof« in Worpswede. In: Der Baumeister Jg. 26, Heft 4, S. 141–155, Tafel 34. München, Georg D. W. Callwey, 1928) Migges Ideal einer ökonomisch autarken und künstlerisch gestalteten grünen Siedlungszelle

Blankenese, bei dem sich Familie Migge ebenso wie Vogeler und auch Lichtwark des Öfteren aufhielten, mögen ältere Kontakte Migges zu Vogeler und auch zu Lichtwark aufgefrischt worden sein.[25]

1920 pachtete Migge eine dem Barkenhoff benachbarte Hofstelle und formte sie unter dem Namen »Sonnenhof« zum Wohn- und Nutzgarten seiner Familie, um den praktischen Erweis zu erbringen, dass sich jede Familie mit nur 100 Quadratmeter Nutzfläche pro Kopf auch bei widrigen Bodenverhältnissen selbst mit Nahrung versorgen könne. Außerdem richtete er hier eine eigene gartenbauliche Arbeitsschule ein. Wie ihr Pendant auf dem Barkenhoff war diese sozialistisch ausgerichtet, was 1921 in einem gemeinsamen Manifest beider Schulen zum Ausdruck kam.[26]

In seinem Fokus auf gartenbauliche Produktion und Nährstoffkreisläufe war der Sonnenhof einerseits streng funktional organisiert, er zielte in Verbindung mit ausgewiesenen Kinderspielbereichen andererseits erkennbar auf eine ganzheitliche Lebenswelt als Keimzelle gesamtgesellschaftlicher Erneuerung. Symbolhaft kam dieser Anspruch in der Aufstellung einer Skulptur zum Ausdruck, die nicht weniger als den Erdkreis darstellte.[27] Die Wirkungskreise beider Arbeitsschulen waren dagegen eng begrenzt, und keine der beiden bestand über die Mitte der 1930er-Jahre hinaus.[28]

Sozialistische Zielrichtungen wie in den Worpsweder Arbeitsschulen und in Migges privater Versuchsanstalt waren der großbürgerlichen Bewohnerschaft der Landhauskolonie auf dem Sunderberg denkbar fremd gewesen. Zu Lichtwarks Zeit war dort nicht einmal der Versuch unternommen worden, die Kolonie bekannt zu machen. Ja, Lichtwark hatte es sogar unterlassen, den

25 Wohl bereits 1909 hatten sich Vogeler und Migge während einer Englandreise der Deutschen Gartenstadt-Gesellschaft kennengelernt. Auch mit Lichtwark war Migge spätestens in diesem Jahr anlässlich der Hamburger Stadtparkfrage persönlich in Kontakt getreten (Haney, When modern was green, 2010, S. 57).

26 Uppenkamp, Der Sonnenhof und die Siedlerschule, 2019, S. 258 f., 263 f.

27 ebd., S. 259 f.; vgl. Haney, When modern was green, 2010, S. 135

genauen Ort des im Heidegarten-Manifest geschilderten Dialogs oder den Namen seines Gesprächspartners zu nennen, obwohl gerade diese Schrift – so der Frankfurter Gartendirektor und langjährige Schriftleiter der Fachzeitschrift »Die Gartenkunst« Carl Heicke (1862–1938) – »gleich einem hellen Scheinwerfer aufklärend gewirkt« hatte:[29] Die Landhauskolonie hatte einen ausgeprägten Exklusivcharakter. Erst mit der Übernahme des Sunderhofs durch Maria Schmidt-Matthaei und dem Versuch, diesen in ein Lichtwarks Gedankenwelt gemäßes Erziehungsinstitut zu überführen, änderte sich dies. Die Vermietung des Anwesens an sozialreformerische und politische Persönlichkeiten und Gruppierungen untermauerten eine beabsichtigte Breitenwirkung des Sunderhofs, die Lichtwark noch ferngelegen hatte.

Einen den sozialistischen Bestrebungen Vogelers und Migges entgegengesetzten Weg beschritt Johann Bossard (1874–1950), als er 1912 ins kleine Lüllau bei Jesteburg zog, um sich dort, irgendwo am Rand der Heide, seinen künstlerischen Lebenstraum zu erfüllen. Hamburgs Kunstgewerbeschule, an der Bossard seit 1907 Bildhauerei unterrichtete, war anderthalb Stunden entfernt. Um sein Anwesen zu erreichen, musste Bossard die gleiche Bahnstrecke fahren wie Lichtwark, jedoch eine Station weiter, bis Buchholz, und von dort brauchte er noch eine weitere halbe Stunde bis zu seinem Grundstück. Andere Künstler gab es dort nicht, es war ein Eremitendasein. Zunächst also im Alleingang, ab 1926 dann gemeinsam mit seiner Ehefrau und ehemaligen Schülerin Jutta Bossard-Krull (1903–1996), schuf Bossard in knapp vierzig Jahren ein farbenprächtiges Ensemble aus Architektur, Plastik, Malerei und Gartenkunst. Dieses Gesamtkunstwerk wurde weit komplexer, als es der Sonnenhof, der Barkenhoff oder irgendeines der Anwesen um den Sunderberg für sich je hätten beanspruchen können.

Den Idealen der Lebensreformbewegung entsprechend – mit Bossards Worten: »um Arbeit, Wärme Gesundheit und Nahrungsüberfluss einfach aus dem Boden zu stampfen«[30] – gehörte dazu die Selbstversorgung durch Gartenbau und Viehwirtschaft. Zwar machte dies auf dem anstehenden Sandboden nährstoffanreichernde Maßnahmen nötig,[31] die später auch im Zentrum der Bewirtschaftung des Sonnenhofs stehen würden, doch im Gegensatz zu Migge und Vogeler mit ihren Gärten in Worpswede setzte sich Bossard mit dem Naturraum auch positiv auseinander. Den Empfehlungen des »Heidegartens« entsprechend pflanzte Bossard in Lüllau auch die standorttypischen Gehölze Wacholder und Birke, spielte sogar mit Bauerngarten- bzw. Reformgartenmotivik und fügte noch das traditionelle Motiv des ummauerten Klostergartens hinzu. Ähnlich Lichtwarks Blick von der kleinen Terrasse des Sunderhöfchens, doch mithilfe einer Reihe kastenförmig geschnittener Linden

28 Unter dem Hamburger Gartenarchitekten und Rudolf-Steiner-Schüler Max Karl Schwarz (1895–1963) erlebte der Barkenhoff eine Fortschreibung als hortikulturelles Reformprojekt. Während dieser heute als Museum fortbesteht, sind vom Sonnenhof keine nennenswerten Reste erhalten.
29 Heicke, Professor Lichtwark, 1914, S. 34
30 Bossard 1925, S. 18., zit. n. Sevi, Der Künstler und sein Garten, 2018, S. 284
31 Mayr, Zur Geschichte der Gartenanlage, 2018, S. 140 f.
32 ebd., S.142. Bratner bewertet Bossards Pflanzenverwendung jedoch als überwiegend ungärtnerisch (Bratner, Der Garten von Johann Bossard, 2005, S. 48)

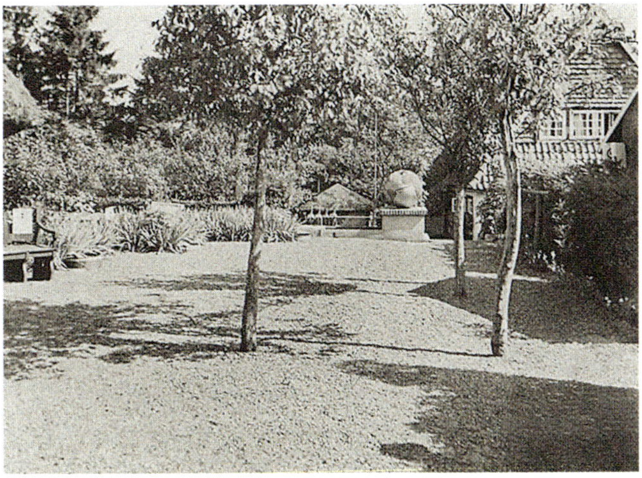

◄ Leberecht Migge, »Sonnenhof. Der Werkplatz einer schönen Gärtnerei«, vor 1929 (aus: Leberecht Migge, Der Garten »Sonnenhof« in Worpswede. In: Der Baumeister Jg. 26, Heft 4, S. 141–155, hier S. 148. München, Georg D. W. Callwey, 1928) Ein Globus als Symbol weltumspannenden Anspruchs

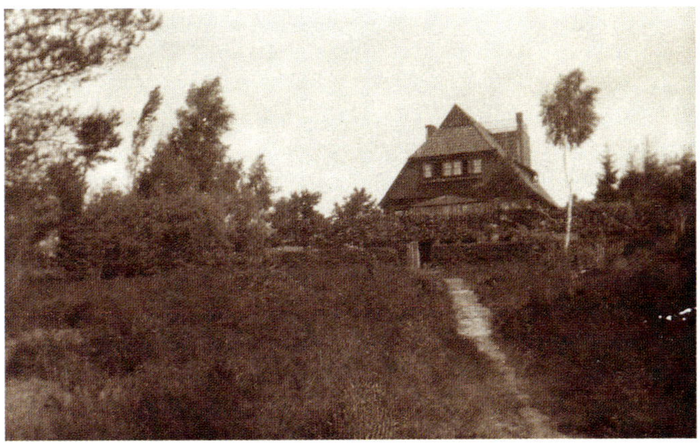

► Bossards Wohn- und Atelierhaus mit Gartenanlage von Süden, vor dem Bau des Kunsttempels 1926 (© Archiv, Stiftung Kunststätte Johann und Jutta Bossard, Jesteburg) Bossard erwählte sich ein Eremitendasein in der Heide.

aufwendiger inszeniert, bezog Bossard den Blick in die umgebende Heidelandschaft in seine Gartenkonzeption ein.[32] Spätere Gestaltungen wie der terrassierte Steingarten zeigen die Anknüpfung an die zeitgenössische Reformgartenkunst noch deutlicher.[33]

Dass Bossard für seine Kunststätte einen abgelegenen Ort gewählt hatte, bedeutete jedoch keinen gesellschaftlichen Rückzug, ganz im Gegenteil: In seiner »Werbeschrift für meine Freunde« erläuterte er 1925 die Idee eines gigantischen Kunsttempels, der jungen Heidewanderern aus der Großstadt eine Stätte innerer Einkehr schenken sollte. Dabei sollte der Tempel nur der Anfang sein, »Symbol erst eines kommenden Größeren«.[34] Mit Blick auf sein

33 vgl. Mayr, Zur Geschichte der Gartenanlage, 2018, S. 149

34 Johann Bossard, Werbeschrift an meine Freunde, 1925, zit. n. Frecot / Geist / Kerbs, Fidus, 1972, S. 240

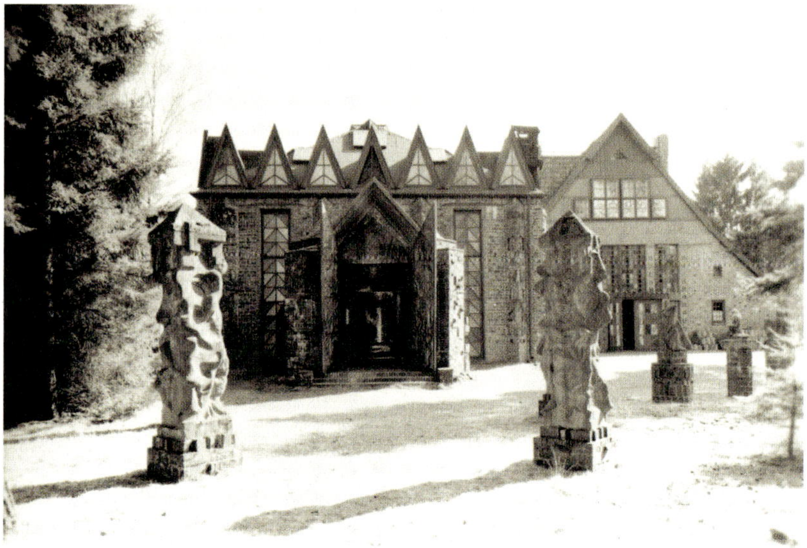

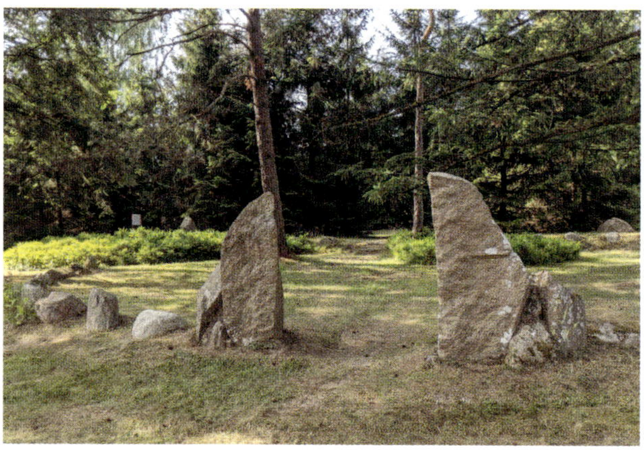

▲ Bossards Kunsttempel, Wohn- und Atelierhaus mit Skulpturenreihe, 1930er-Jahre (© Archiv, Stiftung Kunststätte Johann und Jutta Bossard, Jesteburg) Backsteinexpressionismus als Kunstklause: Die Künstler schufen ihr Lebenswerk weitgehend isoliert.

◄ Megalithischer Steinkreis der Gartenanlage Bossard, 2020 (Foto: Joachim Schnitter) Eine völkisch aufgeladene Inszenierung archaischer Naturinterpretation

Heideprojekt hatte Bossard vom Aufbau regelrechter »Kulturkeimzellen« gesprochen, auch er wollte gesellschaftliche Erneuerung und den »neuen Menschen«.[35] Doch anders als Vogeler und Migge wollte er dies aus einem theosophischen und ariosophischen Gesellschaftsbild heraus. Und so war Bossards Bezugnahme auf bäuerliche Gartenkultur und die niederdeutsche Heidelandschaft nicht nur von den Idealen der Lebensreform und des Heimatschutzes, sondern auch von der sich zunehmend zum Rassistischen verengenden Idee des Völkischen geprägt.[36]

35 Bratner, Der Garten von Johann Bossard, 2005, S. 41

36 Hof, Vorgutachten, 2022, S. 45

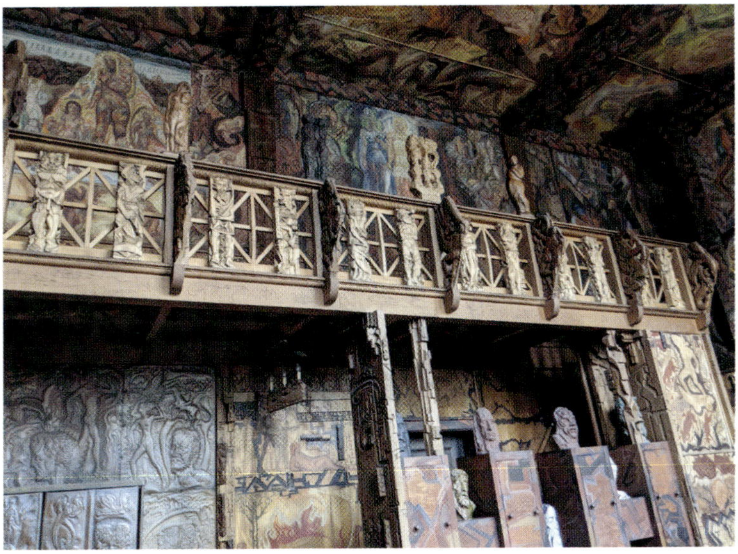

◄ Eddasaal der Kunststätte Bossard, 2020 (Foto: Joachim Schnitter) Bossards künstlerischer Totalitarismus: jeder Quadratzentimeter mit Bedeutung angefüllt

Bossard baute seinen Kunsttempel, dazu einen »Eddasaal«, pflanzte einen »Baumtempel« und setzte einen pseudo-megalithischen Steinkreis. Doch auch dem Lebenswerk der Bossards wurde die von ihm gewünschte Aufmerksamkeit bis zum Ende des 20. Jahrhunderts nicht zuteil. Umso beeindruckender ist die Unermüdlichkeit, mit der Bossards jedes noch so kleine Stück ihrer Welt in einem nicht enden wollenden Schaffensprozess durch architektonische und landschaftliche Raumbildung, durch Skulpturen, Texturen und Farben mit Bedeutung vieldeutig an- und überfüllten.[37]

In dieser bisweilen erdrückenden Fülle wies Bossards Anwesen einen totalitären Zug auf, der Lichtwark und seiner Landhauskolonie ebenso wie der Künstlerkolonie völlig abging, und der sogar das sozialistische Sendungsbewusstsein von Vogeler und Migge noch hinter sich ließ. Diese gewaltige – und oft auch Gewalt inszenierende – Intensität konnte Bossard gelingen, weil er sich, anders als jene, nach innen wandte und sich vorrangig mit der eigenen Weltwahrnehmung beschäftigte: »Die Meinen werden mich schon mal finden«, hatte er prophezeit und das Problem seiner Wirkung der Mitwelt überlassen.[38]

Bei aller Unterschiedlichkeit der Wohn- und Kunstprojekte auf dem Monte Verità, in Worpswede und Lüllau: Ihnen allen war eine je eigene Art der Radikalität zu eigen, der Drang, mit traditionellen Lebensformen zu brechen. Ob die Lösung in naturseligem Anarchismus, in sozialistischen oder in völkischen Keimzellen gesucht wurde, stets ging es um das große Ganze. Kreistänze in

37 vgl. Bratner, Der Garten von Johann Bossard, 2005, S. 47

38 Die öffentliche Diskussion, ob Johann Bossard ein Mitläufer des NS-Systems gewesen ist, und wie in diesem Fall sein Werk zu bewerten sei, hat 2020 international für Aufsehen und zu einer neuerlichen Untersuchung geführt (Hof, Vorgutachten, 2022).

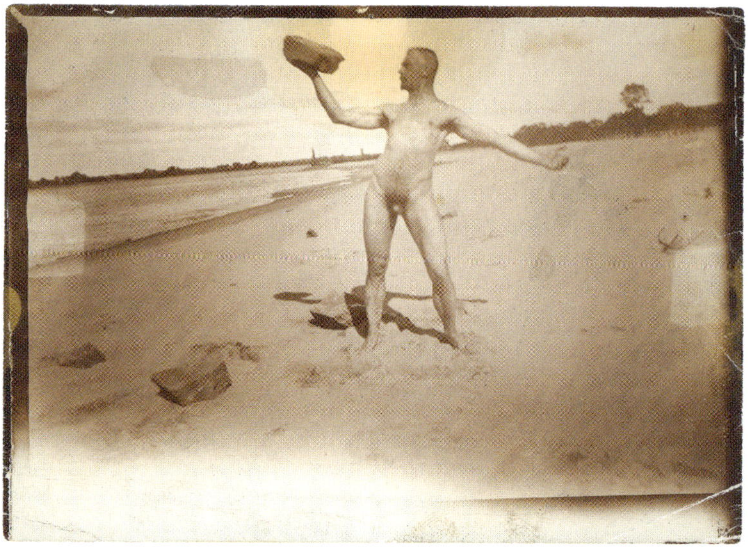

▲ Arthur Siebelist am Elbstrand, undatiert
(aus: Arthur Siebelist (1870 – 1945): Maler, Sportler, Kunsterzieher, Hamburg, Verlag Hamburger Sparkasse, 2008, S. 10, Hamburg 2008; Repro: Lithotec Oltmanns)
Freikörperinszenierung in der Zeit der frühen Lebensreform

weißen Gewändern oder Freikörperkultur bei der Gartenarbeit waren auch Zeichen eines Willens zum Um- und Aufbruch. Solche Entschiedenheit musste in der Zeit der Lebensreformbewegung, zumal auf einen so energischen Menschen wie Lichtwark, auch positiv wirken. Sogar der später wenig experimentierfreudige Arthur Siebelist hatte in seiner Jugendzeit als Anhänger des esoterisch-völkischen Jugendstilkünstlers »Fidus« am Elbstrand gelegentlich der Freikörperkultur gehuldigt.[39]

Die Schule von Barbizon als Keimzelle malerischer Erneuerung oder die Künstlerkolonie des Monte Verità mit ihrer großen kulturellen Varianz konnten faszinieren. Die auf dem Wahrheitsberg (wie im Falle der »Casa Selma«) teilweise spartanischen Wohnverhältnisse zeigten, dass solche Experimente auch mit geringem finanziellem Aufwand möglich waren: Vorbilder für Lichtwarks Engagement für die Hittfelder Künstlerkolonie oder die Landhauskolonie um den Sunderberg?

Ganz so zurückhaltend wie die Casa Selma war Lichtwarks Sunderhöfchen zwar nicht, wirkten die weißlackierten Sprossenfenster und Brüstungsbretter seines kleinen Altans auf dem Sunderberg doch freundlicher und gediegener.

39 Meyer-Tönnesmann, Arthur Siebelist, 2008, S. 10

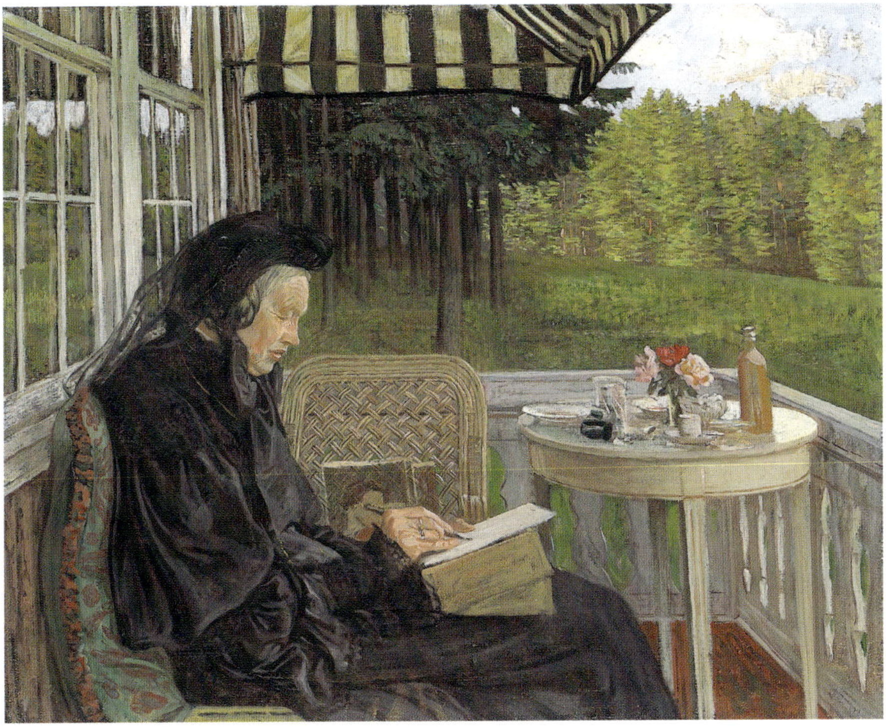

▲ Leopold Graf von Kalckreuth, »Marie Zacharias auf der Veranda«, 1904 (bpk / Hamburger Kunsthalle / Elke Walford) »[Ich fuhr wieder] hinauf nach Bockswiese, wo meine Mutter und später Frau Zacharias einige Sommermonate verbrachten.« Alfred Lichtwark, 1911

Diese Zierelemente waren wohl eine Reminiszenz an das Sommerhaus der Marie Zacharias in Bockswiese im Harz: Lichtwarks hatten die alte Dame dort regelmäßig besucht und Kalckreuth dazu veranlasst, die dem Sunderberg ähnelnde Szene der alten Dame auf ihrer Terrasse (vgl. Kalckreuths Bild der Johanna Lichtwark) in Öl festzuhalten. Davon abgesehen aber war das Sunderhöfchen in Größe und Bauweise der Casa Selma nicht unähnlich. Allerdings hatte in seinem Fall das bescheidene Häuschen weniger mit demonstrativer Askese zu tun, als damit, dass Lichtwark auf dem Sunderberg Gast ohne eigenes Grundstück war. Stimulierend mag allemal die Erkenntnis der Gruppe vom Monte Verità gewesen sein, dass es einer formalen Leitung nicht unbedingt bedurfte,[40] um in einer ausgesuchten Gemeinschaft eine neue Wohn- und Lebenskultur zu erproben. Denn um nicht mehr, aber auch nicht weniger handelte es sich bei Lichtwarks Experiment auf dem Sunderberg: Die neue,

40 Schwab, Monte Verità, 2009

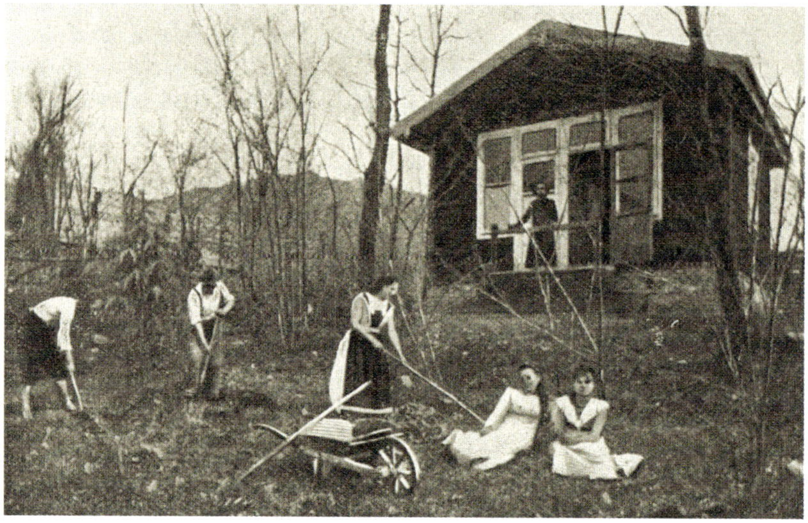

▲ »La cellule d'un colon«, vor 1905 (aus: M. Croci, La Colonie des Hommes de la Nature au bord du Lac Majeur, In: Journal des voyages et des aventures de terre et de mer, Nr. 409 (2.10.1904), S. 311–313, hier S. 312) Gartenbau vor einer Licht-Luft-Hütte auf dem Monte Verità, vermutlich die Casa Selma

teilweise mit seinem Zutun entwickelte Landhausarchitektur, die von ihm maßgeblich entwickelte Reform der Landhausgärten in einer Kombination aus Heimatschutz- und Gartenrefombewegung mit einem neuen Pflanzenrepertoire, schließlich auch die Ungezwungenheit des nachbarschaftlichen Umgangs in der heimatlich konnotierten Heidelandschaft: Sie alle in einem Gesamtkonzept miteinander zu verbinden, dazu ohne nennenswerte Verpflichtungen und an einem täglich erreichbaren Ort, diese Möglichkeit bot sich ihm auf dem Sunderberg.

Hier gab es keine »spätrömische Üppigkeit« in weißen Speisesälen, die in den reichen Häusern vom »Typus Martin Haller« in Hamburg selbstverständlich waren. Lichtwark verkehrte in diesen Jahren nicht mal mehr in den Häusern seiner Freunde, »da ihm nur noch das Zusammensein mit Einzelmenschen der Mühe wert« war, so Fritz Schumacher,[41] der im Hittfelder Kreis eine Keimzelle der geistigen Erneuerung sah, um die Hamburg in dieser Zeit gerungen hätte:

»Aus dem künstlerischen und dem geselligen Leben, das sich hier in der stillen Heidekolonie entfaltete, begann sich etwas Ähnliches zu entwickeln, wie der Reimarus-Sievekingsche Kreis, der einst Hamburgs geistige Kultur bestimmt hatte.«[42]

41 Schumacher, Stufen des Lebens, 1935, S. 316
42 ebd., S. 318

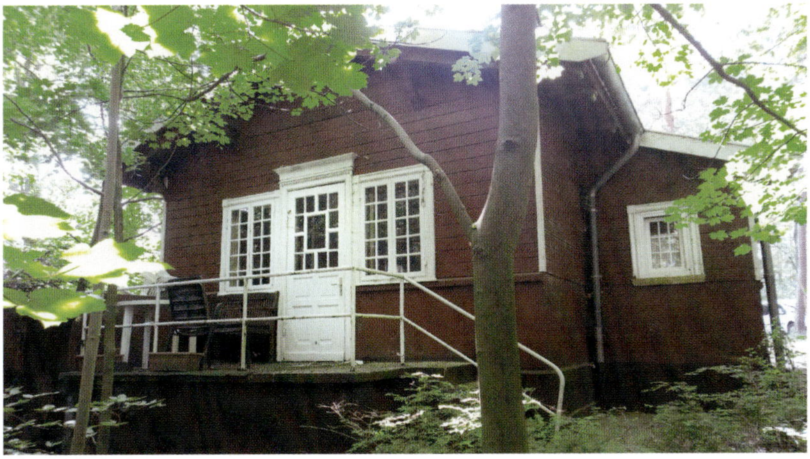

▲ Lichtwarkhaus, 2019 (Foto: Joachim Schnitter) Mehr Fenstersprossen und ein kleiner Anbau, doch insgesamt der Casa Selma recht ähnlich

Schumacher hatte den ideellen Kern der Kolonie im Sunder erfasst. Für Lichtwark sollte sie mehr sein als eine Ansammlung von Sommerfrischlern. Wie jener Reimarus-Sieviekingsche Kreis in Neumühlen, der ein Jahrhundert zuvor als Wohngemeinschaft und zugleich Gartenexperiment das hohe Elbufer mit neuem ästhetischem und ideellem Sinn zu erfüllen gehofft hatte,[43] sollte sich in aller Stille eine Lebensreform entfalten, in deren Mitte Freundschaft, Naturgenuss und Kunst stehen würde, ohne dabei nach den Sternen zu greifen. Bezeichnend ist Lichtwarks Schilderung der Wirkung des Wannseegartens auf Familie Liebermann:

»Ich freue mich sehr, daß es so gut ausgefallen ist. Wir haben dem Gelände keinerlei Gewalt angetan, sondern lediglich das Selbstverständliche gesucht. Es war eine große Freude, zu fühlen, wie glücklich die drei Menschen dort sind. Ich hatte den Eindruck, daß sie noch eine Schwingung liebenswürdiger und gütiger geworden sind in diesem neuen Glück, soviel Blumen zu haben und den selbstgebauten Kohl zu essen.«[44]

Keine Revolution, sondern eine auf das Bildungsbürgertum zugeschnittene Lebensreform sollte sich in der Landhauskolonie entfalten, Lebensweise in »Lebenskunst« überführen.[45] Denn Lichtwarks Heiderefugium war weniger eine Opposition zu traditionellen Siedlungsformen als vielmehr eine Möglichkeit, seine Vorstellungen von Wohn- und Gartenkultur miteinander zu verknüpfen und im Freundeskreis zu erweitern, Feldversuche bei deren Anwesen und gelegentliche Abstecher in die nahegelegene Malkolonie inklusive. Diese

43 vgl. Kopitzsch, Grundzüge einer Sozialgeschichte, 1990, S. 394; Schubert, »... und er gestaltete überdies all die ausgedehnten Parks [...]«, 2003, S. 38–40

44 Brief v. 19.10.1910, In: Lichtwark, Briefe an die Kommission, Bd. 2, 1924, S. 333

45 vgl. Kneubühler, Die Künstler und Schriftsteller, 1978, S. 146

Möglichkeit ergab sich, indem sein Beispiel eine Reihe kulturell stimulierender Persönlichkeiten bewog, einen exklusiven Kreis abseits traditioneller Repräsentationsansprüche zu bilden.

Dabei traf man sich in einem weit gespannten kulturellen Interesse, das auch Theater und Vortragskunst nicht aussparte und charakteristische Übereinstimmungen zwischen den Kunstrichtungen aufwies:

»Ein Tischchen stand da ... und ein Stuhl ... ein möglichst einfacher Stuhl, ohne Lehnwerk und Schnitzerei. Und wie er [Milan] eintrat: ohne jede Pose, ja fast lässig, etwas vornübergebeugt ... und wie er, nach kurzer geduldiger Pause, dann zu sprechen begann ... alles ohne jegliches Gepränge, so selbstverständlich, so sachsicher, als ob er das zu Sagende unmittelbar aus dem Stegreif erfinde [...].«[46]

Bewunderte man an Emil Milan, wie seine Vortragsweise alle bis dahin vorherrschende Theatralik ablegte, so pries man an der – durch Milan geschulten – Doré ihr besonderes, ebenfalls nicht deklamatorisches Pathos.[47]

»Keine Bewegung, kein Schritt, kein Rühren des kleinsten Fingers, kein Zucken des Augenlids, kein artikulierter oder unartikulierter Laut ihrer Stimme ist zweck- und ziellos: überall Ausdruck und Inhalt.«[48]

Diese neue Interpretationskunst namentlich Milans erschien den Zeitgenossen so reduziert, »daß es ohne weiteres zu verstehen ist, wenn jemand, der ihn zum ersten Male hört, achselzuckend das Urteil abgibt: das ist doch keine Kunst weiter!«[49]

Reformarchitektur und Reformgartenkunst sahen sich ebenfalls dem Vorwurf ausgesetzt, nicht kunstvoll genug zu sein, und auch hier versuchten die Reformer, aus dem Nächstliegenden zu schöpfen: aus dem Anspruch nach Benutzbarkeit, nach Übersicht und reduzierter Ornamentik, sogar aus Dilettantismus. Und nicht nur weltanschaulich, auch künstlerisch verfiel der Lichtwarkkreis im Sunder nicht ins Extrem: In den Schlachtruf vom Ornament als Verbrechen (Adolf Loos, 1910)[50] stimmte man daher nicht ein, war der expressionistischen Malerei meist wenig zugetan und fand architektonisch im Heimatstil eine Möglichkeit, auch in der künstlerischen Reform den Boden des Vertrauten zu bewahren. Es mag daher nicht zufällig sein, dass gerade Friedrich Genzsch als dezidiert einer modernen Kunstrichtung Nahestehender die Landhauskolonie binnen kurzem wieder verließ. Lichtwarks Ausbildungsprojekt der »Jungen Hamburger« sowie seine Anschauungen zur Gartenkunst waren die wichtigsten Ausnahmen von einem moderaten Reformanspruch, der ihm im Fall der Siebelistschüler bald schon zu weit ging. Und allein in Lichtwarks Heidegartenkonzept mit seiner Selbstbeschränkung auf heimische Wildpflanzen ist ein künstlerisch wirklich radikaler Zug erkennbar, des-

46 Flaischlen, Emil Milan als Künstler, 1917, S. 312
47 Kuchler, Hamburgische Schauspielerporträts, 1910, S. 43
48 ebd., S. 42
49 Flaischlen, Emil Milan als Künstler, 1917, S. 312
50 Loos, Ornament und Verbrechen (1908), 1962

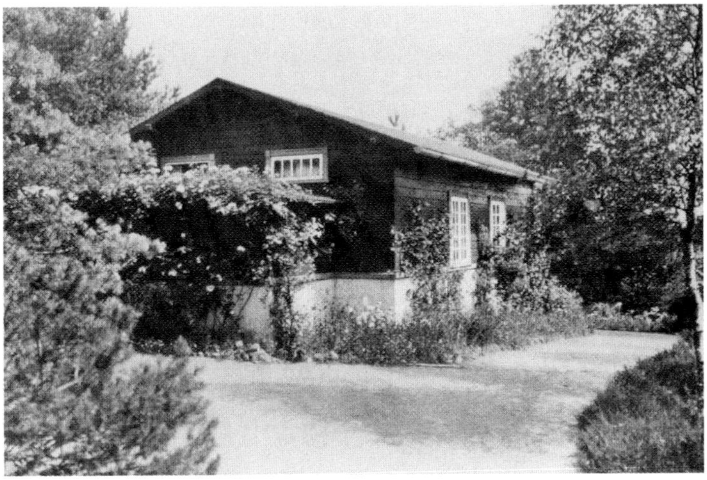

◄ Lichtwarkhaus, vor 1925 (aus: Anna von Zeromski, Alfred Lichtwark: ein Führer zur deutschen Zukunft. Jena, Eugen Diederichs, 1924, zwischen S. 96 und S. 97. Staats- und Universitätsbibliothek Hamburg Carl von Ossietzky, A 1946/10418) Eine bescheidene Idylle, bepflanzt mit Kletterrosen und angefüllt mit großen Träumen

sen höchstens ansatzweise Umsetzung ihn wiederum kaum zu stören schien. Das Bau- und Siedlungsgeschehen um den Sunderberg bildete die zugrundeliegenden freundschaftlich-familiären Bindungen und künstlerischen Vorlieben treffend und differenziert ab.

Solch relative Nähe war Lichtwark ohnehin das Liebste. Als er 1893 die Gesellschaft Hamburgischer Kunstfreunde ins Leben gerufen hatte, um »Dilettanten, Sammler und ernsthafte Liebhaber der Kunst« zusammenzubringen, hatte die Mitgliederzahl auf etwa einhundert begrenzt bleiben sollen, »damit der Charakter persönlichen Zusammenhangs gewahrt bleibe«. Die Gesellschaft, deren Mitglieder Henry P. und Maria Newman sowie Albrecht und Toni O'Swald darum später auch nicht zufällig Landhäuser auf dem Sunderberg errichteten, hatte ihm »als eine Art Resonanzboden« für Überlegungen gedient, die noch nicht für die Öffentlichkeit bestimmt waren.[51] Die Landhauskolonie um den Sunderberg war auch eine exklusive Erweiterung dieses Forums.

Wenn Lichtwark in »Der Heidegarten« die würzige Luft, die von Heide, Buchen- und Kiefernwäldern herüberstreifte, damit pries, dass man »glaubte zu trinken, statt zu atmen«,[52] so lugt bereits hinter diesem schönen Bild das Vorbild der Künstlerkolonie Worpswede hervor: Ein Jahr zuvor hatte Lichtwarks ehemaliger Kommilitone,[53] der damals berühmte Kunstliterat Richard Muther (1860–1909), die Bilder des Worpsweder Malers Fritz Overbeck damit gelobt, dass man in ihnen »die feuchte, dicke Luft nicht zu athmen, sondern zu schlürfen glaubt«.[54] Sei dies nun bewusst oder auch unbewusst in Lichtwarks Schilderung eingeflossen, die Idee der Künstler-

51 Schiefler, Vorwort, 1917, S. 5
52 Lichtwark, Der Heidegarten, 1904, S. 128
53 Junge-Gent, Alfred Lichtwark, 2012, S. 56
54 Muther, Worpswede 1901, S. 287

kolonie stand ihm im Sunder offenbar vor Augen. Wie sollte sie auch nicht, wenn wenig entfernt, unten im Dorf, eine Gruppe junger Künstler unter seinem Protektorat probierte, diskutierte, lernte und wuchs? Bezeichnend auch, dass Vivié »in der Wahl des Platzes« nicht einfach »einen guten Griff gethan« hatte und dabei zufällig neben der Malkolonie gelandet war, wie Ahlers-Hestermann überliefert.

»Als Lichtwark uns einmal besuchte, um das ihn sehr interessierende Bild von Sieb[elist »Meine Schüler und ich«] entstehen zu sehen, führten wir ihn auch auf diesen Heidehügel, der Lichtwark so begeisterte, daß er sich mit dem Baum[ei]s[ter] Vivié zusammen dort anbaute.«[55]

Viel später resümiert Ahlers-Hestermann:

»Hinter allem damaligen Kunstgeschehen aber u. so auch letztlich hinter diesem Werk [»Meine Schüler und ich«] von Siebelist ist der Schatten Alfred Lichtwarks spürbar«.[56]

In seinem Vortragsmanuskript streicht Ahlers-Hestermann diesen Satz nicht, weil er unzutreffend gewesen wäre, sondern weil er Lichtwark in einem negativen Sinne hätte berechnend erscheinen lassen. Tatsächlich kommt man kaum umhin, in der Kunst- und in der Landhauskolonie von Anfang an Lichtwarks planvolles Walten anzunehmen, ein Äquivalent zur Worpsweder Künstlergemeinschaft zu schaffen, an dem er, wenn nicht als Künstler, so doch als Initiator, Planer, Theoretiker und Freund teilhaben konnte.

Mit Lichtwarks Tod, dem Erlöschen eines der beiden gesellschaftlichen Zentren der Landhauskolonie, verunsichert durch gesellschaftliche und künstlerische Verwerfungen infolge des Ersten Weltkriegs und schließlich in der Weltwirtschaftskrise finanziell angeschlagen, begann der Kulturkreis auseinanderzufallen. Dies betraf sowohl die Landhauskolonie als auch die Künstlerschule Siebelist. Letztere konnte ihre künstlerischen und emotionalen Spannungen sicher auch deshalb nicht produktiv nutzen, weil sie sich nach dem Tod ihres wichtigsten Förderers und ausbleibendem finanziellem Erfolg nicht in eine dauerhafte Künstlerkolonie wandelte. Allein Leopold von Kalckreuth führte auf seinem Landsitz die von Lichtwark angestrebte Verbindung von Malerei, Reformarchitektur und -gartenkunst noch knapp anderthalb Jahrzehnte weiter, ohne jedoch dauerhaft Gleichgesinnte an sich zu binden oder künstlerische Experimente zu wagen. Wohl spätestens mit Marianne Lichtwarks Tod 1932 war die ursprüngliche Landhauskolonie vergangen, erlebte jedoch im Erziehungsinstitut »Der Sunderhof« eine erstaunliche Nachblüte, die als Landheim bis heute überkommen ist.

Ohne intellektuellen Mittelpunkt, und ohnehin von schwer fassbarer Kontur, verblasste die Erinnerung an Lichtwarks Experiment. Sein Heidegarten-

55 Ahlers-Hestermann, Entwurf und Notizen, [um 1945], o. S.
56 ebd.

Manifest, das wohl am deutlichsten die lebensreformerischen Ideale ihres Verfassers offenbarte, war langlebiger, weil es klarer umrissen und leichter tradierbar war.

Die »Lebenskunst« auf dem Sunderberg lag wesentlich in der Balance, die Lichtwark hielt. Weder wählte er die Richtung ins innere Exil, noch drängte es ihn hier besonders nach außen oder gar weiter zur Weltrevolution: Er verblieb in der entspannten, höchstens anregenden Atmosphäre freundschaftlich-familiärer und künstlerischer Verbundenheit. Zwar war die Komplexität seines Hittfelder Experiments vor allem aufgrund der unterschiedlichen Lebenswelten seiner Protagonisten nicht gering. Doch führte die Unverbindlichkeit der künstlerischen Beziehungen nur ausnahmsweise zu aufeinander bezogener Produktivität. Ohne Spiritus rector konnte sich ein gemeinsames Schaffen, oder wenigstens ein Schaffen in gemeinsame Richtung, überhaupt nicht entwickeln.

Die Bedeutung dieses Experiments sollte dennoch nicht gering veranschlagt werden. Auch wenn die Hittfelder Landhaus- und Malkultur zweifellos einen elitären Charakter trug – witzige Zeitgenossen prägten die Bezeichnung »Hittfelder Viviera«[57] – die der Einfachheit der ländlichen Sujets nicht ganz entsprach: Der aufrichtige und für eine gewisse Zeit auch erfolgreiche Versuch einer Lebensweise, die in konstruktiver Auseinandersetzung mit dem Landschafts- und Heimatraum neue Potentiale für Naturerfahrung, künstlerischen Ausdruck sowie für innige künstlerische und freundschaftliche Verbundenheit erschloss, ohne in Gefahr zu sein, ins Totalitäre abzugleiten, nötigt Respekt ab. Dass Lichtwark die komplexe Verbindung so vieler Lebensbereiche in aller Einfachheit auf seiner winzigen Terrasse mit dem weiten Blick ins Land genießen, oder dass er sich an einem Feldweg zum Bahnhof in die Schönheit einer einfachen Heideblume versenken konnte, wird ihm als Erfüllung Brockes'scher Innigkeit und Rungescher »anspruchsloser Frömmigkeit« bisweilen aufgeleuchtet sein. Dass nebenbei eine Reihe bedeutender norddeutscher Künstlerinnen und Künstler maßgeblich geformt wurden und ein verantwortungsvoller Ressourcen- und Landschaftsverbrauch mit einem zukunftsweisenden Gartenmotiv künstlerisch verknüpft werden konnte, erhöht den Wert dieses Experiments nicht unwesentlich.

Wohl schon 1902 hatte Lichtwark den Hittfelder Sunder als Sinnbild und »Vorahnung kommender Lebenskunst und Lebensfreude« vor Augen gehabt.[58] Die vielschichtigen Entwicklungen insbesondere bis zur Mitte der 1910er-Jahre sollten ihm Recht geben. Wenn später kein Geringerer als Fritz Schumacher feststellte, der Kreis der reichen Hamburger an der Elbe sei durch den Kreis um Lichtwarks kleines Heidehäuschen abgelöst worden, so galt dies einem – wenn auch nur für eine kurze Zeitspanne – gelungenem Stück Lebenskunst.

57 Ahlers-Hestermann, Entwurf und Notizen, [um 1945], o. S.
58 Lichtwark, Der Heidegarten, 1904, S. 185

WAS BLEIBT?

Häuser – Gärten – Bilder

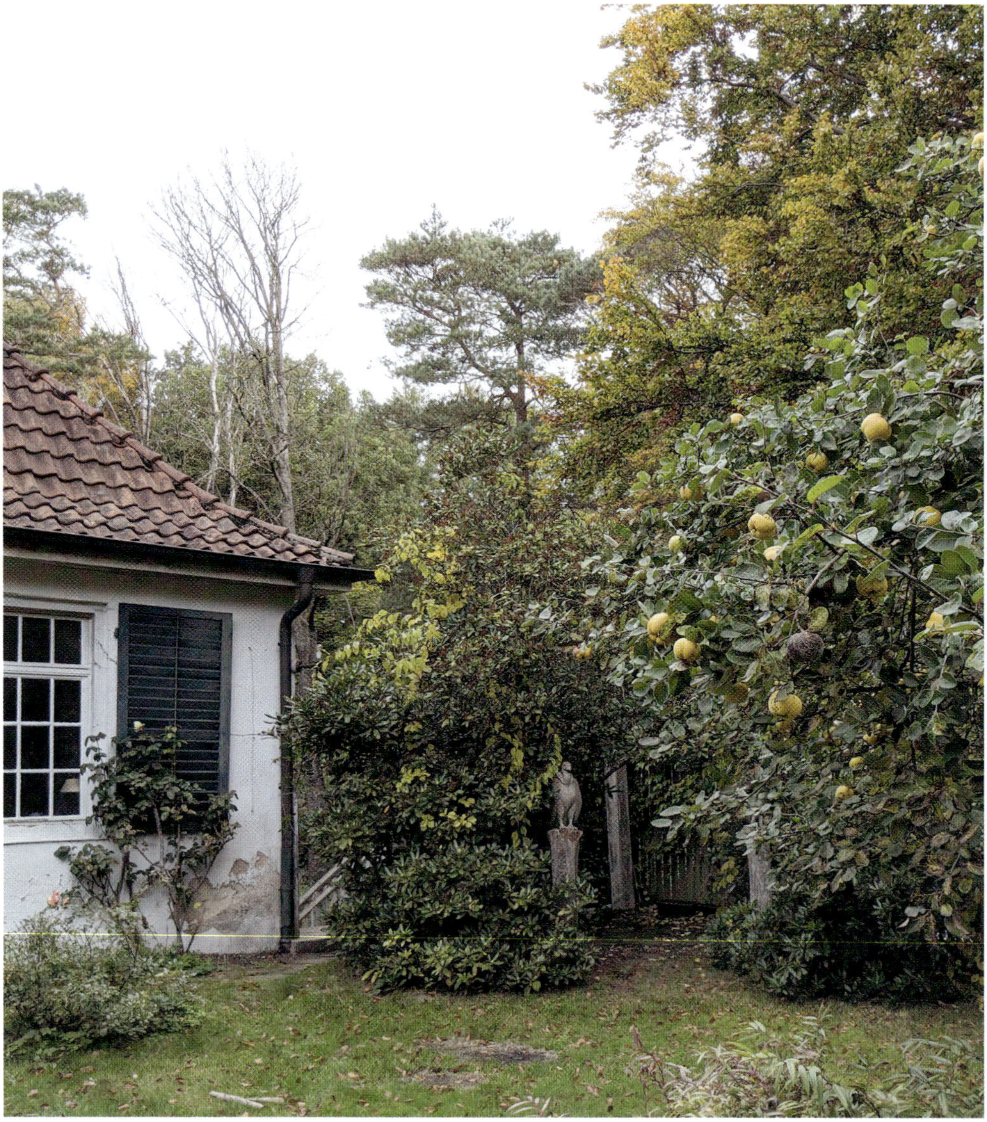

▲ Haus Knixberg, ehemaliger Blumengarten, 2020 (Foto: Joachim Schnitter)

Der Dramaturg, Schriftsteller und Maler Lothar Schreyer (1886–1966) hat die Schlussphase des Lichtwarkschen Experiments auf dem Sunderberg noch erlebt. Der Sohn eines Landschaftsmalers hatte 1910 im Aufbaustudium Theaterregie bei Emil Milan in Berlin studiert und war 1911 am Deutschen Schauspielhaus in Hamburg[1] auf die schon berühmte Adele Doré getroffen, die ihn um 1913 auf dem Sunderberg einführte.[2]

»›Wir fuhren mit Alfred Lichtwark [...] und seiner Schwester, mit denen Adele Doré befreundet ist, in die Heide. Am Bahnhof Hittfeld erwartete uns ein Wagen. Der große schöne Besitz von Maria Schmidt und ihrer Mutter liegt auf der Höhe unweit von Hittfeld, ein weitgedehnter hügeliger Heidewald, dessen Mitte das behagliche Wohnhaus [das Viviéhaus] ist. In ihrem Wald besitzen Schmidts noch kleine Wohnhäuser, deren schönstes, das ›Lichtwarkhaus‹, für Lichtwarks gebaut ist, die oft wochenlang zu Gast sind. Es gibt auch ein apartes ›Doréhaus‹ für Adele Doré und ihren Mann, Emil Milan, wenn dieser aus Berlin kommen kann. Auch die kleinen Häuser sind mit allem Komfort und der Gediegenheit der Hamburger Patrizier eingerichtet. Man kann wohl sagen: Hier steht die laute Welt still in einem harmonischen Kreis.

Der gemeinsame Tag begann mit einem opulenten Mittagessen, das unter hohen Bäumen serviert wurde. Lichtwark ist ein Feinschmecker und guter Esser. Wir stießen mit schwerem Bordeaux auf den Sunderhof an. Die Unterhaltung war gesellschaftlich-harmlos und so selbstverständlich wie unter Freunden, die oft beisammen sind. [...] Nach dem Essen wurde lang geruht. Lichtwarks zogen sich in das Lichtwarkhaus zurück, Adele Doré in das Doréhaus. Frau Schmidt [Maria Schmidt-Matthaeis Mutter] ruhte irgendwo im großen Wohnhaus. Maria Schmidt und ich saßen auf dem Balkon des ersten Stockwerks, von dem man über die Baumwipfel weit ins Land blicken konnte. Sie erzählte vom Sunderhof und frug mich nach meinem Leben. [...]

Nach der Ruhestunde fanden wir uns wieder im Wald zur Kaffeetafel ein. Da stand ein unwahrscheinlicher Berg von Erdbeeren mit Schlagsahne neben all dem Gebäck.

›Kalckreuths warten‹, sagte Maria Schmidt. Frau Schmidt und Fräulein Lichtwark blieben auf dem Sunderhof. Maria Schmidt, Adele Doré, Lichtwark und ich gingen durch ein Waldtal, dann wieder über eine Höhe, dann durch wuchernden Ginster nach Eddelsen, dem Nachbarort, wo Kalckreuths ein geräumiges modernes Landhaus bewohnten. Wir gingen durch den blühenden Garten gerade auf das Atelier zu, in dessen offener Tür der Graf stand. Er ist ein Hüne an Gestalt. Er begrüßte uns freudig und doch sehr ernst. Wir traten ein. Vom Fensterplatz erhob sich die Gräfin. Ich erkannte sie sogleich nach dem Bild in der Kunsthalle, das der Graf von ihr gemalt hat. Sie trug wie auf

1 Bruhns, Schreyer, 2013, S. 409

2 Schmidt-Matthaei wird hier irrtümlich schon als Besitzerin des Sunderhofs genannt, während Lichtwark noch auf dem Sunderhöfchen weilt. Auch das Doréhaus entstand erst später.

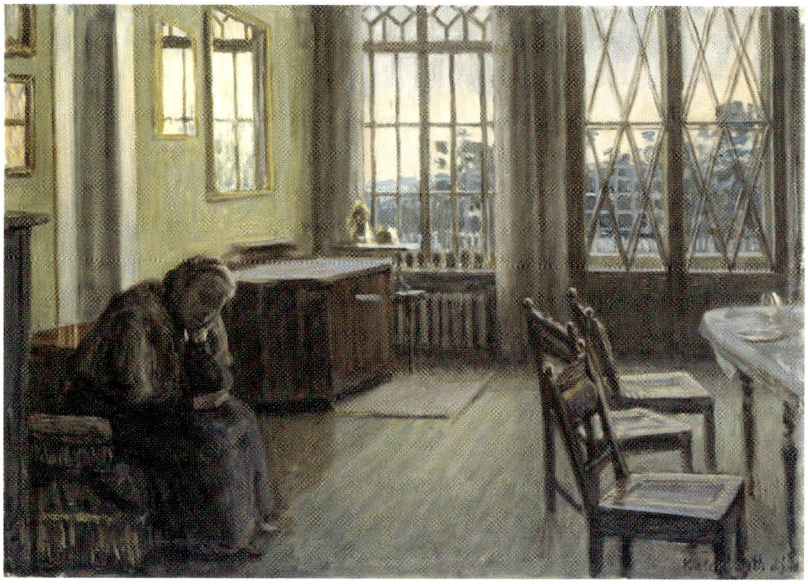

dem Bild einen grauen Pelzkragen um die Schultern gelegt. ›Sie friert immer‹, hatte mir Adele Doré gesagt. ›Sie friert immer, seit Wolf, der hochbegabte Sohn, in jungen Jahren aus dem Leben gegangen ist.‹ Auch ihn kenne ich von einem Bild, das der Graf gemalt hat. Da kniet der Knabe im Zimmer auf dem Fußboden, den Blick erhoben in ekstatischer Schau. Wohl kein kostbareres Bild hat der Graf gemalt. Ich will es bald wieder besuchen und an diese Stunde in Eddelsen denken.

Hier geschah es nun. Der Graf zeigte schweigend sein neuestes Bild, ein Bild aus einem blühenden Garten. Lichtwark setzte sich, um es ruhiger betrachten zu können. Ich sah, wie alt und müde und auch wie krank Lichtwark ist. Er atmete auch etwas schwer. Ich weiß: ›Vollgefressen‹ sagen seine Neider. Ich sah aber: er hat eine Maske angezogen, das dicke Schutzfell gegen die Außenwelt, mit der er sich abfinden muß, der er sein Werk, seine Kunsthalle abgerungen hat. Jetzt betrachtete er das neue Bild und schwieg beharrlich. Adele Doré stand, hielt den Blick gesenkt und schwieg. Endlich sagte der Graf langsam: ›Sie haben recht. Das Bild ist nichts. Ich weiß es. Ich kann nicht mehr. Es ist zu Ende.‹ Lichtwark stand etwas ächzend auf. ›Sie haben doch viele gute Bilder gemalt, Graf.‹ ›Vielleicht‹, antwortete der Graf. ›Nun aber ist es zu Ende.‹ ›Aber, lieber Graf‹, sagte Adele Doré mit guter dunkler Stimme, ›nach jedem Ende gibt es einen neuen Anfang.‹ Der Graf sagte nichts, nahm das Bild und stellte es mit der Bildseite gegen die Wand.

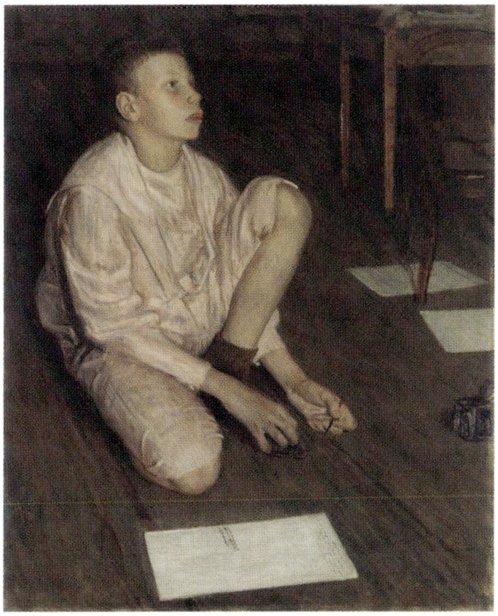

◄◄ Leopold Graf von Kalckreuth, »Dämmerstunde«, 1909 (© Hamburger Kunsthalle / bpk, Foto: Elke Walford) »Eine Welt zerfällt und kommt nie wieder.« Adele Doré, um 1913

◄ Leopold Graf von Kalckreuth, »Wolf, der Sohn des Künstlers«, 1900 (© Hamburger Kunsthalle / bpk, Foto: Elke Walford) »Da kniet der Knabe im Zimmer auf dem Fußboden, den Blick erhoben in ekstatischer Schau.« Lothar Schreyer, vor 1967

Ich hatte das Bild nur ein wenig gesehen. Ich stand etwas verloren im Raum. Aber ich hatte jedes Wort gehört und die Gesichter der drei Menschen gesehen, den Grafen und Lichtwark ohne Hoffnung, Adele Doré in Trauer.

Da kam ein junges Mädchen aus dem Garten. Auch sie erkannte ich sogleich. Es war die junge Komtesse Kalckreuth. Der Graf hat sie als kleines Mädchen vor ihrer Puppenstube gemalt. Ich erkannte das gleiche offene Kindergesicht. Sie beugte sich über Adele Dorés Hand und küßte sie. Dann wurde sie von Maria Schmidt umarmt. Da blickte die Gräfin, die auf ihrem Stuhl saß, nach mir und bat mich, neben ihr zu sitzen. Ich weiß nicht mehr, was wir sprachen, aber die Erinnerung an eine schmerzerfüllte und zugleich versöhnende Güte klingt in mir.

Es dämmerte schon ein wenig, als der Graf den Wagen aus der Garage holte, um Adele Doré und mich nach Hamburg ins Deutsche Schauspielhaus zu fahren. Wir hatten beide am Abend Dienst.

Adele Doré sagte zu mir: ›Kommen Sie mit in meine Garderobe. Es ist noch etwas Zeit.‹ Als sie die Tür geschloßen hatte, sagte sie: ›Ist noch Zeit? Aber welche Zeit? Haben Sie gesehen, lieber Doktor: Eine Welt geht zu Ende. Lichtwark kann nicht mehr. Er wird nur noch kurze Zeit leben. Die Kraft des Grafen ist gebrochen. Seine Bilder werden Totgeburten. Die besten Menschen zerbrechen. Eine Welt zerfällt und kommt nie wieder. Sehen Sie es nicht, lieber Doktor?‹«[3]

3 Schreyer, Keine Rolle – ein Mensch möchte ich sein, 2001, S. 476–478

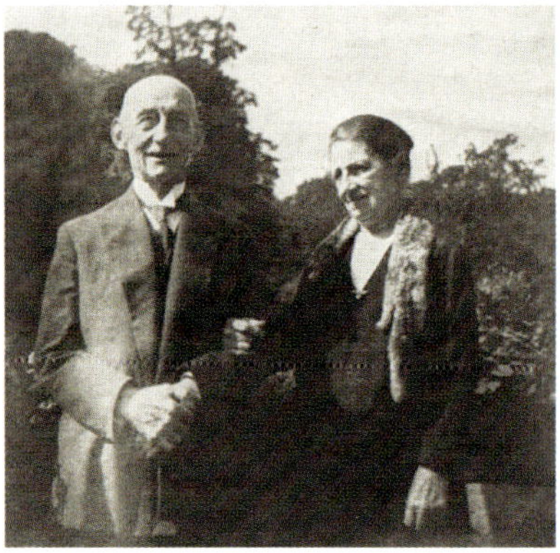

◄ Hans und Marianne Lichtwark, vor 1932 (aus: Henry Wiepking, Marianne Lichtwark (1857–1932). In: Lichtwark. Mitteilungsblatt des Lichtwarkausschusses Bergedorf, Sonderausgabe 21, 1961, S. 32–36, hier S. 33) Nach Alfred Lichtwarks Tod bilden seine Geschwister die soziale Klammer der Landhauskolonie.

► Landhaus Vivié, 2020 (Foto: Joachim Schnitter) Die Waldeinsamkeit des Hittfelder Sunders

Auch wenn wir von dieser Retrospektive etwas Melodramatik in Abzug bringen, so stand die Landhauskolonie in dieser Zeit mit dem unmittelbar bevorstehenden Tod Lichtwarks tatsächlich vor einem tiefgreifenden Verlust, und bald folgten weitere: Im wenige Monate darauf ausbrechenden Weltkrieg verloren Newmans und O'Swalds jeweils einen Sohn, Henry P. Newman und Emil Milan verstarben 1917, Adele Doré folgte ihrem Mann 1918.

Schon 1914 war Wilhelm Daniel Vivié aus unbekannten Gründen auf den »Birkenhof« in den nicht weit entfernten Emmelndorfer Haidbergen gezogen.[4] Mit seiner Gesundheit hatte es da offenbar schon nicht mehr gut gestanden. Im November 1918 reichte der fast 70-Jährige sein Pensionierungsgesuch ein und verstarb bereits in den ersten Januartagen 1919.[5]

Die Gemeinschaft der Sommerfrischler bestand jedoch auch über Lichtwarks Tod hinaus und löste sich nur langsam auf. So ist zum Beispiel überliefert, dass Toni O'Swald mit Hertha Terfloth (die mit ihrem Mann Albert in Metzendorf, rund sechshundert Meter vom Landhaus der O'Swalds entfernt ein Landhaus besaß, vgl. das Umschlagbild) Tänze einstudierte, die 1916 zur Geburtstagsfeier von Toni Haller auf die Bühne gebracht wurden.[6] Mit Lichtwarks Nachfolger in der Kunsthalle Gustav Pauli, seiner Frau Magda und der gemeinsamen Tochter Liselotte stieß in den Sommern 1915 bis 1920 sogar eine mit Lichtwark befreundete Familie zeitweise zur Landhauskolonie und insbesondere zu Kalckreuths.[7]

Bis zur Weltwirtschaftskrise von 1929 jedoch, in der die meisten Eigentümer um den Sunderberg ihre Landhäuser verkaufen müssen, starben auch Ernst Alfred O'Swald, Toni und Martin Haller sowie Bertha und Leopold von Kalckreuth. Die Anwesen Haller und O'Swald wurden 1931 verkauft und Toni O'Swald zog in ihr Hamburger Stadthaus.

4 Verzeichnis der Teilnehmer an den Fernsprechnetzen im Oberpostdirektionsbezirk Hamburg, 1916, S. 448
5 Pensionierung des Baurats bei der Baupolizeibehörde Wilhelm Daniel Vivié, 1918–1919
6 Nachfeier von Frau Toni Hallers 70. Geburtstag, 1916
7 Kalckreuth, Wesen und Werk, 1967, S. 342

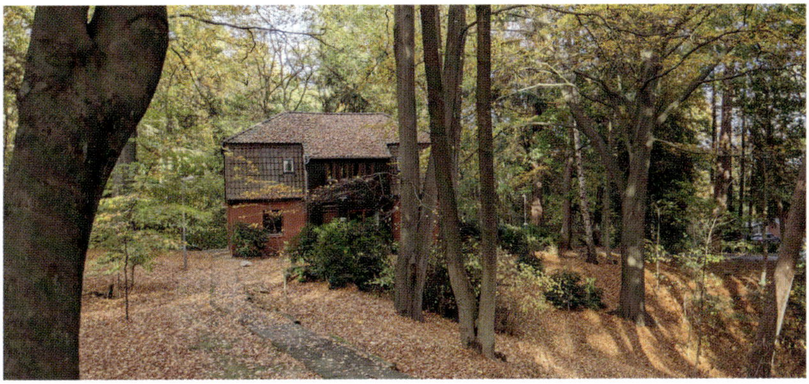

Der Maler Walter Emil Schimmelpfeng (1879–1963), ein direkter Nachbar der Köhnks in Tötensen und auch mit Familie O'Swald befreundet, brachte es auf den Punkt: In den letzten Wochen des Ersten Weltkriegs kontrastierte er gegenüber Toni O'Swald die belastenden Kriegsereignisse mit der Hittfelder Idylle:

»Also träumen wir noch ein wenig von Hittfeld! Herr Foerster, der Staudenzüchter, [Foerster war der wohl einflussreichste deutsche Staudengärtner und -züchter seiner Zeit und unterhielt eine große Staudengärtnerei in Bornim bei Potsdam] schrieb mir gestern, dass viel Neues schon entstanden wäre. Es hat mich fast vom Schreibtisch geworfen.«[8]

Mit der Schenkung des Kalckreuth-Anwesens an den Hamburger Staat im Jahr 1929[9] wurde die Landhauskolonie ebenso Geschichte, wie es die Malkolonie um Arthur Siebelist bereits war.

Wenige Bindungen des Kreises hielten noch darüber hinaus: Marianne Lichtwark half noch lange bei Familie Köhnk als Kinderfrau aus, begleitete die Familie bei Reisen in den Harz oder an die Ostsee. Sogar Mariannes Bruder Hans fuhr noch mit auf diese Reisen, wurde ein Freund der Familie, der die Kinderschaar mal zum Pilzesammeln und Blumenpflücken mitnahm, mal sie mit Geschichten und Märchen unterhielt. Die besondere Verbundenheit zwischen Lichtwarks und Köhnks hatte sich 1923 bei der Geburt Marianne Köhnks gezeigt, für die Marianne Lichtwark Patin gestanden hatte.[10]

Die schleichende Auflösung der ehemaligen Kolonie manifestierte sich in Grundstücksparzellierungen und baulicher Nachverdichtung der meisten Grundstücke auch materiell. Heute gleicht der Sunder stellenweise mehr einer dichten Villensiedlung als einer verstreuten Ansammlung von Landhäusern.

Das älteste Landhaus, das Vivié-Haus, steht noch. Leider wurde der Dreiecksgiebel zu einem Schleppdach rückgebaut und die Fachwerkkonstruktion

8 Walter Schimmelpfeng, Brief an Toni O'Swald v. 18.10.1918 (Staatsarchiv Hamburg, 622-1/77_E14)
9 Staatsarchiv Hamburg 311-2 IV_1012
10 Wiepking, Marianne Lichtwark, 1960, S. 33

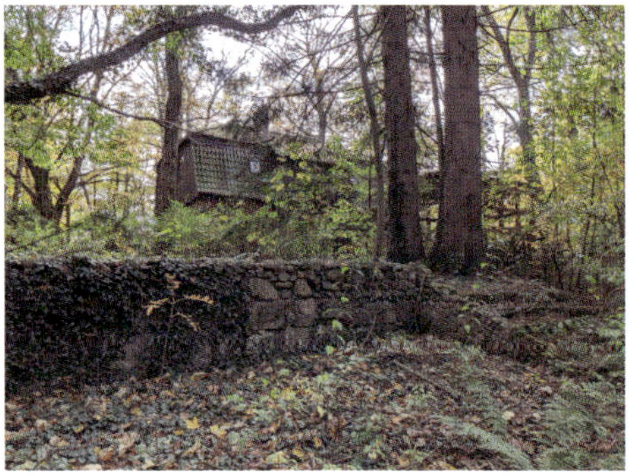

◄ Blick über die Reste des Doréhauses auf das Viviéhaus, 2020
Die vor einem Jahrhundert angelegten Gärten sind einem Buchenwald gewichen.

► Der Sunderhof, 2020
Eine Jugendherberge tradiert den gesellschaftspädagogischen Anspruch des Erziehungsinstituts.

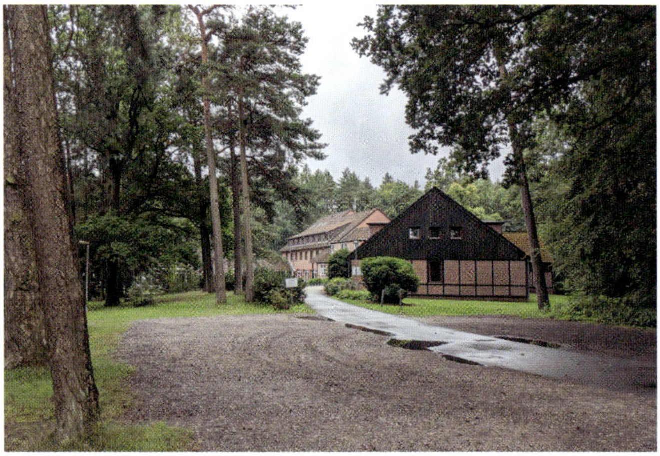

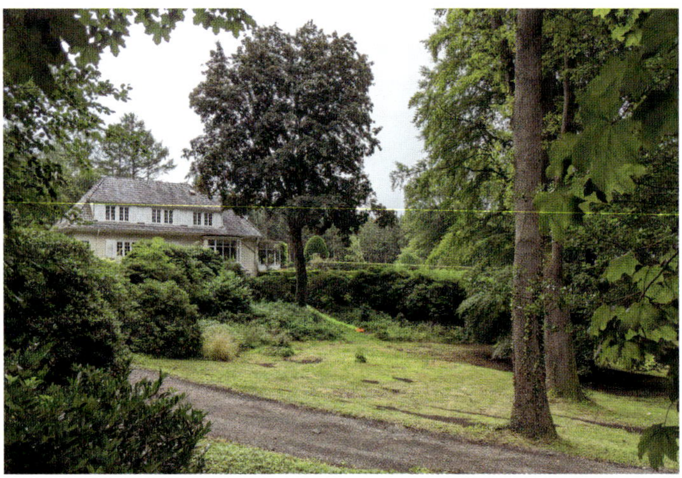

◄ Haus Sunderberg, 2020
Haus und Gartenanlagen des ehemaligen Landhauses Newman

(Alle Fotos dieser Doppelseite: Joachim Schnitter)

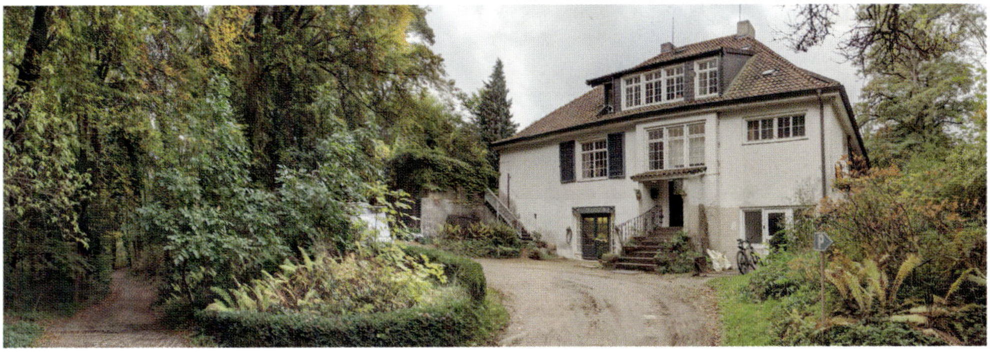

Haus Knixberg, 2020 Die repräsentative Seite des Landhauses nach einigen Umbauten

mit einer rot gestrichenen Holzverschalung überdeckt. Die ehemals die Freianlagen zierende Heidelandschaft beanspruchen jetzt hohe Buchen, die den Blick ins Tal verstellen. Vom Doréhaus existieren noch Reste einiger Gartenmauern und -treppen. Das Haus selbst wurde vor wenigen Jahren abgerissen, sein ideeller Wert war in Vergessenheit geraten. Bis heute dient das weitläufige Areal des Sunderhofs mit seinen inzwischen neu errichteten Gebäuden als Jugendherberge und steht Berufsgruppen, Vereinen, Schulklassen und Feiergesellschaften offen.

Nach Henry P. Newmans Tod zog seine Witwe mit dem neunjährigen Carl Henry und der fast erwachsenen »Lore« für einige Jahre nach Berlin, Haus Sunderberg behielt sie als Sommerhaus. Als sie Hamburg 1932 endgültig Richtung Berlin verließ, blieb das Anwesen zunächst im Familienbesitz; die Familienmitglieder erinnern sich bis heute gern daran.[11] Haus Sunderberg mit dem großen Garten hat die Zeit überdauert. Gut gepflegt kündet das Anwesen von einer Zeit, als der Hittfelder Sunderberg zu den elitärsten Orten im Hamburger Großraum zählte.

Haus Knixberg beherbergte 1919 das Ehepaar von Fischer-Treuenfeld: Karl von Fischer-Treuenfeld (1885–1946)[12] – er hatte im gerade geendeten Weltkrieg unter Ludendorf im Großen Hauptquartier gedient – und Lore, geb. Newman. Im Juni 1919 hatte das Paar in Hittfeld geheiratet, doch schon 1920 zog es sie nach Berlin.[13] Zwischen 1922 und 1930 bewohnte ein Major Joachim Johann von Pogrell (1876–1957) mit seiner Ehefrau Leonore Emma, geb. Butler von Clonebough (1882–1983) das Haus Knixberg, dann verliert sich die Spur seiner Bewohner für Jahrzehnte.[14]

11 Gespräche mit Stephanie Busold und Henry Newman, 2022

12 Verzeichnis der Teilnehmer an den Fernsprechnetzen im Oberpostdirektionsbezirk Hamburg, 1919, S. 571

13 Karl von Fischer-Treuenfelds trauriges Schicksal als Befehlshaber der Waffen-SS in Italien endet 1946 mit seinem Freitod.

14 Joachim von Pogrell, Vertreter eines schlesischen Adelsgeschlechts, zieht 1931 nach Maschen. (Amtliches Fernsprechbuch für den im Oberpostdirektionsbezirk Hamburg, Juli 1922, S. 733; Fernsprech-Teilnehmer-Verzeichnis für Harburg-Wilhelmsburg und Umgegend 1930, S. 49; Lesser, Joachim Johann von Pogrell, 2019

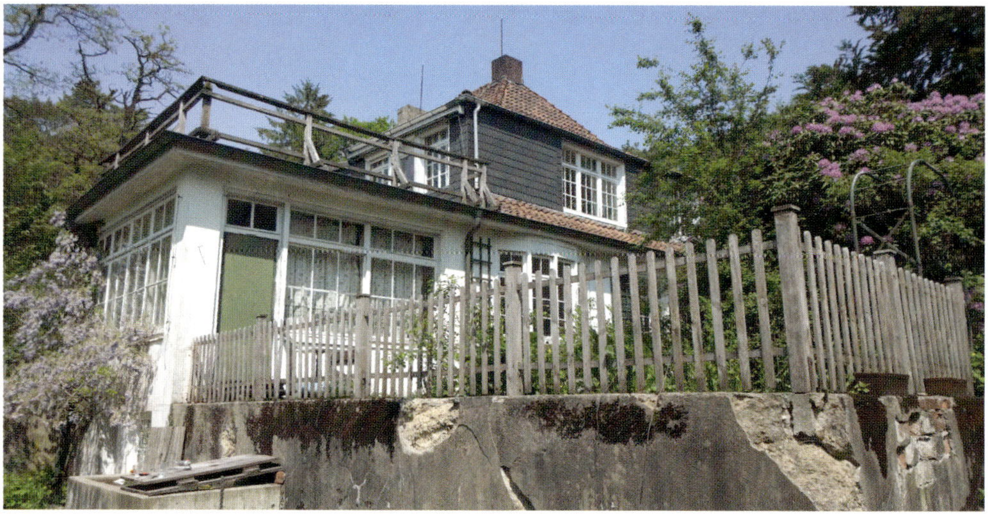

Haus Knixberg aus Westen, 2020 Das in die Jahre gekommene Prachtstück verströmt noch immer seinen Charme.

Wer heute das etwas versteckt liegende Haus Knixberg aufsucht, kann noch erkennen, wie günstig der Platz gewählt und wie aufwendig der Bau gewesen sein muss. Die einstige Klarheit der Komposition freilich hat gelitten: Einige kleinere Umbauten in den Fassaden verraten nicht gleich deren Alter; die das Gartenparterre stützenden Mauern beginnen zu bröckeln; Rhododendren und Hecken sind stellenweise ausgeufert und um den Ziergarten herum hat sich der Wald Terrain zurückerobert.

Das gefällige Durcheinander, bei dem schwer zwischen Kräuter- und Zierbeeten zu unterscheiden ist, die schöne Nachlässigkeit, die auch einer leuchtend grünen Kapuzinerkresse auf der alten Backsteinstreppe eine Chance lässt, die vielfältige Durchdringung von gepflegter und spontan aufgekommener Vegetation, sie alle atmen Entspanntheit. Bei erkennbar konstanter Pflege verleiht der Verzicht auf hortikulturelles Facelifting dem Ensemble einen seltenen Charme.

Das O'Swaldsche Landaus wurde im Zweiten Weltkrieg von einer Bombe getroffen und brannte bis auf die Fundamente ab. Das Hallersche Haus ging zunächst in die Hände des Kaufmanns Bruno Schmersahl über[15] und steht nach einem weiterem Besitzerwechsel gut gepflegt bis heute in einem stark verkleinerten Garten, der in den 1970er-Jahren vom bekannten Hamburger Landschaftsarchitekten Günther Schulze (1927–1994) überarbeitet worden ist.[16]

15 Lind, Als es den Golfplatz noch nicht gab, o. D., S. 14
16 Frdl. Mitteilung der derzeitigen Besitzer, Seevetal 2020
17 Kalckreuth, Wesen und Werk meines Vaters, 1967, S. 339

► Haus Knixberg, Mittelachse des zentralen Rasenplatzes, 2020

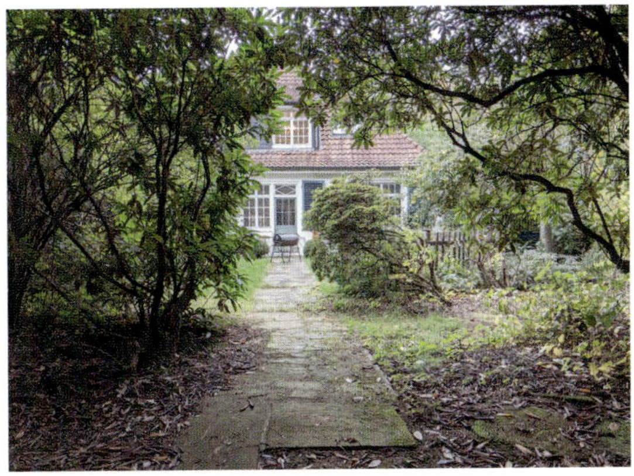

▼ Haus Föhrenberg, 2021
Etwas versteckt, bestens gepflegt: Das ehemalige Landhaus Haller

(Alle Fotos dieser Doppelseite: Joachim Schnitter)

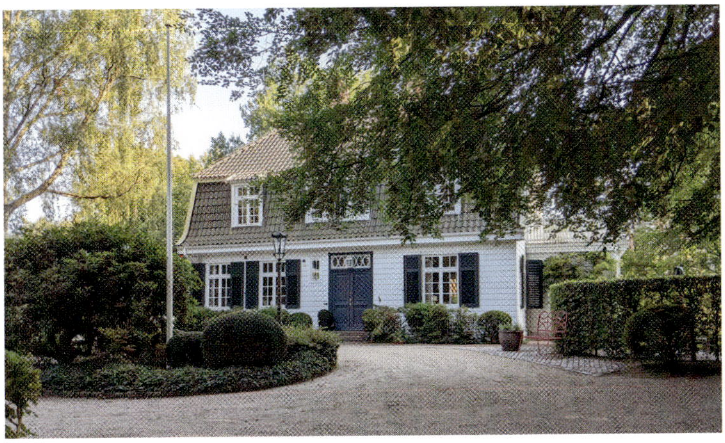

Die wechselvolle Geschichte des Anwesens Kalckreuth kann hier nur grob skizziert werden: Nach Bertha und Leopold von Kalckreuths Tod sorgte Heinrich Frost, eigentlich Kalckreuths Gärtner, tatsächlich aber »Leibdiener, Kutscher, Chauffeur, Heizer, Pinselwascher und Palettenreiniger, Kisten-Öffner und -Zuschlager, dazu noch Nervenberuhiger, dieser tauglichste und treueste aller Helfer«[17] bis wenigstens 1934 als Kastellan für Haus und Garten.[18] Kalckreuths Kinder vermachten das Anwesen als »Leopold Graf von Kalckreuth-Schenkung« dem Hamburger Staat als Ruhesitz für mittellose Künstler.[19] Doch nachdem es in den 1930er-Jahren als »Bund Deutscher Mädel-Führerinnenschule I des Obergaues Hamburg« gedient hatte[20] und im Zweiten Weltkrieg als Harburger Ausweichkrankenhaus genutzt wurde, geriet die vorgesehene Zweckbindung in Vergessenheit.

18 Adreßbuch für Harburg-Wilhelmsburg 1 und den Landkreis 1934, Eddelsen, S. 784
19 Staatsarchiv Hamburg, 131-4_1929 A 88
20 Graph. Kunstanstalt Kettling & Krüger, Schalksmühle in Westfalen, Ansichtskarten, ungelaufen, Privatarchiv Joachim Schnitter

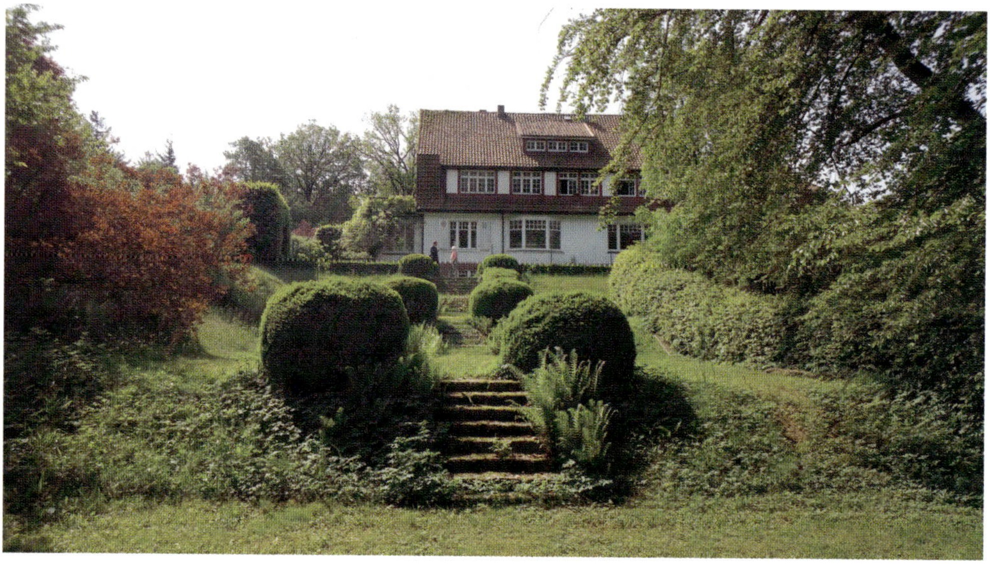

▲ Gartentreppe am Obstgarten des Haidberghauses, 2019 (Foto: Joachim Schnitter) Bis heute ein beeindruckendes Ensemble aus Architektur und Gartenkunst

Wohl in den 1950er-Jahren erinnerte sich der Bildhauer und Maler Martin Irwahn (1898 – 1981) daran und besetzte das damals leerstehende Gutshaus mit anderen Künstlern, darunter Paul Schmersahl (1902 – 1981), für ein Jahr.[21] Ein großes Mineralölunternehmen erwarb später das Anwesen, um es als Tagungs- und Fortbildungszentrum zu nutzen. Für einen großen Ergänzungsbau auf dem Gelände wurden die weitläufigen unteren Gartenanlagen zerstört.[22] Nach weiteren Besitzerwechseln vernichtete 2018 ein Brand den Dachstuhl des Wohnhauses.[23] Nun soll das Anwesen der Unterbringung ukrainischer Kriegsflüchtlinge dienen.[24] Vom einst spektakulären Garten ist nur die Brunnenanlage des Blumengartens überkommen: Ausgerechnet der heute etwas deplatziert wirkende »Putto mit Delfin« hat die Zeit überdauert.

Gänzlich anders erging es dem Haidberghaus. Von Cara und Victor Köhnk ging es in die Hände der Tochter Floride über. Sie heiratete den Verleger Kurt Christians (1909 – 1998), dessen künstlerische und heimatkundliche Interessen manch illustren Gast auf das Anwesen führten, darunter häufiger den Hamburger Künstler Horst Janssen (1929 – 1995). Heute bewohnen die Nachkommen Caras und Victors in dritter, vierter und fünfter Generation das Anwesen. Die Erinnerung an die Landhauskolonie ist hier noch lebendig.

21 Bruhns, Irwahn, 2013, S. 213 f.
22 Wöllmer, Haus Eddelsen, S. 75
23 Ehlermann, Blitzschlag, 2018
24 Sulzyc, Bürgerinformation zur Flüchtlingsunterkunft in Eddelsen, 2022

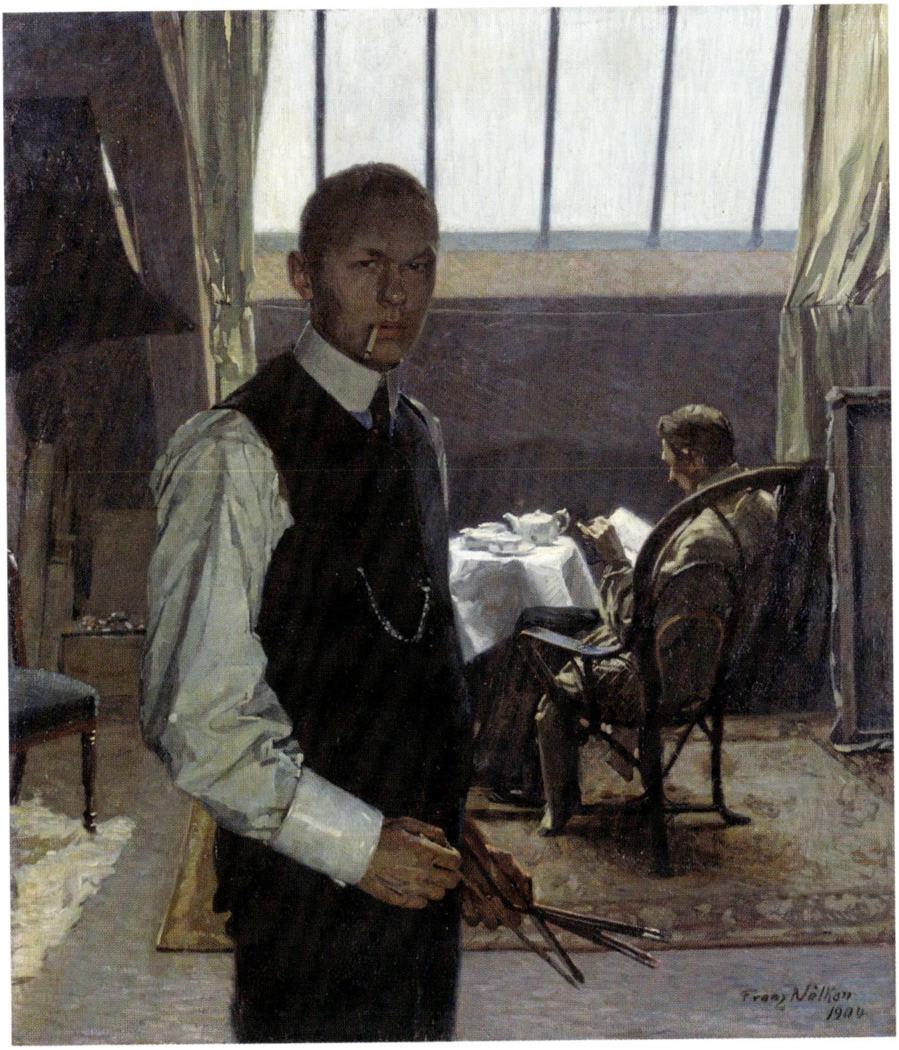

▲ Franz Nölken, »Selbstporträt im Atelier«, 1904
(© Hamburger Kunsthalle / bpk, Foto: Elke Walford)
Die von Zigarettenrauch, Ölfarben und Firnis erfüllte Atelierluftt lässt sich förmlich riechen.

Es gäbe viel zu berichten von den Qualitäten des bis heute erhaltenen Gartens: Von dem hippodromförmigen Platz auf der Westseite, von der klug geformten Freifläche auf der Nordseite des Hauses, die auf die lange, sich ganz durch den rückwärtigen Garten ziehende Natursteintreppe führt, vom

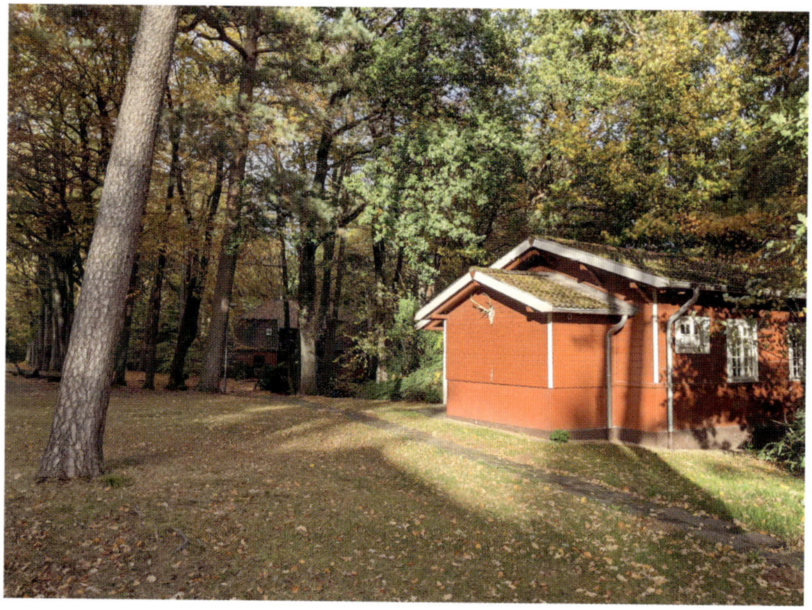

▲ Lichtwarkhaus, 2020 (Foto: Joachim Schnitter)
Lichtwarks Refugium als kleines Wohnhaus

köstlichen Obstgarten, von langjähriger akkurater Heckenpflege und vielem anderen. Trotz einiger Veränderungen strahlt das ganze Anwesen noch immer die gediegen-entspannte Atmosphäre des Lichtwark-Kreises aus.

Und wie erging es jener anderen Kolonie, der Malkolonie um Arthur Siebelist? Manche blieben auch nach dem Hittfelder Beginn zusammen: Nölken, Rosam, Ahlers-Hestermann und Gretchen Wohlwill schlossen sich 1907 der Académie Matisse in Paris an. Nach ihrer Rückkehr nach Hamburg bildeten Nölken, Ahlers-Hestermann und Rée eine Ateliergemeinschaft, die aber aufgrund der unerwiderten Liebe Rées zu Nölken zerbrach.

Die Zahl der Siebelistschüler, die auf die erste Schülergeneration folgten, ist Legion: Neben den Genannten waren dies Paul W. Henle, Edgar Bromberg, Ary Bergen, Edmund Behrend, Paul Heinrich Lichtwark (1872–1948, ein Cousin Alfreds), Hans Vogel, Hugo Volkwarth, Fritz Kastenmacher, Ilse Tesdorpf-Edens, Hugo Schmidt und Albert Feser. Manche fielen bereits im Ersten Weltkrieg, andere schlugen sich mit nervenzermürbenden Auftragsarbeiten herum, verzweifelten am Leben, wieder andere suchten und fanden bisweilen neue künstlerische Ausdruckmöglichkeiten, während manche auch Karriere als Künstler oder als Lehrer machten und in Ehren ergrauten.

Hatten Lichtwarks beherzte Förderung und Siebelists pädagogisches Ausnahmetalent die Künstlerkolonie schnell zu einer vielversprechenden Blüte geführt, so wurde ersteres auch der wohl entscheidende Hemmschuh ihrer Weiterentwicklung:

»...Ohne Lichtwark hätte gewiß mancher [Künstler] sich einer fremden Stadt zugewandt, einer künstlerischen Umgebung, von der man damals hier zuwenig fand. Müßig ist dabei die Frage, ob dann der eine oder andere zu höherer Geltung gelangt wäre ...

Er blieb mit den Künstlern so eng verbunden, daß man nach außen sogar wohl den Eindruck hatte, als seien diese Künstler Kinder seines schöpferischen Geistes. Das ist natürlich grundfalsch, und die Künstler werden durch diese Meinung recht oft in peinlicher Weise in ihrer Geltung als Persönlichkeiten behindert ...

Soweit es mit der Überzeugung Lichtwarks vereinbar war, wurden die Künstler durch ihn gefördert und geschützt. Daß er unreifen Werten gegenüber kalt blieb, kann ihm niemand verübeln, auch nicht, daß er wohl einmal eine Künstlernatur nicht genügend würdigte. Da möchte man fast ein zwar tiefehrliches, aber tragisch ausklingendes Aneinandervorbeischaffen erkennen ...«[25]

Der malkünstlerischen und gartenkulturellen, der lebensreformerischen Aufbruchstimmung des frühen 20. Jahrhunderts war auch im Hittfelder Raum kein dauerhafter Erfolg vergönnt. Es scheint sogar, dass die großen Träume hier besonders früh verblassten und ihren Glanz schon mit Lichtwarks Ableben verloren, nicht erst nach zwei Weltkriegskatastrophen.

Wer heute Lichtwarks Sunderhöfchen aufsucht, wird den Blick in die Landschaft nicht mehr finden, der einst zum Bau des kleinen Häuschens geführt hat, welches dem Zahn der Zeit so tapfer standhält. Einst vorhandene Gartenpflanzungen sind einem hellen Moosteppich gewichen. Noch immer könnte man meinen, die klare Luft mehr zu trinken als zu atmen. Was außerdem bleibt, sind Spuren dieses grundehrlichen Bemühens um eine Verbesserung menschlichen Miteinanders, tieferer Naturerfahrung und künstlerischen Ausdrucks. In Landschaften, Gärten und Häusern im Sunder, in Schriftwerken, Fotoalben und in zahllosen Bildwerken.

25 Eitner, Lichtwark und die Hamburger Künstler, 1914, S. 4

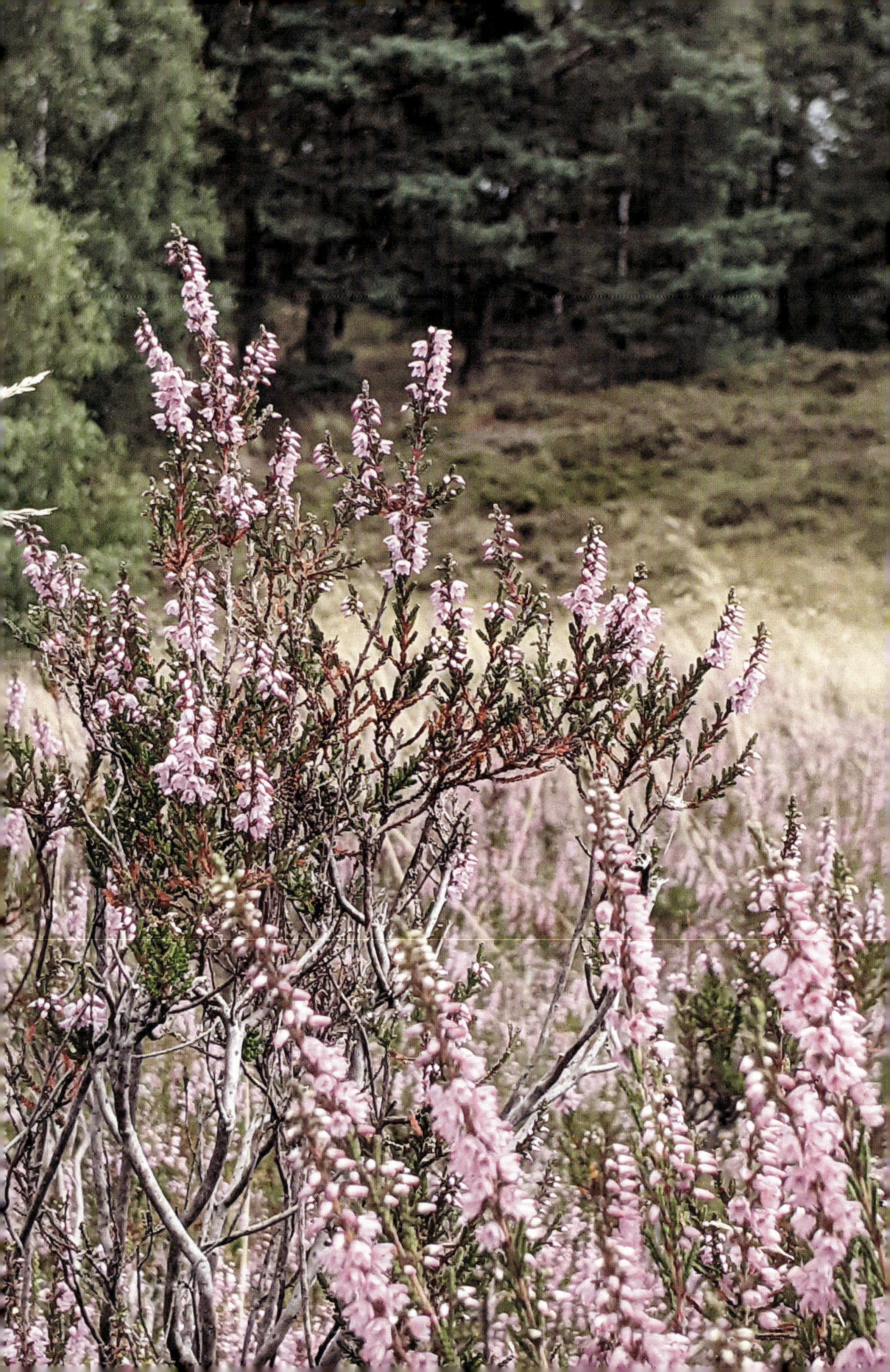

Quellen, Wurzeln und Blumen

◄ Fischbeker Heide, 2021 (Foto: Joachim Schnitter)

QUELLEN

ABBILDUNGSZITATE

S. 8 Lichtwark, Nordwest, 1895, S. 118

S. 9 Lichtwark, Brief an Max Liebermann vom 18.9.1906, In: Pflugmacher, Max Liebermann, 2001, Teil II, S. 201 f.

S. 10, Abb. li. Marks, Männer und Zeiten, 1922, S. 85

S. 10, Abb. re. zitiert nach Behr, Martin Haller, 2019, S. 165

S. 11 Schreyer, Adele Doré am Deutschen Schauspielhaus in Hamburg, 1900 – 1917 (Staatsbibliothek Hamburg, Theatersammlung, 51/1-11)

S. 12, Abb. o. Gast, Führer durch den Kleckerwald, 1928, S. 3

S. 12, Abb. u. Ahlers-Hestermann, Franz Nölken, 1919, S. 409

S. 13, Abb. S. 14/15 Schumacher, Stufen des Lebens, 1935, S. 316 f.

S. 18 Hirschfeld, Hundert Jahre Hamburger Malerei, 1932, S. 11

S. 19 Friedrich Rosenberg, In: Neuer Nekrolog der Deutschen, 1833, S. 391

S. 20, Abb. o. li. Hirschfeld, Hundert Jahre Hamburger Malerei, 1932, S. 12

S. 21 Stevenson, Velasquez, 1904, S. 100

S. 22, Abb. o. li. Scheffler, 1906, S. 33

S. 22, Abb. u. re. Ahlers-Hestermann, Thomas Herbst, 1939, S. 86

S. 23 Zitiert nach Mein altes Hamburg, https://www.mein-altes.hamburg/blankenese/alt-blankenese/, Stand: 27.2.2023

S. 24 Cordes, Vortrag über den Central-Friedhof von Hamburg, 1897, S. 40

S. 25 Hoffmann, Der Hamburgische Tourist, 1852, S. 119

S. 26 Vogeler, Bücherschau: Paul Schultze-Naumburg, Kulturarbeiten, Bd. 2: Gärten, 1903, S. 19

S. 28 zitiert nach Pflugmacher, Max Liebermann, 2001, Teil II, S. 5

S. 30, Abb. o. li. Zeromski, Alfred Lichtwark, 1924, S. 13

S. 30, Abb. u. re. Lichtwark, Makartbouquet und Blumenstrauß, In: Hamburger Weihnachtsbuch, 1892, S. 209

S. 32 Lichtwark, Einleitung, In: Breitfenster und Hecke, 1906, S. 18

S. 33 Ahlers-Hestermann, Thomas Herbst, 1939, S. 81

S. 34 Lichtwark, Die Sammlung von Bildern aus Hamburg, 1897, S. 12

S. 35 Schiefler, Eine Hamburgische Kulturgeschichte, 1985, S. 110

S. 36/37, Abb. o. zitiert nach Meyer-Tönnesmann, Hamburgischer Künstlerclub, 1985, S. 54

S. 37 Lichtwark, Der Heidegarten, 1904, S. 127

S. 39 Nevermann, Almanach, 1792, S. 7

S. 40 Lichtwark, Die Sammlung von Bildern aus Hamburg, 1897, S. 30 f.

S. 41 Migge, Die Gartenkultur des 20. Jahrhunderts, 1913, S. 143

S. 43 Lichtwark, Das Problem des Hamburger Stadtparks, 1909, S. 79

S. 46 Gast, Führer durch den Kleckerwald, 1928, S. 3

S. 54 Dührkoop, Subscribentenanschreiben, 1905

S. 65, Abb. u. re. Reumann, Arthur Siebelist zu seinem 50. Geburtstag, 1920, S. 214

S. 68 Linde, Die Lüneburger Heide, 1907, S. 76

S. 71 Lichtwark, Der Heidegarten, 1904, S. 186

S. 72 Lichtwark, Der Heidegarten, 1904, S. 186

S. 74 Lichtwark, Der Heidegarten, 1904, S. 131

S. 75 Linde, Die Lüneburger Heide, 1907, S. 78

S. 77 Lichtwark, Der Heidegarten, 1904, S. 182

S. 78, Abb. o. li. Lichtwark, Der Heidegarten, 1904, S. 184

S. 78, Abb. o. re. Lichtwark, Der Heidegarten, 1904, S. 184

S. 78, Abb. u. li. Lichtwark, Der Heidegarten, 1904, S. 184

S. 78, Abb. u. re. Lichtwark, Der Heidegarten, 1904, S. 184

S. 83 zitiert nach: Lichtwark, Briefe an Leopold Graf von Kalckreuth, 1957, S. 90

S. 89 Kalckreuth, Wesen und Werk meines Vaters, 1967, S. 337

S. 101, Abb. u. Schiefler, Eine Hamburgische Kulturgeschichte, 1985, S. 133

S. 109 Rilke, Requiem für Wolf Graf von Kalckreuth, 1920, S. 26

S. 110 Lichtwark, Briefe an Kalckreuth, 1957, S. 183

S. 111, Abb. o. Lichtwark, Brief an Max Liebermann vom 3.12.1906, In: Pflugmacher, Max Liebermann, 2001, Teil II, S. 216

S. 119 Verlaine, 1906, »Es pfeift der Nord«

S. 120 Zitiert nach Pflugmacher, Max Liebermann, 2001, Teil II, S. 230 – 232

S. 121 Lichtwark, Briefe an seine Familie, 1972, S. 594

S. 122 Kalckreuth, Wesen und Werk meines Vaters, 1967, S. 353

S. 135 zitiert nach Porter, 1886, S. 306

S. 145 Gothein, Geschichte der Gartenkunst, Bd. 2, 1914, S. 462

S. 146 Staatsarchiv Hamburg, 622-1/33_49, Band 10, S. 1; Freundlich übermittelt durch Karin von Behr

S. 147 Lichtwark, Briefe an Wolf Mannhardt, 1952, S. 118

S. 151, Abb. o. li. Weihrauch, Ueber Bilderbücher, 1901, S. 66

S. 151, Abb. o. re. O'Swald, Schwarzkäferchen und Anderes, 1900, S. 10

S. 162, Abb. re. Lichtwark, Telegramm aus Frankfurt am Main vom 10.4. [ohne Jahr] (Staats- und Universitätsbibliothek Hamburg, Theatersammlung, 51 Adele Doré)

S. 167 u. zitiert nach Tgahrt, Dichter lesen, 1989, S. 313

S. 169 Oppens, Maria Schmidt-Matthaei und der Sunderhof, 1957

S. 186, Abb. o. li. Brockes, Herrn B. H. Brockes [...] Irdisches Vergnügen in Gott, 1746, Bd. 8, S. 21

S. 188 Illies, Aus Tagebuch und Werk, 1892, S. 58

S. 192 Rilke, Heinrich Vogeler, 1903, S. 111

S. 201 zitiert nach Pflugmacher, Max Liebermann, 2001, Teil II, S. 357

S. 210 zitiert nach Schreyer, Keine Rolle – ein Mensch möchte ich sein, 2001, S. 478

S. 211 Schreyer, Keine Rolle – ein Mensch möchte ich sein, 2001, S. 477

ARCHIVE

CVJM-Sunderhof GmbH
Sammlung Sunderberg

Fondazione Monte Verità
Fondo Harald Szeemann

Hamburger Kunsthalle
HAMK-SO Archiv 129

Heimatverein Hittfeld und Umgegend e. V.
Nachlass Arthur Siebelist

Internet Archive, San Francisco, California
(www.archive.org)

Library of Congress, Prints and Photographs Division
Brady-Handy photograph collection

Luftbilddatenbank Dr. Carls GmbH
Luftbildscans »Hittfeld, Seevetal« (106G-5052; 4024-4025; Maßstab ca. 1:8.000; 23.03.1945)

Privatarchiv Georg Wilhelm Geckler

Privatarchiv Floride Gorlt

Privatarchiv Henry Newman und Stefanie Busold

Privatarchiv Malte Oswald

Privatarchiv Jürgen Peters

Privatarchiv Stephan Randel

Privatarchiv Dr. Inken Reimers

Privatarchiv Siegfried Schmidt

Privatarchiv Joachim Schnitter

Sächsische Landesbibliothek – Staats- und Universitätsbibliothek Dresden
Messtischblatt 1212: Hittfeld, 1936 (Hg. 1880, bericht. 1913, einz. Nachtr. 1936. – 1:25000. – [Berlin], Reichsamt für Landesaufnahme, 1936)

Staatsarchiv Hamburg
111-1; 71024: Pensionierung des Baurats bei der Baupolizeibehörde Wilhelm Daniel Vivié, 1918 – 1919

131-4_1929 A 88: Schenkung des Besitztums des verstorbenen Grafen von Kalckreuth

311-2 IV_1012: Leopold Graf von Kalckreuth-Schenkung

361-2 V_563 c Band 1: Einzelne Zeichen-, Mal- und Modellkurse für Lehrerinnen und Lehrer, 1911 – 1915

361-2 V_563 c Band 3: Einzelne Zeichen-, Mal- und Modellkurse für Lehrerinnen und Lehrer, 1919 – 1923

622-1/33_49: Martin Emil Ferdinand Haller, Architekt (1835 – 1925), Lebenserinnerungen. Elf handgeschriebene Bände, 1913 – 1920

622-1/77_E5: Ernst Alfred O'Swald, Gedicht seines Schwiegervaters Martin Haller zu seinem Geburtstag (1916)

622-1/77_E12: Ernst Alfred O'Swald, Nachrufe (1929)

622-1/77_E13: Krause, Emil, Wohlthätigkeits-Vorstellung zum Besten des Pensionsvereins unverheirateter Lehrerinnen (Zeitungsausschnitt)

622-1/77_E14, Briefe an Toni O'Swald von Verwandten und Freunden

622-1/163_D 331: Familie Ahlers-Hestermann

622-1/199_G 10/4: Genzsch, Hans Albrecht, Dokumente und Nachrichten zur Familienforschung

Staats- und Universitätsbibliothek Hamburg Carl von Ossietzky, Theatersammlung
51/1-11 Adele Doré
51/36 Adele Doré
51/37 Adele Doré
51/76 Adele Doré

Stiftung Kunststätte Johann und Jutta Bossard

LITERATUR

A

Adreßbuch für Harburg-Wilhelmsburg 1 und den Landkreis 1934, Harburg [1934]

Ahlers-Hestermann, Friedrich, Arthur Siebelist: Der Künstler mit seinen Schülern, In: Arthur Siebelist (1870–1945) – Maler, Sportler, Kunsterzieher, Ausstellungskatalog, Hamburg, Haspa-Galerie Großer Burstah, 7.4.–20.6.2008, S. 18–23, Hamburg 2008

Ahlers-Hestermann, Friedrich, Entwurf und Notizen zu einem Vortrag über das Gruppenbildnis von Arthur Siebelist, [um 1945], o. S. (Staatsarchiv Hamburg, 622-1/163_D 331)

Ahlers-Hestermann, Friedrich, Franz Nölken 1884–1918, In: Kunst und Künstler: Monatsschrift für Bildende Kunst und Kunstgewerbe, Jg. 17 (1919) Heft 10, S. 408–416

Ahlers-Hestermann, Friedrich, Fritz Friedrichs 1882–1928, In: Kunst und Künstler: Illustrierte Monatsschrift für Bildende Kunst, Jg. 27 (1929), S. 397–401

Ahlers-Hestermann, Friedrich, Thomas Herbst: Ein Malerleben von 1848–1915, Hamburg 1939

Alfred O'Swald †, In: Hamburger Fremdenblatt v. 10.1.1929 (Staatsarchiv Hamburg, 622-1/77_E12)

Amtliches Fernsprechbuch für den Oberpostdirektionsbezirk Hamburg Juli 1922, Hamburg 1922

Andrew Pickens (congressman), Wikipedia, https://en.wikipedia.org/wiki/Andrew_Pickens_(congress man), Stand 25.2.2023

Arendt-Vivié, Emma, Deutsche Volkslieder zur Laute oder Gitarre, hg. mit Lautensatz vers. und in ihren Konzerten gesungen von Emma Arendt-Vivié, Hamburg 1916

Atelier Nachrichten: Hans Christiansen, In: Alexander Koch (Hg.): Deutsche Kunst und Dekoration: illustr. Monatshefte für moderne Malerei, Plastik, Architektur, Wohnungskunst u. künstlerisches Frauen-Arbeiten, Jg. 2 (1898), Bd. 2, S. 323–325

Auflistung der wichtigsten Funktionsträger seit der Vereinsgründung, In: TSV Eintracht Hittfeld von 1905 e. V., https://tsv-hittfeld.de/historie, Stand: 16.10.2020

Ausstellungen und Sammlungen, In: Die Kunst für alle: Malerei, Plastik, Graphik, Architektur, Jg. 13 (1898), Heft 5, S. 77

Ausstellungs-Comité, In: Die Kunst im Leben des Kindes, Ausstellungskatalog, Berlin, Haus der Berliner Secession, März 1901, S. 3, Leipzig/Berlin 1901

B

Bahnsen, Uwe, Ein Blick ins Paradies vor den Toren der Stadt. Vor 200 Jahren malte Philipp Otto Runge »Die Hülsenbeckschen Kinder«, In: Welt am Sonntag, 28.8.2005, https://www.welt.de/print-wams/article131438/Ein-Blick-ins-Paradies-vor-den-Toren-der-Stadt.html, Stand: 14.3.2021

Baudelaire, Charles, Blumen des Bösen. In deutsche Verse übertragen von Graf Wolf v. Kalckreuth, Leipzig 1907

Behr, Karin von, Martin Haller 1835–1925: Privat- und Luxusarchitekt aus Hamburg. Mit einem Essay von David Klemm, Hamburg 2019

Berck, Marga, Die Goldene Wolke: eine verklungene Bremer Melodie, Bremen 1954

Bericht über den I. Internationalen Kongreß für Individualpsychologie, In: Internationale Zeitschrift für Individualpsychologie: Arbeiten aus dem Gebiete der Psychotherapie, Psychologie und Pädagogik, Jg. 2, Nr. 2 (November 1923), S. 30–45

Betten, Robert, Praktische Blumenzucht und Blumenpflege im Zimmer. Neu bearbeitet von Martin Stamm, 10. Aufl., Frankfurt/Oder 1928

Blomfield, Reginald/F. Inigo Thomas, The Formal Garden in England, London 1892

Bonhoeffers Tante in München, In: Bayerischer Rundfunk, 7.4.2015, www.br.de/radio/bayern2/sendungen/notizbuch/tante-bonhoeffer-kalckreuth-104.html, Stand: 8.11.2020

Brandt, Einleitung, In: C. G. Bensel. Regierungsbaumeister, Architekt Hamburg (= Sonderheft der Bau-Rundschau), Hamburg 1914

Bratner, Wenzel, Der Garten von Johann Bossard – Zwischen Anthroposophie und Heimatschutz, In: Niedersächsisches Landesamt für Denkmalpflege und Rolf Wiese im Auftrag der Stiftung Kunststätte Johann und Jutta Bossard sowie des Fördervereins des Freilichtmuseums am Kiekeberg (Hg.): Künstlergärten und denkmalpflegerischer Umgang (= Schriften der Kunststätte Bossard Bd. 4 = Schriften des Freilichtmuseums am Kiekeberg Bd. 48 = Schriftenreihe Gartendenkmalpflege in Niedersachsen), S. 41–50, Jesteburg/Hannover 2005

Breitfenster und Hecke: Ein Bilderbuch alter Hamburgischer Häuser und Gärten, zusammengestellt von Eduard Lorenz Lorenz-Meyer und Emil Janda. Einleitung von Alfred Lichtwark, Hamburg 1906

Brockes, Barthold Heinrich, Herrn B. H. Brockes, Lti. Com. Palat. Cæs. und Raths-Herrn der Stadt Hamburg, Irdisches Vergnügen in Gott, bestehend in Physicalisch- und Moralischen Gedichten, Bd. 1–9, Hamburg 1721–48

Brüning, Antja, Eine gartendenkmalpflegerische Studie zum Senkgarten im Gutspark von Ziethen: Diplomarbeit an der Technischen Universität Berlin, unveröffentlichtes Manuskript, Berlin 2009

Bruhns, Maike, Anita Rée: Leben und Werk einer Hamburger Malerin 1885–1933, Hamburg 1986

Bruhns, Maike, Irwahn, Martin, In: Der neue Rump: Lexikon der bildenden Künstler Hamburgs. Hg. Familie Rump. Überarbeitete Neuauflage des Lexikons von Ernst Rump; ergänzt und überarbeitet von Maike Bruhns. Unter Mitarbeit von Carsten Meyer-Tönnesmann, 2. Aufl., S. 213–214, Neumünster 2013

Bruhns, Maike, Ortmans, François August, In: Der neue Rump: Lexikon der bildenden Künstler Hamburgs. Hg. Familie Rump. Überarbeitete Neuauflage des Lexikons von Ernst Rump; ergänzt und überarbeitet von Maike Bruhns. Unter Mitarbeit von Carsten Meyer-Tönnesmann, 2. Aufl., S. 339, Neumünster 2013

Bruhns, Maike, Schreyer, Lothar, In: Der neue Rump: Lexikon der bildenden Künstler Hamburgs. Hg. Familie Rump. Überarbeitete Neuauflage des Lexikons von Ernst Rump; ergänzt und überarbeitet von Maike Bruhns. Unter Mitarbeit von Carsten Meyer-Tönnesmann, 2. Aufl., S. 409, Neumünster 2013

Bruhns, Maike, Wulff, Heinrich Wilhelm, In: Der neue Rump: Lexikon der bildenden Künstler Hamburgs. Hg. Familie Rump. Überarbeitete Neuauflage des Lexikons von Ernst Rump; ergänzt und überarbeitet von Maike Bruhns. Unter Mitarbeit von Carsten Meyer-Tönnesmann, 2. Aufl., S. 525, Neumünster 2013

Busold, Stefanie, Henry P. Newman: Hamburger Großkaufmann und Mäzen, Hamburg 2012

C

C. August Schmidt & Söhne Company, 100 Jahre C. Aug. Schmidt Söhne, Hamburg: 1841 – 1941, Hamburg 1941

C. G. Bensel. Regierungsbaumeister, Architekt Hamburg (= Sonderheft der Bau-Rundschau), Hamburg 1914

C. M., Die Kanalisierung der oberen Alster: eine Ideenskizze von Arthur Illies, In: 2. Beilage zu Nr. 518 der Neuen Hamburger Zeitung, 3.11.1911

Cohrs, Claus, Tagungs- und Jugendbildungstätte »Der Sunderhof«, In: Harburger Kreiskalender ... / Landkreis Harburg, 1983, S. 34 – 35

Cordes, Wilhelm, Vortrag über den Central-Friedhof von Hamburg, In: Mitteilungen der Deutschen Dendrologischen Gesellschaft, Jg. 6 (1897), S. 35 – 42

Cortale Web Site, Marie Schmidt (geb. Matthaei), https://www.myheritage.de/research/collection-1/myheritage-stammbaume?itemId=51400201-1-575&action=showRecord, Stand: 23.10.2022

D

Delius, Rudolf von, Der Brockes-Garten, In: Die Literarische Gesellschaft, Jg. 4 (1918), Heft 11, S. 349 – 354

Der Almanach des Staatlichen Schauspielhauses Hamburg, Jg. 1 (1940)

Der Sunderhof und seine Herrin: Fräulein Schmidt-Matthaei 80 Jahre, Zeitungsartikel, Kopie o. O., Archiv CVJM-Sunderhof GmbH, vor 1958

Deutsches Lesebuch, Hg. von der Gesellschaft der Freunde des vaterländischen Schul- und Erziehungs-Wesens, Bd. 1 – 6, Hamburg 1912 – 1916

Deutsches Wörterbuch von Jacob Grimm und Wilhelm Grimm, Band X, Abtheilung 4. (= Band 20 DTV-Ausgabe), Lfg. 8, bearbeitet von S. Beyschlag, H.-H. Bielfeldt, Th. Kochs, P. Diepers, F. Tschirch, Leipzig 1941, digitalisierte Fassung im Wörterbuchnetz des Trier Center for Digital Humanities, Version 01/21, https://www.woerterbuch netz.de/DWB?lemid=S56885, Stand: 23.10.2022

Die Anregungskommission, In: Jahrbuch der Gesellschaft Hamburgischer Kunstfreunde, Jg. 6 (1900), S. 80 – 82

Dr. O. E., Am 9. Februar: der Todestag Adele Dorés, In: Hamburger Anzeiger Nr. 33 v. 8.2.1934

Dührkoop, Rudolph, Subscribentenanschreiben an Richard Dehmel vom Dezember 1905, (Staats- und Universitätsbibliothek Hamburg Carl von Ossietzky – E 223, https://resolver.sub.uni-hamburg.de/kitodo/PPN835126722, Stand 18.3.2023

E

Ehlermann, Christoph, Blitzschlag zerstört Dachstuhl des knapp 100 Jahre alten Gutes Eddelsen, In: Kreiszeitung Wochenblatt, 2.7.2018, https://www.kreiszeitung-wochenblatt.de/winsen/c-blaulicht/blitzschlag-zerstoert-dachstuhl-des-knapp-100-jahre-alten-gutes-eddelsen_a112543, Stand: 4.10.2020

Ein Impressionismus für Hamburgs Bürgertum: Max Liebermann und Alfred Lichtwark; [aus Anlaß der Ausstellung »Im Auftrag des Impressionismus – Max Liebermann und der Jenischpark« im Ernst-Barlach-Haus – Stiftung Hermann F. Reemtsma, Hamburg vom 9. Juni bis zum 25. August 2002 und in Erinnerung an den Aufenthalt Max Liebermanns in Hamburg vor genau 100 Jahren, im Sommer 1902] / [Text:] Annabelle Görgen und Sebastian Giesen,Hamburg 2002

Ein Wettbewerb um Entwürfe zu einer Parkanlage in Berlin, In: Zentralblatt der Bauverwaltung, Jg. 28 (1908), Nr. 1, S. 7 f.

Einzelne Zeichen-, Mal- und Modellkurse für Lehrerinnen und Lehrer, 1911 – 1915, Staatsarchiv Hamburg, 361-2 V_563 c Band 1

Einzelne Zeichen-, Mal- und Modellkurse für Lehrerinnen und Lehrer, 1919 – 1923, Staatsarchiv Hamburg, 361-2 V_563 c Band 3

Eitner, Ernst, Lichtwark und die Hamburger Künstler,In: Hamburgische Zeitschrift für Heimatkultur, Jg. 6, Februar 1914, S. 4 f.

Erinnerungen an das Jubiläum des 75-jährigen Bestehens der Schriftgießerei von Genzsch & Heyse in Hamburg 28. Februar 1833 – 1908, Hamburg 1908

Ernst Hermann Otto Bacmeister, Stamm 2. Kaufmann in Hamburg, Elektr. Manuskript, o. O., o. D., Privatarchiv Georg Wilhelm Geckler

Exlibris, Buchkunst und angewandte Graphik, Jg. 17 (= neue Folge Jg. 1) (1907), Teil 1

F

Familie Gogela, Maria-louise (Mary) Newman (born Von Düring), https://www.myheritage.com/research/record-1-563778311-1-503220/maria-louise-mary-newman-geb-von-during-in-myheritage-family-trees, Stand: 23.10.2022

Fernsprech-Teilnehmer-Verzeichnis für Harburg-Wilhelmsburg und Umgegend 1930, Hamburg 1930

Flaischlen, Cäsar, Emil Milan als Künstler (1917), In: Reinhard Tgahrt (Hg.), Dichter lesen Bd. 2: Jahrhundertwende (= Marbacher Schriften 31/32), S. 310 – 312, Marbach am Neckar, 1989

Foerster, Karl, Staudenbilderbuch, Berlin/Bern 1935

Friedrich Rosenberg, In: Neuer Nekrolog der Deutschen, Jg. 11 (1833), Teil 11, S. 387 – 391, Weimar 1835

Fritsch, Helmut, Sowjets im Sunderhof. Christliche junge Männer debattieren mit russischen Diplomaten, In: Die Zeit Nr. 14/1962, 6.4.1962, https://www.zeit.de/1962/14/sowjets-im-sunderhof/komplettansicht?print, Stand: 22.6.2020

Frecot, Janos/Johann Friedrich Geist/Diethart Kerbs, Fidus 1868 – 1948: Zur ästhetischen Praxis bürgerlicher Fluchtbewegungen, München 1972

G

Gast, J. A. W., Führer durch den Kleckerwald, Hamburg 1928

Geographische Gesellschaft in Hamburg (Hg.), Mitteilungen der Geographischen Gesellschaft in Hamburg, Bd. 20, Hamburg 1904

Gentry, Richard, The Gentry Family in America 1767 – 1909, New York 1909

Genzsch, Hans Albrecht, Dokumente und Nachrichten zur Familienforschung, Staatsarchiv Hamburg 622-1/199_G 10/4

Gerhardinger, Franz, Genzsch, Emil Julius, In: Historische Kommission bei der Bayerischen Akademie der Wissenschaften (Hg.): Neue Deutsche Biographie, Bd. 6, Berlin 1964, S. 196 f.

Geschichte des Vereins, In: Turn- und Sportverein Finkenwerder von 1893 e. V., https://www.tusfinken werder.de/vereinsleben/geschichte, Stand: 16.10.2020

Gothein, Marie Luise, Geschichte der Gartenkunst, Bd. 2, Jena 1914

Grautoff, Otto, Die Entwicklung der modernen Buchkunst in Deutschland, Leipzig 1901

Grenander, Alfred, Entwurf für das Haus Terfloth zu Hittfeld, In: Moderne Bauformen: Monatshefte für Architektur und Raumkunst, Jg. 19 (1920), S. 78 f.

Grimm, Jacob, Kinder- und Hausmärchen nach der Sammlung der Brüder Grimm, Wien 1901

Gröning, Gert/Uwe Schneider, Die Heide in Park und Garten: Zur Geschichte und Bedeutung des Heidemotivs in der Gartenkultur, Worms 1999

Grunert, Heino, Neue Gartenkunst im Hamburger Westen, In: Villen und Landhäuser: Bürgerliche Baukultur in den Hamburger Elbvororten von 1900 bis 1935, Hg. Hans Bunge/Gert Kähler, S. 115 – 132, München/Hamburg 2012

Grunert, Heino, »Sogar größere Städte tragen jetzt ihre Wälle ab«: 150 Jahre öffentliches Grün von der Entfestigung bis Planten un Blomen, In: Von der Festung bis Planten un Blomen: Die Hamburger Wallanlagen, Hg. Heino Grunert, S. 68 – 129, Hamburg 2020

Gutjahr, Ortrud/David Graf von Kalckreuth, »Überstehn ist alles«: Wolf Graf von Kalckreuth im Bild seines Vaters Leopold und in Rilkes Requiem. Zwei Essays, Würzburg 2005

H

Haase, Heinz-Wilhelm, Der Blumengarten am Vierländer Bauernhaus: Zur Wiederherstellung des Bauerngartens am Rieck-Haus in Curslack, In: Altonaer Museum in Hamburg, Jahrbuch 1963, Bd. 1, S. 175 – 183

Haller, Martin, Erinnerungen an Kindheit und Elternhaus, bearbeitet von Renate Hauschild-Thiessen, Hamburg 1985

Haller, Martin, Lebenserinnerungen. Unveröffentlichtes Manuskript. Bd. 1 – 11, 1913 – 1920 (Staatsarchiv Hamburg, 622-1/33_49)

Hamburg: Land und Leute der Niederelbe, aufgenommen im Auftrage der Freien und Hansestadt Hamburg. Hg. Ernst Juhl, Hamburg [1912]

Hamburgisches Künstler-Lexikon, bearbeitet von einem Ausschusse des Vereins für Hamburgische Geschichte, Bd. 1: Die bildenden Künstler, Hamburg 1854

Haney, David H., When modern was green: life and work of landscape architect Leberecht Migge, London/New York 2010

Haug, Ute/Andrea Völker, Wertewandel: Zur Präsenz der Hamburger Malerei in der ständigen Sammlung der Hamburger Kunsthalle von 1850 bis heute, In: Hamburger Schule: Das 19. Jahrhundert neu entdeckt. Hg. Markus Bertsch/Iris Wenderholm, S. 115 – 125, Petersberg 2019

Hauschild-Thiessen, Renate, Die Klosterschule von 1872 bis zum Ersten Weltkrieg: Ein Beitrag zur Geschichte der höheren Mädchenbildung in Hamburg, In: Zeitschrift des Vereins für Hamburgische Geschichte, Jg. 131 (1972), Bd. 58, S. 1 – 44

Hauschild-Thiessen, Renate, Anmerkungen, In: Martin Haller: Erinnerungen an Kindheit und Elternhaus, bearbeitet von Renate Hauschild-Thiessen, Hamburg 1985

Heicke, Carl, Professor Lichtwark †, In: Die Gartenkunst, Jg. 27 (1914), Heft 2, S. 34

Heimann, Regelind, »Schaffende und Genießende«: Die Künstler der Brücke und ihre passiven Mitglieder, In: Thole Rotermund Kunsthandel (Hg.): Kunst. Post. Karte. Künstlerpostkarten der klassischen Moderne, S. 42 – 45, Hamburg 2017

Heydorn, Volker Detlef, Maler in Hamburg, Bd. 1: 1886 – 1945, Hamburg 1974

Hirschfeld, Peter, Hundert Jahre Hamburger Malerei, In: Hundert Jahre Hamburger Kunst 1832 – 1932, Hg. Hamburger Künstlerverein, S. 7 – 26, Hamburg 1932

Hof, Tobias, Vorgutachten zur Frage des Verhältnisses von Johann Michael Bossard und Jutta Bossard zum Nationalsozialismus, Manuskript im Auftrag des Instituts für Zeitgeschichte München-Berlin, 13.3.2022, https://www.bossard.de/files/Bilder/Formulare/Hof%20-%20Vorgutachten%20Bossard%20-%20Finale%20Version.pdf, Stand: 28.2.2022

Hoffmann, Peter Friedrich Ludwig, Der Hamburgische Tourist: Ein ausführlicher Wegweiser für Lustreisende durch Hamburgs Umgebungen, […] nebst den nöthigen statistischen und historischen Notizen und Bemerkung alles Sehenswerthen der Städte: Hamburg und Altona, von P. F. L. Hoffmann. Mit einer topograph. Specialkarte des hamburgischen Gebietes, Hamburg 1852

Howoldt, Jenns E., »Wie köstlich liegt Dein Haus ...«: Haus und Garten in Eddelsen, In: Leopold von Kalckreuth – poetischer Realist, Ausstellungskatalog, Hamburger Kunsthalle, 30.9.2005 – 1.1.2006, Hg. Uwe M. Schneede, S. 41 – 50, Hamburg 2005

Husen, Britta von/Heino Grunert, Der Gartenarchitekt Jakob Ochs (1871 – 1927) und sein Atelier: Hamburger Reformgärten von der Jahrhundertwende bis zum 1. Weltkrieg, In: Die Gartenkunst Jg. 11 (1999), Heft 1, S. 54 – 80

I

Illies, Arthur, Aus Tagebuch und Werk 1870 – 1952, Hg. Kurt Illies, Hamburg 1981

J

Jahrbuch der Gesellschaft Hamburgischer Kunstfreunde, Jg. 1 (1895), Jg. 2 (1896), Jg. 4 (1898), Jg. 7 (1901), Jg. 11 (1905), Jg. 13 (1907), Jg. 14 (1908)

Jahresbericht der Deutschen Orient-Gesellschaft eingetragener Verein zu Berlin, erstattet in der ordentlichen Hauptversammlung am 21. Mai 1909, Jg. 11 (1909)

Jahresbericht der Deutschen Orient-Gesellschaft eingetragener Verein zu Berlin, erstattet in der ordentlichen Hauptversammlung am 18. Juni 1910, Jg. 12 (1910)

Jahresbericht der Deutschen Orient-Gesellschaft eingetragener Verein zu Berlin, erstattet in der ordentlichen Hauptversammlung am 23. Mai 1912, Jg. 15 (1912)

Jahresbericht des Hamburger Stadtpark-Vereins für das Jahr 1930, (1931)

Jahresbericht des Kunstvereins in Hamburg, Jg. 69 (1917), Jg. 70 (1918), Jg. 71 (1919)

Junge-Gent, Henrike, Alfred Lichtwark: Zwischen den Zeiten, Berlin/München 2012

K

Kahl, Lucia, Landsitze als Kulturinseln: 1. der Sunderhof, Sonderdruck aus: Hamburger Anzeiger, Nr. 160, 11./12.7.1936

Kalckreuth, David Graf von, Gedanken beim Betrachten eines Ahnenbildes: Wolf Graf von Kalckreuth im Bild seines Vaters Leopold, In: Ortrud Gutjahr/ David Graf von Kalckreuth, »Überstehn ist alles«: Wolf Graf von Kalckreuth im Bild seines Vaters Leopold und in Rilkes Requiem. Zwei Essays, S. 5 – 27, Würzburg 2005

Kalckreuth, Johannes, Wesen und Werk meines Vaters: Lebensbild des Malers Graf Leopold von Kalckreuth, Hamburg 1967

Kaminsky, Uwe, Verfolgung im Arbeitermilieu Hamburgs aus erfahrungsgeschichtlicher Sicht: Sozialdemokraten und Kommunisten zwischen Widerstand und Anpassung, In: Rückblenden: Lebensgeschichtliche Interviews mit Verfolgten des NS-Regimes in Hamburg (= Forum Zeitgeschichte Jg. 7), S. 206 – 317, Hamburg 1999

Katalog der Ausstellung für Buchgewerbe und Photographie in St. Louis 1904, Hg. Deutscher Buchgewerbeverein, Leipzig 1904

Katalog der siebzehnten Ausstellung, November – Jänner 1905 – 1906, Wien, Verlag des Künstlerbundes Hagen, Wien 1905

Klarmann, Julia, »An Ihren Garten denke ich mit großer Freude«: Alfred Lichtwark und Max Liebermann, In: Max Liebermann – Die Heckengärten [Ausstellungskatalog im Rahmen der Sonderausstellung »Max Liebermann – Die Heckengärten«, Liebermann-Villa am Wannsee, Berlin, 11.5. – 31.8.2014], hg. für die Max-Liebermann-Gesellschaft von Martin Faass, S. 23 – 31, Berlin 2014

Klausch, Helmut, Beiträge Alfred Lichtwarks zu einer neuen Gartenkunst in seiner Zeit, Dissertation, Universität Hannover, o. O. 1971

Klemm, David, Hamburg und Hallers Bauten, In: Karin von Behr: Martin Haller 1835 – 1925: Privat- und Luxusarchitekt aus Hamburg. Mit einem Essay von David Klemm, S. 168 – 175, Hamburg 2019

Kneubühler Theo, Die Künstler und Schriftsteller und das Tessin (von 1900 bis zur Gegenwart), In: Monte Verità, Berg der Wahrheit: Lokale Anthropologie als Beitrag zur Wiederentdeckung einer neuzeitlichen sakralen Topographie. Red.: Gabriella Borsano, Harald Szeemann et al, S. 136 – 178, Milano 1978

Kopitzsch, Franklin, Grundzüge einer Sozialgeschichte der Aufklärung in Hamburg und Altona, 2., erg. Aufl., Hamburg 1990

Krause, Emil, Wohlthätigkeits-Vorstellung zum Besten des Pensionsvereins unverheirateter Lehrerinnen [Zeitungsausschnitt], Staatsarchiv Hamburg, 622-1/77_E 13

Kuchler, Kurt, Hamburgische Schauspielerporträts: Max Montor, Robert Nhil, Adele Doré, Alex Otto, Altona-Ottensen 1910

L

Larisch, Stephan, Die Hamburger Soziale Frauenschule und das Sozialpädagogische Institut von 1916 bis 1917: Eine biographische Rekonstruktion der Gründungsmitglieder und ihr Netzwerk, In: standpunkt: sozial, Jg. 28 (2017), Heft 1, S. 8 – 27

Larisch, Stephan, Toni O'Swald: Portrait einer Philanthropin, In: standpunkt: sozial, Jg. 15 (2004), Heft 3, S. 129 – 137

Leip, Hans, Unbedenkliche und bedenkliche Bemerkungen und Anekdoten den Ablauf von hundert Jahren Hamburger Künstler-Verein betreffend, In: Hundert Jahre Hamburger Kunst 1832 – 1932, Hg. Hamburger Künstlerverein, S. 37 – 46, Hamburg 1932

Lesser, Galina, Joachim Johann von Pogrell, https://www.geni.com/people/Joachim-Johann-von-Pogrell/6000000047618461865, Stand: 27.11.2022

Lichtwark, Alfred, Aus Philipp Otto Runges Jugend, In: Jahrbuch der Gesellschaft Hamburgischer Kunstfreunde Jg. 9 (1903), S. 89 – 95

Lichtwark, Alfred, Briefe an die Kommission für die Verwaltung der Kunsthalle, Band 20 (1912/1913), Hg. Gustav Pauli), Hamburg 1920

Lichtwark, Alfred, Briefe an die Kommission für die Verwaltung der Kunsthalle, in Auswahl mit einer Einleitung herausgegeben von Gustav Pauli, Band 2, Hamburg 1924

Lichtwark, Alfred, Briefe an Leopold Graf von Kalckreuth, Hg. Carl Schellenberg, Hamburg 1957

Lichtwark, Alfred, Briefe an Max Liebermann, Hg. Carl Schellenberg, Hamburg 1947

Lichtwark, Alfred, Briefe an seine Familie 1875–1913 (= Veröffentlichungen der Lichtwark-Stiftung, Bd. 14), Hg. Carl Schellenberg, Hamburg 1972

Lichtwark, Alfred, Briefe an Siebelist, Kalckreuth und die Kunsthallen-Kommission, Zitiert nach: Arthur Siebelist (1870–1945): Maler, Sportler, Kunsterzieher, Ausstellungskatalog, Hamburg, Haspa-Galerie Großer Burstah, 7.4.–20.6.2008, S. 31–58, Hamburg 2008

Lichtwark, Alfred, Briefe an Wolf Mannhardt zu Lichtwarks hundertstem Geburtstag am 14. November 1952, Hg. Carl Schellenberg, Hamburg 1952

Lichtwark, Alfred, Bucheinbände, In: Jahrbuch der Gesellschaft Hamburgischer Kunstfreunde Jg. 2 (1896), S. 24–26

Lichtwark, Alfred, Das Problem des Hamburger Stadtparks (1908), In: Alfred Lichtwark, Park- und Gartenstudien, S. 49–122, Berlin 1909

Lichtwark, Alfred, Das Problem des Hamburger Stadtparks, In: Jahrbuch der Gesellschaft Hamburgischer Kunstfreunde Jg. 14 (1908), S. 1–39

Lichtwark, Alfred, Der Heidegarten, In: Kunst und Künstler, Jg. 2 (1904), S. 127–132, 182–186

Lichtwark, Alfred, Der Sammler, Hamburg 1922

Lichtwark, Alfred, Der wilde Garten, In: Jahrbuch der Gesellschaft Hamburgischer Kunstfreunde Jg. 4 (1898), S. 46–47

Lichtwark, Alfred, Die Sammlung von Bildern aus Hamburg, begründet 1889, Hamburg 1897

Lichtwark, Alfred, Einleitung, In: Alfred Jansen (Hg.): Versuche und Ergebnisse der Lehrervereinigung für die Pflege der künstlerischen Bildung in Hamburg, 2. Aufl., S. 1–7, Hamburg 1901

Lichtwark, Alfred, Einleitung, In: Breitfenster und Hecke: Ein Bilderbuch alter Hamburgischer Häuser und Gärten, zusammengestellt von Eduard Lorenz Lorenz-Meyer und Emil Janda, Einleitung von Alfred Lichtwark, S. 7–24, Hamburg 1906

Lichtwark, Alfred, Einleitung, In: Jahrbuch der Gesellschaft Hamburgischer Kunstfreunde Jg. 1 (1895), S. 3–9

Lichtwark, Alfred, Hamburg, In: Pan, Jg. 1 (1896), Heft 4, S. 313–324

Lichtwark, Alfred, Hamburg – Niedersachsen, Dresden 1897

Lichtwark, Alfred, Hermann Kauffmann und die Kunst in Hamburg von 1800–1850, München 1893

Lichtwark, Alfred, Makartbouquet und Blumenstrauß, Hamburg 1892

Lichtwark, Alfred, Moderne Gartenkunst, In: Die Gegenwart: Wochenschrift für Literatur, Kunst und öffentliches Leben, Jg. 14 (1885), Bd. 28, S. 326–328

Lichtwark, Alfred, Neue Bahnen, In: Die Grundlagen der künstlerischen Bildung. Studien von Alfred Lichtwark (= Aus der Praxis Bd. 5), S. 147–157, Berlin 1902

Lichtwark, Alfred, Nordwest, In: Pan, Jg. 1 (1895), Heft 2, S. 118–121

Lichtwark, Alfred, Professor Lindes Lüneburger Heide, In: Jahrbuch der Gesellschaft Hamburgischer Kunstfreunde, Jg. 10 (1904), S. 75–76

Lichtwark, Alfred, Realistische Architektur, In: Jahrbuch der Gesellschaft Hamburgischer Kunstfreunde, Jg. 4 (1898), S. 16–25

Lichtwark, Alfred, Übungen in der Betrachtung von Kunstwerken nach Versuchen mit einer Schulklasse, herausgegeben von der Lehrervereinigung zur Pflege der künstlerischen Bildung, Berlin 1897

Lichtwark, Alfred, Vom Arbeitsfeld des Dilettantismus (= Grundlagen der künstlerischen Bildung, Bd. 13), Berlin 1902

Liebermann, Max, Alfred Lichtwark, In: Max Liebermann, Gesammelte Schriften, S. 165–174, Berlin 1922

Lind, Hans-Werner, Als es den Golfplatz noch nicht gab ..., unveröffentlichtes Manuskript, o. O. [um 1986]

Linde, Richard, Die Lüneburger Heide (= Land und Leute: Monographien zur Erdkunde, Bd. 18, Hg. A. Scobel), Bielefeld/Leipzig 1907

Loos, Adolf, Ornament und Verbrechen (1908), In: Adolf Loos, Ins Leere gesprochen 1897–1900/Trotzdem 1900–1930 (= Sämtliche Schriften Bd. 1), S. 276–288, Wien/München 1962

Lubitz, Jan, Geformter Raum: Die Hamburger Architekten Bensel, Kamps & Amsinck, Hamburg 2016

M

Marks, Erich, Männer und Zeiten: Aufsätze und Reden zur neueren Geschichte, Bd. 2, 6. umgestaltete Aufl., Leipzig 1922

Matthies, Jörg, Johann Wilhelm Cordes, In: Adrian von Buttlar/Margita Marion Meyer (Hg.), Historische Gärten in Schleswig-Holstein, S. 654–655, Heide in Holstein 1996

Mayer, Alfred, Die Sacharows, In: Deutsche Kunst und Dekoration: illustr. Monatshefte für moderne Malerei, Plastik, Architektur, Wohnungskunst u. künstlerisches Frauen-Arbeiten, Jg. 30 (1927), Heft 6, S. 318–321

Mayr, Gudula, Zur Geschichte der Gartenanlage der Kunststätte Bossard, In: Harburger Kreiskalender .../ Landkreis Harburg, 2018, S. 137–155

Mein altes Hamburg, https://www.mein-altes.hamburg/, Stand: 27.2.2023

Meyer, Gustav, Lehrbuch der schönen Gartenkunst, Berlin 1860

Meyer-Tönnesmann, Carsten, Arthur Siebelist: Ein Hamburger Maler und Sportler der Lichtwark-Zeit, In: Arthur Siebelist (1870–1945) – Maler, Sportler, Kunsterzieher, Ausstellungskatalog, Hamburg, Haspa-Galerie Großer Burstah, 7.4.–20.6.2008, S. 9–17, Hamburg 2008

Meyer-Tönnesmann, Carsten Der Falkenberg, bei Licht besehen: Hamburger Maler der Lichtwark-Zeit in der Neugrabener Heide, In: Harburger Jahrbuch, Bd. 18 (1993), 113–150

Meyer-Tönnesmann, Carsten, Der Hamburgische Künstlerclub von 1897 (= Hamburger Künstlermonographien Bd. 23/24), Hamburg 1985

Meyer-Tönnesmann, Carsten Hittfeld – eine Künstlerkolonie?, In: Arthur Siebelist (1870 – 1945) – Maler, Sportler, Kunsterzieher, Ausstellungskatalog, Hamburg, Haspa-Galerie Großer Burstah, 7.4. – 20.6.2008, S. 25 – 30, Hamburg 2008

Meyer-Tönnesmann, Carsten Zwischen Hamburg und Paris: die Siebelist-Schüler, Ausstellungskatalog, Hamburg, Haspa-Galerie Großer Burstah, 22.4. – 26.6.2009, Hamburg 2009

Migge, Leberecht, Der Garten »Sonnenhof« in Worpswede, In: Der Baumeister Jg. 26 (1928), Heft 4, S. 141 – 155

Migge, Leberecht, Die Gartenkultur des 20. Jahrhunderts, Jena 1913

Mitglieder-Verzeichnis der Gesellschaft Hamburgischer Kunstfreunde, In: Jahrbuch der Gesellschaft Hamburgischer Kunstfreunde Jg. 2 (1896), S. 75 – 77

Moderne Bauformen. Monatshefte für Architektur und Raumkunst Jg. 19 (1920)

Monte Verità, Berg der Wahrheit: Lokale Anthropologie als Beitrag zur Wiederentdeckung einer neuzeitlichen sakralen Topographie. Red. Gabriella Borsano, Harald Szeemann et al, Milano 1978

Mühlfried, Klaus, Baukunst als Ausdruck politischer Gesinnung: Martin Haller und sein Wirken in Hamburg, Dissertation, Hamburg 2005

Müller-Glaßl, Uta, Heinrich Vogeler: Der Garten aus der Sicht des Künstlers, In: Oliver Fok/Rainer Schomann (Konzeption und Bearbeitung): Künstlergärten und denkmalpflegerischer Umgang, (= Schriften der Kunststätte Bossard Bd. 4 = Schriften des Freilichtmuseums am Kiekeberg Bd. 48 = Schriftenreihe Gartendenkmalpflegein Niedersachsen), Hg. Niedersächsisches Landesamt für Denkmalpflege/Rolf Wiese, S. 21 – 30, Jesteburg/Hannover 2005

Muther, Richard, Worpswede, In: Ders., Studien und Kritiken, Band 2, S. 280 – 290, Wien 1901

Muthesius, Hermann, Das englische Haus: Entwicklung, Bedingungen, Anlage, Aufbau, Einrichtung und Innenraum, Bd. 1 – 3, Berlin 1904 – 1905

N

Nachfeier von Frau Toni Hallers 70. Geburtstag am Donnerstag, dem 27. April 1916, Festschrift [Hamburg, 1916], In: Klaus Mühlfried, Baukunst als Ausdruck politischer Gesinnung: Martin Haller und sein Wirken in Hamburg, Dissertation, Anhang, S. 1 – 5, Hamburg 2005

Nethe, Hartmut, Consulting & Engineering, In: Firmengeschichte: Firmen-Entwicklung C. August Schmidt Söhne, Hammoor 2015 – 2020, https://waermetauscher-sanierung.de/ueber-uns/, Stand: 25.10.2020

Nevermann, Friedrich Theodor Almanach aller um Hamburg liegenden Gärten, Hamburg 1792

Nicklaus, Willfried, Hittfeld: Das alte Dorf, Winsen 1978

O

Oppens, Edith, Maria Schmidt-Matthaei und der Sunderhof, In: Die Welt, v. 14.9.1957, Archiv CVJM-Sunderhof GmbH

Osborn, Max, Vorwort, In: Die Kunst im Leben des Kindes, Ausstellungskatalog, Berlin, Haus der Berliner Secession, März 1901, S. 7 – 18, Leipzig/Berlin 1901

O'Swald, Toni, Die Königsmaid: Walzer aus dem Märchenspiel Die Wunderquelle von Toni O'Swald, Musik von Oscar Fetrás, Hamburg [1901]

O'Swald, Toni, Goldene Jugendzeit: Sechs Erzählungen für unsere liebe Jugend, Stuttgart 1905

O'Swald, Toni, In der Dämmerstunde: Zehn Erzählungen für unsere liebe Jugend, Stuttgart 1908

O'Swald, Toni, Schwarzkäferchen und Anderes: Hamburger Kindergeschichten, Hamburg 1900

P

Pauli, Gustav, Alfred Lichtwark, In: Alfred Lichtwark, Briefe an die Kommission für die Verwaltung der Kunsthalle, in Auswahl mit einer Einleitung herausgegeben von Gustav Pauli, S. 5 – 70, Hamburg 1924

Pensionierung des Baurats bei der Baupolizeibehörde Wilhelm Daniel Vivié, 1918 – 1919, Staatsarchiv Hamburg, 111-1; 71024

Pflugmacher, Birgit, Max Liebermann: Sein Briefwechsel mit Alfred Lichtwark, Dissertation, Hamburg 2001

Poethig, Kurt/Camillo Schneider, Hausgartentechnik: Das Handbuch der Anlage, Pflanzung und Pflege, Berlin 1929

Poppendieck, Hans-Helmut, Der erste Museums-Bauerngarten, In: Die Gartenkunst, Jg. 4 (1992), Heft 1, S. 79 – 99

Porter, David Dixon, Incidents and anecdotes of the Civil War, New York 1886

R

rap., Friedrich Naumann in memoriam, In: Hamburger Anzeiger, Jg. 37, Nr. 199 (26. August 1924), S. 2 – 3

Reichshandbuch der deutschen Gesellschaft: Das Handbuch der Persönlichkeiten in Wort und Bild, Bd. 1, Berlin 1930

Reimers, Volker, Vivié Hamburg, https://www.myheritage.com/site-family-tree-120728442/vivie-hamburg?rootIndivudalID=1000006&familyTreeID=1, Stand: 23.10.2022

R[eumann], O[tto], Arthur Siebelist zu seinem 50. Geburtstag, In: Pädagogische Reform 44. Jg., Nr. 32/33 (18.8.1920), S. 214

Reuß-Löwenstein, Harry, Besuch bei Arthur Siebelist zum 60. Geburtstag. In: Hamburger Anzeiger vom 21. Juli 1930, zitiert nach: Arthur Siebelist (1870 – 1945) – Maler, Sportler, Kunsterzieher, Ausstellungskatalog, Hamburg, Haspa-Galerie Großer Burstah, 7.4. – 20.6.2008, S. 65 – 68, Hamburg 2008

Richert, Harald, Alfred Lichtwark: Blumenliebe und Gartenkunst, In: Lichtwark-Heft Jg. 57 (2004), Nr. 69, S. 7 – 10

Rilke, Rainer Maria, Heinrich Vogeler, In: Worpswede: Fritz Mackensen, Otto Modersohn, Fritz Overbeck, Hans am Ende, Heinrich Vogeler (= Künstler-Monographien Band 64, Hg. H. Knackfuß et al), S.102 – 121, Berlin/Leipzig 1903

Rilke, Rainer Maria, Requiem für Wolf Graf von Kalckreuth, In: ders. Requiem, S. 21 – 26, Leipzig 1920

Röh, Dieter/Stephan Larisch Die Anfänge der Sozialen Frauenschule und das Sozialpädagogische Institut in Hamburg. Gründung, Krise und Fortbestand der Institution im Zeitraum von 1917 – 1933, In: standpunkt: sozial, Jg. 22 (2011), Nr. 2+3, S. 81 – 91

Rother, Hannes, Der Bauerngarten in Norddeutschland und seine »Wiederentdeckung« zum Beginn des 20. Jahrhunderts, In: Bauerngärten im ländlichen Raum zwischen Tradition und Innovation: Dokumentation der Tagung am 1.9.2017 in Starkow. Hg. Bund Heimat und Umwelt in Deutschland/ Bundesverband für Kultur, Natur und Heimat e. V., S. 28 – 38, Bonn 2018

Runge, Phillipp Otto, Hinterlassene Schriften von Philipp Otto Runge, Maler, herausgegeben von dessem ältestem Bruder, Erster Theil, Hamburg 1840

S

Schaser, Angelika, Helene Lange und Gertrud Bäumer: Eine politische Lebensgemeinschaft, Köln/Weimar/ Wien 2000

Scheffler, Karl, Max Liebermann, München/Leipzig, 1906

Scheidweiler, W., Die Geschichte des Bad Hotel Überlingen, In: Bad Hotel Überlingen, https://www.bad-hotel-ueberlingen.de/de/ueber-uns/ geschichte, Stand: 9.2.2022

Schellenberg, Carl, Einleitung, In: Alfred Lichtwark, Briefe an Leopold Graf von Kalckreuth, Hg. Carl Schellenberg, S. 5 – 62, Hamburg 1957

Schellenberg, Carl, Einleitung, In: Alfred Lichtwark, Briefe an Wolf Mannhardt zu Lichtwarks hundertstem Geburtstag am 14. November 1952, Hg. Carl Schellenberg, S. 7 – 44, Hamburg 1952

Schiefler, Gustav, Eine Hamburgische Kulturgeschichte 1890 – 1920: Beobachtungen eines Zeitgenossen (= Veröffentlichungen des Vereins für Hamburgische Geschichte Bd. 27), Hamburg 1985

Schiefler, Gustav, Gedenkrede Alfred Lichtwark zu Ehren, Hamburg 1914

Schiefler, Gustav, Vorwort, In: Alfred Lichtwark, Hamburgische Aufsätze (= Hamburgische Hausbibliothek: Neue Reihe zur hamburgischen Kulturgeschichte, hg. im Auftrag der Gesellschaft Hamburgischer Kunstfreunde,der Patriotischen Gesellschaft und der Lehrervereinigung für die Pflege der künstlerischen Bildung), S. 5 – 7, Hamburg 1917

Schmidt-Matthaei, Maria, Der Sunderhof: Freies Fortbildungsheim u.kulturelle Arbeitsgemeinschaft Hittfeld, Kreis Harburg a. d. Elbe,In: Die Neue Generation Jg. 21 (1925), Heft 4/5, [S. 127]

Schmidt-Matthaei, Maria, Erklärung, Manuskript, o. O., [um 1951], Privatarchiv Siegfried Schmidt

Schmidt-Matthaei, Maria, Richtlinien für die Arbeitsgemeinschaften, Privatdruck, o. O., o. D., Archiv CVJM-Sunderhof GmbH

Schnitter, Joachim, Hamburger Stadtpark: 1914 – 2014, Red. Mathias Buller, Hg. Bezirksamt Hamburg-Nord, Fachbereich Stadtgrün, Hamburg 2014

Schnitter, Joachim, Pflege- und Entwicklungsplan Gasthauspark Randel, Manuskript im Auftrag von Stephan Randel, Hamburg 2018

Schönbohm, Kurt, Soziale Grünpolitik in Hamburg-Barmbeck, In: Die Gartenkunst, 44. Jg. (1931), Heft 9, S. 143 – 147

Schramm, Percy Ernst, Neun Generationen: Dreihundert Jahre deutscher »Kulturgeschichte« im Lichte des Schicksals einer Hamburger Bürgerfamilie (1648 – 1948) Bd. 2, Göttingen 1964

Schreyer, Lothar, Adele Doré am Deutschen Schauspielhaus, 1900 – 1917, Staatsbibliothek Hamburg, Theatersammlung, 51 – 76 Adele Doré

Schreyer, Lothar, Keine Rolle – ein Mensch möchte ich sein, In: Lothar Schreyer,Theateraufsätze, mit einer Einleitung von Brian Keith-Smith (= Lothar Schreyer Edition Volume 3), S. 469 – 479, Lewiston/Queenston/ Lampeter 2001

Schubert, Ingrid A., Friedrich Joachim Christian Jürgens, In: Adrian von Buttlar/ Margita Marion Meyer (Hg.), Historische Gärten in Schleswig-Holstein, S. 661 – 662, Heide in Holstein 1996

Schubert, Ingrid A., Rudolph Jürgens, In: Adrian von Buttlar/Margita Marion Meyer (Hg.): Historische Gärten in Schleswig-Holstein, S. 662, Heide in Holstein 1996

Schubert, Ingrid A. , »… und er gestaltete überdies all die ausgedehnten Parks und Gärten in der Umgebung dieser blühenden Stadt.«: Das Œuvre des Gartenarchitekten Ramée im Hamburger Raum, In: Joseph Ramée: Gartenkunst, Architektur und Dekoration. Ein internationaler Baukünstler des Klassizismus. Ausstellungskatalog, Hamburg, Altonaer Museum – Norddeutsches Landesmuseum, 15.7. – 7.9.2003, S. 37 – 69, Hamburg 2003

Schumacher, Fritz, Stufen des Lebens: Erinnerungen eines Baumeisters, Stuttgart/Berlin 1935

Schwab, Andreas, Monte Verità, In: Historisches Lexikon der Schweiz, Version v. 17.11.2009, https://hls-dhs-dss.ch/de/articles/027825/2009-11-17/, Stand: 8.3.2021

Schwabe Family Site, Friedrich Genzsch, https://www.myheritage.com/research/ record-1-706966481-1-501519/friedrich-genzsch-in-myheritage-family-trees, Stand: 23.10.2022

Schwarz, C., Unterrichtskurse für Zeichnen, Malen und Modellieren, In: Alfred Janssen, Versuche und Ergebnisse der Lehrervereinigung für die Pflege der künstlerischen Bildung in Hamburg, 2. Aufl., S. 43 – 48, Hamburg 1901

Schwindrazheim, Oscar, Die Gesellschaft Hamburgischer Kunstfreunde, In: Deutsche Kunst und Dekoration, Bd. 14 (1904), S. 531 – 550

Sevi, Annika, Der Künstler und sein Garten: »un coin de terre ensemencé avec art?« Funktions- und nutzungsgeschichtliche Betrachtungen eines Gartentypus, Düsseldorf 2018

Siebel, Sabine/ Elisabeth Hipp et al Biographien der BRÜCKE-Mitglieder, In: Die BRÜCKE in Dresden 1905 – 1911, Hg. Birgit Dalbajewa/Ulrich Bischoff, S. 349 – 353, Köln 2001

Siebelist, Arthur, Aktzeichnen für Lehrer, In: Der Säemann: Monatsschrift für pädagogische Reform Jg. 1 (1905), S. 36 – 37

Siebelist, Arthur, Die Kurse für Kopf-, Akt-, Stillleben-, Landschaftszeichnen und Malen, In: Alfred Janssen, Versuche und Ergebnisse der Lehrervereinigung für die Pflege der künstlerischen Bildung in Hamburg, 2. Aufl., S. 37 – 42, Hamburg 1901

Sozialpädagogisches Institut Hamburg, Schulprospekt, Hamburg [1920 – 1922], Aus: Manfred Berger, Hildegard von Gierke (1880 – 1966), In: Niedersächsisches Institut für frühkindliche Bildung und Entwicklung, 2019, https://www.nifbe.de/fachbeitraege/beitraege-von-a-z?view=item&id=883:hildegard-von-gierke-1880-1966&catid=33, Stand: 24.2.2022

Spiero, Heinrich, Schicksal und Anteil. Ein Lebensgang in deutscher Wendezeit (1929), In: Reinhard Tgahrt (Hg.), Dichter lesen Bd. 2: Jahrhundertwende (= Marbacher Schriften 31/32), S. 313, Marbach am Neckar 1989

Spohr, Wilhelm, Künstlerische Bilderbücher, In: Die Kunst im Leben des Kindes, Ausstellungskatalog, Berlin, Haus der Berliner Secession, März 1901, S. 53 – 63, Leipzig/Berlin 1901

Stammbuch der Familie O'Swald, Oswald, v. Oswald aus Steinseifersdorf in Schlesien (= Sonderdruck des Deutschen Geschlechterbuchs Bd. 51 = Genealogisches Handbuch Bürgerlicher Familien. 7. Hamburger Sonderband), Görlitz 1927

Stevensen, R[obert] A[lan] M[owbray], Velazquez: übersetzt und eingeleitet von Dr. Eberhard Freiherr von Bodenhausen, München 1904

Sulzyc, Thomas, Bürgerinformation zur Flüchtlingsunterkunft in Eddelsen, In: Kreiszeitung Wochenblatt Elbe Geest, Jg. 51, Nr. 46 (16.11.2022), S. 8

T

Tantalus, Social Prattle, In: Town Talk: The Pacific Weekly, Jg. 17 (1908), Nr. 833, S. 21 – 26

Teich, Walter, Rudolf Klutmann 75 Jahre, In: Blankenese, Monatsschrift des Blankeneser Bürger-Vereins Jg. 11, Heft 3 (März 1958), [S. 6]

Trenschel, Walter, In Memoriam Emil Milan, In: the Phonetican: a Publication of ISPhS/International Society of Phonetic Sciences, Nr. 93/94, 2006, S. 29 – 34

Truels, Magdalene, Unter alten Eichen: Chronik von Emmelndorf, Woxdorf und Metzendorf, Stelle 1992

U

Uppenkamp, Barbara, Der Sonnenhof und die Siedlerschule in Worpswede, In: Die Gartenkunst, Jg. 31, (2019) Heft 2, S. 251 – 266

V

Velden-Hohrath, Frauke, Wolf Graf von Kalckreuth. Existenz – Übersetzung – Dichtung, Würzburg 1998

Vereinsnachrichten, In: Mitteilungen der Deutschen Orient-Gesellschaft zu Berlin No. 36, Hamburg, März 1908, S. 1 – 3

Verlaine, Paul, Ausgewählte Gedichte, übertragen von W. von Kalckreuth, Leipzig 1906

Verzeichnis der Teilnehmer an den Fernsprechnetzen im Oberpostdirektionsbezirk Hamburg, Oktober 1910, Hamburg 1910

Verzeichnis der Teilnehmer an den Fernsprechnetzen im Oberpostdirektionsbezirk Hamburg, April 1912, Hamburg 1912

Verzeichnis der Teilnehmer an den Fernsprechnetzen im Oberpostdirektionsbezirk Hamburg, Oktober 1912, Hamburg 1912

Verzeichnis der Teilnehmer an den Fernsprechnetzen im Oberpostdirektionsbezirk Hamburg, April 1913, Hamburg 1913

Verzeichnis der Teilnehmer an den Fernsprechnetzen im Oberpostdirektionsbezirk Hamburg, April 1914, Hamburg 1914

Verzeichnis der Teilnehmer an den Fernsprechnetzen im Oberpostdirektionsbezirk Hamburg, Juli 1919, Hamburg 1919

Vivié, Emma, Heimatkultur und Hausmusik, In: Hamburgische Zeitschrift für Heimatkultur, Jg. 11 (1911), Bd. 3, S. 4 – 5

Vogeler, Otto, Bücherschau: Paul Schultze-Naumburg, Kulturarbeiten, Bd. 2: Gärten, In: Die Gartenkunst, Jg. 5 (1903) S. 16 – 20

W

Walden, Nell, Herwarth Walden: Ein Lebensbild, Berlin/Mainz, 1963

Wehrhahn, H[einz] R[olf], Die Gartenstauden: Ein Handbuch für Gärtner, Staudenzüchter und Gartenfreunde, Berlin 1931

Weihrauch, G., Ueber Bilderbücher, In: Alfred Janssen (Hg.): Versuche und Ergebnisse der Lehrervereinigung für die Pflege der künstlerischen Bildung in Hamburg, 2. Aufl., S. 65 – 73, Hamburg 1901

Wiepking, Marianne Lichtwark (1857 – 1932), In: Lichtwark (1961), Hg. Lichtwark-Ausschuß Bergedorf, Sonderausgabe vom 21.12.1960, S. 32 – 36

Wöllmer, Helmut, Haus Eddelsen, In: Harburger Kreiskalender .../ Landkreis Harburg, 1974, S. 73 – 76

Woesthoff, Indina, Verzeichnis der Passiven Mitglieder der Künstlergruppe BRÜCKE 1906 – 1911, In: Die BRÜCKE in Dresden 1905 – 1911, Hg. von Birgit Dalbajewa und Ulrich Bischoff, S. 338 – 348, Köln 2001

Z

Zeromski, Anna von, Alfred Lichtwark: Ein Führer zur deutschen Zukunft, Jena 1924

Zur Westen, Walter von, Otto Hupp, In: Exlibris: Buchkunst und angewandte Graphik, Jg. 17 (= Neue Folge Jg. 1) (1907), Heft 1, S. 17 – 32

Zur Westen, Walter von, Von alter und neuer Kalenderkunst, In: Exlibris: Buchkunst und angewandte Graphik, Jg. 17 (= Neue Folge Jg. 1) (1907), Heft 3, S. 97 – 120

ABBILDUNGSNACHWEIS

S. 10, Abb. li. Staatliche Museen zu Berlin, Kunstbibliothek (https://id.smb.museum/object/1489195/alfred-lichtwark), CC BY-NC-SA 4.0

S. 11 Staats- und Universitätsbibliothek Hamburg Carl von Ossietzky (https://resolver.sub.uni-hamburg.de/kitodo/PPN835126722)

S.24 Museum für Kunst und Gewerbe Hamburg, Sammlung online (https://sammlungonline.mkg-hamburg.de/de/object/Plateau-des-Rosariums-Ohlsdorfer-Friedhof-Hamburg/P1994.224/mkg-e00139439)

S. 30, Abb. o. li. Staats- und Universitätsbibliothek Hamburg Carl von Ossietzky (https://resolver.sub.uni-hamburg.de/kitodo/PPN767049853)

S. 32 Sächsische Landesbibliothek – Staats- und Universitätsbibliothek Dresden (http://digital.slub-dresden.de/id404597483)

S. 41 Universitätsbibliothek Heidelberg, Heidelberger historische Bestände – digital (https://doi.org/10.11588/diglit.20813#0079)

S. 52 Städtische Galerie im Lenbachhaus und Kunstbau München (https://www.lenbachhaus.de/entdecken/sammlung-online/detail/harzlandschaft-die-lueneburger-heide-bei-harburg-30016660)

S. 54 Staats- und Universitätsbibliothek Hamburg Carl von Ossietzky (https://resolver.sub.uni-hamburg.de/kitodo/PPN835126722)

S. 89 Henricus – Edition Deutsche Klassik GmbH (http://www.zeno.org/nid/20001862588)

S. 92, Abb. o. li. Museum für Kunst und Gewerbe Hamburg, Sammlung online (https://sammlungonline.mkg-hamburg.de/de/object/Richard-Dehmel-aus-dem-Album-%22Ausstellung-Hugo-Erfurth---Bildnisse-aus-dem-XX.-Jahrhundert-Konstanz-1949%22/P1993.229/mkg-e00131925?s=dehmel&h=0)

S. 92, Abb. u. re. Universität Heidelberg, Heidelberger historische Bestände – digital (https://digi.ub.uni-heidelberg.de/diglit/dkd1926_1927/0328/image,info)

S. 100 Wikimedia Commons (https://upload.wikimedia.org/wikipedia/commons/7/73/Max_Liebermann_-_Terrace_in_the_Garden_near_the_Wannsee_towards_Northwest_-_Google_Art_Project.jpg)

S. 101, Abb. o. li. Wikimedia Commons (https://commons.wikimedia.org/wiki/File:Erich_Heermann_-_Portrait_of_Max_Liebermann.jpg?uselang=de)

S. 105 Rijksmuseum Amsterdam (http://hdl.handle.net/10934/RM0001.COLLECT.214208)

S. 109 bavarikon (https://bavarikon.de/object/bav:BSB-BAR-0000000000237864)

S. 113 Universitätsbibliothek Heidelberg, Heidelberger historische Bestände – digital (https://digi.ub.uni-heidelberg.de/diglit/moderne_bauformen1911/0514/image,info)

S. 114 u. S. 115, Abb. o. re. Universitätsbibliothek Heidelberg, Heidelberger historische Bestände – digital (https://digi.ub.uni-heidelberg.de/diglit/moderne_bauformen1911/0515/image,info)

S. 132, Abb. o. li. Wikimedia Commons. Public Domain Mark 1.0 (https://commons.wikimedia.org/wiki/File:Liebermann_Villa_z33.jpg)

S. 135, Abb. u. re. Library of Congress, Prints and Photographs Division, Brady-Handy photograph collection (https://www.loc.gov/pictures/item/2017894239/)

S. 149 Staats- und Universitätsbibliothek Hamburg Carl von Ossietzky (https://resolver.sub.uni-hamburg.de/kitodo/PPN770490069_1907)

S. 163 Museum für Kunst und Gewerbe Hamburg (https://sammlungonline.mkg-hamburg.de/de/object/Privathaus-der-Familie-Terfloth-in-Metzendorf-Hittfeld/AB1988.402/mkg-e00131321?s=terfloth&h=0)

S. 164 Museum für Kunst und Gewerbe Hamburg (https://sammlungonline.mkg-hamburg.de/de/object/Hittfeld.-Besitz-Terfloth-Blumengarten-und-Terrasse/AB1988.440/mkg-e00131415?s=terfloth&h=0)

S. 165 Museum für Kunst und Gewerbe Hamburg (https://sammlungonline.mkg-hamburg.de/de/object/Hertha-Terfloth-die-Tochter-von-Ernst-Juhl/AB1988.274/mkg-e00136641?s=terfloth&h=0)

S. 172 Universitätsbibliothek Heidelberg, Heidelberger historische Bestände – digital (https://digi.ub.uni-heidelberg.de/diglit/walden1963/0075/image,info)

S. 173 Internet Archive (https://archive.org/details/die-neue-generation-21.1925/page/n153/mode/2up)

S. 182, Abb. li. Staatsgalerie Stuttgart (https://www.staatsgalerie.de/g/sammlung/sammlung-digital/einzelansicht/sgs/werk/einzelansicht/C21B168D8E4248C5B90072626CB72A17.html)

S. 182, Abb. re. Staatsgalerie Stuttgart (https://www.staatsgalerie.de/g/sammlung/sammlung-digital/einzelansicht/sgs/werk/einzelansicht/482A0CC394C142E19056CBE178C9CB44.html)

S. 184 Deutsches Textarchiv (https://www.deutschestextarchiv.de/brockes_vergnuegen08_1746/4)

S. 194 Heinrich-Vogeler-Gesellschaft, Verein Barkenhoff Worpswede e. V. (www.heinrich-vogeler.de/die-arbeitsschule-auf-dem-barkenhoff/)

S. 195 u. S. 197, Abb. o. li. Digitale Bibliothek TU Wrocław/Breslau (https://delibra.bg.polsl.pl/dlibra/publication/20951/edition/19424/content)

S. 205 Staats- und Universitätsbibliothek Hamburg Carl von Ossietzky (https://resolver.sub.uni-hamburg.de/kitodo/PPN767049853)

Alle Links: Stand 8.3.2023

Umschlagabbildung vorne:
Anton Joachim Christian Bruhn, Privathaus der Familie Terfloth in Metzendorf bei Hittfeld, 1908. (Museum für Kunst und Gewerbe Hamburg, Sammlung Juhl, AB1988.402, Ausschnitt, nachträgliche Kolorierung)

Umschlagabbildung hinten:
Arthur Illies, »Heidetal bei Harburg. Sonniger Tag«, 1896 (© Hamburger Kunsthalle / bpk, Foto: Elke Walford, Ausschnitt)

Alle anderen Bildnachweise in der jeweiligen Bildunterschrift.

Trotz sorgfältiger Recherche war es nicht in allen Fällen möglich, die Inhaber der Bildrechte zu ermitteln. Berechtigte Ansprüche werden im Rahmen der üblichen Bestimmungen abgegolten. Erfüllungsort und Gerichtsstand ist Hamburg.

WURZELN

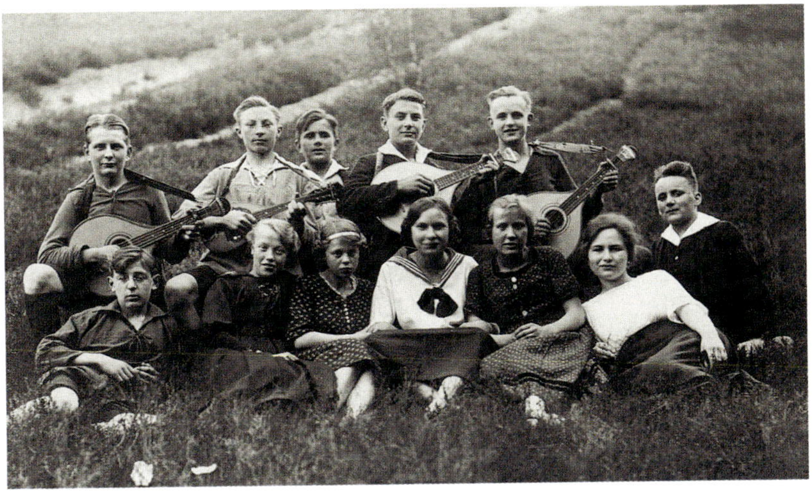

▲ Jugendgruppe in der Lüneburger Heide, um 1920
(Privatarchiv Joachim Schnitter) Opa Heinrich ganz rechts

»Jidelhops, die Heide blüht!«

Meine Großmutter Lina führte diese Liedzeile des Öfteren im Mund, und zwar mit unverhohlenem Spott. Sie stammte aus dem Hessischen Bergland und zog mit diesem Spruch ihren Mann auf. Als echt Harburger Jung' war Heinrich vor ihrer gemeinsamen Zeit in kurzen Hosen und weißem Hemdkragen mit anderen Youngstern durch die Lüneburger Heide gezogen. Vorsorglich hatte man ein paar »Klampfen« mitgeschleppt, um spontan die Schönheit der platten Heimatlandschaft (mit einhundertneunundsechzig Metern die maximale Erhebung: der Wilseder Berg) zu besingen. Manchmal sogar im Reigen, kein Witz!

Damals stellte ich mir meinen Großvater bildhaft in einem sich flexibel durch die Heide bewegenden Teenagertrupp vor – tatsächlich steht Jidelhops eher abstrakt für »jugendliche Ruhelosigkeit«. Wie auch immer: Omas herausfordernder Ausruf machte allen, die noch in den 1970ern für die Heide schwärmten, klar, wie lächerlich dieser Heimatkitsch in ihren Augen war. Uns

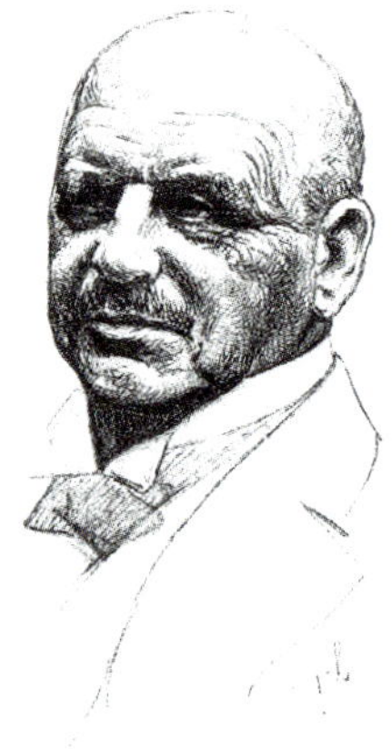

► Paul Lichtwark, »Alfred Lichtwark«, undatiert (aus: Gustav Schiefler, Hamburgische Kulturgeschichte 1890–1920 (= Veröffentlichungen des Vereins für Hamburgische Geschichte Band XXVII) Hamburg, Wachholtz-Verlag, 1985, Tafel 6)

Kinder brauchte sie nicht zu überzeugen: Wir konnten Wanderungen über staubige Feldwege in sengender Sonne sowieso wenig abgewinnen und brachen auch angesichts strubbeliger Schafe zwischen lila-bräunlichem Gestrüpp nicht in Entzücken aus. In den 1920er-Jahren dagegen waren zahllose Jugendgruppen mit Begeisterung in der Nordheide unterwegs gewesen. War mein Großvater mit den Wandervögeln losgezogen, mit der Freien Demokratischen Jugend, oder einfach mit Freunden? Was hatte er da eigentlich gesucht? Na, egal, ich kannte Opa nur mit Bauch und Glatze, das war augenscheinlich was für die Alten. Als mich vierzig Jahre später ein Freund überraschend einlud, mit ihm eine Heidewanderung zu unternehmen, kam mir »Jidelhops!« wieder in den Sinn: Waren wir auch schon so weit?

Wie mein Großvater bin ich ein waschechter Harburger: Geburt, Schule, Familiengründung – alles in Harburg. Das ist die absolut südlichste Provinz Hamburgs und weniger ein Teil, eher ein Vorposten der Hansestadt. Mit dem Harburger Landkreis schließt das niedersächsische Ausland direkt an, nur ein paar Kilometer hinter meinem Elternhaus. Trotzdem hatten wir damit wenig am Hut: Hittfeld kannte ich wegen seiner Schwimmhalle, im benachbarten Woxdorf wohnte ein Schulfreund, in Jesteburg Verwandte, das war's auch schon. Viel später las ich, dass der legendäre Kunsthallendirektor, Reformer und Tausendsassa Alfred Lichtwark vor hundert Jahren in Hittfeld ein Landhaus bewohnt hatte, und ich fragte mich, wo dieses andere Hittfeld wohl gelegen haben mochte. Unseres, das mit der Schwimmhalle, konnte es wohl kaum gewesen sein ... Als ich begriff, dass es sich eben doch um dasselbe, keine fünf Kilometer hinter meinem Elternhaus gelegene Dorf handelte, fühlte sich das irreal an, und ein bisschen nach Déjà-vu: Was hatte er denn hier gewollt, fast zur selben Zeit wie Opa?

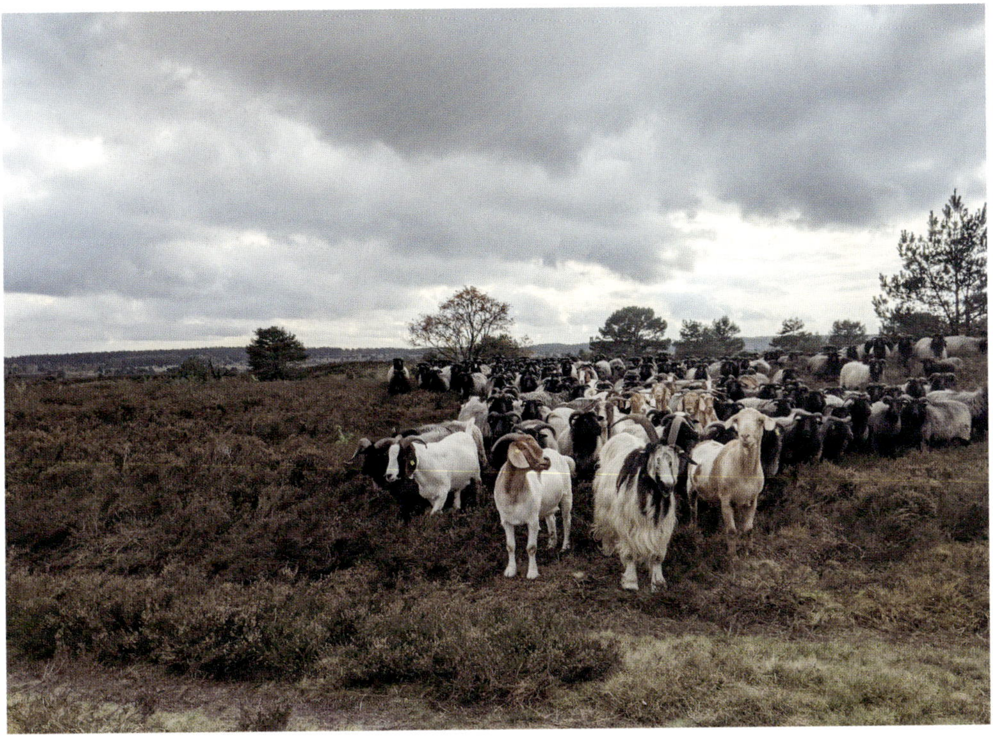

▲ Schnuckenherde in der Fischbeker Heide, 2022 (Foto: Joachim Schnitter)

Irgendwann wollte ich es genauer wissen und den Ort finden, an dem Lichtwarks Sommerfrische einmal gestanden hatte. Es war erstaunlich einfach, denn das ziemlich kleine Häuschen steht zwar weitgehend unbeachtet, doch kaum verändert an seinem alten Platz: Eine Keimzelle der Reformgartendiskussion, ein Schatzkästchen der Lebensreformbewegung, Lichtwarks Refugium in der Nordheide! Ich begann, einige der Fäden aufzunehmen, die hier zusammenliefen. Jidelhops!

BLUMEN

Ohne vielstimmigen Beistand wäre die vorliegende Untersuchung bei Ahnungen geblieben:

Für die Einsicht in Familienarchive, öffentliche und private Sammlungen, Zutritt zu Privatgärten, für fachlichen Austausch und breitgefächerte Hilfe, Rat und Ermunterung danke ich insbesondere: Alexander Klar, Almut Andersson, Anna Schnitter, Annika Lautenschläger, Arndt-Hinrich Ernst, Arne Butt, Cord Oltmanns, Emily Weede, Erika Meyer-Sahling, Floride Gorlt, Friederike Weimar, Friedrich Bacmeister, Georg Wilhelm Geckler, Gudula Mayr, Heike Duisberg-Schleier, Hauke Hansen, Henning Drewes, Henrike Junge-Gent, Henry H. Newman, Inken Reimers, Jan Lubitz, Joachim Hiltmann, Jürgen Neubacher, Jürgen Peters und Gattin, Julian Freche, Jörg Schilling, Karen Hagemann, Karlheinz Grünke, Katharina Groth, Katharina Usbeck, Kathrin Mehrwald, Malte O'Swald, Mareile Kleemann, Rahel Schnitter, Rainer Schomann, Siegfried Schmidt und Gattin, Simona Rigoli Barros Graça, Sören Sahling, Stephan Randel, Stefanie Busold, Ulrike Seikel, Ursula Trieloff, Ute Haug, Wilken von Bothmer und dem Team der Bücherei Seevetal.

Die Verwendung wunderbarer Kunstwerke und Archivalien ermöglichten durch besonderes Entgegenkommen die Institutionen: Auktionshaus Stahl GmbH & Co KG, CVJM-Sunderhof GmbH, Denkmalschutzamt Hamburg, Dorotheum GmbH & Co KG, Hamburger Kunsthalle, Fondazione Monte Verità, Fondo Harald Szeemann, Heimatverein Hittfeld und Umgegend e.V., Museum für Kunst und Gewerbe Hamburg, Kunst- und Auktionshaus Wilhelm M. Döbritz, Staatliche Kunstsammlungen Dresden, Staatsarchiv Hamburg, Staats- und Universitätsbibliothek Hamburg Carl von Ossietzky, Stiftung Kunststätte Johann und Jutta Bossard, VAN HAM Kunstauktionen GmbH Co. KG

Sabine Niemann gab entscheidende Impulse und sorgte für die Qualität der Abbildungen. Durch ein gründliches Lektorat setzte Hannes Rother manch notwendigen Punkt. Ulrich Völkmann steuerte architektonische Einsichten bei. Sarah Winter verlieh dem Buch Klarheit im Design. Die eigens für dieses Buch angefertigten Pflanzendarstellungen verdanke ich der zeichnerischen Sensibilität von Anthea Rakebrandt.

Zur Realisierung notwendige finanzielle Unterstützung gewährten großzügig: die Baumschule Lorenz von Ehren, Floride Gorlt, die Gemeinde Seevetal, Karin von Behr, die Landschaft des vormaligen Fürstentums Lüneburg, die Niedersächsische Sparkassenstiftung | VGH Stiftung

Für außerordentlich großzügige und in vielfältiger Weise gewährte Unterstützung bin ich Floride Gorlt und Karin von Behr zutiefst dankbar.

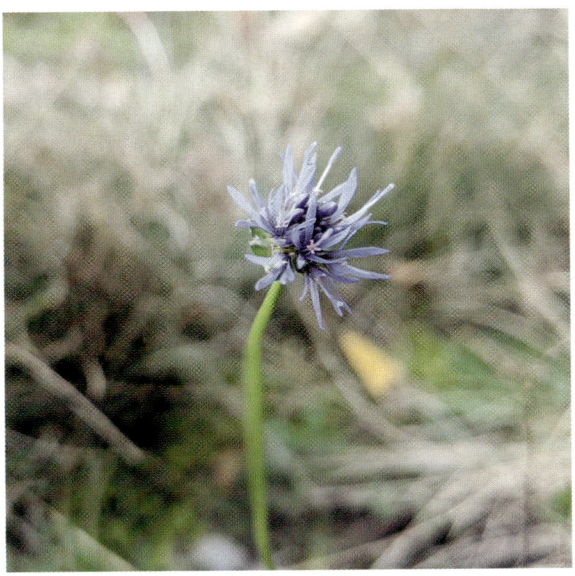

▲ Berg-Sandglöckchen aus der Lüneburger Heide bei Undeloh, 2022 (Foto: Joachim Schnitter)

Mit freundlicher Unterstützung von

Gemeinde Seevetal
... ganz auf meiner Welle.

HAMBURGER KUNSTHALLE

Landschaft des vormaligen Fürstentums Lüneburg

LORENZ VON EHREN
DIE BAUMSCHULE. SEIT 1865

VGH Stiftung